权威·前沿·原创

皮书系列为
“十二五”“十三五”国家重点图书出版规划项目

经济特区蓝皮书

BLUE BOOK OF
SPECIAL ECONOMIC ZONES

中国经济特区发展报告（2018）

ANNUAL REPORT ON THE DEVELOPMENT OF
CHINA'S SPECIAL ECONOMIC ZONES (2018)

主　　编／陶一桃
执行主编／袁易明

社会科学文献出版社
SOCIAL SCIENCES ACADEMIC PRESS (CHINA)

图书在版编目（CIP）数据

中国经济特区发展报告.2018 / 陶一桃主编. -- 北京：社会科学文献出版社，2019.1

（经济特区蓝皮书）

ISBN 978-7-5201-4319-6

Ⅰ.①中… Ⅱ.①陶… Ⅲ.①经济特区-经济发展-研究报告-中国-2018 Ⅳ.①F127.9

中国版本图书馆 CIP 数据核字（2019）第 028289 号

经济特区蓝皮书
中国经济特区发展报告（2018）

主　　编 / 陶一桃
执行主编 / 袁易明

出 版 人 / 谢寿光
项目统筹 / 周　丽　高　雁
责任编辑 / 高　雁　王春梅

出　　版 / 社会科学文献出版社·经济与管理分社（010）59367226
地址：北京市北三环中路甲 29 号院华龙大厦　邮编：100029
网址：www.ssap.com.cn
发　　行 / 市场营销中心（010）59367081　59367083
印　　装 / 三河市龙林印务有限公司

规　　格 / 开　本：787mm×1092mm　1/16
印　张：29.25　字　数：441 千字
版　　次 / 2019 年 1 月第 1 版　2019 年 1 月第 1 次印刷
书　　号 / ISBN 978-7-5201-4319-6
定　　价 / 138.00 元

皮书序列号 / PSN B-2009-139-1/1

中國經濟特區發展藍皮書

谷牧题

本报告得到教育部哲学社会科学发展报告培育项目“中国经济特区发展报告”立项资助和深圳市宣传文化基金资助。同时，本报告也得到中共广东省委宣传部“理论粤军·教育部在粤人文社科重点研究基地”专项建设支持。

主要编撰者简介

陶一桃 女，满族，经济学教授，博士生导师，中国经济特区问题研究专家，师从著名学者胡寄窗先生。国务院特殊津贴专家、国家社科基金重大项目首席专家、国家社科基金会评专家；南开大学兼职教授、广东省学位委员会学科评议组成员；广东省特支计划领军人才、深圳市国家级学术领军人才、深圳大学理论经济学学科带头人、深圳大学领军学者；中国经济思想史学会常务副会长、广东经济学会副会长；深圳市政协委员、深圳市决策咨询委员会委员。深圳大学原党委副书记、纪委书记，教育部人文社科重点研究基地——深圳大学中国经济特区研究中心主任，一带一路国际合作发展（深圳）研究院院长。

长期从事中西方经济思想与理论研究，研究领域涵盖经济史、经济思想史和制度经济学等。二十多年来致力于中国改革开放史、中国改革开放经济思想史、中国经济特区发展史、中外经济特区比较研究，在国内外具有一定的学术影响力。其代表性论文《从特区到自贸区：中国自贸区的特殊使命》被《新华文摘》全文转载；代表性著作《中国经济特区史论》被中宣部和国家新闻出版总署列入“纪念改革开放30周年”35本重点书目之一，是国家社科基金“中华学术外译项目”，由英国帕斯国际出版公司以英文出版并在全球发行，2011年获广东省社会科学优秀成果一等奖；国家社科基金重点项目结项成果《经济特区与中国道路》一书入选2016

年德国法兰克福书展，由德国斯普林格出版社在海外出版发行。

在宣传以深圳经济特区为典型代表的中国经济特区建设成果和中国道路方面做出卓越贡献。主持编撰中英双语海内外年度权威发布的《中国经济特区发展报告》（蓝皮书）；主持编撰《中国双创发展报告》（蓝皮书）、《中国湾区经济发展报告》（蓝皮书）；创办《“一带一路”研究》学术集刊。目前正在主持国家社科基金重大项目“中国经济特区发展史（1978-2018）”。

袁易明 经济学博士，教授、博士生导师。深圳大学中国经济特区研究中心副主任，深圳市科技工作者联合会会长、深圳市汉仑绿色发展研究院院长，深圳市政府决策咨询委员会专家，贵州省委服务决策专家，贵州省贵安新区管委会高级顾问，曾任世界银行地区研究顾问、深圳市绿色低碳基金会理事长。长期致力于经济增长、产业结构理论与政策研究。

主持教育部、水利部、环保部和世界银行课题，非洲开发银行等国际组织研究课题25项，主笔完成世界银行课题报告3个、深圳市政府重大政策课题报告30多个。

2008年创办《中国经济特区研究》中文版和英文版集刊（由斯普林格出版社出版发行）并任主编，《中国经济特区发展报告》执行主编。出版学术著作10多部：《资源约束与产业结构演进》《中国经济特区产业结构演进与原因》《平等—效率的替代与选择》《产权·机制·效率》《台湾香港公营经济》《政治经济学的现代形态》《市场经济的两大结构》《危机与重构：世界国有企业研究》等。

《台湾香港公营经济》（1998年）是国内该领域第一部学术专著，2006年完成的《福利目标下中国所有制结构调整的路径选择》建立了中国所有制改革的社会边际福利方法，2002 年完成的《平等—效率的替代与选择》建立了中国经济运行效率、所有制结构与平等间关系的分析框架和结构模型；在《经济学动态》、《经济研究》、《南开经济研究》、《学术研究》、《海外事情研究》（日本）等国内外刊物发表论文 90 余篇，多篇论文被《新华文摘》等转载索引。

多次受邀在国际学术会议演讲。2018 年、2016 年 5 月应邀在深圳低碳发展国际会议上做学术演讲，2014 年 5 月在卢旺达基加利非洲开发银行经济特区高级学术会议上演讲，2012 年 1 月在联合国开发计划署“中非发展与减贫”国际会议上发表主题演讲，2011 年 2 月受邀参加在亚的斯亚贝巴非盟总部由非洲联盟委员会、联合国非洲经济委员会和经济合作与发展组织（OECD）主办的学术会议并演讲，2009 年在世界银行主办的竞争性产业集群发展南南合作交流会中国片区会议上做学术演讲。

摘　要

经济特区蓝皮书《中国经济特区发展报告》是教育部人文社科重点研究基地——深圳大学中国经济特区研究中心着力打造的高端学术品牌和标志性科研成果之一，创立于2009年，是教育部报告，被列入中国蓝皮书计划，是全国唯一的经济特区蓝皮书。它以动态研究方式反映每一年深圳等传统经济特区和喀什、霍尔果斯、图们江等新兴经济特区的政治、经济、社会、文化、制度、环境、创新、改革的主要进展及面临的问题、挑战和对策，具有权威性、前沿性和原创性，已经在海内外产生了标志性影响，是经济特区研究的重要成果，同时也是研究中国经济特区的重要史料来源，已成为深圳自己打造的具有国际影响力的学术品牌。

经济特区蓝皮书《中国经济特区发展报告（2018）》分为总报告、专题研究报告、特区发展分述报告和特区发展动态考察报告四个部分。其中，总报告是全书的基本纲要，是站在国家整体发展战略规划的角度，对中国经济特区，包括改革试验区和部分新特区一年发展状态的整体评述。专题研究报告以问题为导向进行探索，分别以特区的发展现状、比较分析、政策建议为切入点，对特区所面临的转型问题、资源的使用与可持续发展问题、体制改革问题、经济社会发展问题、社会保障问题、科技创新问题、金融体制改革问题、特区文化及文化产业问题等进行了综述分析，并针对每一个具体问题提出发展建议。特区发展分述报告是对五大传统经济特区及上海浦东新区和天津滨海新区一年发展状况的历史性记录与梳理，偏重对不同经济特区的特殊问题进行比较，重点在于对不同经济特区进行个案分析，包括深圳、珠海、汕头、厦门、海南五大传统经济特区以及上海浦东新区和天津滨海新区的发展报告。特区发展动态考察报告是为了及时反映中国区域发展战略调整情况及介绍、借鉴国外经验，尤其是对新兴市场经济国家经济特区发展状况进行了一个比较灵活且具有广泛扩展空间的结构安排。较之前的《中国经济特区发展报告》，特区发展动态考察报告的内容不断丰富，本书新增了《印度经济特区发展报告》。

关键词： 经济特区　创新发展　自贸区

目 录

Ⅲ 特区发展分述报告

Ⅳ 特区发展动态考察报告

序
经济特区与中国制度变迁的路径选择

对经济特区与中国制度变迁路径选择的思考与研究，不仅是对40年来中国改革开放历程的思考，对中国实现现代化道路的研究，同时也是对经济特区与中国道路之间内在逻辑关系的理论与现实的探索。因为，中国改革开放40年来所走过的艰辛而辉煌的历程，就是由传统的计划经济向社会主义市场经济转型的过程，就是由普遍贫穷走向共同富裕的过程，就是由盲目闭关自守走向全面政策开放与制度开放的过程，更是全面建成小康社会，实现中国梦的伟大而美好的征程。而这一切不仅始于经济特区的创立，同时又构成了中国社会制度变迁的演进轨迹。

如果说探寻一条适合中国国情的实现现代化的道路，是改革开放40年来中国共产党矢志不渝的历史担当与使命，那么创建经济特区则可以说是中国共产党实践这一探寻的伟大创造。笔者认为，从中国社会制度变迁的历史进程和中国道路形成的角度来看，给予经济特区多么高的评价都不为过。因为对于今天的中国而言，经济特区已经不是一个单纯的特殊政策的产物，更不是一项权宜之计，而是中国社会制度变迁和中国道路的逻辑起点，它本身就构成了中国道路的重要内涵。甚至可以说，没有经济特区的创建，就没有中国改革开放的实践；没有经济特区的“先行先试”，就没有中国社会制度变迁的路径选择；没有经济特区的实践，就无所谓中国道路的探索；没有经济特区的示范与引领，就没有全面建成小康社会的发展积累；没有经济特区的拓展与创新，就没有实现中国梦的坚实的制度与物质力量。所以，从中国社会改革开放之初的政治背景来看，经济特区无疑是中国社会实现由传统计划经济向社会主义市场经济转变，从而全方位启动社会转型的必由之路；从现代化道路的探索来看，经济特区无疑是彻底摆脱理想与现实的冲突，从而迈上旨在实现共同富裕的中国特色社会主义道路；从中国制度变迁的道路选择来看，经济特区无疑是在传统意识形态曾占据主导地位的国家里，打破传统体制的僵化和意识形态的教条，从而自上而下地完成社会转型与制度变迁；从发展的战略上来看，经济特区无疑是在一个极“左”思想曾牢牢占据支配地位的国度里，真正摒弃“人定胜天”的盲目和“宁要社会主义的草”的荒谬，从而以非均衡发展的方式与“渐进式改革”的实践走上科学发展的必由之路。

马克思在《关于费尔巴哈的提纲》中指出：“人的思维是否具有客观的［gegenständliche］真理性，这不是一个理论的问题，而是一个实践的问题。人应该在实践中证明自己思维的真理性，即自己思维的现实性和力量，自己思维的此岸性。”[1]笔者以为，在回顾、总结、思考中国改革开放40年的伟大历程时，对中国经济特区的研究，既不能简单地就特区来谈特区，又不能仅仅停留或局限于经济特区问题本身的研究上，而应该从中国改革开放史的视角出发，把经济特区置于中国社会制度变迁的框架中，置于中国社会主义市场经济体系形成、发展、完善的进程中，置于中国道路探索的实践中，置于新时代的征程中来研究。从历史演进的视角，评价中国经济特区不可替代的地位、功能和独特的历史使命；从制度变迁的脉络，诠释经济特区与中国社会制度变迁路径选择的内在联系；从转型社会制度变迁的内在逻辑，论证中国道路的特殊性，以及这种特殊性中所蕴含的普遍性，进而为其他转型国家提供一种可供借鉴的选择方案。让历史证明历史，让历史告诉未来。

一　经济特区的创立与中国道路的开启

以社会主义市场经济体制确立为主线的中国社会的制度变迁，构成了经济特区产生、成长、发展的艰辛而灿烂的历程。以深圳为典型代表的中国经济特区，以曲折然而成就卓越的改革开放的实践，不仅探索出一条适合中国国情的制度变迁的有效路径，确立了一条具有中国特色的实现现代化的独特道路，同时又以其路径选择的正确性和发展的辉煌，推动了中国社会主义市场经济体系的确立、发展与完善，促进了社会转型，加快了实现现代化的时代脚步，掷地有声地证明了中国道路的正确性。

所谓特区，即实施特殊政策的地区。沿着中国改革开放的历史轨迹，经济特区可以大致分为四种类型，即典型经济特区、广义经济特区、新兴经济特区和经济特区的拓展形式。所谓典型经济特区，又可以称为早期经济特区。主要是指中国改革开放初期创建的，作为国家整体战略部署的，由国家层面具体划定的，全面实行特殊经济政策和特殊行政、经济管理体制的、具有特定功能并承担特定使命的城市。主要包括深圳、珠海、汕头、厦门、海南等早期综合性经济特区。这类经济特区是研究的重点和主要对象。因为无论从历史还是现实来看，它们都是真正意义上的中国社会制度变迁的开启者、改革开放的先驱者、社会主义市场经济的先行者、中国道路的探索者、现代化历程的开拓者。

所谓广义经济特区是指继典型经济特区创建之后，国务院相继批复成立的国家级新区、国家级高新区（科技园区）、保税区、出口加工区、保税物流园区、保税港区、综合保税区以及国家综合配套改革试验区等具有特定试验功能的经济特区形态。这类经济特区也是特殊经济政策的产物，它们的功能与使命也是为了打破传统体制的束缚，推进中国社会改革开放的步伐，从而逐渐形成市场经济的新版图。但是，与典型经济特区相比，它们不是一座独立行政区划的城市，而是一座独立行政区划城市中的相对独立的特定区域；它们不会像大多数典型经济特区那样，有中央首肯的计划单列的地位和所赋予的独立的立法权限，在行政管理上还隶属于所在城市；它们所担负的改革开放的使命大多是更加具体并专项的，而非综合并全方位的；它们在相当大程度上是在实施、验证、完成或完善国家的某一改革开放的理念与举措，它们也会在实践中有所创新、创造，但它们中的大多数并不像典型的经济特区那样，几乎“与生俱来”地担负着先行先试从而示范全国的使命。当时，广义经济特区在中国改革开放进程中的地位与作用也不尽相同，如上海浦东新区和天津滨海新区不仅是较早的国家级新区，而且在中国改革开放进程中具有更加重要的地位，尤其是上海浦东新区在功能和作用方面与典型经济特区非常相似。它们常常被与典型经济特区并称为“5+2”经济特区。

从整体上看，尽管广义经济特区并非完全具有典型经济特区“先行先试”，从而率先进行制度创新的品质，但是它们在中国渐进式制度变迁进程中发挥着不可或缺的作用，它们的存在和实践构成了中国道路的现实内容。从这个意义上说，它们不仅应该被写进更加完整的中国经济特区产生、发展、演变的编年史中，还应该被写进中国改革开放的历史中，写进中国道路的探索与实践进程中。

新兴经济特区主要是指21世纪初，随着中国改革开放的整体布局拓展，由沿海开放到沿边开放战略的实施，相继成立的新疆喀什经济特区和霍尔果斯经济特区。这是继改革开放初期典型经济特区之后，再次被中央批复的冠以城市名字的经济特区。尽管它的实际范围既不像典型经济特区那样，也不像它的名称那样是一座城市，同时对于它们经济特区身份的认可度也有些杂音，但是，它们不仅现实存在，而且从经济特区的功能及区域协调发展战略上讲，它们正在并已经成为政策高地和区域经济的增长极。同时，在“一带一路”倡议实施中，它们以不可替代的区位优势构建中国区域经济的新版图。

所谓经济特区的拓展形式是就自由贸易试验区、湾区而言的。可以说，自由贸易试验区和湾区的确立，不是特区功能、使命的完结，而是以创建经济特区的方式确立、发展、完善社会主义市场经济的自然结果，是以创建经济特区的方式渐进式实现社会转型和制度变迁的必然趋势，是以创建经济特区的方式实现非均衡发展战略的渐次性收获，是以创建经济特区的方式探索中国道路的成功实践，是新时期承担新的改革开放使命的经济特区的拓展形式。所以有人说，中国自由贸易试验区是政府全力打造中国经济升级版的最重要的举动，其力度和意义堪与20世纪80年代建立深圳特区和90年代开发浦东两大事件相媲美，其核心是打造一个符合国际惯例的，内外资都要具有国际竞争力的国际商业环境。[2]湾区的形成更是经济特区从“集聚效应”到“辐射效应”的发展结果。它们不仅在“政治—地理”区位上呈现既令人惊叹又在逻辑之中的经济特区、自贸区、湾区三重“身份”重叠的局面，而且与典型经济特区一样，以制度创新的方式继续“先行先试”，也历史性地成为它们的时代使命。

谈到中国的改革开放，有两个历史性的会议是不能不提的。其一是1978年11月10日至12月15日在北京召开的为期36天的中共中央工作会议，史称“京西会议”。1978年12月13日，邓小平在闭幕会上做了题为《解放思想，实事求是，团结一致向前看》的重要讲话。他指出，“这是解放思想的需要，也是安定团结的需要。目的正是为了向前看，正是为了顺利实现全党工作重心的转变”。[3]这个讲话，实际上为即将召开的十一届三中全会确定了基本指导思想，因此，“京西会议”不仅为十一届三中全会的召开做了充分的思想准备，同时也成为酝酿中国改革开放的一次历史性会议。

其二是“京西会议”三天后的党的十一届三中全会。1978年12月18日至22日，中国共产党第十一届中央委员会第三次全体会议在北京举行。全会明确提出：彻底否定“两个凡是”的方针，重新确立解放思想、实事求是的思想路线；停止使用“以阶级斗争为纲”的口号，并坚定地做出了把党和国家的工作重心转移到经济建设上来，实行改革开放的伟大决策。[4]可以说，党的十一届三中全会，正式开启了中国改革开放的历史新时期，它对今天中国所产生的影响是深远而历史性的。关于这一点，党的十七大报告在回顾总结新时期改革开放伟大历史进程时做出了准确而精辟的阐述：十一届三中全会从根本上冲破了“左”倾的观念，明确指出必须完整、准确地掌握毛泽东思想的科学体系。重新确立马克思主义的思想路线、政治路线和组织路线，做出了把党和国家的工作重点转移到社会主义现代化建设上来和实行改革开放的战略决策。中央领导同志在党的十一届三中全会前召开的中共中央工作会议上发表了《解放思想，实事求是，团结一致向前看》的著名讲话，讲话中关于“一个党，一个国家，一个民族，如果一切从本本出发，思想僵化，迷信盛行，那它就不能前进，它的生机就停止了，就要亡党亡国”的重要论断，代表了中国共产党人在新的时代条件下的一个了不起的伟大觉醒。[5]可以说，在十一届三中全会重新确立的解放思想、实事求是的思想路线指引下，亿万中国人民冲破了许多旧观念，摆脱了思想上的许多枷锁和禁锢，以伟大的革新精神创造出举世瞩目的发展成就；在十一届三中全会做出的否定“以阶级斗争为纲”的基本判断引导下，党和国家工作中心转移到经济建设上来，亿万中国人民在改革开放的进程中创造并继续创造着充满活力的社会主义；在十一届三中全会所确立的正确发展方向引领下，中国共产党人在探索中国特色社会主义道路的实践中，开拓了马克思主义中国化的崭新境界，使党赢得了人民群众的支持与拥护，成为中国特色社会主义事业的坚强领导核心。[6]马克思认为：“人们自己创造自己的历史，但是他们并不是随心所欲地创造，并不是在他们自己选定的条件下创造，而是在直接碰到的、既定的、从过去承继下来的条件下创造。”[7]踏着中国改革开放40年的脚步，沿着中国道路探索的轨迹，我们可以对经济特区在中国改革开放进程中的地位、作用和功能、使命做如下判断。

第一，经济特区作为开启中国改革开放的突破口，同时开启了中国社会制度变迁路径的探索征程，从此，中国现代化走上了一条既不同于传统体制下的苏联模式，又不同于资本主义时代的西方模式，更不同于被中东欧前社会主义国家和拉美转型国家所采纳的“华盛顿共识”的具有中国特色的发展道路。

在中国近现代史上，经济特区是一个承载着理性与激情、思考与探寻的划时代的标志。它标志着一个时代的结束和另一个时代的开始，标志着中国社会由传统的计划经济向社会主义市场经济的转型，标志着禁锢了30年的国门的正式开启，标志着思想解放与观念更新的到来，标志着一个经济已经走到濒临崩溃边缘的大国，真正开始走上了“发展是硬道理”的正确之路。所以，对于经济特区的创建者们来说，经济特区不仅是穷则思变、革故鼎新的产物，还是向“真理”挑战、向传统宣战及自我革命的产物。它的成功与未来是无法一下子预知的，但是，它有可能产生的政治风险与社会动荡在当时似乎是可以被预言的。正因为如此，1984年1月24日至2月10日，邓小平视察深圳、珠海、厦门特区时说：“办经济特区是我倡议的，中央定的，是不是能够成功，我要来看一看。”[8]正因为如此，1979年2月，时任中共广东省委书记吴南生提议广东应当拿出一个地方对外开放方案时表示，可以先在汕头搞试验，汕头有搞对外经济活动的经验，汕头地处粤东，万一有什么差错，失败了，也不会影响太大。[9]正因如此，1979 年 4 月 5 ~ 28 日在北京召开的中共中央工作会议上，时任广东省委第一书记习仲勋提出希望中央给点权，让广东先走一步，放手干时，邓小平说："中央没有钱，可以给些政策，你们自己去搞，杀出一条血路来。"[10]

回顾 40 年的改革开放历程，经济特区"与生俱来"的划时代意义，不仅是足以载入中国改革开放史中的厚重的政治财富，而且还是不断开创历史、创造奇迹的制度力量，如典型经济特区的先行先试与不断制度创新，给中国社会逐渐实现全方位改革开放带来无限活力与生命力；广义经济特区的普遍确立与成功实践，对社会主义市场经济体系发展、完善起到推动作用，以及在渐进式解决区域经济发展不平衡问题过程中展现释放效应；新兴经济特区的批复，以及作为经济特区的拓展形式的自贸区和湾区的相继成立对进一步深化改革，构建中国经济的新版图，逐步消除社会发展不平衡不充分的状态，引领新时代具有示范作用。

第二，经济特区作为一种强制性制度安排，打破了传统体制下的一般均衡状态，使非均衡发展成为中国社会制度变迁的最佳路径选择，从而也成为探索中国道路的路径选择。正是非均衡发展道路，使中国这个经历了计划经济的大国，能在一个较短的时间内迅速而成功地走向以"一部分地区、一部分人先富起来"为标志的、充满活力的社会主义市场经济体制。而经济特区作为非均衡发展道路的产物，与非均衡发展道路共同成为中国道路的重要组成部分。

如果说幅员辽阔、人口众多和占绝对主导地位的计划经济是中国改革开放的大背景，那么普遍贫穷和同样普遍存在的区域之间、城乡之间经济发展水平的严重不平衡，则是中国社会开启制度变迁的最严重的社会现实约束。社会主义实践的曲折发展，尤其是 20 世纪 70 年代末中国社会经济的状况都已清楚地证明：苏联模式不行，计划经济走不通；小农的平均主义不行，均衡发展走不通；大规模的改革不行，原有体制走不通。在一个落后的由计划经济维系的普遍贫困的大国里，面对计划经济体制，以及与之相对应的平均主义分配制度，唯一的出路就是破除体制内部的各种积弊，另辟蹊径，走一条非均衡的发展道路。这条非均衡发展道路，就是1985年邓小平所说的“鼓励一部分地区、一部分人先富裕起来”。[11]

40年改革开放的实践证明，非均衡发展道路的选择是正确的。它的实施既可以有效地摆脱传统体制的束缚，又可以充分利用原有体制内部早已存在的“发展不平衡”。计划经济最薄弱的地方最有可能成为市场经济生长的地方。40年前改革开放，就是从计划经济的汪洋大海中创立市场经济的绿洲开始的。深圳、珠海、汕头、厦门作为计划经济较薄弱的地方，凭借地理位置的优势（或毗邻港澳，或远离计划经济中心）首先成了这块绿洲。这些地方既不是计划经济的重镇，又远离政治中心，一旦失败对当时的国民经济体系不会产生伤筋动骨的影响。也正因如此，这里才成为中国改革开放的沃土。这是一个降低政治风险和改革成本的选择，又是一个充满政治智慧的符合中国国情的选择。所以，特区作为一种自上而下的正式制度安排，不仅大大减少了传统意识形态占主导地位的情况下社会制度变迁的阻力，降低了传统体制占支配地位情形下制度创新的成本，而且还成功地规避了改革开放有可能带来的各种风险和巨大的社会动荡，从而使制度变迁的绩效在短期内迅速显现出来，并卓有成效地示范全国。1984年1月24日至2月10日，邓小平视察深圳、珠海、厦门特区时分别为三个特区题词“深圳的发展和经验证明，我们建立经济特区的政策是正确的”“珠海经济特区好”“把经济特区办得更快些更好些”。[12]

1984年2月24日，邓小平同中央负责同志谈话时指出，“这次我到深圳一看，给我的印象是一片兴旺发达”。[13] 1987年6月12日，邓小平在会见外宾时说：“深圳的同志告诉我，那里的工业产品百分之五十以上出口，外汇收支可以平衡。现在我可以放胆地说，我们建立经济特区的决定不仅是正确的，而且是成功的。所有的怀疑都可以消除了。”[14] 1992年初春，邓小平在著名的“南方讲话”中要求经济特区“改革开放胆子要大一些，敢于试验，不能像小脚女人一样。看准了的，就大胆地试，大胆地闯”[15]。1992年10月在北京召开的党的第十四次全国代表大会上，明确中国改革的目标是确立社会主义市场经济体制。这一历史性判定的提出，与经济特区成功的实践、非均衡发展战略的有效实施是密不可分的。甚至可以说，没有这样的成功实践，就不可能有这样的历史性判定。

值得注意的是，非均衡发展作为中国制度变迁的路径选择、中国道路的一个重要组成部分，并不具有单纯意义上以岗纳·缪尔达尔、阿尔伯特·赫希曼为代表的西方区域经济学中的非均衡发展理论的内涵，而是一个既包括区域经济增长理论，又体现中国国情的发展逻辑与路径。其一，在改革开放之初的相当长时间里，并非如经典理论所说，首先将资源投向效益较高的区域和产业，而是首先选择了经济相对落后，计划经济基础薄弱，改革阻力和成本都比较小的地方。其二，所投入的资源也并非有形的资金、技术或其他稀缺生产要素，而是期待能够吸引、带动经济起步与发展的生产要素的特殊政策。其三，以获得资源倾斜区域的经济高速增长来带动其他区域发展的理论逻辑，在中国式非均衡发展进程中，更多或更主要地表现为特殊政策和勇于改革的结果，尤其是改革开放初期。而带动区域发展的“集聚效应”和“扩散效应”一方面表现为特殊政策的效应；另一方面又表现为与特殊政策相互作用而不断产生、重塑的推动社会改革与发展的潜能与制度力量。

改革开放40年后的今天，当我们从制度安排的角度来看特区，当我们把非均衡增长引入我们的研究视野后，特区就不仅仅是特殊政策的产物，而且还是适合中国国情的、具有中国特色的制度变迁的必由之路。从中国改革开放的历史沿革来看，对经济特区的肯定，是对“以阶级斗争为纲”这一思潮的彻底否定与颠覆，是对“发展是硬道理”这一理念的具有历史意义的肯定，是对中国社会制度变迁路径选择的理论认同，是对中国道路的高度自信。

第三，经济特区作为自上而下的正式制度安排，在“摸着石头过河”理念下，构成了中国渐进式改革的重要实践模式，而“先行先试”“率先示范”“敢闯”又都构成了这一重要实践模式的重要内涵与品质。如果说非均衡发展是面临约束的一种发展方式，那么渐进式发展则是面临约束的一个发展步骤，作为同一改革过程中相互支撑、相互推动的两个方面，它们共同保证了中国改革开放过程中强制性制度变迁主导下的诱致性制度变迁自然发生；保证了转型过程从局部向全局的稳步推进；保证了体制内改革与体制外推动的有效结合；保证了经济的市场化与全方位改革的渐进式发生与实现；保证了改革、发展与稳定的相互协调，从而以符合中国国情的改革实践，证明了中国道路的实践价值与现实意义。

中国的改革开放具有“渐进式改革”的基本特征，同时“渐进式改革”又构成了中国社会制度变迁的鲜明特色。“渐进式改革”以强制性制度变迁为主导，以诱致性制度变迁为潜能；以经济改革为切入口，以全方位改革为方向；以发展经济为着眼点，以全面发展为目标；以非均衡发展为路径，以协调共享发展为宗旨。这一改革的逻辑路线，基本反映了中国社会制度变迁的演进轨迹。

从理论上说，“渐进式改革”是一种建立在工业化和社会主义宪法制度基础之上的，在一个宏观经济相对平衡稳定的国家里进行的市场化改革。它突出表现为进行改革的国家充分利用已有的社会组织资源，尤其是国家力量，发起、推进社会改革，具有双轨过渡的过渡性和强制性中的诱致性的特点，并呈现从局部到总体，体制内改革与体制外推进相结合，改革、发展与稳定相协调以及以先行的经济市场化改革促进政治体制改革的显著特征，[16]而“先行先试”则是“渐进式改革”最形象、最生动的中国式表达与实践。

可以说，“先行先试”是转型中国赋予经济特区的“先天”品格，是强制性制度变迁赋予经济特区的政策“特权”，是非均衡发展战略赋予经济特区的需要智慧与勇气的“优先”改革权，是渐进式改革开放赋予经济特区的伴随风险和成本的“试验权”，更是经济特区不朽生命力的原因所在。40年前，深圳经济特区凭借“先行先试”的政策“特权”，在全国率先开启了社会主义市场经济的伟大而艰苦的实践。在“先行先试”的旗帜下，深圳经济特区不仅把价值规律、市场竞争、劳动力商品、股票利息等基本的市场经济概念与实践“输送”到全国，同时也把“时间就是金钱，效率就是生命”这样石破天惊的口号叫响神州。

经济特区的主要功能就是在计划经济的体制中率先实现、示范、完成社会主义市场经济体系的构建，并在全国范围内推动社会主义市场经济体系的普遍确立。然而，经济特区作为中国社会制度变迁的路径选择，不仅要以自身的实践促进社会主义市场经济体系的形成，而且还要以自身的发展来完善社会主义市场经济体制，从而推动中国改革开放向纵深发展，因此，随着中国改革开放伟大事业的日渐深入，人们对中国社会更深刻的制度变迁的深切期待，“先行先试”又不断被赋予更加深广的时代内涵和更加深远的深化改革的使命。诸如，继续以“敢为天下先”的勇气、智慧与胆略，探索、实践适应社会主义市场经济体制的社会制度环境、运行规制和法律体系的建立；探索、实践、深化政治行政体制机制改革，构筑全民普惠共享的社会保障体系，营建体现激励和效率的社会创新机制的途径；探索与实践转变经济增长方式，实现可持续发展，完成供给侧改革的路径；探索与实践在全面建成小康社会、加快创新型国家建设、加快完善社会主义市场经济体制、推动形成全面开放新格局、率先全面实现现代化等方面继续走在全国前列的新举措，从而继续成为推动中国社会全方位改革开放向纵深迈进的“排头兵”等。“先行先试”作为中国社会“渐进式改革”或制度变迁的操作路径，在推动自上而下的强制性制度变迁实现的同时，又促进了先行地区制度创新的自觉尝试与实践，即强制性制度变迁主导下的诱致性制度变迁自然发生。同时，“先行先试”还保证了制度变迁与社会转型从局部向全局的稳步推进，形成了强制性制度变迁与诱致性制度变迁相结合的富有绩效的制度变迁模式。

正如前面所表述的，经济特区在中国绝不是一个暂时的经济现象，也不是单纯的特殊政策的产物，更不是一种权宜之计。作为特殊政策的产物，它完成了中国社会由计划经济向市场经济转型的探索与示范的使命；作为一种制度安排，它是在一个非均衡发展的大国里，以最小代价实现社会转型的最佳路径选择；作为渐进式改革的重要实践模式，它降低了中国改革开放的风险并提高了制度变迁的绩效；作为中国道路的一个重要的组成部分，它以区域经济的集聚效应和辐射力，不断改善并形成中国经济的新版图，成为中国社会实现现代化的一条具有制度绩效的“捷径”。

经济特区绝不只是一座城市，它是中国社会制度变迁路径的探索者，是社会主义市场经济体系构建的先行者，是中国道路的一个不可或缺的组成部分。中国经济特区的形成，远远大于一座城市的形成；经济特区的成长，远远高于一座城市的成长；经济特区的发展，远远重于一座城市的发展；经济特区的影响力，也远远超越一座城市的影响力。我们只有把对经济特区理解与研究放在中国改革开放的历史进程中，才能说明、认识、理解经济特区的独特作用与使命，才能寻找到中国制度变迁的演进路径，才能发现中国道路的理论机理，才能寻找到“中国奇迹”发生的原动力，才能真正说清楚经济特区为什么会以路径依赖的方式，为中国社会的制度变迁提供一条可复制的发展道路。

二 深圳经济特区的独特地位及中外经济特区比较

作为最典型而又成功的经济特区，深圳经济特区对中国改革开放做出了巨大的历史性贡献。改革开放 40 年后的今天，作为拥有自贸区和湾区双重身份与地位的特区，深圳在中国深化改革的进程中，依然处于至关重要的率先制度创新的显著地位。经济特区的生命力源于中国制度变迁路径选择的正确性，源于非均衡发展战略的制度绩效，源于渐进式改革实践模式的科学性，源于中国道路自身的生命力。以深圳为典型代表的中国经济特区的成功实践，不仅直接推动了从沿海开放到沿边开放战略的有效实施，而且不断以非均衡发展方式构建中国经济的新版图。

有学者认为，深圳对中国改革开放做出了四大历史性贡献。其一，率先探索、示范、实践了社会主义市场经济，为中国社会的经济发展贡献了一个“崭新体制”——社会主义市场经济，从而为中国社会的改革开放及制度变迁提供了“制度—意识”形态方面的基础性保障。其二，以其自身的发展与成功，为中国实现现代化验证了一条“新道路”——中国道路，从而使中国社会通过非均衡发展战略比较迅速地开始了从普遍贫穷走向共同富裕目标的迈进。其三，以“先行”的实践与“敢为天下先”的勇气，为推动中国社会改革开放的进程提供了一种“新精神”——敢闯、创新，从而推动了足以影响亿万人观念更新的革命，促进了与社会主义市场经济相适应的观念及改革创新文化的形成。其四，以率先发展的富裕和引领中国改革开放的成就证明了一个大道理——人的自由发展是社会发展的内容与目标；每一个公民的创造力既是社会发展的原动力，又是实现中国梦的原动力；深化改革既是中国实现现代化的必由之路，也是实现中国梦的必由之路。[17]

第一，综观深圳经济特区发展的历程，正是在试错、探索中不断调整发展战略、优化产业结构、转变经济发展方式，探索由传统计划经济迈入社会主义市场经济、由经济增长型社会逐步走向全面发展的福利型社会的充满创造与奇迹的过程。这一过程以先行先试的实践充分反映了中国社会制度变迁的现实演进历程。

深圳经济特区的起步是从“三来一补”开始的。选择这样的发展方式是由当时的要素禀赋所决定的。改革开放初期的深圳，只是一个计划经济比较薄弱的名不见经传的小渔村。那个时期的深圳所拥有的相对优势的生产要素就是低廉的劳动力和土地，而缺乏的则是资金、技术和管理。20 世纪 70 年代末 80 年代初，恰逢包括香港在内的“亚洲四小龙”产业更新换代与结构调整时期。于是在改革开放政策的引导下，香港以加工业为主体的劳动密集型产业及时而又恰如其分地落户急需制造业的深圳。可以说，区域间产业的梯度转移从来都不是纯物质的物理移动。刚刚创建起来并急迫寻找发展机会的深圳，在承接香港产业链条的同时必然把资金、技术、管理和现代企业制度一并渐进转移到这座成长中的年轻城市之中。通过承继市场经济发达地区和国家的产业更新链条，深圳不仅降低了经济发展的起步成本，同时也大大降低了向市场经济学习的成本，并确定了外向型经济的特征。同时，“输入”的加工制造业，还以其派生需求催生了第三产业的兴起与发展。[18]到了 1993 年，深圳对外贸易的 87% 来自三资企业的净出口和“三来一补”的征费收入；第三产业生产总值占深圳 GDP 的 46%，吸收劳动力数量占深圳从业人员数量的 32.2%。[19]

当深圳经济踏上高速增长的轨道时，自身自然资源先天不足的约束很快显现出来，并引起决策者们的切实关注。自然资源的先天不足意味着任何以自然资源要素消耗、使用为增长方式的选择，都会在稀缺规律的作用下，使人们不得不为财富的创造和发展支付较高的价格，从而经济增长的代价也会由于财富创造成本的高昂而一同提高。[20]同时，深圳作为在全国具有示范效应的率先发展的新兴市场经济城市，既不能重复传统工业的发展模式与道路，又不能走上以更多的财富消耗来创造财富的不可持续的发展道路。于是，探索、尝试一种崭新的经济增长方式与财富创造途径，并以此示范全国就成为深圳经济特区的责任与使命担当。

从以“三来一补”为主体到以高新技术产业为支柱，深圳不仅适时选择了一条可持续发展的道路，同时还以制度变迁中的政府决策的主导力量（专项资金设立和政策优惠等）解决了初期高投入的资金缺口问题，减轻了高新技术企业独担风险的压力；以改革者特有的宽阔的胸怀营造了高新技术产业落户、成长、发展、创新的制度环境，吸引了一大批国内外著名高新企业落户深圳；以变革者的远见卓识为高新技术产业的后续发展提供了扎实的智力保证，一些著名大学和各类科研机构在深圳生根筑巢。1999 年首届“中国国际高新技术成果交易会”（高交会）在深圳举办，作为一种标志或里程碑，深圳走上了高新技术产业主导的产业发展道路。到 2000 年，深圳计算机磁头产量居世界第三位，微电子计算机产量占全国的 25%，程控交换机产量占全国的 50%，基因干扰素产量占全国的 60%，同时还是全国最大的打印机、硬盘驱动器、无绳电话的生产基地，并已形成了电子信息、生物技术—新材料、光机电一体化和激光高新技术支柱产业。[21]

如果说劳动密集型经济让深圳收获了由低成本带来的抢占市场的价格优势的竞争力，那么全球金融危机则不仅将劳动密集型经济所固有的产品资本、技术附加值低，缺乏核心竞争力这一源于经济增长方式本身的问题进一步凸显出来，同时也把转变经济发展方式作为走向科学发展的必然的战略选择郑重地提了出来。

当一个国家劳动力资源比较富余，从而劳动力的成本或价格比较低廉时，在缺乏资本和技术要素禀赋优势的情况下，首先使用自身所特有的低廉劳动力就成为经济起步时期最佳的，同时也是最低发展成本的自然选择，这也正是深圳乃至全国改革开放初期经济起步和最初发展的主要选择。对大多经济比较落后的发展中国家而言，其发展所面临的并不是自然禀赋意义上的资源缺乏问题，而是要素结构意义上的资源约束问题。所谓要素结构意义上的资源约束，是指“要素禀赋结构”低下，即在一个国家或地区的经济发展中，缺少如资本、技术、教育、管理、法制等较高级的要素，而没有受过教育或受教育程度不高的一般劳动力则较为丰富。所以，“要素禀赋结构”低下就成为经济结构低下的根本原因。“当一国家的要素存量中只有简单的劳动力，那么劳动密集型经济就是自然的选择。因此改变要素的质量和结构，才是提升产业结构的现实的、逻辑的前提。”[22]

综观深圳经济特区的发展历程，从以劳动密集型为特征的“三来一补”加工制造业的形成，到以资本、技术密集型为特征的高新技术产业的发展和自主创新理念的形成，再到以经济增长方式的转变来实现社会经济可持续发展模式的确立，都是在经历、创造辉煌与积累财富的同时，不断以科学发展的认知及和谐发展的理念来解决发展中存在的问题，这也是深圳这座城市为了发展进行的反思。或许正是这种不断自我革命的品格与精神，才使深圳这座以改革起家的城市在面临新时代新使命时，依然是推进“四个全面”战略布局，实现“五位一体”总布局，全力推进全面建成小康社会进程，率先实现两个百年奋斗目标的先行者、排头兵。

改革开放40年的今天，深圳已经步入了稳健发展的成熟时期。2017年，深圳经济总量比2016年增长8.8%（按可比价格计算）；经济总量从始建之初的1979年的1.96亿元上升到2017年的2.24万亿元，位居全国第三；人均GDP从1979年的606元上升到2017年的18.31万元，按2017年平均汇率折算为2.71万美元，居全国大中城市第一位。[23]可以说，深圳是沿着一条高速增长的轨道，把富裕带给了奋斗的人们。我们知道，GDP是社会发展的物质基础，但不可能是社会发展的最终目标。没有伴随着社会福祉的提升和人的自由发展的GDP和人均GDP的增长，只能是一个缺乏灵魂和人文关怀的单纯物质的增长。深圳经济特区的成长与发展不仅展示了全面发展与分享发展的真谛，也彰显转型中国的制度魅力。

无论从深圳经济特区的成功实践还是中国改革开放所取得的伟大成就的角度来看，香港地区都是一个极其重要的因素。改革开放40年来，在相当长时间里，香港都是祖国内地了解世界、学习市场经济、融入国际社会的最直接最便利的窗口。改革开放初期政府（主要是内地政府）提供政策，鼓励香港民间资本与内地自由往来，是香港与深粤乃至全国普遍采用、实施的合作模式，而且在相当长时间里引入港资、与港人合资以及港人独资也是内地与香港合作的基本的、主要的方式。2003年CEPA的实施，也主要向香港开放市场，以优惠的政策允许、鼓励港资参与内地市场竞争。1999年港澳投资占深圳实际利用外资的50.70%；2016年这一数据高达88.14%。[24]应该肯定，与香港资金、物质、商品、技术、人才等经济要素的往来，真正推动了内地，尤其是深粤区域改革开放的进程。这不仅加快了计划经济向市场经济转型的步伐，而且还带来了足以改变传统体制的来自竞争和市场经济的制度文化力量。任何时候我们都不能简单地把市场经济理解为技术、科学、工具、手段，因为从根本上说，市场经济是制度，是机制，是文明。

香港社会向我们展示的是被实践检验、证明过了的，不断被人们的试错教训所修正、完善过了的一套成熟的社会管理框架及行政运作程序。香港在管理社会的功能及效率上，在政府的决策规则及程序上，在官员的服务意识及法治观念上，在社会生活的民主及平等的价值取向上都具有一定的借鉴意义。香港的体制优势是一种有价值的资源。向先进制度学习，有助于克服、避免转型社会的政府由于自身的局限性而保守和低效率。比如，原有体制内的既得利益及传统意识形态会直接影响官员们在制度变迁过程中的选择偏好，而先进体制的示范则可以使人们在短期内迅速跳出传统意识形态的束缚，避开人的理性的局限性，从而提升对制度变迁的认知能力。再比如，转型社会的制度变迁过程中，常常会出现这样的情况：即使政府有心建立新的制度安排以使制度从不均衡恢复到均衡，但由于社会科学知识不足，政府也可能无法完成一项正确的制度安排。结果在利润最大化方面的短期努力会导致对持续无效活动的追逐（在制度制约给定时），而且即使它们会追求生产性活动，也可能会导致无法预期的结果。[25]所以向先进制度学习，既可以消除制度变迁的时滞，降低制度变迁的成本，减少制度变迁中的无形损耗，同时还可以使政府在制度变迁中走向成熟、理性并富有责任感和具有服务社会与民众的职业人价值取向。香港是一个成熟、完善、高度国际化的发达的市场经济地区，它向我们展示出来的是服务型政府的工作效率，民主、透明的议事、办事秩序，公平竞争的市场秩序，完善、普惠的社会保障机制。改革开放40年的今天，祖国的发展繁荣不仅惠及730万名香港居民，而且也在一定程度上提升了香港的区位竞争力。《2017年全球创新指数报告》（Global Innovation Index）显示，深圳—香港地区以4.1万项国际专利数排名全球第二。东京—横滨城市群以9.4万项排名第一，美国圣何塞—旧金山城市群（硅谷所在地）排名第三。[26]但是从某种意义上说，香港体制优势依然是我们深化改革可以利用的有价值的资源。尼采曾说："在哲学家中，没有比理智的诚实更为稀罕的了。"[27]人类社会的前进不仅需要勤奋与热情，还需要思考与理性。

第二，作为中国经济特区最典型、最成功的代表，深圳经济特区的地位是不可替代的。它不仅是真正意义上的中国改革开放的发源地，而且在相当长的时间里以自身的改革开放实践，引领中国改革开放的方向，并不断创造出足以影响亿万人观念的崭新思想。从中国制度变迁的路径选择和中国道路的实践来看，经济特区不仅是一座城市的概念，作为一座以率先改革开放进而崛起的城市，深圳也无疑应该被写入中国改革开放的史册之中。

时至今日，当人们谈到中国经济特区时，几乎就是指深圳。经历40年的改革开放，深圳在相当大意义上已经成为中国经济特区的代名词，成为中国经济特区一个辉煌的象征。作为计划经济向市场经济转型的"试验田"，深圳历史性地承担着改革、探索、示范的使命；作为对外开放的"窗口"，深圳坚定地承担着摸索、试错、寻找路径的使命；作为中国改革开放的"排头兵"，深圳又几乎与生俱来地承担着先行先试、敢闯冒险，创造、产生可推广、可复制的经验的使命。所以不仅在中国改革开放进程中的许多惊天动地的做法与经验是从深圳产生并被推广至全国的，而且许多改革与深化改革的实践也是由深圳率先去“干了再说”的。在中国改革开放相当长的时间里，为全国提供可复制的经验和可效仿的制度变迁路径是深圳经济特区特有的功能与使命，在中国社会迈向深化改革新时代的今天，在率先实现“四个全面”和“五位一体”的进程中，深圳作为最成功、最典型的经济特区，作为拥有自贸区和湾区双重身份与地位的经济特区，依然处于至关重要的率先制度创新的显著位置。

尽管40年后的今天，深圳特区并不是中国市场经济较发达的唯一地区，但率先走向社会主义市场经济的经历和身处对外开放窗口的区位优势，使今天的深圳依然具有对外开放最便捷的“窗口”地位。如果说改革开放之初，以示范效应在全国确立市场经济体系是深圳经济特区重要的功能与作用，那么改革开放40年后的今天，以不断的制度创新推动中国社会改革的深化，则成为深圳经济特区重要的历史担当。经济特区这种内在功能的演变，正是中国社会从以突破传统体制为目标的强制性制度变迁向以收获潜在利益为动机的诱致性变迁演变的标志。中国社会并没有从改革的时代走向发展的时代，以改革谋发展依然是中国社会保持前进动力的内在动因。但改革还没有真正完成，道路依然曲折漫长，作为中国社会实现现代化的一条行之有效的“捷径”，经济特区的使命仍在继续，任重而道远。

深圳经济特区作为最早实践社会主义市场经济的地方，不仅拥有40年改革开放的物质财富积累，还拥有40年改革创新的精神财富积累，更有在向国际惯例学习过程中积累下来的良好的社会规制，也拥有法律环境的积淀，这一切无疑都将成为深圳经济特区完成新的历史使命的得天独厚的物质与政治资本。当然，经济特区完成新时期的历史使命，还需要继续具备、保持某些特殊品质，如坚持改革的勇气、深化改革的魄力、实现改革的智慧、实施改革的艺术等。毫无疑问，最重要的还是拥有承担改革风险的大无畏精神和勇气。

尽管深圳几乎成为中国经济特区的代名词，但是它并不是中国经济特区的全部。随着中国社会改革的深入，新的特区，尤其是作为经验特区的拓展形式的自由贸易试验区、湾区的建立与形成，不仅证明了选择创办经济特区的方式来完成中国社会制度变迁并进而确立、发展、完善社会主义市场经济体系是正确的，而且还说明经济特区是中国实现现代化的一条有效路径，其本身就构成了中国道路的重要内涵，因此，我们既要把经济特区作为一座城市或一个行政区域的增长极来研究，还应该把经济特区作为一种制度安排来研究；我们既要研究经济特区的特殊性，又要研究经济特区的一般性。我们只有既走进特区，又超越某一具体的特区来研究特区，才能真正理解经济特区在中国改革开放和制度变迁中的地位与作用。

从严格意义上讲，经济特区是特殊政策的产物，当特区政策不复存在时，经济特区也就应该不复存在了。邓小平同志创办经济特区的初衷就是要使经济特区成为中国制度变迁的突破口、对外开放的窗口、市场经济的试验田。40 年过去了，经济特区不仅已经很好地完成了这一最初使命，而且星星之火，早已燎原。但是，由此我们就断言经济特区可以光荣地走进历史博物馆了，又未免太短视，太缺乏历史感了。我以为，经济特区的生命力源于中国道路的生命力，源于非均衡发展战略的路径选择，源于渐进式改革的实践模式的需要。如果说在社会主义市场经济体系在中国大地已经普遍确立的今天，经济特区还依然肩负着历史使命的话，那么这个使命就是要把这场关乎中国命运的改革开放的大业推向深入，进行到底。从这个意义上说，中国经济特区将贯穿于中国改革开放的全过程。同时，我坚信在新时代新使命的召唤下，经济特区作为改革开放的一面展示中国特色的旗帜，将绚丽地飘扬在历史的天空。

第三，无论从起因、功能、地位还是概念来看，中国经济特区与国外经济特区不是一个意义上的特区。尽管中国的改革开放是从经济建设入手的，但是对于改革开放的中国而言，经济特区的政治使命，或者说改革的使命，是其最大的使命，也是其最根本的使命；经济特区创建的政治意义更大于其单纯的经济意义；经济特区存在的改革意义更大于其单纯的增长意义。

经济特区并不是中国的发明，早在中国建立特区之前经济特区就已经存在了。通常国外学者用 Special Economic Zone 来表述经济特区，是指一个国家或地区在其关境以外划出一定区域，在这个区域内建设基础设施，实行免除关税等各种特殊的优惠政策，发展出口加工贸易、转口贸易，推动该地区和邻近地区贸易的发展，增加财政收入和外汇收入。从历史上看，早在13世纪随着商品经济的发展，欧洲一些国家的沿海城市就出现了现代自由港的先驱，如意大利的威尼斯、德国的汉堡。有学者将世界经济特区的产生和发展分为三个阶段：第一阶段是1228年至20世纪50年代，是自由港和自由贸易区在世界范围内的发展时期；第二阶段是20世纪50年代至70年代中期，是出口加工区在世界范围内出现和发展时期；第三阶段是20世纪70年代末至现在，是世界经济特区向科学化、综合化和跨国化发展的时期。[28]也有学者未从发展阶段对经济特区进行划分，而是指出，在国际上“经济特区”通常是一个宽泛的概念，在广义上涵盖了各类不同的园区，例如自由贸易区、出口加工区、工业园区、经济技术开发区、高新区、科技园、自由港、保税区和企业区等。[29]

可以说，作为特殊政策的产物，中国经济特区与国外经济特区并不是同一个意义上的经济特区。首先从产生的背景来看，中国经济特区并不是社会经济发展，尤其是国际贸易日渐兴起、繁荣的必然结果，而是社会经济濒临崩溃，穷变通久的产物。所以，尽管中国经济特区也具有自由港、自由贸易区、保税区、出口加工区、科技园区等，但是这些都是作为中国改革开放整体战略部署而产生、存在并发挥功能与作用的，而不仅仅为了扩大对外贸易这一单纯的经济目标。其次从功能与作用来看，正如前面所说，中国经济特区从它成立那天起就担负着结束一个时代同时又开启另一个时代的使命。它的产生是为中国社会转型寻找路径，它的发展是为中国制度变迁探索道路。它以降低改革的意识形态成本和试错成本的方式增加制度变迁的绩效，为社会转型提供可供效仿和复制的制度安排。最后从地位与意义上来看，它是特殊政策的产物，也是政治智慧的产物。作为特殊政策的产物，它与国外经济特区具有相同的属性。作为政治智慧的产物，则体现了中国经济特区的独特性。这种独特性就在于作为一种自上而下的强制性制度安排，它不仅带动社会经济发展，还引领一个国家全方位的改革方向。所以从某种意义上说，对中国社会而言，经济特区所承担的政治使命，或者说改革是最大的使命，从而也是最根本的使命；经济特区创建的政治意义大于经济意义；经济特区存在的改革意义大于增长意义。所以在中国改革开放的历史进程中，无论典型经济特区、最贴近国外经济特区概念的广义经济特区，还是经济特区的拓展形式，都不是单纯的经济现象，而是不同时期承担不同改革使命的行政区划。

其实，中外经济特区的差异，正是对中国经济特区发展史研究的一个有趣的关注点。一方面，中国经济特区以其功能、使命的独特性丰富了世界经济特区的类型及世界经济特区发展史；另一方面，不同于世界其他经济特区的中国经济特区的成功实践，又从理论和实践方面表明了，中国社会制度变迁路径选择的国别性和中国道路的独特性与可借鉴性。同时，对中国经济特区成功经验的研究还具有与世界分享智慧的现实意义。

三　经济特区与中国制度变迁路径选择的内在逻辑

从制度变迁理论和区域增长理论来看，无论典型经济特区、广义经济特区还是自贸区、湾区，都是在中国改革开放不同时期与阶段承担不同先行先试使命，从而实现国家整体发展战略的一项制度安排；都是实现社会转型的一个有效的路径选择；都是加速实现现代化的一条“捷径”；都是对中国道路实质与内涵的探索与丰富。这一发展轨迹，在不断形成中国经济区域增长极的同时，又逐步实现中国社会的均衡发展、协调发展与全面发展。典型经济特区到广义经济特区，再到经济特区的拓展形式的自贸区、湾区的建立与形成，正是“梯度发展”与“反梯度发展”路径选择的有机结合。这种有机结合不仅会以实践验证中国式的梯度发展与反梯度发展路径是富有制度绩效的，而且还会在深化改革的进程中，进一步证明中国社会制度变迁路径选择的正确性，诠释中国道路的独特性与创造性。

另外，从中国社会改革开放的逻辑起点和路径选择来看，非均衡发展是占主导地位的战略选择。但是，随着越来越多的各类特区的建立及市场经济的普遍建立与发展完善，威廉姆逊倒 U 形假说所预测的状况也逐渐显现出来，其中的理论逻辑既反映了中国社会制度变迁演进路径的现实逻辑，又构成了中国道路的理论机理。

马克思曾说："理论在一个国家实现的程度，总是取决于理论满足这个国家的需要的程度。"[30]40 年中国改革开放的实践证明，非均衡发展方式是经济发展不均衡的大国完成社会转型，从而实现全面发展的制度绩效最佳、成本代价最低的路径选择，尤其对于降低改革开放的试错成本和意识形态成本而言。如果说，当年以建立特区的方式开启中国社会的制度变迁主要在于降低改革开放的政治风险和试错成本，那么之后的各类特区的建立则更多的是以政策的力量培育经济增长极，并通过"回流效应"、"扩展效应"和"涓滴效应"的释放，以制度示范制度，以区域带动区域，以先行先试所形成、积累的增长极，逐步带动、实现社会的均衡发展与全面发展。

第一，当我们用区域经济发展理论来解释中国经济特区的功能与作用时，一方面，以深圳为代表的典型经济特区的辉煌成就、"集聚效应"和"扩散效应"有力地诠释了经济特区的功能、作用以及中国道路的机理与内涵；另一方面，中国社会制度变迁的独特时代背景，以及由此产生的制度变迁路径选择的独特性又构成了对区域发展理论的另一种诠释与补充。如自上而下的强制性制度变迁，使传统区域经济学理论中的"回流效应""扩散效应""涓滴效应"都以"中国式"机制非"经典"地展现出来。

按照斯德哥尔摩学派创始人、发展经济先驱之一岗纳·缪尔达尔（Gunnar Myrdal）的循环累积因果论，[31]经济发展过程在空间上并不是同时产生和均匀扩散的，而是从一些条件较好的地区开始的。一旦这些区域由于初始优势而比其他区域超前发展，则由于既得优势，这些区域就通过累积因果过程，不断积累有利因素继续超前发展，从而进一步强化和加剧区域间的不平衡，导致增长区域和滞后区域之间发生空间相互作用，并由此产生两种相反的效应：一是"回流效应"，即各生产要素从不发达区域向发达区域流动，使区域经济差异不断扩大；二是"扩散效应"，即各生产要素从发达区域向不发达区域流动，使区域发展差异得到缩小。在市场机制的作用下，"回流效应"远大于"扩散效应"，即发达区域更发达，落后区域更落后。

基于此，缪尔达尔提出了区域经济发展的政策主张，即在经济发展初期，政府应当优先发展条件较好的地区，以寻求较好的投资效率和较快的经济增长速度，通过扩散效应带动其他地区的发展，但当经济发展到一定水平时，也要防止循环累积因果造成贫富差距无限扩大，政府必须制定一系列特殊政策来刺激落后地区的发展，以缩小经济差距。

1. 在中国并不像缪尔达尔所言，率先改革开放是从一些条件较好的地区开始的，而是从计划经济最薄弱的不发达地区开始的。如改革开放之初的深圳，不过是个名不见经传的小渔村。但是，如前所述，它们的共同特点是改革成本低，又不怕失败的风险。

2. “回流效应”在相当长时间里，是作为改革开放政策的吸引力，而不是单纯的市场经济作用的结果而存在的。以深圳为例，就重要的生产要素——人力资本的流动而言，初始的吸引力并不来自要素价格本身，而来自特殊政策逐渐形成的有利于改革开放的宽松的制度文化环境。同理，最早外资的进入也并非完全由利润最大化驱动，而源自对改革开放政策的看好，对制度变迁所带来的未来巨大经济收益的良好而乐观的预期。同时，由于要素只有进入特区，才能获得特殊政策所带来的好处，因此不仅在相当长时间里率先改革的政策性“回流效应”大于单纯的经济引致的“回流效应”，而且“回流效应”所带来的区域发展差距，基本上是伴随着改革开放的步伐而开始逐步缩小的。从理论上说，只有市场经济普遍确立，要素才可能真正由政策性主导的流动偏好选择，逐步回归到由市场经济规律主导的流动偏好选择。[32]

3. “扩散效应”在相当大程度上不是作为原因，而是作为结果发生的。所谓作为结果是说，改革的进程和中央的整体战略部署在“扩散效应”中发挥相当大的主导作用，这也正是中国社会自上而下强制性制度变迁的特点所在。从理论机理上讲，随着先发展地区的发展，在“扩散效应”的作用下，各生产要素从发达地区向不发达地区流动，使地区发展差距得到缩小。但是在中国改革开放进程中，这种“扩散效应”一方面随着市场经济体制的普遍确立与日臻完善而形成，随着先发展地区产业的更新换代而释放，如当年广东的“腾笼换鸟”；另一方面又伴随着国家发展思路的调整和整体发展战略的区域布局的推进与拓展，如科学发展观及经济增长方式转变和供给侧结构性改革的提出与实施，如由沿海开放到沿边开放、自贸区及湾区经济带实施与拓展以及“一带一路”倡议的提出。

4. 从某种意义上说，“涓滴效应”作为改革开放的内容与路径，而不是发展后的结果在改革开放之初就已被战略性地制定了下来。“涓滴效应”是阿尔伯特·赫希曼不平衡增长论的重要观点，指在经济发展过程中并不给予贫困阶层、弱势群体或贫困地区特别的优待，而是由优先发展起来的群体或地区通过消费、就业等方面惠及贫困阶层或地区，带动其发展和富裕，从而更好地促进社会经济的增长。[33]中国改革的目标就是完成由计划经济向市场经济的转型，探索由普通贫穷走向共同富裕的道路。而实现后者的途径就是以改革的制度力量让一部分人先富起来。从土地上解放出来的大量农民涌入先发展地区，不仅构成了在中国改革开放进程中具有开创历史意义的独特的劳动大军——农民工，而且还成为“中国奇迹”创造的最具有价格优势的生产要素。可以说，这就是伴随改革开放进程的最有代表意义的“中国式”的“涓滴效应”。这一中国特色的“涓滴效应”首先在客观上给予人选择权利的可能，尤其是曾被传统的户籍制度牢牢束缚在土地上的农民以自由选择权利的方式，缩小城乡及区域之间的发展差距。同时，在给予农民选择权利的可能中，改变部分农民的生活状况。[34]

作为中国社会强制性制度变迁的正式制度安排，以深圳为代表的典型经济特区、以上海浦东为代表的广义经济特区、以自贸区为代表的经济特区的拓展形式，既以其自身的率先发展释放足以推动中国社会深化改革及现代化进程的“回流效应”、“扩散效应”与“涓滴效应”，同时又表现为不同发展时期、时点或阶段上，上述“效应”的结果与产物。它都在不断形成中国经济区域增长极的同时，逐步实现中国社会的均衡发展、协调发展与全面发展，从而探索、实践、验证、构建中国道路的理论机理。

第二，作为中国社会制度变迁的结果与中国道路的重要内涵，无论特区、开发区还是新区、自贸区，都在产生之初就成为独特功能的政策性增长极。同时，这些增长极功能的发挥，如以“扩散效应”实现梯度转移，并不是简单的发展后的自然释放，而更多地表现为市场机制基础之上的，为实现国家发展战略的政策性释放。市场选择与政策引力相作用、市场的力量与制度的力量相结合使中国社会经济发展呈现独特的轨迹与较高的速度。雄安新区的建立，不仅是梯度发展与反梯度发展路径选择的有机结合，也在深化改革的进程中诠释中国制度变迁路径选择的独特性与创造性。

梯度发展理论（梯度转移理论）认为：在区域经济发展次序上应优先支持和促进高梯度地区经济的发展，从而取得较高的经济效益，带动和促进低梯度地区经济的发展。[35]梯度发展理论还认为，区域经济的盛衰主要取决于产业结构的优劣，而产业结构的优劣又取决于地区经济部门所处的阶段，特别是主导产业专业化部门所处的阶段。如果区域主导专业部门是由处在创新阶段的兴旺部门组成的，则被列入高梯度区；反之，若由处在成熟阶段后期或衰老阶段的衰退部门组成，则属于低梯度区。同时，由于新产业部门、新产品、新技术、新的生产管理与组织方法等大多发源于高梯度地区，在扩散效应的作用下，其依顺序逐步由高梯度区向低梯度区转移。而梯度转移主要又是通过城镇体系逐步拓展实现的。威尔伯等人把这一生命循环论在区域经济学中的创造性应用形象地称为“工业区位向下渗透”现象。[36]

1. 正如中国社会经济增长极（典型经济特区、广义经济特区、经济特区的拓展形式）的产生、形成是政策产物一样，梯度转移的发生也更多地表现为政策或国家战略的结果。由特殊政策和区域要素禀赋共同培育出来的增长极，在与作为国家整体战略部署的梯度发展布局相结合的过程中，使不同的增长极在不同的发展时期，以不同的方式创造并承接梯度发展的链条与机遇。在国家整体发展战略布局的制度性安排下，中国社会梯度发展以十分惊人的速度裂变扩展开来。如 1984 年至 1986 年，国家在 14 个沿海开放城市建立第一批国家级经济技术开发区。之后，随着改革开放的推进和深化，根据国家不同时期发展战略的需要，作为广义经济特区的国家级经济技术开发区建设也从沿海地区向沿江、沿边和内陆省会城市、区域中心城市梯度拓展。国家级经济技术开发区作为梯度发展的原因与结果，也以其自身区域经济增长极的功能，成为从沿海到沿边开放以及西部大开发、东北老工业基地振兴、中部崛起等国家发展战略目标实现的重要支撑点，不断构建充分体现中国道路内在演进逻辑的区域经济的新版图。综观改革开放以来作为广义经济特区的国家级经济技术开发区的相继批复的历程，我们也可以从一个侧面看到中国经济梯度发展的独特轨迹。

2. 东南沿海区域带是中国经济的第一梯度区，最早的典型经济特区、广义特区皆产生于此。沿海区域对外开放的先天地缘优势客观上为先行先试、率先发展提供了内陆城市无法具备的可能，尤其是在改革开放初期。而典型经济特区和早期的新区、开发区作为中国区域经济的增长极，又不断以其产业结构、科技发展、综合管理水平和创新能力等优势，强化第一梯度区的实力和辐射力。中西部作为中国的第二、第三梯度区，在承接产业技术梯度转移的同时，也自然承接“转移”的足以促进改革开放和市场经济体系完善的非经济要素与资源，如崭新的理念、先进的文化和良好的社会规制等。我认为，这种意义上的“转移”在相当长时间里，还将继续贯穿中国梯度发展的过程。所以，梯度转移在中国不是一个单纯的区域经济概念，而是与市场经济体制普遍确立的推进、与改革开放向纵深发展的进程相伴随的过程。因此，从根本上说，对新时期社会主要矛盾的解决，对社会发展不平衡、不充分问题的缓解与逐步消除，同样不是单纯经济规律作用的结果，而一定是更加深刻的社会制度变迁和更进一步深化改革的收获。

3. 反梯度发展理论[37]认为，落后地区开发可以不依据现状顺序，而根据需要与可能，跳过发达地区，直接对不发达地区进行开发。如果从梯度转移理论来考察中国社会制度变迁的路径，则可以说是“梯度发展”与“反梯度发展”有机结合的策略选择。“梯度发展”是主导，尤其是在市场经济体制刚刚普遍确立的时期，而“反梯度发展”则是国家战略决策。“反梯度发展”体现了均衡发展、协调发展、分享发展的理念；它反映了自上而下强制性制度变迁的制度力量；它展示了在经济发展不平衡的人口众多的大国里，尽快消除区域发展差距的独特道路选择。“反梯度发展”在中国不仅表现为在经济相对不发达的地区直接建立政策性增长极，如 2010 年喀什、霍尔果斯新兴经济特区的建立，并以此促进落后地区经济超常规发展，而且还表现为非率先发展区域所建立的政策性增长极与率先发展区域已形成的政策性增长极一同先行先试的更强的制度创新功能。因此，从作为广义经济特区的国家级开发区和新区的时间布局上，我们就能清晰地看到“梯度发展”与“反梯度发展”相结合的制度安排轨迹，如雄安新区的建立就是一个非常有说服力的实证。这种反梯度发展的路径选择可以在市场经济并非优先发展的地区，以强制性的制度安排，推动制度创新，为超常规发展创造制度支撑环境。中国改革开放的实践，使梯度发展理论与反梯度发展理论有可能在国家整体发展战略中得以有机结合，并构成中国道路的一个组成部分。

第三，改革开放40年的今天，中国已经形成了由特区、国家级开发区、国家级新区、自贸区构成的，由局部到全局、由个别地区和城市到大城市群、由大城市群到区域经济带的被赋予了不同功能和使命的“政策高地”。一方面，这些由“政策高地”构成的几乎遍布全国的强劲的增长极，在梯度发展与反梯度发展结合效应的共同作用下，不仅形成了具有不同发展水平的核心—外围经济圈或经济带，而且还很有可能在比较短的时间里，使区域之间的发展较快地呈现威廉姆逊倒U形的趋势；另一方面，新兴特区、国家级新区、自贸区、湾区等不同政策性增长极形成的过程，又以独特的功能定位和所承担的特定的时代使命清晰地反映了中国社会全面深化改革的内在路径，使以经济改革为切入口的中国社会的制度变迁逐步从经济领域扩展到政治、文化、社会管理机制、法律法规等更广泛领域。如果说当年以深圳为代表的典型经济特区的重要功能就是成为计划经济向市场经济转型的试验田，推动、促进社会主义市场经济体制在全国的普遍确立，那么今天，作为经济特区拓展形式的自贸区、湾区的更重要的使命则是成为中国社会全面深化改革、全面协调发展、全方位改革开放的示范区。当然，政府的远见卓识和自我革命的能力将一如既往地决定中国社会制度变迁的绩效与中国道路的可持续性与探索价值。

美国当代经济学家约翰·弗里德曼（John Friedmann）在考虑区际不平衡较长期的演变趋势基础上，提出了与增长极理论和梯度发展理论相呼应的

“核心—外围理论”[38]。这一理论首先将经济系统的空间结构划分为核心和外围两部分，核心区是社会地域组织的一个次系统，能产生和吸引大量的革新；外围区则是另一个次系统，与核心区相互依存，其发展方向主要取决于核心区。核心区与外围区不仅共同组成了一个完整的空间系统，而且还共同构成了一个完整的二元空间结构。核心区发展条件比较优越，经济效益也比较高，处于几乎绝对的支配地位，而外围区发展条件则比较差，经济效益也比较低，处于被支配的地位，因此，在经济发展的初始阶段会出现生产要素从外围区向核心区的净转移，或者说只有“回流效应”，尚未产生“扩散效应”。这一时期社会经济的二元结构十分明显，表现为一种单核结构。然而，随着经济进入起飞阶段，单核结构逐渐在“扩散效应”和梯度发展的作用下，被多核结构替代。当经济进入持续增长阶段时，随着政府政策的干预，核心和外围的界限会逐渐消失，经济在全国范围内实现一体化。

弗里德曼进一步用熊彼特的创新思想来解释他的核心—外围理论的机理[39]：发展可以被看作一种由基本创新群最终汇成大规模创新系统的不连续积累过程。迅速发展的大城市系统通常具备有利于创新活动的条件。创新往往是从大城市向外围地区进行扩散的。核心区是具有较高创新变革能力的地域社会组织子系统，外围区则是根据与核心区所处的依附关系，由核心区所决定的地域社会子系统。核心区与外围区共同组成完整的空间系统，其中核心区在空间系统中居支配地位。弗里德曼非常强调核心区在空间系统中的作用。他认为，一个支配外围区重大决策的核心区的存在具有决定性意义，因为它决定了该地区空间系统的存在。任何特定的空间系统都可能不仅具有一个核心区，特定核心区的地域范围也将随相关空间系统的自然规模或范围的变化而变化。弗里德曼曾预言，核心区扩展的极限是最终达到全人类居住范围内只有一个核心区。

1. 弗里德曼的核心—外围理论，作为解释经济空间结构演变的模式，从理论机理上尝试说明一个区域如何由互不关联、孤立发展，变成彼此联系、发展不平衡，又由极不平衡发展变为相互关联的平衡发展的区域系统。在中国社会制度变迁的进程中，这一演进过程不仅速度惊人，而且又由于核心区域基本上就是行政核心区域，因此在中央的统一部署和自上而下的垂直领导下，一旦区域发展战略形成，作为子系统的外围区域——地方政府，就会以积极的制度安排促进国家整体战略部署下的核心—外围经济带发展与完善，核心与外围之间在定位认知方面的制度交易成本也不一致。我以为，所谓“中国是一切规则的例外”[40]在这里可以被解释为中国在人类社会发展进步的进程中，遵循普遍规律，走出自己的道路。如环珠江口珠三角经济圈、环长江口长三角经济圈和环渤海湾环渤海京津唐经济圈的形成，从发展轨迹来看基本上遵循常规的演进逻辑：首先形成经济增长极，“回流效应”加速增长极的自身发展和经济张力，“扩散效应”形成并促使梯度转移发展，梯度转移发展效应扩散，核心—外围经济带依次形成。但是从根本上说，把“政策增长极”作为前提与背景，没有“举国体制”的因素，即中央和地方政府强大而有力的资源调配、整合的能力与集中资源干大事的行政号召力、执行力，演进的时间会相对漫长，制度性交易成本也会增加，同时相应的各种机理的释放效应更会由于目标的分散而降低。

2. 众多发展中国家的实践证明，经济进步的巨大推动力将使经济增长围绕最初的出发点集中，增长极的出现（无论这个增长极是政策的产物，还是市场发展的自然结果）必然意味着增长在区域间的不平衡，这种不平衡是经济增长不可避免的伴生物，甚至还是实现整体经济发展的前提条件。无论处在经济发展的哪个阶段，进一步的增长总要求打破原有的均衡，非均衡增长既是增长的前提，又是增长的结果。中国社会发展的状况虽然也呈现相似的轨迹，但是，在政府不断出台的，旨在促进区域协调发展的政策和先行先试载体的强大作用，越来越呈现某些威廉姆逊倒“U”形假说状态。

威廉姆逊倒“U”形假说[41]预测：均衡与增长之间的替代关系依时间的推移而呈非线性变化。经济发展程度较高时期，增长对均衡是依赖，即当社会经济发展到一定阶段时，每一次发展不再是简单地对现有均衡的打破，均衡表现为继续发展的前提，发展阶段与区域差异之间存在倒“U”形关系。或许我们可以这样说，一方面，没有区域之间的均衡发展，很难实现社会的整体发展；另一方面，社会发展既打破原有均衡，又以均衡发展成为其向更高层次发展迈进的前提。从这个意义上讲，特区、开发区、新区、自贸区、湾区经济带既是非均衡发展的产物，又是均衡发展的结果与前提。作为非均衡发展的产物，它们释放经济增长极的功能与效应；作为均衡发展的结果与前提，它们在缩小区域之间的差距，展示社会发展经济水平，体现较高水平之上的经济增长对均衡的越来越显著的依赖关系。从中国改革开放的逻辑起点和路径选择来看，非均衡发展是占主导地位的战略选择，尤其是在改革开放初期。然而，自贸区、湾区等经济特区的拓展形式的出现，反映了中国社会从非均衡发展主导的战略选择向以均衡发展为主导目标的战略选择的过渡。然而这种过渡的到来，是建立在相当长时间的非均衡发展战略基础之上的。所以从中国改革开放 40 年发展历程来看，更确切地说，自贸区、湾区等经济特区的拓展形式的产生是中国社会呈现均衡发展态势的非均衡发展进程的结果。它们的使命是促进、实现社会的协调发展、均衡发展、共享发展、全面发展，但是作为经济特区的新时期的拓展形式，以非均衡发展的改革路径实现中国社会的均衡发展既是特区始终不变的历史使命，又是中国道路的重要内涵。

3. 无论“集聚效应”“扩散效应”，还是“梯度发展理论”、“反梯度发展理论”与“倒 U 形假说”，都既从理论上阐明了作为特殊政策产物的经济特区的功能机理，又从理论上解释了各类经济特区存在、发展、演进的内在逻辑。“集聚效应”很好地诠释了“政策高地”的改革开放与制度变迁的先行、先试的可能性；“扩散效应”从包括制度在内的全要素市场化流动的视角，给经济特区的“示范效应”以理论的诠释；“梯度发展理论”与“反梯度发展理论”不仅从理论上阐述了非均衡发展的现实意义，还更富有说服力地证明了在强制性制度变迁中，由国家战略主导的非均衡发展演进的制度绩效（如前面所谈到的“梯度发展理论”与“反梯度发展理论”的结合效应）；“倒 U 形假说”理论则从均衡与增长依时间的推移分析所有可能形成的替代关系，既阐明了非均衡发展的“工具性”，又阐明了非均衡发展的“目标性”。这一切向我们所展现的就是经济特区与中国社会制度变迁的内在逻辑及其理论机理。

经济特区既是中国社会制度变迁的起点，又是这一制度变迁的产物；它是中国社会制度变迁的路径选择，同时又展现了这一制度变迁的演进轨迹。它是中国社会实现现代化的一条捷径，同时又是中国道路的一个重要组成部分。非均衡发展是中国社会制度变迁遵循的理念，这一理念在降低改革开放成本和风险的同时，增加了改革开放的边际收益。改革开放不同历史时期承担不同使命的各类特区，作为政策创造的“增长极”，在不断以“集聚效应”和“扩散效应”推进制度变迁的同时，创造了越来越广泛的经济增长极，推动中国社会制度变迁向纵深展开，从而由非均衡发展走向在不断深化改革进程中，逐步解决发展不均衡、不充分问题的全面发展。

作为中国社会制度变迁的产物与路径选择，经济特区的使命仍在继续着。还有许多制度创新将在这里发生，许多有待实践的成功做法和经验将从这里继续复制至全国。更重要的是，许多探索与实践将在这里由政策变为制度安排，由制度安排成为法律法规，从而把“先行先试”变为建设现代化国家的制度力量。强大的国家与发达的市场是我们需要的，但法治社会是获得它们的前提；繁荣的国度与充满福祉感的民生是我们所期待的，但政府的远见卓识是实现它们的政治与制度保障。

参考文献

[1]《马克思恩格斯选集》（第 1 卷），人民出版社，2012，第 134 页。

[2] 黄磊：《打造湖北改革开放“新标杆”》，荆楚网，http：//focus. cnhubei. com/original/201701/t3771542. shtml。

[3]《邓小平文选》（第 2 卷），人民出版社，1994，第 140～153、143 页。

[4]《中国共产党十一届三中全会简介》，中国共产党新闻网，http：//cpc. people. com. cn/GB/64162/64168/64563/65371/4441896. html。

[5]《邓小平文选》（第 2 卷），人民出版社，1994，第 143 页。

[6] 王幸生、林海：《旗帜就是方向——为什么要始终高举中国特色社会主义伟大旗帜》，人民出版社，2008，第 41 页。

［7］《马克思恩格斯选集》（第 1 卷），人民出版社，2012，第 134～136、669、11 页。

［8］《深圳特区三十年：1984 年邓小平首次经济特区行》，凤凰网，http：//news. ifeng. com/mainland/detail_ 2010_ 08/21/204821/_ 0. shtml。

［9］吴南生：《经济特区的创立》，《广东党史》1998 年第 6 期。

［10］《邓小平关于特区三句话：中央没钱　可以给政策　自己杀出血路》，凤凰网，http：//finance. ifeng. com/news/history/jjsh/20081024/189724. shtml。

［11］《邓小平文选》（第 3 卷），人民出版社，1993，第 142 页。

［12］《深圳特区三十年：1984 年邓小平首项经济特区行》，凤凰网，http：//news. ifeng. com/mainland/detail_ 2010_ 08/21/204821/_ 0. shtml。

［13］《邓小平文选》（第 3 卷），人民出版社，1993，第 51 页。

［14］《邓小平文选》（第 3 卷），人民出版社，1993，第 239 页。

［15］《邓小平文选》（第 3 卷），人民出版社，1993，第 372 页。

［16］王曙光：《转轨经济的路径选择：渐进式变迁与激进主义》，《马克思主义与现实》2002 年第 6 期。

［17］苏东斌、钟若愚：《中国经济特区的时代使命》，《深圳大学学报》（人文社会科学版）2010 年第 3 期；该文作者认为中国经济特区为中国社会发展做出了四大历史性贡献，包括：贡献了一个“新体制”；贡献了一条“新道路”；贡献了一种“新精神”；验证了一个“大理论”。我基于以上观点进一步进行解释，并做出了精细的总结与阐明。

［18］陶一桃、鲁志国：《经济特区与中国道路》（总论），社会科学文献出版社，2017，第 10、23 页。

［19］陶一桃、鲁志国：《中国经济特区史论》，社会科学文献出版社，2008，第 99 页。

［20］陶一桃、鲁志国：《经济特区与中国道路》（总论），社会科学文献出版社，2017，第 10、23 页。

［21］陶一桃、鲁志国：《中国经济特区史论》，社会科学文献出版社，2008，第 99 页。

［22］樊纲：《中国经济特区研究》，中国经济出版社，2009，第 19～20 页。

［23］1979～2016 年深圳 GDP、人均 GDP 数据来自《深圳统计年鉴 2017》，2017 年深圳 GDP、人均 GDP 数据来自深圳市统计局网站，http：//www. sztj. gov. cn。

［24］1999 年、2016 年深圳实际利用外资与港澳投资数据来自《深圳统计年鉴 2017》。

［25］〔美〕道格拉斯·诺斯：《制度、制度变迁与经济绩效》，刘守英译，上海三联书店，1994，第 9 页。

[26]《2017 年全球创新指数报告》，世界知识产权组织（WIPO）。

[27]〔德〕弗里德里希·尼采：《权力意志——重估一切价值的尝试》，张念东、凌素心译，商务印书馆，1991，第 590 页。

[28] 钟坚：《入世后中国经济特区前途问题探讨》，《经济学动态》2002 年第 5 期。

[29] FIAS, Special Economic Zones: Performance, Lessons Learned, and Implications for Zone Development (Washington, D. C.: World Bank, 2008); Douglas Zhihua Zeng, Building Engines for Growth and Competitiveness in China: Experience with Special Economic Zones and Industrial Clusters, World Bank, 2010.

[30]《马克思恩格斯选集》（第 1 卷），人民出版社，2012，第 11 页。

[31] Gunner Myrdal, *An American Dilemma: The Negro Problem and Modern Democracy* (New York: Harper & Row, 1944); Gunner Myrdal, Economic Theory and Underdeveloped Regions (Gerald Duckworth, 1957).

[32] 陶一桃：《雄安新区与中国道路》，《深圳大学学报》（人文社会科学学报）2017 年第 4 期。

[33] Hirschman A. O., The Strategy of Economic Development (Yale: Yale University Press, 1958).

[34] 陶一桃：《雄安新区与中国道路》，《深圳大学学报》（人文社会科学学报）2017 年第 4 期。

[35] R. Vernon, "International Investment and International Trade in the Product Cycle," *The Quarterly Journal of Economics*, 1966, No. 80, pp. 170－207.

[36] 高洪深：《区域经济学》，中国人民大学出版社，2014，第 125 页。

[37] 张秀生、卫鹏鹏：《区域经济理论》，武汉大学出版社，2005，第 60～61 页。

[38] John Friedman, *Regional Development Policy: A Case Study of Venezuela* (Cambridge: MIT Press, 1966).

[39] 鄢洪斌、袁媛：《城乡经济联系与互动理论及其启示》，《西南民族大学学报》（人文社科版）2004 年第 7 期。

[40]〔英〕伯特兰·罗素：《怀疑论集》，严既澄译，台北振文出版社，1984，第 8 页。

[41] J. G. Williamson, "Regional Inequality and the Process of National Development: A Description of the Patterns," *Economic Development and Cultural Change*, Vol. 13, 1965, pp. 3－45.

陶一桃

2019 年 1 月 20 日于深圳大学荔园

总 报 告

General Report

B.1 2018年中国经济特区发展年度报告

陶一桃 李 猛*

摘 要： 现阶段，我国经济特区的发展到了一个阶段转换的“历史节点”：高速增长要向高质量发展转变，粗放型增长方式要向创新驱动增长方式转变。相应地，中国经济特区的发展也将面临从“大”到“强”的挑战。进入新时代的经济特区，要在这个条件下完成自身发展方式的阶段转换，探索最适合新时代的“发展观”——从“富起来”走向“强起来”。其不仅要关注经济增长，同时还要关注环境保护、创新能力、科技与文化等方面。在未来3~5年，应时刻关注各种影响经济高质量增长的因素在总量和结构方面的表现。经济特区的宏观调控不仅需要注意总量问题，还要注意结构性问题，不断提升经济特区的国际综合竞争

* 陶一桃，深圳大学原党委副书记兼纪委书记、中国经济特区研究中心主任、教授、博士生导师；李猛，深圳大学经济学院统计系主任、教授、中国数量经济学会理事。

力，助推经济结构在更高层次发展。

关键词： 高质量发展 环境保护 创新能力

本报告是上年度中国经济特区发展报告的延续，力图展现中国经济特区发展的最近情况。同时本报告为了与上年度报告相承接，采用了与上年度报告基本相同的写作框架和数据分析指标。

一 2018年经济特区发展的基本背景

党的十八大之后，习近平总书记做出了“改革不停顿 开放不止步”的指示；党的十九大之后，再次做出“中国改革开放永不停步”的宣示。这一宣示有着鲜明的时代背景。

现阶段，我国经济特区的发展到了一个阶段转换的“历史节点”：高速增长要向高质量发展转变，粗放型增长方式要向创新驱动增长方式转变。相应地，中国经济特区的发展也将面临从“大”到“强”的挑战。这个由大到强的新征程展开的时候，恰逢以云计算、大数据治理、人工智能、物联网和区块链等融合升级为代表的新一轮科技浪潮席卷全球，并且正在越来越广泛、深入地被应用到商业和智能制造上，这将是一次深刻改变现代工业体系的产业革命。进入新时代的经济特区，要在这个条件下，完成自身发展方式的阶段转换，甚至在新的历史条件下重新审视、重新“整理”已有的关于发展的理念，探索最适合新时代的“发展观”——从“富起来”走向“强起来”。其需要关注的不仅是经济增长速度这一个方面，同时还应关注环境保护、创新能力、科技与文化等很多方面。

2018 年我国经济特区的宏观经济总体运行情况基本平稳，经济社会改革发展取得了显著的成绩，但是必须清醒地认识到，“国际国内形势发生广泛而深刻的变化，改革发展面临新形势、新任务、新挑战”。其中，新发展观包含丰富的内涵以及阶段的变化，不再能被“化简”成某一维度，而是由追求一个目标变成关心多个目标。在新时代，经济特区首先要学会“不可化约地”“立体地”理解发展，学会对诸多目标的全面考虑与平衡。

在这一时代背景下，经济特区“探路者”的使命没有变。一方面，在供给侧结构性改革等一系列深化改革的重大课题上，还要继续“敢闯敢干”“先行先试”，为全国提供可以借鉴的经验；另一方面，在下一波“万物互联、万物智能”的浪潮里，经济特区正在迅速转型，必将继续引领中国从传统的“中国制造”转变成全新的“中国创造”。

二　经济特区进展与评述

（一）经济特区在中国社会经济发展等诸多方面进一步推进和深化改革

1. 产业绿色构建的进展

在资源有限、土地成本上升、环境承载力有限和环保成本上升的综合压力下，经济特区中的不少制造业企业有迁往其他地区和国家的市场行为，从而使经济特区产业结构整体趋向服务业化。但是不可否认，在产业绿色构建中，不仅市场发挥了作用，政府的积极主动引导也是特区产业绿色重构的重要经验。中国经济特区产业绿色转型体现在其产业政策之中，特区政府对一些绿色和环保友好型产业进行扶持，对一些褐色和对环境有污染的产业进行禁止和限制，同时，政府通过产业政策扶持一些企业改进其环保设备和技术，减少其对环境的负面影响。

（1）规划现代产业体系

从课题组对中国经济特区近几年的跟踪报告看，特区政府出台了不少规划来构建自身的现代产业体系，以产业结构调整实现产业绿色转型。具有代表性的产业规划涉及支持高新技术产业和现代服务业发展、支持传统产业转型升级等。

从2017年五大经济特区出台的产业规划看，五大经济特区根据自身的产业特点出台相应的产业规划，例如，深圳新一代信息技术和互联网的规划、海南省旅游业的规划等。另外，特区对产业的领先领域均有一定的共识，除海南之外，其他几个特区的产业规划均有不同程度的重合，特别是新一代信息技术产业，其是现代产业体系调整的重要内容。2017年，深圳、珠海和海南均出台整体规划，定位较为明确，而厦门和汕头出台的产业规划更多地偏向具体领域。从2017年五大经济特区产业规划的领域看，其都是高附加值、高科技和低污染的产业，这就是五大经济特区中政府规划对产业绿色重构的重要意义所在（见表1）。政府对绿色产业的长期规划、扶持减少了市场对绿色产业未来不确定的负面影响，增加了企业家投身绿色产业的热情，从而促进产业绿色转型。

表1　2017年五大经济特区出台的产业规划的政策解读

经济特区	产业规划的政策解读
深圳	创新驱动引领区、绿色发展样板区、普惠发展示范区 七大战略新兴产业:新一代信息技术、互联网、新材料、生物医药、新能源、节能环保、文化创意产业 四大未来产业:海洋产业,航空航天,机器人,可穿戴设备和智能装备、生命健康
珠海	以有活力的新兴高潜产业为引领、以有体量的先进制造业和有品质的现代服务业为支撑、以有品牌的现代都市农业为特色的“四有”产业体系;新兴产业:新一代信息技术、生物医药、智能制造、海工装备、轨道交通、通用航空、新能源汽车、游艇
厦门	加强VR/AR产业与传统产业结合;打造国际化创新城市;大力发展物联网产业,创新物联网在城市发展各领域的应用,构建物联网智慧城市
汕头	加快发展先进制造业,重点发展高端装备制造、新一代信息技术、生物医药、节能环保、新材料等优势产业,培育发展新能源、绿色低碳、数字经济、海洋经济等潜力产业,构建产业体系新支柱
海南	生态环境、经济特区、国际旅游岛,2030年建成世界一流国际旅游目的地

资料来源：《深圳市可持续发展规划（2017—2030年）》《深圳市战略性新兴产业发展“十三五”规划》《珠海市现代产业体系规划（2017—2025年）》《厦门市VR/AR产业发展规划（2017—2022年）》《厦门市物联网产业发展规划纲要（2017—2025年）》《汕头市战略性新兴产业十三五规划》《海南省旅游发展总体规划（2017—2030）》。

（2）注重研发投入及创新产出

科技创新能力的强弱与产业绿色转型能力息息相关，整体而言，五大经济特区均在强化自己的科技创新能力。本部分将从资金、人才、企业等方面阐述2017年五大经济特区在科技创新方面的举措。

在研发投入资金方面，2017年五大经济特区中，深圳的全社会研发投入达到900亿元，占GDP比重达到4.13%（见图1），同比增长0.03个百分点。珠海市和厦门市的全社会研发投入同比减少0.03个百分点，汕头保持同一水平，而海南省则增长0.06个百分点。深圳市的全社会研发投入以及占GDP比重均遥遥领先其他特区。同时，深圳市的专利申请数量也遥遥领先其他特区。同2016年相比，深圳、珠海、汕头及厦门的专利申请数量均增长，其中汕头市专利申请数量急剧增长，从407件增长到14463件（见图2）。

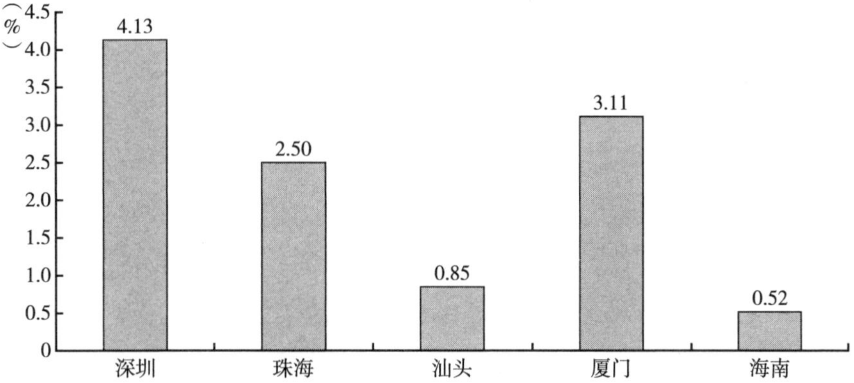

图1 2017年五大经济特区全社会研发投入占GDP比重

资料来源：《深圳统计年鉴2017》《2017年珠海市国民经济和社会发展统计公报》《2017年汕头国民经济和社会发展统计公报》《厦门市2017年国民经济和社会发展统计公报》《2017年海南省国民经济和社会发展统计公报》。

（3）加大对人才的扶持力度

在人才引入方面，五大经济特区加大了对人才吸引的优惠政策力度，因为人才是科技创新和绿色转型的第一发展动力。2017年，深圳市拥有各类专业技术人员153.80万人，同比增长6.7%。为了应对生活成本上升的压力，经济特区政府纷纷出台各种人才补贴政策，针对高层次人才补贴力度均加大（见表2）。2017年，珠海市通过人才优先引进、留学人员创业资助等措施，新引进国家“千人计划”专家43名，累计达93名，均居全省地级

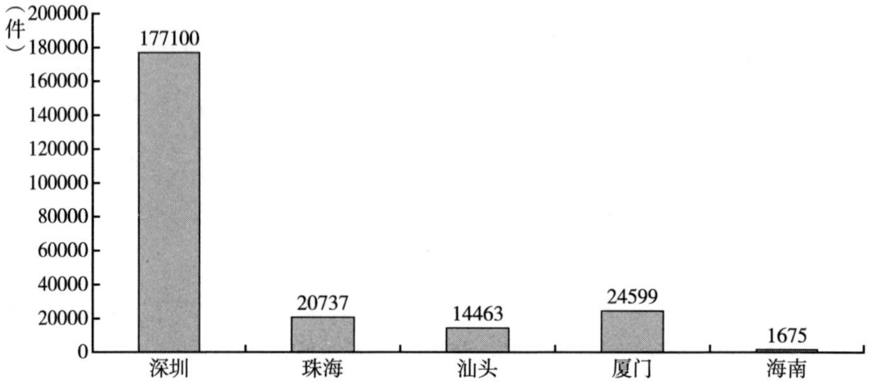

图 2　2017 年五大经济特区专利申请数量

资料来源：《深圳统计年鉴 2017》《2017 年珠海市国民经济和社会发展统计公报》《2017 年汕头国民经济和社会发展统计公报》《厦门市 2017 年国民经济和社会发展统计公报》《2017 年海南省国民经济和社会发展统计公报》。

市首位。2017 年，厦门市的国家“千人计划”人才增长至 102 人，并有 40 人入选国家创新人才推进计划。2017 年，海南省启动高层次人才引进计划。

表 2　五大经济特区高层次人才引进计划及补贴额度

经济特区	高层次人才引进计划	补贴额度
深圳	孔雀计划 后备级人才	两院院士和杰出人才奖励补贴标准为 600 万元；A 类人才为 300 万元，B 类人才为 200 万元，C 类人才为 160 万元
珠海	英才计划	顶尖人才为 600 万元，一类人才为 200 万元，二类人才为 140 万元，三类人才为 100 万元
汕头	金凤计划	两院院士和国家“千人计划”人才的生活补助每人每年不超过 100 万元，同时给予新引进的人才 100 万元购房补助。省领军人才、市领军人才的生活补助每人每年不超过 50 万元，资助期为 3 年；同时给予新引进的人才 50 万元购房补助
厦门	双百计划	给予引进的海外高层次人才每人 100 万元补助
海南	百人专项计划	大师级人才（人才公寓不超过 200 平方米）、杰出人才（人才公寓不超过 180 平方米）、领军人才（人才公寓不超过 150 平方米）、拔尖人才（住房租赁补贴 5000 元/月，累积发放不超过 36 个月）、其他类高层次人才（住房租赁补贴 3000 元/月，累积发放不超过 36 个月）

资料来源：《高层次专业人才认定》《海外高层次人才确认》《关于实施“珠海英才计划”加快集聚新时代创新创业人才的若干措施（试行）》《厦门市引进海外高层次人才暂行办法》《关于加快建设海西人才创业港，大力引进领军型创业人才的实施意见》《2017 年海南省高层次人才引进计划（“百人专项”）申报公告》。

企业在绿色转型中发挥了根本的作用，五大经济特区均十分注重对绿色企业的培育，特别是对高新技术企业和现代服务业企业的培育和扶持。2017年，深圳市国家高新技术企业新增2000家（见图3），累积已经超过1万家。2016～2017年，深圳市的国家高新技术企业数量呈现快速增长趋势，2016年增加2513家，表明深圳市高新技术企业进入快速发展时期，是深圳市产业绿色转型的一个重要标志。在其他四大经济特区中，珠海市2017年新增国家高新技术企业数量是汕头的3倍多，是厦门的4倍多，海南省在新增国家高新技术企业方面仍然落后于其他经济特区。

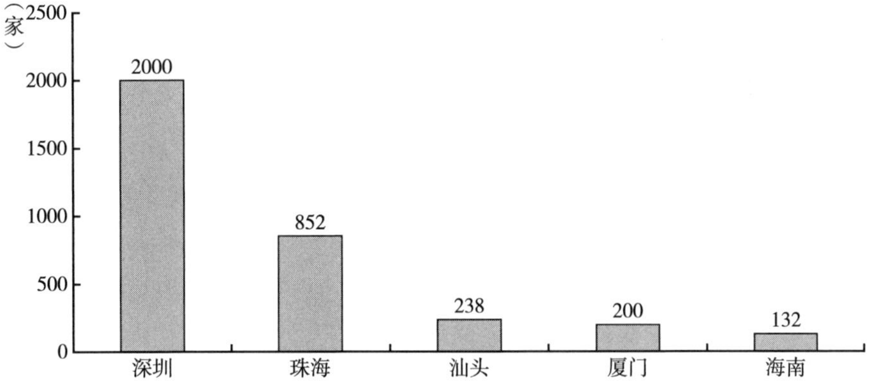

图3　2017年五大经济特区新增国家高新技术企业数量

资料来源：《深圳统计年鉴2017》《2017年珠海市国民经济和社会发展统计公报》《2017年汕头国民经济和社会发展统计公报》《厦门市2017年国民经济和社会发展统计公报》《2017年海南省国民经济和社会发展统计公报》。

2017年，五大经济特区的高新技术产业及现代服务业增加值均呈现高速增长态势。在高新技术产业增加值增长率方面，珠海市增速达到17.80%，居首位，厦门排名最后。在现代服务业增加值增长率方面，汕头最高，海南次之。

2. 文化要素层面的进展

2017年是“十三五”规划实施的重要一年，国家自年初就不断出台相关细分领域的文化政策与法规文件，包括《国家“十三五”时期文化发展改革规划纲要》、《国家文物事业发展“十三五”规划》、《“十三五”时期文化旅游提升工程实施方案》、《“十三五”时期繁荣群众文艺发展规划》、《关于实施中华优秀传统文化传承发展工程的意见》、《战略性新兴产业重点产品和服务指导目录》(2016 版)、《文化部关于推动数字文化产业创新发展的指导意见》、《文化部“一带一路”文化发展行动计划（2016—2020 年)》等。在政府政策的大力支持下，文化产业以领先 GDP 平均增速的姿态高歌猛进。以“互联网 +”“数字创意产业”为代表的新兴业态展现出良好的发展势头与前景。

“十三五”期间，深圳在文化产业发展方面持续做出详细的规划指导。2016 年 11 月，《深圳市文化发展“十三五”规划》在《深圳文化创新发展 2020（实施方案)》《关于加快构建现代公共文化服务体系的实施意见(2016—2020 年)》的基础上，秉承“文化立市”的宗旨，为实现成为与科技、产业创新中心相匹配的文化强市的目标添砖加瓦。2017 年全市文化创意产业增加值为 2243.95 亿元，同比增长 14.5%，文化产业俨然成为深圳经济的支柱产业之一。作为全国第一个文化产业增加值过千亿元的城市，深圳不断寻求文化产业进一步发展的方向。近年来，深圳市政府通过调整文化发展战略，持续推动深圳文化产业保质保量发展，描绘现代化国际化创新型城市的美好愿景、未来世界级“创新之都”的崭新蓝图。

珠海一直以大力发展高端服务业为举措推进城市经济发展。作为高端服务业的组成部分，文化旅游业、文化休闲产业、影视产业、数字内容产业、创意设计产业、文化制造产业是目前珠海高度重视的六大文化产业重点发展门类。自《珠海市“十三五”文化创意产业发展规划》2016 年发布以来，珠海文化产业以六大产业为主导，推动各片区依靠自身产业优势、文化资源、现有重点项目进行差异化发展，形成产业集聚、取长补短、特色鲜明的文化产业布局。由于具备优厚的旅游资源，文化旅游一直是珠海文化产业的重点发展门类。根据珠海市统计局数据，2017 年珠海共接待入境旅游人数 499.46 万人次，同比提升 1.5%。其中，外国人数为 62.93 万人次，较 2016 年有些许下降。珠海旅游业 2017 年实现收入 367.7 亿元，增长 16.0%；与此同时，全年居民消费价格指数总水平上涨 0.8%，教育文化和娱乐类价格微涨0.5%。[①] 以上数据表明，2017年珠海年度主要经济目标均顺利完成，经济运行情况良好。珠海市政府近年来持续对文化产业进行扶持，2017年一般公共预算支出为493.89亿元，增长18.4%。其中，文化体育和传媒支出为7.70亿元，同比提升22.3%，略高于平均值。

2017年，厦门市经济社会发展稳中有进。根据厦门市统计局统计数据，厦门2017年实现地区生产总值4351.18亿元，按可比价格计算，较2016年增长7.6%，其中，第三产业增加值为2512.03亿元，较2016年提升近8%[②]，略高于第二产业，以服务业为代表的第三产业已经逐步成长为厦门经济的支柱产业。厦门市自2010年起将文化创意产业列为战略性新兴产业和十大千亿元产业链之一进行重点培育扶持。“十二五”期间，厦门市文化产业形成了自己的特色，维持年均产值增长15%以上的速度，产业增加值占GDP比重稳步提升，并逐渐优化结构，提升发展质量。经过近十年的发展，全市文化创意产业逐步发展成熟，并处于上升态势。2017年上半年，厦门有“五个一批”文化创意类项目93个，总投资为704亿元，2017年全市文化创意产业实现营业收入901.96亿元，同比增长16.34%，为厦门市经济发展提供较大的推动力，可以说已经成为厦门经济发展的支柱产业。

2017年汕头国民经济发展稳健，以“四个支持、三个支撑、两个走在前列”的战略部署为指导，取长补短，着力于突破汕头长期以来的经济发展瓶颈，全市实现地区生产总值2350.76亿元，同比上升9.2%，高出广东省经济增长速度1.7个百分点。[③] 各行业中，现代服务业发展提速，实现增加值511.36亿元，同比大幅提升14.4%。民营经济收获增加值1685.64亿元，增长10%。近几年来，汕头也是唯一一个经济发展进入广东省前十名的粤东城市。作为粤东地区经济较为发达的城市，汕头充分利用自身地域条

---

① 《2017年珠海市国民经济和社会发展统计公报》，珠海特区报网站，http://www.cnepaper.com/zhtqb/html/2018-03/28/content_10_1.htm。

② 《厦门市2017年国民经济和社会发展统计公报》，厦门市人民政府网站，http://www.xm.gov.cn/zfxxgk/xxgkznml/gmzgan/tjgb/201803/t20180323_1862832.htm。

③ 《2017年汕头国民经济和社会发展统计公报》，汕头市统计局网站，http://www.st.gov.cn/tjj/tjgb/201803/87a62df0973c426087e59e2b7e6f637a.shtml。

件，逐步完善城市文化产业体系，并借此推动传统产业逐步完成升级转型。近年来，汕头市文化产业创造了可观的经济效益，在广东省位居前列，文化产业增加值占 GDP 比重也在逐年提升。

2017 年，文化产业作为海南省重点发展的十二个产业之一，在政府推进文化体制改革，加大政策扶持力度的相应措施下取得了新的进步。2017 年，全省文化及相关产业法人有 4088 家，比 2016 年增长 18.2%，增速比 2016 年高 7.6 个百分点，企业规模不断扩大；期末从业人员为 74476 人，比 2016 年增加 685 人，就业人数有所增加；实现营业收入 293.88 亿元，比 2016 年同期增长 14.8%，增速比 2016 年高 6.7 个百分点，呈快速发展态势；资产总计 1128.81 亿元，比 2016 年同期增长 11.5%，增速比 2016 年高 2.1 个百分点，资产总计逐年增长。① 总体而言，海南文化产业由“三上”企业带动，营收占比逐渐提升，同时以“互联网 +”为代表的新兴业态发展迅猛，经济与社会效益逐渐明显。

3. 创新层面的进展

2017 年是在中国经济增速放缓的背景下，通过创新引领经济转型承压的重要年份，经济特区的创新发展总体呈现分化的特征。

（1）在金融空转的情况下，地方财政成了推动创新发展的最重要外生动力。从五个经济特区来看，由于财政预算充裕，财政科技投入规模较大、投入方式较科学，深圳市的创新发展在 2017 年仍然保持了较好的势头。2017 年，深圳实现财政科技支出 172 亿元，同时财政出资 50 亿元组建天使投资引导基金，重点扶持以科技为核心的战略性新兴产业和未来产业相关创业项目，直接支持科技创新的财政资金超过 200 亿元，而通过政府引导基金撬动的创新创业基金超过 3000 亿元。在深圳之外的其他四个特区中，厦门是财政科技投入最多的，其中直接的财政科技支出为 19.8 亿元，与创新相关的产业链建设与科创平台建设分别投入 37.8 亿元和 19 亿元，与深圳的差

① 《海南文化产业发展的喜与忧——2017 年海南文化及相关产业统计分析报告》，海南省统计局网站，http://stats.hainan.gov.cn/tjfx/jdfx/201808/t20180830_2740834.html。

距非常明显。基础性研究原本就需要大量财政资金的支持，在金融市场健康运转的情况下，社会资本会出现从应用型创新领域向基础性创新领域外溢的现象，而在金融市场出现问题之后，资本会涌向泡沫化资产甚至在金融体系内部空转，从而对创新投资产生严重溢出。在此情况下，地方财政的投入程度与投入效率成了推动创新发展的重要外生动力。

（2）现有特区的物理形态对于推动创新发展在功能层面的作用已不明显。由于“先行先试”与“由点及面”相结合的经济特区扩散模式，中国创造了丰富的功能性特区形态，包括自由贸易区、出口加工区、自由港、保税区、工业园区、经济技术开发区、高新区、科技园等①。这些特区形态分别嵌入经济特区之中，承担各种经济功能，其中，以经济技术开发区、高新区、科技园为主的特区物理形态承担部分创新发展的功能，但必须指出的是，从各地的实际情况来看，做大 GDP 才是这些园区的主要职能，创新发展只是附带产物。在国家创新发展战略的指引下，很多地区开始有意识地强化经济技术开发区、高新区、科技园的创新职能，这一现象在创新能力基础相对薄弱的经济特区身上表现得比较明显，比如，珠海、汕头与海南，但从实际效果来说，强化传统园区的创新职能对实际创新发展的引领作用并不明显。与此相反的是，深圳与厦门并未过分依赖现有园区的物理形态实施创新活动，而是根据创新创业活动的规律，大力发展创业苗圃、孵化器、加速器、科技园区多层次创新载体，实现创新体系的全流程化，逐渐形成创新的内生动力，对创新发展的推动作用显著。

（3）经济特区创新发展的可持续性依赖创新人才的持续性供给。从全球的历史经验来看，创新发展的可持续性由人才的不断创新活动得以维系，人才所在的创新空间与整体创新机制对人才的创新活动产生刺激。美国的持续创新能力得益于二战期间大批流亡到美国的科学家所构建的人才基础，美国的高校及鼓励创新的社会体系不断激励人才进行创新活动。在中国经济增速放缓的背景下，几乎所有经济特区的创新发展活动

① 张扬：《推广特区经验助力一带一路建设》，《中国社会科学报》2018 年 5 月 23 日。

都受到了不同程度的影响，只有深圳的创新创业活动仍然如火如荼，表现出极强的韧性，根本原因同样在于创新人才的持续性供给。不同于很多地区的人才培养本土化，深圳的人才主要源于外部引进。深圳同样出台了大量吸引人才的优惠政策，其他经济特区却没有表现出对人才的持续吸引力，抛开福利待遇、地缘优势等因素，深圳完备的产业链对于创新人才、科创团队、国际创新机构的吸引力是根本性原因。目前，深圳、珠海、汕头正掀起建设高水平高校的热潮，其中尤以深圳投入巨大，这些高校的创新能力逐渐释放出来时，将对以上经济特区的创新发展提供可持续性保障。

4. 生态资源要素层面的进展

（1）根据五大经济特区物质资源投入总量指标（DMI）的变化情况，报告将2017年五大经济特区DMI由低到高排序：珠海最低，仅为1127.5万吨；接着是厦门，达1172.2万吨；深圳、汕头、海南分别是1412.9万吨、1565.3万吨、5353.1万吨。同理对人均DMI进行排序，依次为深圳（1.13吨）、汕头（2.79吨）、厦门（2.92吨）、海南（5.78吨）、珠海（6.39吨）（见表3）。

表3　2017年五大经济特区DMI及人均DMI等的情况

经济特区	DMI（万吨）	人均DMI（吨）	资源生产率（元/吨）	GDP（亿元）	年末常住人口（万人）	人均GDP（万元）
海南	5353.1	5.78	8336.341	4462.54	925.76	4.82
深圳	1412.9	1.13	138989	19638	1252.83	15.67
厦门	1172.2	2.92	37118.76	4351.18	401	10.85
汕头	1565.3	2.79	15018.31	2350.76	560.82	4.19
珠海	1127.5	6.39	22747.75	2564.73	176.54	14.53

注：GDP及人均GDP以2000年不变价计算。

资料来源：根据本报告物质流分析框架及相关数据计算整理得出。

鉴于年末常住人口、GDP、化石燃料消耗量等数据在2017年统计年鉴校验时有所调整，个别经济特区相关数据在处理时存在误差，本报告据此对五大经济特区2016年的DMI、人均DMI等进行修订（见表4）。

表4　2016年五大经济特区DMI及人均DMI等调整修订后的情况

经济特区	DMI（万吨）	人均DMI（吨）	资源生产率（元/吨）	GDP（亿元）	年末常住人口（万人）	人均GDP（万元）
海南	5229.29	5.70	7734.34	4044.51	917.13	4.41
深圳	1601.28	1.34	121731.29	19492.60	1190.84	16.37
厦门	1214.75	3.10	31152.58	3784.25	392.00	9.65
汕头	1547.93	2.77	13440.77	2080.54	557.92	3.73
珠海	1115.59	6.66	19956.89	2226.37	167.53	13.29

资料来源：根据2017年各特区统计年鉴数据进行调整修订和重新计算得出。

（2）五大经济特区2016年DMI构成对比情况（见表5）显示，化石燃料、金属矿物质、非金属矿物质普遍占比较高。其中汕头化石燃料占物质资源总投入的48.1%，为各特区之首，金属矿物质、非金属矿物质消耗量也保持相对高位水平，这与汕头快速工业化的实际情况相吻合。相比之下，海南金属矿物质消耗量最低，仅占8.79%；化石燃料、非金属矿物质、生物质却稳居高位，分别占32.68%、40.83%及17.69%，这与海南当地丰富的自然资源与农业的良好发展息息相关。

表5　2016年五大经济特区DMI构成比较一览

经济特区	DMI（万吨）	化石燃料（%）	金属矿物质（%）	非金属矿物质（%）	生物质（%）	人均DMI（吨）
海南	5229.29	32.68	8.79	40.83	17.69	5.7
深圳	1601.28	40.82	20.57	15.47	23.13	1.34
厦门	1214.75	31.67	45.2	15.29	11.28	3.1
汕头	1547.93	48.1	16.22	19.28	16.41	2.77
珠海	1115.59	42.38	37.89	14.2	5.53	6.66

资料来源：根据本报告物质流分析框架及相关数据计算整理得出。

（二）“新区”肩负实施国家战略的使命

国家发改委的公开资料显示，下一步会加大对“新区”的制度供给。未来将重点加快自贸试验区、“一带一路”等功能区建设，重点加快相关领域先行先试，为进一步改革提供重要经验。

1. 前海自贸试验区的新进展

2018 年是改革开放 40 周年，也是全面贯彻落实党的十九大精神的开局之年。围绕“制度创新、现代服务业集聚、深港合作”三个方面，前海在过去一年时间里取得了以下新进展、新成效。

（1）前海制度创新居全国前列，社会经济效益显著

制度创新是前海作为“深港现代服务业合作区”“自由贸易试验区”“粤港澳深度合作示范区”的重要使命，也就是“通过开放倒逼改革，释放制度红利，营造一个对标国际规则、符合国际惯例、具有国际竞争力的国际营商环境”①。过去 8 年里，前海对照国际高标准全面深化制度改革创新，并取得了积极成效。2018 年 6 月，由中山大学自贸区综合研究院发布的《中国自由贸易试验区发展蓝皮书（2017—2018）》显示：2017～2018 年度，全国 23 个自由贸易试验区/片区②中，前海蛇口自贸区制度创新指数总得分为 84.98 分，赶超上一年度同期第一位的上海，位居全国第一，成为在“投资便利化”“贸易便利化”“金融管理与服务创新”“政府职能转变”“法治环境”等制度创新方面的佼佼者、领头羊。截至 2018 年 8 月，前海已经累计推出 364 项制度创新成果，涉及金融创新、法治建设、投资贸易监管等方面，形成了“前海模式”，而其中有 28 项创新成果被复制并推广至全国，62 项创新成果被复制并推广至广东省内，79 项创新成果被复制并推广至深圳全市。

从增长极理论出发，最初打造前海合作区的主要目的在于通过投资贸易便利化、现代化服务产业集聚、高效监管、国际化法治环境等制度创新，构建与国际投资贸易标准相适应的制度环境，推动高水平的对外开放，使前海成为区域经济增长极，发挥其辐射带动作用，在新一轮改革开放中发挥示范引领作用。制度创新带来了经济效益的持续增长，这几年，前海主要经济指标呈现阶梯式增长趋势。前海开业企业数量由 2010 年的 209 家增长到 2018

① 引自《这五年，前海交出亮眼成绩单》，《深圳商报》2017 年 12 月 7 日第 A04 版。

② 课题组将是否设立自贸试验区/片区管委会作为选取评估对象的标准。

年上半年的6.5万家，增长了310倍；注册企业实现增加值[①]由2013年49.89亿元增长至2017年的1528.09亿元，与2016年的926.45亿元相比，增长了64.9%（见图4）；2017年前海的经济密度达到每平方公里创造102.4亿元，已经提前3年实现“截至2020年，每平方公里产出注册企业增加值100亿元的经济发展目标”。前海已经成长为粤港澳区域的一个重要增长极。

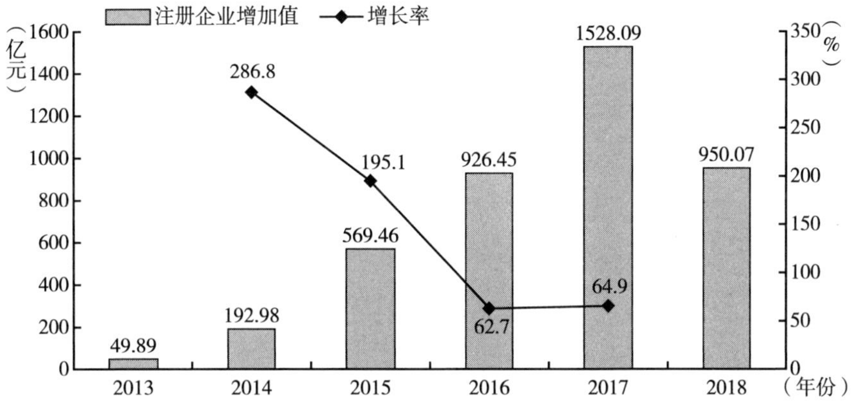

图4 2013年至2018年上半年前海注册企业增加值及增长率

注：图中2018年指2018年上半年。

资料来源：《这五年，前海交出亮眼成绩单》，《深圳商报》2017年12月7日第A04版。

（2）现代服务业加速聚集

截至2018年上半年前海注册企业累计147660家，44.1%企业开业，其中金融业注册企业为58020家，占39.3%；现代物流业注册企业为25446家，占17.2%；信息服务业注册企业为13740家，占9.3%；科技及其他服务业注册企业为50430家，占34.2%；工业注册企业为24家，占0.016%。2013年至2018年上半年注册企业实现增加值4216.95亿元，税收收入为807.25亿元，实际利用外资138.6亿美元。金融业仍然是前海主导产业，虽

① 注册企业实现增加值核算方式与地区生产总值一致，但前者以注册在地为原则核算，后者以经营在地为原则核算，不能等同于同一指标；增长速度采用当年价格计算，即以当年的实际价格进行计算，未折算为可比价、不变价进行表现。

然所占比重较2017年有所下降，但5.8万家注册企业中，开业率达到44.7%，接近一半，创造了117.46亿元的税收收入，占合作区总税收收入的54%；科技及其他服务业发展速度较快，成为前海仅次于金融业的第二支柱产业。

2. 湾区经济的新进展

2017年，粤港澳大湾区成为我国首个由国家层面确认的湾区，正式成为国家战略级湾区。粤港澳大湾区由香港、澳门两个特别行政区，以及广州、深圳、佛山、东莞、惠州、中山、江门、珠海、肇庆9市构成。

粤港澳大湾区成立时间虽短，但发展迅猛，经济总量达到世界级湾区水平，经济总量增长速度位列四大湾区第一。相较于纽约湾区、旧金山湾区、东京湾区，粤港澳大湾区经济始终保持高速增长，2017年经济总量增速为7.9%。2007年时，粤港澳大湾区的经济总量大约只有纽约湾区的一半，大致与旧金山湾区持平。十年的高速发展使粤港澳大湾区在经济总量上实现重大突破。2017年，粤港澳大湾区的经济总量达到1.38万亿美元，与纽约湾区的1.83万亿美元、东京湾区的1.86万亿美元之间的差距急剧缩小，远超过旧金山湾区的0.82万亿美元（见图5）。粤港澳大湾区以仅占我国国土面积不足1%，对国民经济做出了12%的贡献。作为我国经济增长的新动力，粤港澳大湾区发展成为世界一流湾区的潜力巨大。

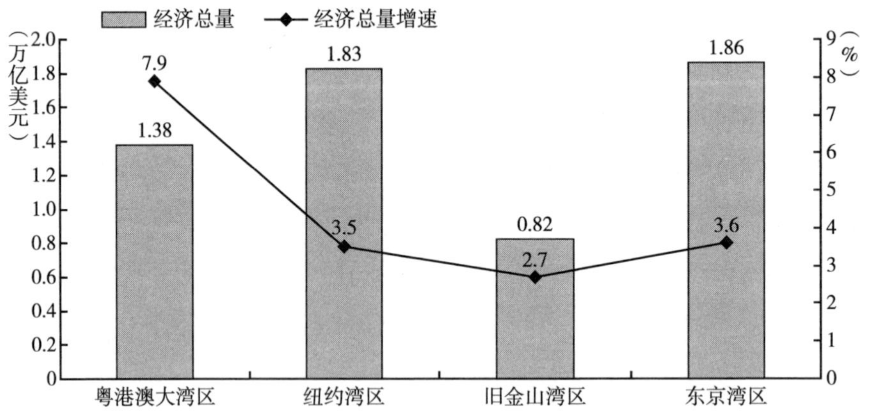

图5　2017年四大湾区经济总量及增速

资料来源：全国人大财经委副主任黄奇帆在粤港澳大湾区发展论坛上的演讲（2018年8月）。

然而，粤港澳大湾区内部各城市的经济发展水平存在较大差距。区域内三大核心城市的生产总值，香港位列第一，深圳位列第二，广州位列第三，分别占粤港澳大湾区生产总值的23%、22%、21%，为第一梯队。这三座城市的生产总值占据了湾区生产总值的66%，而剩下的八座城市仅占34%，且均不超过10%。佛山、东莞位于第二梯队，其生产总值分别占湾区生产总值的9%、7%，而位于第三梯队的惠州、中山、澳门、江门、珠海均仅占3%，肇庆只占2%。经济最发达的香港与最不发达的肇庆之间，生产总值占湾区生产总值的比例相差21个百分点。粤港澳大湾区内部各城市经济发展不平衡，容易导致权利和义务的不平等，造成资金流向不对等、技术投入不平衡等，将阻碍粤港澳大湾区经济的进一步发展。特别是，区域内包含两种制度、三个关税区和三种法律体系，差异极大。为实现将粤港澳大湾区打造成为世界一流的创新经济湾区的战略目标，必须突破体制束缚、行政壁垒和区域内经济发展差异，建立区域协调发展机制，推动资源优化配置，推进城市分工合作，促进区域协调发展，最终达到共同建设富裕、和谐社会的目标。

三 未来发展中应关注的问题与几点建议

（一）加快供给侧结构调整，未来不仅要关注总量问题，还要关注结构性问题

从总体来看，我国经济特区宏观经济运行处于一种相对比较有利的状态，2019年继续保持潜在增长势头的可能性很大。根据较具代表性的OECD成员国的发展经历，人均国内生产总值突破7000美元后，将进入工业化高级阶段，因为在工业化高级阶段，应加快发展和壮大“高附加值”的高新技术产业、先进制造业、战略性新兴产业和现代服务业，将管理重心从生产链向价值链转移，不断提升经济特区的产业层次和国际综合竞争力，助推经济结构在更高层次发展。

总之，在未来3～5年甚至更长一段时间，应时刻关注各种影响经济高

质量增长的因素在总量和结构方面的表现。经济特区的宏观调控不仅需要注意总量问题，还要注意结构性问题。

（二）在新的视角下，特区背后的发展观念应转换

在新的视角下，经济特区产业发展的“单一维度”的观念有时表现为目标追求的单一性，在更深层次上，有时表现在关于产业发展进程所谓“一般规律”的认知中。自蒸汽机发明并被广泛应用于生产从而开启现代工业时代以来，技术的发展和应用带来的被称作“产业革命”的生产大发展已有数次。每一次都使社会生产达到一个历史上无法企及的新高度，并且广泛而深远地改变了人们的生活。在那些关于产业发展的宏观叙事里，这些显而易见的生产力成就被“一般化”“普适化”的道路连接起来。这条路上有大的“驿站”，也有小的“台阶”，发达国家一路走来，后发国家的产业发展在这条路上“拾级而上”。只不过，有些人强调“级”要一步一步地“升”上去，有些人则认为“升级”的过程中有通过加快速度实现赶超的机会。

面对新的历史契机，经济特区的新发展是指向未来的，它的路径未定，不同的经济特区都要探索、寻找适合自己的路径。而适合的路径以自身实际为起点，是在实践中“走”出来的。不仅如此，新发展所要达到的目的也是开放的，具有无限可能。没有人能完全清晰地描绘未来的情景，又怎么能够笃定地认为未来企业就是对某个据说代表未来的“标杆”企业的整齐划一的复制呢？相对于业界热闹而斑斓的景象变化，我们更要反思发展背后的观念。中国新时代的主要矛盾是“人民日益增长的美好生活需要和不平衡不充分的发展之间的矛盾”，经济特区经济转型、产业发展都将在解决这一矛盾中完成，也要为解决这一基本矛盾做出贡献。在新的视角下，考察支撑特区发展背后发展观念的转换“兹事体大”，因为不同的观念会带我们抵达迥异的未来。

（三）新时代建设经济特区美好社会的几点建议

——把建设美好社会纳入经济特区加速、提前实现社会主义现代化的基

本目标和基本内容；

——充分利用特区优势，做好社会改革、美好社会建设的顶层设计，着力推进社会法治建设；

——把推进社会体制改革、实现社会治理现代化作为特区新时代改革再出发的主攻方向；

——鼓励、支持各类社会智库特别是与社会建设相关的专业智库的建设，为建设好特区提供强大的智力支撑。

参考文献

《中国统计年鉴》（2000～2017年），中华人民共和国国家统计局。

国家统计局国民经济综合统计司编《新中国55年统计资料汇编》，中国统计出版社，2005。

中华人民共和国国家统计局编《2018中国统计摘要》，中国统计出版社，2018。

全国及各省区市2018年国民经济和社会发展统计公报。

中华人民共和国国家统计局网站（http：//www. stats. gov. cn）有关数据。

中华人民共和国中央人民政府网站（http：//www. gov. cn）有关政策。

中华人民共和国自然资源部网站（http：//www. mnr. gov. cn）有关规划、政策和公报。

中华人民共和国生态环境部网站（http：//www. mee. gov. cn）有关规划、政策和公报。

中华人民共和国国家发展和改革委员会网站（http：//www. ndrc. gov. cn）有关规划、政策。

专题研究报告

Reports on Specific Researches

B.2 中国经济特区产业绿色转型发展报告*

袁易明　盛春红　王建国**

摘　要： 经济特区是中国建设生态文明的先锋和范例，在中国产业绿色转型发展中发挥重要作用。本报告坚持跟踪中国经济特区产业绿色转型的进程及路径，通过对五大经济特区产业绿色转型情况进行对比分析，总结经济特区在绿色转型中的具体措施。本报告根据构建的产业绿色转型发展能力评估体系和模型，对2018年经济特区产业绿色转型能力进行评估并对结果进行分析，在此基础上为进一步促进经济特区产业绿色转型发展提出政策建议。

---

* 教育部人文社会科学重点研究基地重大课题“经济特区产业转型与发展机会的社会分配研究”（课题编号：15JJDZONGHE032）和深圳大学中国经济特区研究中心课题“2018年中国经济特区产业转型进展研究”成果。

** 袁易明，教授，博士生导师，深圳大学中国经济特区研究中心副主任，深圳市汉仑绿色发展研究院院长；盛春红，德国柏林自由大学博士，深圳大学博士后；王建国，深圳大学中国经济特区研究中心硕士研究生。

关键词： 中国经济特区　产业绿色转型　政府绿色治理　绿色转型能力

一　产业绿色转型发展的中国经济特区实践

中国特色社会主义进入新时代，我国社会主要矛盾已经转化为人民日益增长的美好生活需要和不平衡不充分的发展之间的矛盾。其中人民对生态及环保方面的要求和目前产业发展中存在的环境污染及生态破坏之间的矛盾就是需要解决的重要矛盾之一。中国经济特区作为经济发展较快的一批城市和地区，长期积累的经济发展和生态保护之间的矛盾也较为显著，特区人民的生态和环保意识较强，对产业绿色发展提出了更高的要求，所以，在新时代主要矛盾发生变化时，经济特区需要加大力度推动绿色发展，通过产业绿色转型，在生态文明建设中体现特区解决矛盾的能力和精神。

本报告立足资源稀缺性、环境承载力、民众对美好环境的需求和绿色增长（原动力），通过改变民众消费方式、企业经营模式、产业组成结构、政府绿色治理（行动力），实现民众绿色消费习惯养成、企业和产业绿色生产的绿色经济、社会和谐、资源节约和环境友好的绿色转型（目标）（刘纯彬、张晨，2009）。

原动力维度主要基于资源稀缺性和环境承载力的有限性视角，即随着经济发展出现环境污染和生态破坏，人与自然之间出现矛盾，民众生活水平的提高对环境提出了更高要求，这是推动绿色转型的基本客观动力。行动力维度是指，改变人类生产生活的主要主体为人民群众、企业、产业组织及政府，最基本的行动力主体仍然是人民群众，他们也是企业生产产品及服务的消费对象，他们消费行为的绿色化是产业绿色转型的根本动力；企业是基本生产单位，也是绿色创新主要载体，它们是绿色生产及创新的行动主体；产业组织是比企业高一级别的组织形态，产业联盟、产业共同标准、产业集聚及产业技术创新平台是企业绿色转型集体行动力的代表；政府作为公众利益的代表肩负着保护环境和妥善管理自然资源的责任，对企业进行监管，同时也为其他行动主体提供指导，是绿色转型的导向主体。绿色转型三维图见图1。

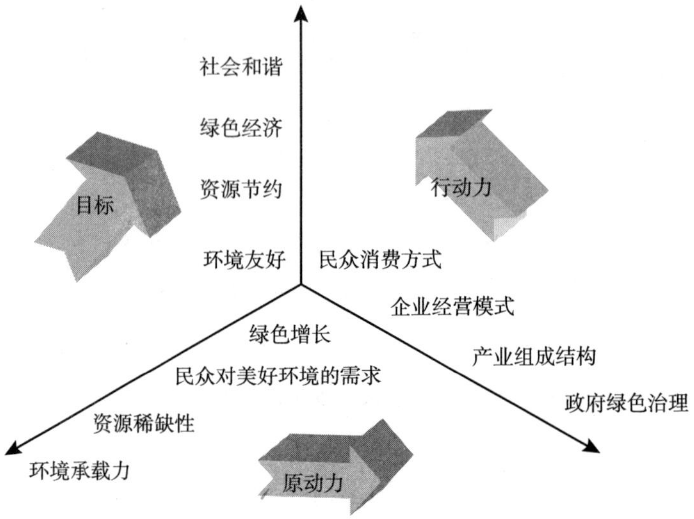

图1　绿色转型三维图

资料来源：刘纯彬、张晨《资源型城市绿色转型内涵的理论探讨》，《中国人口·资源与环境》2009年第5期。笔者在其三维图上有一定修改。

二　中国经济特区产业绿色转型的现状及问题

（一）经济特区面临资源约束

资源约束是指人们的生产经营由于自然资源不足或者过度利用资源而受到限制的现象。部分国内学者侧重于研究资源型城市，重点关注化石能源及矿产资源城市的绿色转型问题。本报告认为不应该仅重视这些具有一定商品属性的自然资源的枯竭问题，还应该重视给人类提供基本生态支撑的、具有普遍性的资源稀缺性问题，例如，涉及土地、水、空气及森林等的问题。对于经济特区而言，由于它们均是国内经济发展较快的城市和地区，因此其资源消耗强度较高，面临严峻的资源约束，例如，深圳土地资源面临的约束已经严重影响到经济发展，产业空间面临压力和挑战。

在水资源方面，一方面用水量不断增加，另一方面水资源总量处于减少状态。深圳市自来水供应从 1993 年的 52308 万吨增长到 2016 年的 170142 万吨，增长了 2.25 倍。深圳本地水资源较匮乏，供给严重不足，人均水资源拥有量低于世界水危机标准；深圳市 80% 以上的原水来自市外，全市水资源储备量仅能满足 45 天左右的应急需要，深圳市是全国严重缺水城市之一（《深圳基本水情》，2018）。2017 年，珠海市水资源总量为 178324 万立方米，比 2016 年减少 17.1%。全年总用水量为 5.38 亿立方米，增长 5.5%。2017 年，汕头市全市水资源总量为 18.09 亿立方米，比 2016 年下降 1/3。汕头市也是一个缺水比较严重的城市，为了更好地应对水资源约束，2018 年颁布了《汕头市城市节水中长期规划》。

在能源资源方面，经济特区不同程度地面临能源需求不断增长的挑战。深圳市能源消费总量大，本地能源资源匮乏，能源对外依赖水平高。2016 年，全市能源消费总量约为 4080.91 万吨标准煤，其中 3575.25 万吨标准煤均从市外调入，占比高达 88%。2010 ~ 2016 年，能源消费总量年均增长率为 5.18%。2010 ~ 2017 年，全社会用电总量由 663.5 亿千瓦时增长到 884.49 亿千瓦时，年均增长 4.2%。2017 年，珠海市规模以上工业综合能源消费量为 586.11 万吨标准煤，比 2016 年增长 3.1%。全年全社会用电总量为 162.7 亿千瓦时，比 2016 年增长 6.40%。汕头市 2017 年规模以上工业综合能源消费量为 476.00 万吨标准煤，比 2016 年增长 15.3%。单位工业增加值能耗增长 4.9%。全社会用电总量为 200.93 亿千瓦时，比 2016 年增长 5.20%。2017 年，厦门市全社会用电总量为 248.97 亿千瓦时，比 2016 年增长 1.08%。2017 年，海南省全社会用电总量为 287.3 亿千瓦时，比 2016 年增长 6.10%。2017 年五大经济特区全社会用电总量增长率见图 2。

（二）经济特区环境承载力有限

环境承载力也称环境容纳量、环境容受力、环境人口容量，是指在一定条件下某一环境体系所能承受的人类数量及人类活动总量，它既包括自然环境提供给人的各类有形的与无形的资源，还包括自然环境容纳和消化人类废

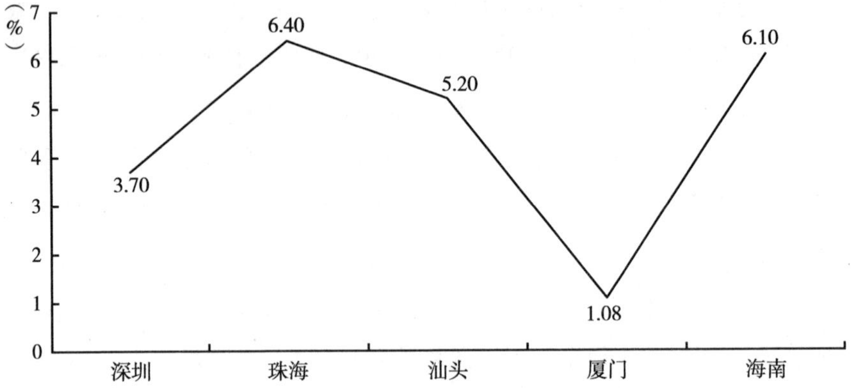

图 2　2017 年五大经济特区全社会用电总量增长率

资料来源：《深圳统计年鉴 2017》《2017 年珠海市国民经济和社会发展统计公报》《2017 年汕头国民经济和社会发展统计公报》《厦门市 2017 年国民经济和社会发展统计公报》《2017 年海南省国民经济和社会发展统计公报》。

弃物的能力。五大经济特区中，除了海南省的人口密度较低外，其他均处于较高水平，特别是深圳已经接近 6000 人/平方公里，为 5963 人/平方公里（见表 1）。深圳、汕头及厦门面临的环境承载力挑战高于珠海。

表 1　2017 年五大经济特区人口密度、人均绿地面积及森林覆盖率

经济特区	人口密度(人/平方公里)	人均绿地面积(平方米)	森林覆盖率(%)
深圳	5963	18.30	40.04
珠海	1032	19.8	37.93
汕头	2717	15.20	33.3
厦门	2360	13.07	42.8
海南	262	15.40	62.1

注：人口数为 2017 年末常住人口数。

资料来源：《2017 年度深圳市环境状况公报》《2017 年珠海市环境质量状况》《2017 年汕头市环境状况公报》《2017 年厦门市环境质量公报》《2017 年海南省环境状况公报》。

经济特区面临有限的环境容量和不断增长的人类废弃物之间的矛盾。以经济特区固体废弃物为例①，2017 年，深圳市工业危险废物产生量为 38.57

① 由于废气和废水总量统计数据难以获取，因此此处仅以固体废弃物为例。

万吨，医疗废物产生量为 1.41 万吨，生活垃圾产生量为 603.99 万吨，城市污水厂污泥产生量为 95.56 万吨。2016 年，珠海市一般工业固体废物产生量为 245.55 万吨，工业危险废物产生量为 12.89 万吨，医疗废物产生量为 0.18 万吨，生活垃圾产生量为 87.58 万吨。2017 年，汕头市一般工业固体废物产生量为 111.66 万吨，工业危险废物产生量为 1.72 万吨。2017 年，厦门市一般工业固体废物产生量为 76.33 万吨，工业危险废物产生量为 6.85 万吨（见图 3）。中国在垃圾分类方面，与先进国家，如日本和德国，仍然存在较大差距。2017 年，深圳市全面强制垃圾分类，实施效果还有待观察。此外深圳市在环境承载压力下，正实施可持续发展战略，努力实现人与自然和谐相处。

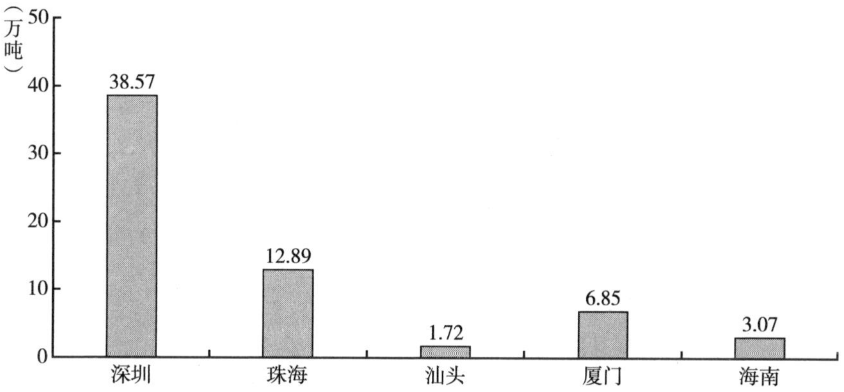

图 3　2017 年五大经济特区工业危险废物产生量

注：海南省的数据为政协提案《关于加强海南省危险废物回收处置监督管理的建议》中对 2015 年的预测值；珠海 2017 年工业危险废物产生量数据无，图中采用其 2016 年数据。

资料来源：《2017 年度深圳市环境状况公报》《2016 年度珠海市固体废物污染防治信息公告》《汕头市 2017 年固体废物污染环境防治信息》《2017 年厦门市固体废物污染防治信息的通告》《关于加强海南省危险废物回收处置监督管理的建议》。

经济特区一方面面临资源约束和有限的环境承载力，另一方面人民对生态和环保，也就是对美好环境的需求也在逐步增加。群众通过写信、电话、网络等多种形式举报环境问题，切实体现了人民群众对环境问题的关心和重视。2017 年深圳市的环境信访投诉达到 85576 件，珠海市的环境信访投诉达到 10480 件。人民群众对美好环境的需求要求其他主体，特别是政府和企业转变经济增长方式：从粗放增长方式向绿色增长方式转变。

三 中国经济特区产业绿色转型的进展

经济特区有着强有力的原动力，面临资源和环境约束，同时也设立绿色转型目标，即成为中国生态文明建设先行者。2017 年，深圳市人民政府提出《深圳市建设国家可持续发展议程创新示范区建设方案（2017—2020 年）》，并得到国务院批复；珠海市成为首批国家生态文明建设示范市；厦门市发布了《厦门市生态文明建设“十三五”规划》，规划指出，到 2020 年，厦门生态环境质量要位居全国前列；海南省从定位为“生态省”到定位为国家生态文明试验区，旨在为全国生态文明建设探索新经验。

五大经济特区为探索生态文明建设，继续发扬特区改革创新精神，从政府绿色治理能力提升、产业绿色重构能力建设、企业绿色运营和人民群众绿色消费等方面采取措施，推进特区产业绿色转型。

（一）政府绿色治理能力

1. 长远规划先行

从政府是自然资源以及人民利益代表的角度出发，坚持可持续的经济发展道路，从长远利益着想，纠正经济发展中的弊端，从中长期角度对经济进行有序规划。2017 年深圳市出台的《深圳市可持续发展规划（2017—2030 年）（征求意见稿）》分为近期、中期及远期目标，其中对深圳市在绿色发展方面的基础和存在的问题进行了详细的梳理，提出了“以创新引领超大型城市可持续发展”，规划并且提出了量化的可持续发展指标，包括创新驱动、社会发展、城市发展以及生态文明等方面。针对海洋保护，2018 年深圳市规划国土委出台《深圳市海洋环境保护规划（2018—2035 年）》；针对生态保护，2017 年深圳市出台《深圳市生态保护红线划定方案》。2017 年，珠海市组织编写了《珠海市生态文明建设规划（2017—2020 年）》《珠海市土壤污染防治行动计划实施方案》；珠海市住房和城乡规划建设局发布《珠海市建筑节能和绿色建筑“十三五”发展规划》。汕头市积极推进海洋生态文明建设，建立了涵盖国家、市、县 3 个级别的 8 个海洋自然保护区。2017 年，厦门市政府发布《厦门市人民政府关于开展自然资源统一确权登记的通告》，在全市范围内开展自然资源统一确权登记工作。针对海洋保护，2017 年，厦门市发布《厦门市海洋环境保护规划（2016—2020 年）》。2017 年，《中共海南省委关于进一步加强生态文明建设谱写美丽中国海南篇章的决定》发布，严格实施《海南省总体规划（空间类 2015—2030）》和各市县总体规划，“严守生态保护红线、环境质量底线、资源利用上线”。海南省强调生态立省、生态红线、海路统筹、多规合一及多样发展，在县市考核中，加入了 30 条硬性生态文明考核指标，取消了 12 个市县 GDP、工业产值、固定资产投资的考核。

比较而言，深圳市及海南省的规划数量多，周期长，整体性强，而其他特区的规划仍然侧重于具体领域。2017 年的亮点之一就是不少经济特区出台了有关海洋生态保护的规划。特区政府将绿色转型融入它们对城市和地区的定位中，通过生态立市或生态立省，争当生态文明全国示范区。

2. 加强绿色监管

在绿色转型中除发挥政府的规划引导作用外，另外一个重要作用就是绿色监督。通过相关环保法律，严格执法，对破坏生态和环境污染行为进行严厉惩处。继 2013 年最高人民法院、最高人民检察院联合下发《关于办理环境污染刑事案件适用法律若干问题的解释》，2016 年“两高”又出台新的环境污染罪刑事解释，加大了环境保护力度。经济特区在绿色转型方面的经验之一就是强有力的环境执法、环保执法人员素质提升、处罚力度和金额呈现加大和增加趋势。

2017 年，深圳市环保部门共立案调查各类环境违法行为 2846 宗，下达处罚决定书2287宗，同比增加35%；罚款24400.0万元人民币，同比增加59%，再创历史新高。2017年，深圳对4家企业进行按日连续处罚，开出了深圳历史上环保最高罚单（金额为1239万元），有效地改变了环保违法成本低的执法困境。针对“小散乱污”，在全市范围内开展“扫楼式”“地毯式”排查整治行动，排查企业75529家，确认“小散乱污”企业4779家。针对工业废水污染，深圳市开展“利剑一号”行动，共排查企业43736家，发现存在环境问题的有5177家，查处各类环境违法行为1599宗，立案处罚422宗，拟处罚金额为5275万元；实施停产限产4宗，查封扣押62宗，取缔关停33宗，移送公安部门11宗，媒体曝光422宗。

2017年珠海市首次发布市级企业环境信用评价结果，其中“环保诚信企业”17家，“环保警示企业”14家，“环保不良企业”10家。2017年，珠海市共出动执法人员12780人次，检查企业5998家次，发出责令改正违法行为决定书262份，做出行政处罚决定164宗，罚款1545.8万元。

2017年汕头市共查处涉嫌环境污染行为129宗，其中，刑事案件为10宗，刑拘27人；行政拘留案件为40宗，行拘86人；行政处罚立案79宗，查扣货物约55.41吨。2017年，汕头市开出环保罚款201.0万元。

2017年厦门市制定《水污染防治行动计划2017年度主要工作任务》及《厦门市土壤污染防治工作计划》，重点推进35项水污染防治以及21项土壤污染防治工作任务落实。2017年，厦门市共出动环保执法人员49661人次，检查企业18237家次，立案处罚1233起，处罚金额为3018.0万元，查封扣押136起，行政拘留40起，移送涉嫌污染环境罪案件9起。

2017年海南省立案查处环境违法案件1265宗，罚款11000.0万元。共对企业实施按日计罚案件30宗，罚款991.9万元，查封、扣押案件21宗，限制生产、停产整治案件12宗，移送公安机关行政拘留案件53宗；涉嫌环境污染犯罪案件3宗。

2017年五大经济特区环境执法处罚金额见图4。

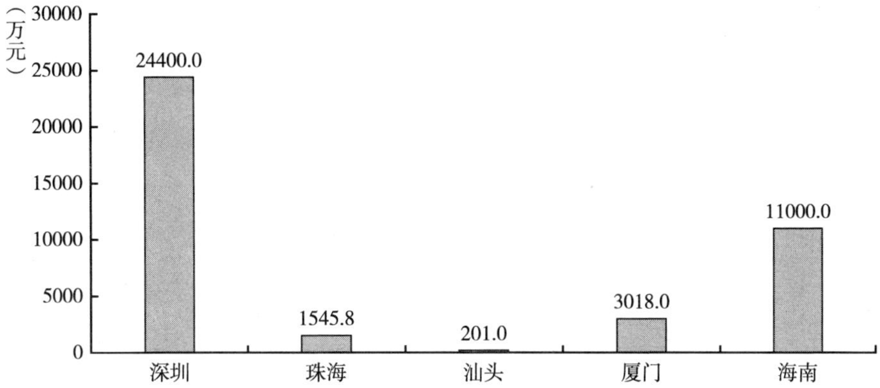

图 4　2017 年五大经济特区环境执法处罚金额

注：汕头市数据根据汕头市环境保护局开出的行政处罚书进行统计。

资料来源：《2017 年度深圳市环境状况公报》《珠海市环境保护局 2018 年度责任白皮书》《2017 年厦门市环境质量公报》《2017 年海南省环境状况公报》。

3. 加大绿色投入

环境保护和污染治理均需要较大投入，所以绿色投入的增加表明其决策层对产业绿色转型的决心和意愿。从全球来看，各国环保投入占国民生产总值的比重在 0.5% ~2% ，发达国家环保投入占国民生产总值的比重在 1% ~2% 。整体而言，中国经济特区环保投入较多，但汕头除外。

2017 年，深圳市固定资产投资总额为 5147 亿元，其中水利、环境及公共设施管理业投资额达到 513 亿元，占投资总额的 10% ，同比增长 41% 。2017 年，珠海市一般公共预算支出为 493. 89 亿元，同比增长 18. 4% 。节能环保支出为 17. 26 亿元，占公共预算支出的 3. 5% ，同比增长 70. 3% 。根据中央环保督察组对汕头市的调查，2017 年，汕头市应投入的环保资金为 1. 6 亿元，实际投入仅为 600 万元。厦门市 2017 年将公共预算中的 16. 00 亿元用于节能环保支出，占 2017 年预算总额 407 亿元的 3. 9% 。2017 年，海南省地方一般公共预算支出为 1444. 49 亿元，其中节能环保支出为 35. 00 亿元，占 2. 4% （见图 5）。

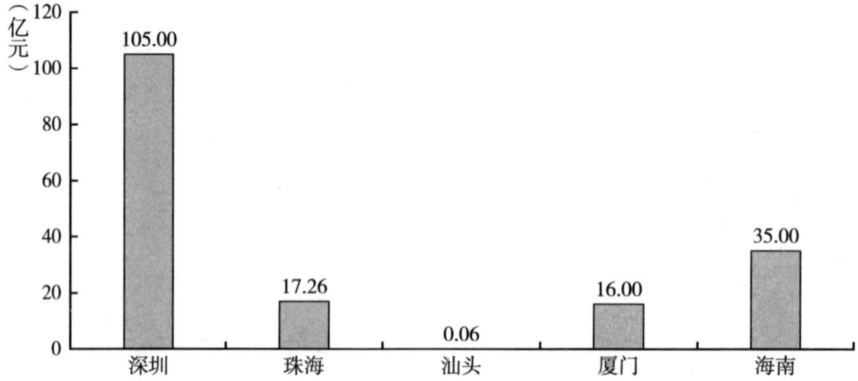

图5　2017年五大经济特区节能环保支出情况

资料来源：《深圳统计年鉴2017》《2017年珠海市国民经济和社会发展统计公报》《2017年汕头国民经济和社会发展统计公报》《厦门市2017年国民经济和社会发展统计公报》《2017年海南省国民经济和社会发展统计公报》。

（二）产业绿色重构能力

在资源有限和土地成本上升、环境承载力有限和环保成本上升的综合压力下，经济特区中的不少制造业企业有迁往其他地区和国家的市场行为，从而使经济特区产业结构整体趋向服务业化。但是不可否认，在产业绿色构建中，不仅市场发挥了作用，政府积极主动的引导也是特区政府产业绿色重构的重要经验。中国经济特区产业绿色转型体现在其产业政策之中，政府对绿色和环保友好型产业进行扶持，对一些褐色和对环境有污染的产业进行禁止和限制，同时通过产业政策扶持企业改进其环保设备和技术，减少其对环境的负面影响。

1. 规划现代产业体系

从课题组对中国经济特区近几年的跟踪报告看，特区政府出台不少规划构建自身的现代产业体系，以产业结构调整实现产业绿色转型。具有代表性的产业规划涉及支持高新技术产业和现代服务业发展、支持传统产业转型升级等。

2017年五大经济特区根据自身的产业特点出台相应的产业规划，例如，深圳新一代信息技术和互联网的规划、海南省旅游业的规划等。另外，特区对产业的领先领域均有一定的共识，除海南之外，其他几个特区的产业规划均有不同程度的重合，特别是新一代信息技术产业，其是现代产业体系调整的重要内容。2017 年，深圳、珠海和海南均出台整体规划，定位较为明确，而厦门和汕头出台的产业规划更多地偏向具体领域。2017 年五大经济特区产业规划都以高附加值、高科技和低污染的产业为重点，这就是五大经济特区中政府规划对产业绿色重构的重要意义所在（见表 2）。对绿色产业的长期规划、扶持减少了市场对绿色产业未来不确定的负面影响，增加了企业家投身绿色产业的热情，促进产业绿色转型。

表 2　2017 年五大经济特区出台的产业规划的政策解读

经济特区	产业规划政策解读
深圳	创新驱动引领区、绿色发展样板区、普惠发展示范区 七大战略新兴产业：新一代信息技术、互联网、新材料、生物医药、新能源、节能环保、文化创意产业 四大未来产业：海洋产业，航空航天，机器人，可穿戴设备和智能装备、生命健康
珠海	以有活力的新兴高潜产业为引领、以有体量的先进制造业和有品质的现代服务业为支撑、以有品牌的现代都市农业为特色的“四有”产业体系；新兴产业：新一代信息技术、生物医药、智能制造、海工装备、轨道交通、通用航空、新能源汽车、游艇
厦门	加强 VR/AR 产业与传统产业结合；打造国际化创新城市；大力发展物联网产业；创新物联网在城市发展各领域的应用，构建物联网智慧城市
汕头	加快发展先进制造业，重点发展高端装备制造、新一代信息技术、生物医药、节能环保、新材料等优势产业，培育发展新能源、绿色低碳、数字经济、海洋经济等潜力产业，构建产业体系新支柱
海南	生态环境、经济特区、国际旅游岛，2030 年建成世界一流国际旅游目的地

资料来源：《深圳市可持续发展规划（2017—2030 年）》《深圳市战略性新兴产业发展“十三五”规划》《珠海市现代产业体系规划（2017—2025 年）》《厦门市 VR/AR 产业发展规划（2017—2022 年）》《厦门市物联网产业发展规划纲要（2017—2025 年）》《汕头市战略性新兴产业十三五规划》《海南省旅游发展总体规划（2017—2030）》。

2. 注重研发投入及创新产出

科技创新能力的强弱与产业绿色转型能力息息相关，经济特区均在强化自己的科技创新能力。以下从资金、人才、企业等方面阐述 2017 年五大经济特区在科技创新方面的举措。

在研发投入资金方面，2017年五大经济特区中，深圳的全社会研发投入达到900亿元，占GDP比重达到4.13%（见图6），同比增长0.03个百分点。珠海市和厦门市的全社会研发投入同比减少0.03个百分点，汕头保持同一水平，而海南省则增长0.06个百分点。深圳市的全社会研发投入以及占GDP比重均遥遥领先其他特区。同时，深圳市的专利申请数量也遥遥领先其他特区。同2016年相比，深圳、珠海、汕头及厦门的专利申请数量均增长，其中汕头市专利申请数量急剧增长，从407件增长到14463件（见图7）。

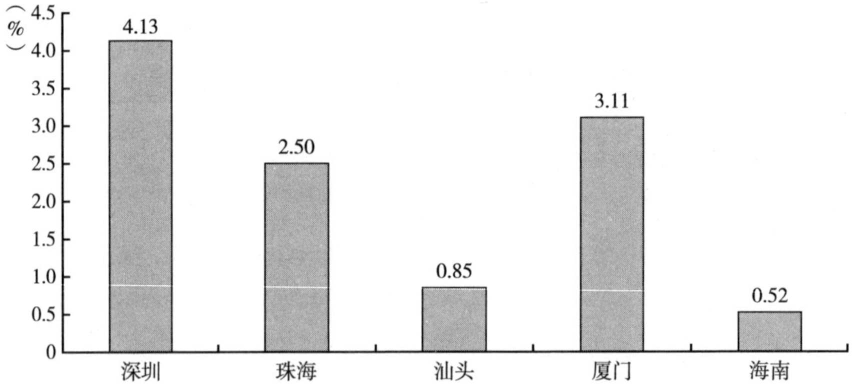

图6　2017年五大经济特区全社会研发投入占GDP比重

资料来源：《深圳统计年鉴2017》《2017年珠海市国民经济和社会发展统计公报》《2017年汕头国民经济和社会发展统计公报》《厦门市2017年国民经济和社会发展统计公报》《2017年海南省国民经济和社会发展统计公报》。

经济特区加大对人才的政策优惠力度，人才是科技创新和绿色转型的第一发展动力。2017年深圳市拥有各类专业技术人员153.80万人，同比增长6.7%。为了应对生活成本上升的压力，经济特区政府纷纷出台各种人才补贴政策，针对高层次人才补贴力度均加大（见表3）。2017年，珠海市通过人才优先引进、留学人员创业资助等措施，新引进国家“千人计划”专家43名，累计达93名，均居全省地级市首位。2017年，厦门市的国家“千人计划”人才增长至102人，并有40人入选国家创新人才推进计划。2017年，海南省启动高层次人才引进计划。

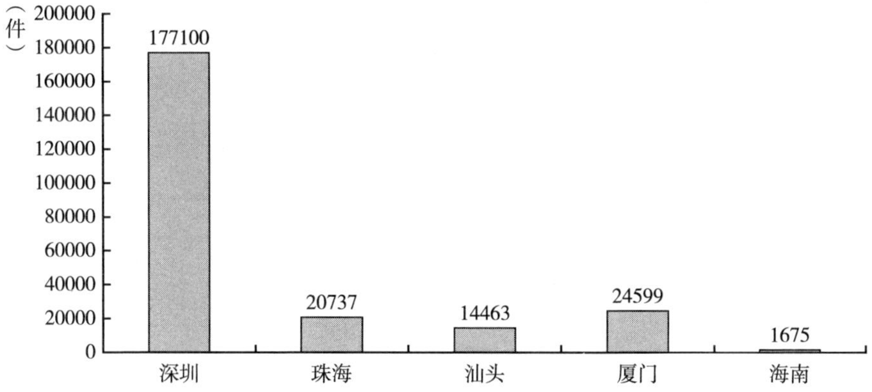

图 7　2017 年五大经济特区专利申请数量

资料来源：《深圳统计年鉴 2017》《2017 年珠海市国民经济和社会发展统计公报》《2017 年汕头国民经济和社会发展统计公报》《厦门市 2017 年国民经济和社会发展统计公报》《2017 年海南省国民经济和社会发展统计公报》。

表 3　五大经济特区高层次人才引进计划及补贴额度

经济特区	高层次人才引进计划	补贴额度
深圳	孔雀计划 后备级人才	两院院士和杰出人才奖励补贴标准为 600 万元；A 类人才为 300 万元，B 类人才为 200 万元，C 类人才为 160 万元
珠海	英才计划	顶尖人才为 600 万元，一类人才为 200 万元，二类人才为 140 万元，三类人才为 100 万元
汕头	金凤计划	两院院士和国家“千人计划”人才的生活补助每人每年不超过 100 万元，同时给予新引进人才 100 万元购房补助。省领军人才、市领军人才的生活补助每人每年不超过 50 万元，资助期为 3 年；同时给予新引进的人才 50 万元购房补助
厦门	双百计划	给予引进的海外高层次人才每人 100 万元补助
海南	百人专项计划	大师级人才（人才公寓不超过 200 平方米）、杰出人才（人才公寓不超过 180 平方米）、领军人才（人才公寓不超过 150 平方米）、拔尖人才（住房租赁补贴 5000 元/月，累积发放不超过 36 个月）、其他类高层次人才（住房租赁补贴 3000 元/月，累积发放不超过 36 个月）

资料来源：《高层次专业人才认定》《海外高层次人才确认》《关于实施“珠海英才计划”加快集聚新时代创新创业人才的若干措施（试行）》《厦门市引进海外高层次人才暂行办法》《关于加快建设海西人才创业港，大力引进领军型创业人才的实施意见》《2017 年海南省高层次人才引进计划（“百人专项”）申报公告》。

企业在绿色转型中发挥了根本的作用，五大经济特区均十分注重对绿色企业的培育，特别是对高新技术企业和现代服务业企业的培育和扶持。2017年，深圳市国家高新技术企业新增2000家（见图8），累积已经超过1万家。2016~2017年，深圳市的国家高新技术企业数量呈现快速增长趋势，2016年增加2513家，表明深圳市高新技术企业进入快速发展时期，是深圳市产业绿色转型的一个重要标志。其他经济特区中，珠海市2017年新增国家高新技术企业数量是汕头的3倍多，是厦门的4倍多，海南省在新增国家高新技术企业方面仍然落后于其他经济特区。

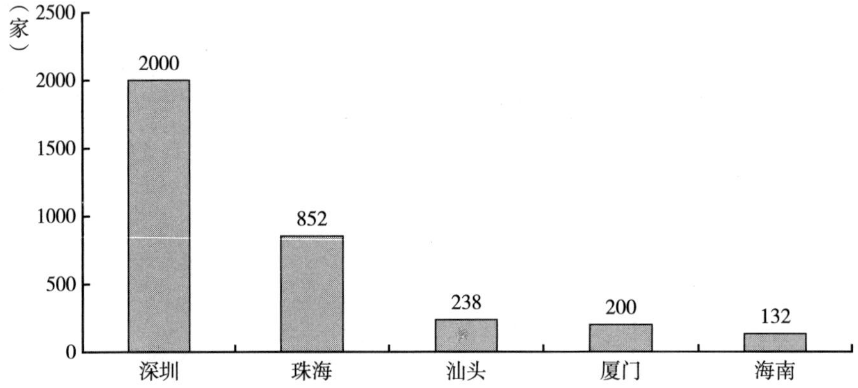

图8　2017年五大经济特区新增国家高新技术企业数量

资料来源：《深圳统计年鉴2017》《2017年珠海市国民经济和社会发展统计公报》《2017年汕头国民经济和社会发展统计公报》《厦门市2017年国民经济和社会发展统计公报》《2017年海南省国民经济和社会发展统计公报》。

2017年，经济特区的高新技术产业及现代服务业增加值均呈现高速增长态势。在高新技术产业增加值增长率方面，珠海市增速达到17.80%，居首位，厦门排名最后。在现代服务业增加值增长率方面，汕头最高，海南次之（见图9）。

创新要素具有开放性和流动性的特点，如何集聚创新要素成为产业绿色转型的重要内容，而研发平台及载体的建设就是凝聚创新要素的重要方式。五大经济特区产业绿色转型的一个重要经验就是积极建设研发平台和载体，

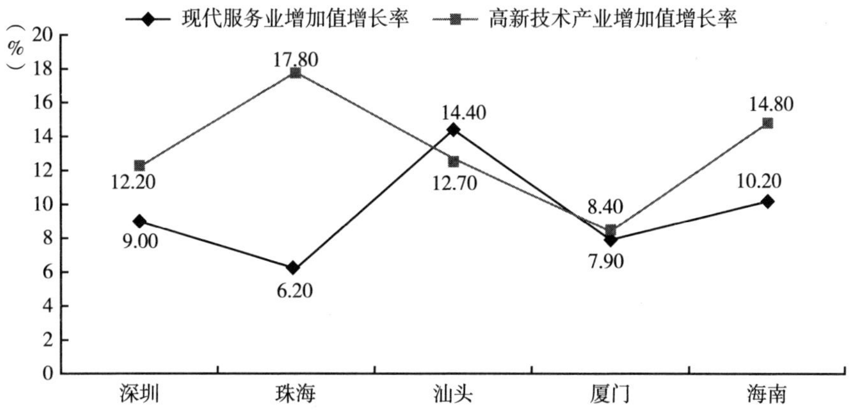

图9　2017年五大经济特区现代服务业及高新技术产业增加值增长率

资料来源：《深圳统计年鉴2017》《2017年珠海市国民经济和社会发展统计公报》《2017年汕头国民经济和社会发展统计公报》《厦门市2017年国民经济和社会发展统计公报》《2017年海南省国民经济和社会发展统计公报》。

用创新推动产业绿色转型。

2017年，深圳市新增各级创新载体189个，其中重点实验室、工程实验室、工程中心、企业技术中心共141个。其中，国家级工程实验室3个，国家认定企业技术中心2个，国家级孵化器3个。创新对深圳产业转型的拉动效果也较为显著，2017年，尽管深圳市面临制造业企业外迁的挑战，但是深圳市的高端制造业仍然呈现高增长趋势，例如，先进制造业增加值为5743.87亿元，同比增长13.1%；高技术制造业增加值为5302.47亿元，同比增长12.7%。珠海市2017年共有省级新型研发机构14个，省级以上孵化器13个。拥有国家级工程研究中心4个，省级190个，市级94个；已建立国家级企业技术研究中心3个，省级77个，市级298个。汕头市拥有国家、省市级重点实验室121个，工程技术研究中心131个，企业技术中心146个。2017年，厦门市新建及认定公共技术服务平台、工程技术研究中心、重点实验室54个。2017年，海南省首批9个院士工作站揭牌成立，中科院深海科学与工程研究所通过筹建验收，南海海洋资源利用国家重点实验室正式运营，省级重点实验室和工程技术研究中心总数增加到93个。整体而言，五大经济特区的国家级创新平台和载体仍然较少，而省级创新平台和载体较多。

四　经济特区产业绿色转型进展评估分析

2017 年，五大经济特区产业绿色转型的效果主要体现在两个方面：一是提高资源和能源使用效率；二是减少各种污染物排放。

在产业绿色转型中，经济特区的单位土地面积 GDP 相比 2016 年均有所提升，并且均达到 10% 以上的水平；单位万元 GDP 能耗、电耗和水耗均有所下降。汕头在单位万元 GDP 能耗中下降比例最大，深圳在单位万元 GDP 电耗中下降比例最大，而海南在单位万元 GDP 水耗中下降比例最大（见图 10）。

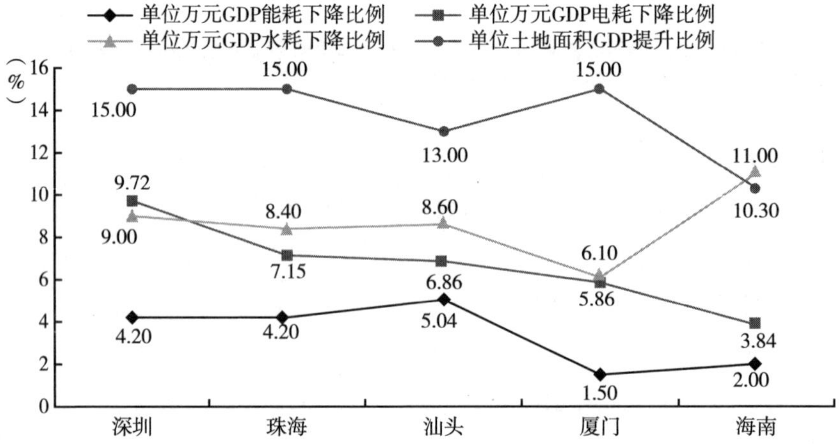

图 10　2017 年五大经济特区单位万元 GDP 能耗等指标变化情况

资料来源：《深圳统计年鉴 2017》《2017 年珠海市国民经济和社会发展统计公报》《2017 年汕头国民经济和社会发展统计公报》《厦门市 2017 年国民经济和社会发展统计公报》《2017 年海南省国民经济和社会发展统计公报》。

2017 年五大经济特区在污染物排放方面表现不一，五大经济特区空气质量优良天数达标比例在全国仍然排名靠前，厦门、深圳、珠海均进入前十。[①] 2017 年，全国 338 个地级及以上城市平均空气质量优良天数达标比例为 78.0%，

① 在 2017 年珠海市的环境状况中，其空气质量达标率较低，优良天数较少，和环保部公布的数据有出入。

而五大经济特区的平均空气质量优良天数达标比例为95%。但是相比2016年，深圳、珠海、汕头及海南空气质量优良天数达标比例均有所下降，特别是珠海，下降了近6个百分点。2017年五大经济特区空气质量优良天数达标比例见图11。

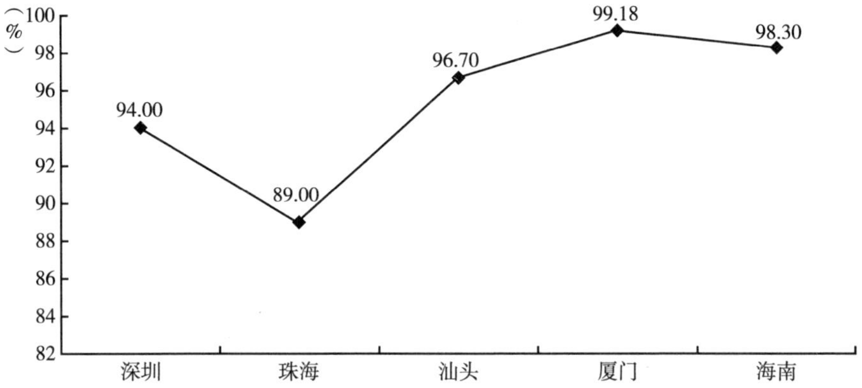

图11　2017年五大经济特区空气质量优良天数达标比例

资料来源：《2017年度深圳市环境状况公报》《2017年珠海市环境质量状况》《2017年汕头市环境状况公报》《2017年厦门市环境质量公报》《2017年海南省环境状况公报》。

（一）评估意义

当前，越来越多的国家和地区开始重视产业的绿色转型问题，意识到产业的绿色化发展不是增长的负担而是增长的引擎，纷纷采取措施推动产业绿色转型发展，最终拉动经济增长。当前国内学术界关于产业绿色转型的研究主要侧重于资源型城市的产业绿色转型问题，对经济较为发达的沿海地区特别是经济特区的产业绿色转型问题研究较少。本报告即通过构建产业绿色转型能力评估指标体系，采用实证研究和对比研究的分析方法，对各经济特区产业绿色转型的整体性、综合性问题进行评价，了解各经济特区产业绿色转型的能力与发展现状，并在此基础上摸清短板，提出建议，最终实现经济发展与环境友好的双赢。

（二）评估指标体系构建及数据收集

本报告结合前人研究经验和数据的可得性，努力构建全面、完善、有代表性的评估指标体系，力争对五大经济特区产业绿色转型能力进行真实、有效评估。

1. 评估指标体系构建

参考朱斌和史轩亚（2016）、李云燕和殷晨曦（2017）及王晗（2018）的产业绿色转型指标体系，结合五大经济特区产业发展现状，紧紧围绕产业绿色转型能力评估的主题，构建了以绿色投入、绿色生产、绿色管控、绿色效益和绿色环境为一级指标，下设 R&D 经费支出占 GDP 比重、三次产业结构变化值、单位万元 GDP 能耗下降比例、单位土地面积 GDP 和空气质量指数（AQI）达优良标准天数等 14 个二级指标，并按照指标类型进行系统划分的评估指标体系（见表 4）。本指标体系科学合理，注重经济社会效益和资源环境效益相协调，符合产业绿色转型发展的评估要求。

表 4　经济特区产业绿色转型能力评估指标体系

评估目标	一级指标	二级指标	指标类型
经济特区产业绿色转型能力	绿色投入	R&D 经费支出占 GDP 比重	正向
		常住人口大专及以上学历人员比重	正向
		固定资产投资增速	正向
	绿色生产	三次产业结构变化值	正向
		高新技术产业增加值增长率	正向
		现代服务业增加值增长率	正向
	绿色管控	单位万元 GDP 能耗下降比例	正向
		单位万元 GDP 电耗下降比例	正向
	绿色效益	单位土地面积 GDP	正向
		人均 GDP	正向
	绿色环境	空气质量指数（AQI）达优良标准天数	正向
		人均公园绿地面积	正向
		可吸入颗粒物 PM 10 年均浓度	负向
		细微颗粒物 PM 2.5 年均浓度	负向

2. 数据收集

通过查阅五大经济特区政府文件、统计公报、环境质量公报等官方资料，整理出2017年五大经济特区产业绿色转型能力评估指标体系中的二级指标基础数据，并对数据进行对比分析（见表5）。

表5　2017年五大经济特区产业绿色转型能力评估指标体系中的二级指标基础数据

二级指标	深圳	珠海	汕头	厦门	海南
R&D经费支出占GDP比重(%)	4.13	2.50	0.85	3.11	0.52
常住人口大专及以上学历人员比重(%)	25.00	22.10	4.16	17.80	7.77
固定资产投资增速(%)	23.80	19.60	27.00	10.30	10.10
三次产业结构变化值	1.90	2.60	0.90	0.50	2.00
高新技术产业增加值增长率(%)	12.20	17.80	12.70	8.40	14.80
现代服务业增加值增长率(%)	9.00	6.20	14.40	7.90	10.20
单位万元GDP能耗下降比例(%)	4.20	4.20	5.04	1.50	2.00
单位万元GDP电耗下降比例(%)	9.72	7.15	6.86	5.86	3.84
单位土地面积GDP(万元)	112345	14805	10690	25604	1261
人均GDP(元)	183127	149100	42025	109740	48430
空气质量指数(AQI)达优良标准天数(天)	343	322	353	362	359
人均公园绿地面积(平方米)	18.30	19.80	15.20	13.07	15.40
可吸入颗粒物PM 10年均浓度(微克/立方米)	45	43	49	48	29
细微颗粒物PM 2.5年均浓度(微克/立方米)	28	30	29	27	18

（三）评估过程

本报告采用熵值法对经济特区产业绿色转型能力进行评估。熵值法是一种客观赋权评价方法，其基本思路是根据指标变异性的大小来确定客观权重。某个指标的熵值越小，表明指标值的变异程度越大，提供的信息量越多，在综合评价中的作用越大，其权重也就越大；相反，某个指标的熵值越大，表明指标值的变异程度越小，提供的信息量越少，在综合评价中的作用越小，其权重也就越小。其具体评估过程遵循以下几个步骤。

1.数据标准化处理

由于二级指标基础数据的计量单位不统一，因此在计算熵值前要先对基础数据进行标准化处理，即把指标的绝对值转化为相对值，从而解决不同指标值的同质化问题。而且由于正向指标和负向指标代表的含义不同，因此要采用两类不同的算法进行标准化处理。其具体方法如下：

正向指标：

$$y_{ij} = \frac{x_{ij} - \min(x_j)}{\max(x_j) - \min(x_j)} \tag{1}$$

负向指标：

$$y_{ij} = \frac{\max(x_j) - x_{ij}}{\max(x_j) - \min(x_j)} \tag{2}$$

其中，i 代表各地区，j 代表各二级指标。标准化处理结果如表 6 所示。

表 6　2017 年五大经济特区产业绿色转型能力评估标准化处理结果

二级指标	深圳	珠海	汕头	厦门	海南
R&D 经费支出占 GDP 比重	1.0000	0.5485	0.0914	0.7175	0.0000
常住人口大专及以上学历人员比重	1.0000	0.8608	0.0000	0.6545	0.1732
固定资产投资增速	0.8107	0.5621	1.0000	0.0118	0.0000
三次产业结构变化值	0.6667	1.0000	0.1905	0.0000	0.7143
高新技术产业增加值增长率	0.4043	1.0000	0.4574	0.0000	0.6809
现代服务业增加值增长率	0.3415	0.0000	1.0000	0.2073	0.4878
单位万元 GDP 能耗下降比例	0.7627	0.7627	1.0000	0.0000	0.1412
单位万元 GDP 电耗下降比例	1.0000	0.5629	0.5136	0.3435	0.0000
单位土地面积 GDP	1.0000	0.1219	0.0849	0.2191	0.0000
人均 GDP	1.0000	0.7588	0.0000	0.4799	0.0454
空气质量指数(AQI)达优良标准天数	0.5250	0.0000	0.7750	1.0000	0.9250
人均公园绿地面积	0.7771	1.0000	0.3165	0.0000	0.3462
可吸入颗粒物 PM 10 年均浓度	0.2000	0.3000	0.0000	0.0500	1.0000
细微颗粒物 PM 2.5 年均浓度	0.1667	0.0000	0.0833	0.2500	1.0000

2. 熵值、差异性系数和权重计算

在计算熵值前，首先要依据原始数据标准化结果计算各二级指标下各地区的贡献度情况，具体公式如下：

$$P_{ij} = \frac{y_{ij}}{\sum_{i=1}^{n} y_{ij}} \tag{3}$$

各二级指标下各经济特区贡献度如表7所示。

表7　各二级指标下各经济特区贡献度

二级指标	深圳	珠海	汕头	厦门	海南
R&D经费支出占GDP比重	0.4242	0.2327	0.0388	0.3044	0.0000
常住人口大专及以上学历人员比重	0.3720	0.3202	0.0000	0.2434	0.0644
固定资产投资增速	0.3400	0.2357	0.4194	0.0049	0.0000
三次产业结构变化值	0.2593	0.3889	0.0741	0.0000	0.2778
高新技术产业增加值增长率	0.1590	0.3933	0.1799	0.0000	0.2678
现代服务业增加值增长率	0.1677	0.0000	0.4910	0.1018	0.2395
单位万元GDP能耗下降比例	0.2860	0.2860	0.3750	0.0000	0.0530
单位万元GDP电耗下降比例	0.4132	0.2326	0.2122	0.1419	0.0000
单位土地面积GDP	0.7013	0.0855	0.0595	0.1537	0.0000
人均GDP	0.4378	0.3322	0.0000	0.2101	0.0199
空气质量指数(AQI)达优良标准天数	0.1628	0.0000	0.2403	0.3101	0.2868
人均公园绿地面积	0.3185	0.4099	0.1297	0.0000	0.1419
可吸入颗粒物PM 10年均浓度	0.1290	0.1935	0.0000	0.0323	0.6452
细微颗粒物PM 2.5年均浓度	0.1111	0.0000	0.0555	0.1667	0.6667

然后，依据如下公式计算各二级指标的熵值：

$$E_j = -k\sum_{i=1}^{n} P_{ij}\ln P_{ij} \tag{4}$$

其中，令 $k = \frac{1}{\ln n}$，如果 $P_{ij} = 0$，则借鉴黄鹏、郭闽和兰思仁（2015）的做法，将 P_{ij} 近似等于0.0001，以保证 $P_{ij}\ln P_{ij}$ 有效，并对最终结果无明显影响。

最后，计算各指标的权重，公式如下：

$$W_j = \frac{D_j}{\sum_{j=1}^{m} D_j} \tag{5}$$

其中，定义差异性系数 $D_j = 1 - E_j$，D_j 代表各二级指标下各地区贡献度的一致性程度。各二级指标熵值、差异性系数和权重如表 8 所示。

表 8　各二级指标熵值、差异性系数和权重

二级指标	熵值(E_j)	差异性系数(D_j)	权重(W_j)
R&D 经费支出占 GDP 比重	0.7406	0.2594	0.0697
常住人口大专及以上学历人员比重	0.7792	0.2208	0.0594
固定资产投资增速	0.6829	0.3171	0.0852
三次产业结构变化值	0.7871	0.2129	0.0572
高新技术产业增加值增长率	0.8212	0.1788	0.0481
现代服务业增加值增长率	0.7608	0.2392	0.0643
单位万元 GDP 能耗下降比例	0.7707	0.2293	0.0616
单位万元 GDP 电耗下降比例	0.8148	0.1852	0.0498
单位土地面积 GDP	0.5690	0.4310	0.1158
人均 GDP	0.7048	0.2952	0.0794
空气质量指数(AQI)达优良标准天数	0.8452	0.1548	0.0416
人均公园绿地面积	0.7909	0.2091	0.0562
可吸入颗粒物 PM 10 年均浓度	0.6067	0.3933	0.1057
细微颗粒物 PM 2.5 年均浓度	0.6055	0.3945	0.1060

3. 最终结果计算

依据上述所求贡献度 P_{ij} 和指标权重 W_j，代入如下公式可求各二级指标得分：

$$Z_{ij} = \sum_{j=1}^{m} P_{ij} W_j \tag{6}$$

2017 年五大经济特区产业绿色转型能力评估二级指标得分如表 9 所示。

表 9　2017 年五大经济特区产业绿色转型能力评估二级指标得分

二级指标	深圳	珠海	汕头	厦门	海南
R&D 经费支出占 GDP 比重	0.0296	0.0162	0.0027	0.0212	0.0000
常住人口大专及以上学历人员比重	0.0221	0.0190	0.0000	0.0145	0.0038
固定资产投资增速	0.0290	0.0201	0.0357	0.0004	0.0000
三次产业结构变化值	0.0148	0.0222	0.0042	0.0000	0.0159

续表

二级指标	深圳	珠海	汕头	厦门	海南
高新技术产业增加值增长率	0.0076	0.0189	0.0087	0.0000	0.0129
现代服务业增加值增长率	0.0108	0.0000	0.0316	0.0065	0.0154
单位万元 GDP 能耗下降比例	0.0176	0.0176	0.0231	0.0000	0.0033
单位万元 GDP 电耗下降比例	0.0206	0.0116	0.0106	0.0071	0.0000
单位土地面积 GDP	0.0812	0.0099	0.0069	0.0178	0.0000
人均 GDP	0.0348	0.0264	0.0000	0.0167	0.0016
空气质量指数(AQI)达优良标准天数	0.0068	0.0000	0.0100	0.0129	0.0119
人均公园绿地面积	0.0179	0.0230	0.0073	0.0000	0.0080
可吸入颗粒物 PM 10 年均浓度	0.0136	0.0205	0.0000	0.0034	0.0682
细微颗粒物 PM 2.5 年均浓度	0.0118	0.0000	0.0059	0.0177	0.0707

根据前述经济特区产业绿色转型能力评估指标体系设定，可求得各地区最终得分（如表 10 所示）。

表 10 2017 年五大经济特区产业绿色转型能力评估最终得分

一级指标	深圳	珠海	汕头	厦门	海南
绿色投入	0.0807	0.0553	0.0384	0.0361	0.0038
绿色生产	0.0332	0.0411	0.0445	0.0065	0.0442
绿色管控	0.0382	0.0292	0.0337	0.0071	0.0033
绿色效益	0.1160	0.0363	0.0069	0.0345	0.0016
绿色环境	0.0501	0.0435	0.0232	0.0340	0.1588
最终得分	0.3182	0.2054	0.1467	0.1182	0.2117

（四）评估结果分析

从五大经济特区产业绿色转型能力评估最终得分可以看出，深圳排第一位，在绿色投入、绿色管控、绿色效益三方面领先其他特区；海南凭借在绿色环境方面的优势，排第二位；珠海在五个方面均表现稳定，排名第三；汕头虽然在绿色效益方面表现较差，但凭借绿色生产的突出表现，排名第四；厦门在绿色生产和绿色管控方面具有劣势，排名第五。通过 2013～2017 年对五大经济特区产业绿色转型能力的持续追踪研究，可以发现：2013～2017 年，深圳的产业绿色转型能力均排名榜首，表明深圳的产业绿色转型能力突出，且持续性较好；珠海和汕头均表现稳定，珠海在第二、第三名间变换，汕头则在第四、第五名间徘徊；厦门和海南则表现极不稳定，厦门在2015年曾上升至第二位，却在2017年下降到第五位，海南则主要位于中下游，但有的年份排名上升较快（见表11）。

表11　2013~2017年五大经济特区产业绿色转型能力评估位次

年份	深圳	珠海	汕头	厦门	海南
2013	第一位	第二位	第四位	第三位	第五位
2014	第一位	第二位	第五位	第四位	第三位
2015	第一位	第三位	第四位	第二位	第五位
2016	第一位	第二位	第四位	第三位	第五位
2017	第一位	第三位	第四位	第五位	第二位

深圳在2017年产业绿色转型能力评估中再次位列第一，得益于在绿色投入、绿色管控，特别是绿色效益方面的突出表现。深圳历来高度重视研发投入和人才引进，通过高水平资金投入和高素质人才集聚提升经济发展质量。此外，凭借先进技术优势，提高能源利用效率，并定期开展清洁生产审核评估和验收工作，大幅度降低能耗、电耗，同时，加大新能源使用推广力度，完善相关政策法规，提高绿色管控能力，提升绿色管控效果。在绿色效益方面归功于高效的经济产出，以高新技术产业、先进制造业和现代服务业为主的产业结构以及高效的投入，造就了经济增长奇迹。深圳在绿色生产方面排名靠后，主要是因为三次产业结构已趋于稳定，高新技术产业和现代服务业发展已趋于成熟，总量庞大，增长率较低。在绿色环境方面总体表现良好，但还有提升空间。总体来看，深圳的产业绿色转型特征为高水平的绿色投入、严格的绿色管控以及高效的经济产出。

海南在产业绿色转型能力评估中相比2016年上升了三位，排名第二，这主要依靠其在绿色环境方面的绝对优势。海南通过开展机动车污染防治、加强城市扬尘污染控制、开展重点行业大气污染防治和组织协调大气面源污染防治等，使全省PM10年均浓度达到29微克/立方米，符合国家一级标准，PM2.5 年均浓度达到 18 微克/立方米，略高于国家一级标准。但是，海南在绿色投入、绿色管控和绿色效益方面的得分远低于其他特区。海南的R&D 经费支出占 GDP 比重仅为深圳的 1/8；单位万元 GDP 电耗下降比例排名垫底；单位土地面积 GDP 仅为 1261 万元，和第一名深圳相差较多；人均GDP 为 48430 元，仅高于汕头。这些都表明海南在产业绿色转型方面要继续加大科研投入，加强环境管控，努力提高经济产出。总体来看，海南的产业绿色转型特征为绿色环境单引擎带动，其他方面均有待补强。

珠海在本次评估中排名第三，总体表现稳定。珠海在绿色投入、绿色效益两方面仅落后于排名第一的深圳，这得益于拥有高水平的人才队伍和高效率的人均 GDP 产出。在绿色生产、绿色管控和绿色环境三方面均排名第三，主要是由于珠海三次产业结构加快调整、高新技术产业稳定增长以及污染防控和城市环境质量持续提升。但珠海如果继续提高产业绿色转型能力，就需要补齐短板，全方位提升。珠海要继续加大产业结构调整力度，提高服务业特别是现代服务业比重；要继续坚持招商引资，发展高科技产业，提高经济发展质量；要继续加强空气质量保护，打好蓝天保卫战。总体来看，珠海的产业绿色转型特征在五大方面发展较为均衡，但要继续保持政策力度，加快补齐短板。

汕头连续三年排名第四。虽然整体排名靠后，但在绿色生产方面表现突出，汕头现代服务业增加值增速为 14.40%，在五大经济特区中排首位。在绿色管控方面也有良好表现，尤其在单位万元 GDP 能耗下降比例方面优势突出。汕头在绿色投入、绿色效益和绿色环境方面与深圳、珠海、厦门还有一定差距，特别是在研发投入、高素质人才吸引和人民生活质量上，所以，汕头想提高产业绿色转型能力，要持续加大对人才的吸引力度和对科研的投入力度，要努力提高经济发展效益，拓展人民收入来源，同时还要改善城市环境，提高绿色环境指标得分。总体来看，汕头的产业绿色转型特征为绿色生产表现突出，但要努力提高科技发展水平和经济发展质量。

厦门在绿色生产和绿色管控方面的劣势导致其排名靠后，排第五位。

厦门的三次产业结构变化值仅为0.50，排名垫底，相较于2016年的2.4，调整力度明显减弱。厦门2017年单位万元GDP能耗下降比例排名垫底，单位万元GDP电耗下降比例排名第四，导致绿色管控得分较低，拉低了产业绿色转型能力最终得分，今后，厦门在绿色能源的推广和使用方面需要继续加大力度。厦门在绿色效益和绿色环境两方面表现较好，单位土地面积GDP仅次于深圳，人均GDP排名中游，说明经济产出效率较高；同时通过实施燃煤锅炉节能环保提升工程和建立扬尘防治标准体系等措施，提高了城市环境质量。总体来看，厦门的产业绿色转型特征为总体得分较低，但在经济效益和环境保护方面表现突出，产业绿色转型能力提升潜力巨大。

五 经济特区产业绿色转型政策建议

（一）在资源和环境承载力双重困境中坚持绿色转型，以绿色发展促进创新

经济特区在资源方面，面临比其他方面更加严峻的形势，特别是土地资源，导致许多企业生产成本上升。在政府产业政策扶持中，不少企业呼吁降低生产成本。随着政府环境监管加强以及环境执法力度加大，不少企业反映环境保护成为企业负担之一。在经济发展增速放缓的大背景之下，五大经济特区应坚持绿色发展，引导企业将资源和环境挑战转化为创新的动力，推动本地区企业绿色转型。在对企业扶持的产业政策中，五大经济特区政府需要在资源利用效率以及污染物排放方面设立相应的指标，从而更好地将财政资金引导到绿色产业中。同时，在产业规划中，需要根据资源和环境承载力进行整体的规划，突破专项行业规划的限制，其中海南省的“多规合一”值得借鉴。

（二）坚定满足人民对美好环境的需求信念，严格环境执法

从2017年五大经济特区的一些污染物排放情况来看，其表现劣于2016

年。例如，在细微颗粒物方面，五大经济特区除了海南省表现优于2016年外，其他经济特区的可吸入颗粒物PM10年均浓度以及细微颗粒物PM2.5年均浓度，均高于2016年的水平。这说明深圳、珠海、汕头以及厦门还需要加强污染物排放控制。尽管如之前描述，五大经济特区加大了环保执法力度，但是从数据统计来看，环境违法行为仍然较为普遍。政府能力毕竟有限，需要加强公众参与。同时，在环保违法处罚方面，尽管经济特区的力度高于国内其他地区，但是和国际相比，仍然有差距。深圳开出的最高罚单金额为1239万元人民币，但是国外环境处罚可达几千万美元及上亿美元，可以让环保违法企业赔到“倾家荡产”的地步。从其他经济特区情况看，大部分环保违法处罚仍然只有几万元，其对企业的惩戒效果值得怀疑。

参考文献

刘纯彬、张晨：《资源型城市绿色转型内涵的理论探讨》，《中国人口·资源与环境》2009年第5期，第6~10页。

《深圳市国家可持续发展议程创新示范区建设方案（2017—2020年）（征求意见稿）》，深圳市人民政府，2017。

《2017年度深圳市环境状况公报》，深圳市人居环境委员会，2018。

《2017年珠海市环境质量状况》，珠海市环境保护局，2018。

《2017年汕头市环境状况公报》，汕头市环境保护局，2018。

《2017年厦门市环境质量公报》，厦门市环境保护局，2018。

《2017年海南省环境状况公报》，海南省生态环境保护厅，2018。

《汕头市2017年固体废物污染环境防治信息》，汕头市环境保护局，2018。

《2017年厦门市固体废物污染防治信息的通告》，厦门环境保护局固体废物管理处，2018。

《关于加强海南省危险废物回收处置监督管理的建议》，海南省人民政协，2013。

深圳市统计局、国家统计局深圳调查队编《深圳统计年鉴2017》，中国统计出版社，2017。

《2017年珠海市国民经济和社会发展统计公报》，珠海市统计局、国家统计局珠海调查队，2018。

《2017年汕头国民经济和社会发展统计公报》，汕头市统计局、国家统计局汕头调查队，2018。

《厦门市2017年国民经济和社会发展统计公报》，厦门市统计局、国家统计局厦门调查队，2018。

《2017年海南省国民经济和社会发展统计公报》，海南省统计局、国家统计局海南调查总队，2018。

《深圳基本水情》，深圳市水务局，2018。

《深圳基本水情》，深圳市水务局，2017。

《深圳市能源发展“十三五”规划》，深圳市发展和改革委员会，2016。

《海南生态文明建设的发展、成就与经验》，《海南日报》2018年5月23日。

《2016年度珠海市固体废物污染防治信息公告》，珠海市环境保护局，2017。

《珠海市环境保护局2018年度责任白皮书》，珠海市人民政府网站，http://www.zhuhai.gov.cn/xw/ztjj_44490/2018bps/201806/t20180620_46202660.html。

《高层次专业人才认定》，广东政务服务网，http://www.gdzwfw.gov.cn/portal/guide/11440300695583248534421000000027。

《海外高层次人才确认》，广东政务服务网，http://www.gdzwfw.gov.cn/portal/guide/11440300695583248530711012000。

《关于实施“珠海英才计划”加快集聚新时代创新创业人才的若干措施（试行）》，中共珠海市委、珠海市人民政府，2018。

《厦门市引进海外高层次人才暂行办法》，中共厦门市委办公厅、厦门市人民政府办公厅，2010。

《关于加快建设海西人才创业港，大力引进领军型创业人才的实施意见》，中共厦门市委办公厅、厦门市人民政府办公厅，2010。

《2017年海南省高层次人才引进计划（“百人专项”）申报公告》，海南省人才工作领导小组办公室，2017。

朱斌、史轩亚：《区域产业绿色转型的综合评价与战略分析——以福建省为例》，《生态旅游》2016年第9期，第100~105页。

李云燕、殷晨曦：《绿色发展背景下的京津冀大中型城市产业转型模式研究》，《环境保护》2017年第4期，第33~39页。

王晗：《吉林省绿色转型发展评价研究》，东北电力大学硕士学位论文，2018。

黄鹏、郭闽、兰思仁：《福建省城市化与生态环境耦合状况分析》，《福建农林大学学报》（自然科学版）2015年第2期，第203~207页。

B.3

中国经济特区资源效率与可持续发展报告*

钟若愚　陶林秀　高丽玲**

摘　要： 资源是区域协调、社会经济建设和可持续发展的基础和关键制约因素。新中国成立近70年来，资源的使用和生产极大地促进了我国各区域的工业化与城市化，为经济繁荣奠定了坚实的物质基础。在环境承载能力既定的情况下，更应高效利用有限的自然及环境资源，力求最优化配置稀缺资源，使生态环境保护与经济增长齐头并进，以逐步实现绿色经济转型。物质流分析方法（MFA）能有效测度区域绿色可持续发展的推进情况，本报告在MFA基础上从区域和城市角度整理了1996年至2017年中国五大经济特区的物质流量投入数据，建立物质资源投入总量指标（DMI）。继而以资源环境利用效率为出发点，分别通过纵向和横向对比分析了各特区的效率差异及原因。在此基础之上给出了经济特区要实施绿色考核机制与金融制度、搭建节能循环科技创新平台、建设生态文明智慧型特区等建议。

关键词： 物质流分析　资源效率　可持续发展

* 本报告是教育部人文社科重点研究基地重大项目（项目编号：10JJDZONGHE019）的阶段性成果。

** 钟若愚，深圳大学中国经济特区研究中心教授、博士生导师，深圳大学人口研究所所长，山西财经大学副校长、中国特色社会主义政治经济学研究中心研究员；陶林秀、高丽玲，深圳大学中国经济特区研究中心硕士研究生。

一　区域和城市的物质流分析和资源效率分析

物质流分析方法（MFA）能有效刻画资源在环境与经济两个系统间的流动转化情况及影响，可从城市（地区）、区域乃至全球[①]多个层面评估资源消耗和经济增长质量。这为以环境可持续发展为前提的经济发展及区域资源效率研究提供了一种思路[②]。

（一）区域与城市的物质流分析框架

MFA作为研究可持续发展问题的新手段，主要分析环境经济系统的物质投入、消耗和流动状况，从而得出可靠的、能测度资源投入与消耗情况的相关指标，为协调环境、经济与社会全面发展提供依据。

基于国家层面的物质流分析现已发展得较为成熟，而区域（城市）层面的MFA研究则一般以欧盟导则为基础，结合地区特点另做调整，尚未形成统一的分析框架。国内徐一剑等（2004）、钟若愚（2008）等相继对贵阳市、深圳市等展开了城市物质流分析。

彭焕龙等（2017）在物质流分析评价指标基础上，以广州市南沙区为例对区域物质流的资源环境效率进行了实证研究，并认为，尽管该地区的生产力提高使物质投入强度下降，但社会和经济的繁荣极大地促进了当地的消费，物质输出因此反而增加。研究表明，鉴于资源环境对物质流的限制和反馈，南沙区单位GDP废弃物输出量减少。人均消耗强度亦轻微下降，区域经济增长与环境承载力间的矛盾逐步得到缓和。季小妹等（2018）采用MFA，通过测算资源利用的综合压力（由总量压力、结构压力与增长压力加权得到）探析压力变化的特征。结果显示，山东省2005～2014年资源利用压力有上升趋势，压力变化的关键诱因来自经济因素，并呼吁应尽快转变

---

① 王琳、潘峰：《环境—社会经济系统物质流分析研究述评》，《生态经济》2018年第3期。

② 参见钟若愚《自然资源价值及其效率问题研究》，《求索》2008年第5期；钟若愚《中国资源生产率和全要素生产率研究》，《经济学动态》2010年第7期。

这种以环境为代价的经济发展模式。

结合环境库兹涅茨曲线计量模型，夏艳清、李书音（2017）对中国1995～2014年31个省份的物质流动状况进行横向、纵向比较，认为尽管物质消耗效率的提升状况较好，但废弃物排放强度的降低情况不是很理想。总体而言，各省份尚未转变已有的线性物质流动模式，建议重视废弃物循环再利用环节，建立可循环的产业经济系统。

基于循环经济视角，晁博、杨忠直（2017）从物质的输入、输出、消耗三个方面分析了陕西省2000～2013年物质流变化状况。研究表明，陕西省经济发展在较大程度上依赖对化石能源和矿产资源的使用，且随着经济发展，生态环境压力不断增大；只有积极贯彻“减量与循环使用”原则，坚持循环经济发展道路，才能实现经济与环境的协调可持续发展。

作为京津冀经济圈的核心，北京在区域资源和环境方面备受关注。戴铁军等（2017）在物质流核算框架内针对北京市1992～2014年的物质代谢情况展开研究，发现随着经济发展水平提高，北京市主要以化石燃料和矿物为代表的物质输入量与输出量有所增加，物质资源投入强度先上升后下降。在对京津冀地区的物质流分析中，戴铁军、赵迪（2016）全方位地考察了该经济区的整体物质代谢情况，坚信有必要转变牺牲环境发展经济的传统模式，积极优化产业结构、推行绿色技术，建立绿色GDP核算体系。戴铁军、张沛（2016）从物质流分析的角度对北京市2005～2013年的绿色GDP进行核算并指出绿色GDP与当前GDP增长趋势相同。

本报告将重点关注中国经济特区中工业化相关物质资源的使用情况，主要基于区域和城市层面，分析框架则沿用简化的物质流分析方法①。鉴于城市物质资源使用数据可得性、城市边界系统的界定不明等因素，本报告将对物质资源投入总量指标进行简化，详细分类结果如表1所示。

---

① 钟若愚、唐文、管志贵：《中国经济特区资源效率与可持续发展报告》，载陶一桃主编《中国经济特区发展报告（2017）》，社会科学文献出版社，2018。

表 1　城市物质流分析的简化框架

<table>
<tr><th>指标</th><th>大类</th><th>构成项目</th><th>细分指标</th><th>主要内容</th></tr>
<tr><td rowspan="2">物质资源投入总量指标(DMI)</td><td rowspan="2">物质资源投入总量 = 本地投入 + 外地调入(DMI = DE + I)</td><td rowspan="4">本地投入(DE)</td><td>1. 化石燃料</td><td>(1)原煤
(2)原油
(3)天然气</td></tr>
<tr><td>2. 工业金属矿物质</td><td>(1)铁矿石
(2)铝矿石
(3)铜矿石
(4)其他</td></tr>
<tr><td rowspan="4">直接物质消耗指标(DMC)</td><td rowspan="4">直接物质消耗 = 物质资源投入总量 - 本地调出(DMC = DMI - E)</td><td>3. 工业非金属矿物质</td><td>(1)化学化工原料
(2)初级形态的塑料
(3)玻璃、水泥等
(4)其他</td></tr>
<tr><td>4. 生物质</td><td>(1)农作物
(2)林产品
(3)水产品
(4)畜产品</td></tr>
<tr><td>外地调入 I</td><td colspan="2">化石燃料、工业矿物、生物质</td></tr>
<tr><td>本地调出 E</td><td colspan="2">化石燃料、工业矿物、生物质</td></tr>
</table>

注：城市物质流分析框架借鉴国家物质流分析框架，对应国家层面的进口、出口，城市层面上则称为外地调入、本地调出。

资料来源：以上简化框架最初来源可参考钟若愚、庄伟锋《中国经济特区资源效率与可持续发展报告》，载陶一桃主编《中国经济特区发展报告（2012）》，社会科学文献出版社，2013，第 41 ~47 页。

（二）基于物质流分析的资源效率指标

资源生产率指标 $P_{resource}$ 可以用经济社会发展的价值量 *Value*（一般是 GDP）和资源实物量 *Material* 的比值来衡量：

$$P_{resource} = \frac{Value}{Material} \tag{1}$$

最常用来衡量自然资源生产率的简化指标被称为 Pearce 指标（Pearce，2001），即 $P_{Pearce} = \frac{V_{output}}{M_{input}}$，这里 V_{output} 是价值形态的产出量，M_{input} 是物质资源投入量（Materials Input）。

本报告在物质流体系和国民经济核算体系的基础上，构建了以下衍生指标：物质投入指标（如资源生产率）、物质消耗指标（如资源消耗产出率）和物质排放指标（物质排放产出率）。结合上述一系列资源生产率指标，基于 MFA 先建立资源效率分析框架，再分析整个社会经济系统的物质输入、输出与消耗情况。

二 中国五大经济特区物质流分析

（一）数据来源与处理

本报告中的数据汇总自各经济特区的历年公报、年鉴和团队调研成果。

从经济特区层面统计数据来看，存在数据获取成本高、统计口径不一致等难题，特按照如下基本假定进行数据处理：①对于特定物质消费需求，如果有当地产品，则优先考虑当地产品；②如果当地生产的特定物质供应量超过需求量，则假定不需要从外地调入；③如果该物质的当地产量不能满足自己的需求，则假定无法调出。五大经济特区（除海南省外）的工业金属矿物质、工业非金属矿物质、化石燃料等都处于内部供应不足的状态，需要从外部调入，故依据假定③展开数据分析工作。

本报告中每个经济特区的主要物质流数据类别将按如下方式处理。

首先，鉴于当地未开采工业金属矿物质、工业非金属矿物质和化石燃料，设调出量为零。在处理数据时，化石燃料按科学比例转换为标准原煤形式。相关数据源自各经济特区统计年鉴与公报，均以年产量进行度量。

其次，由于历年统计年鉴中关于工业金属矿物质组成成分的产量数据有限，因此，通过对现有数据的投入—产出分析来估算原矿需求值。根据假设③，如果当地生产供不应求，则物质资源投入总量可被视为当地开采值和外地调入值总和，即原矿需求值。在此特声明，本报告未将矿产资源开采的生态包袱数值纳入计算范围。

最后，本报告中生物质包含的农作物、畜产品、水产品、林产品产量相关指标由生物质当地人均消耗量估算而得。

（二）物质流分析初步结果

本报告以简化的物质流分析框架为基础，结合五大经济特区的统计数据，估算各经济特区的DMI，以测度经济增长过程中的DMI。

1. 历年DMI、人均DMI及其变化

表2和图1详细显示了1996～2017年五大经济特区DMI的变化情况。考察对象中，海南省DMI历年遥遥领先其他特区，2017年海南省DMI接近厦门与珠海的5倍，深圳与汕头DMI则相对较低。

就DMI增长情况而言，海南省的DMI从1996年的1327.0万吨增长到2017年的5353.1万吨，1996～2017年年均增长速度达6.8%；深圳DMI年均增幅最低，仅为0.98%，厦门、汕头和珠海的增速分别是8.5%、4.3%和6.4%。

表2 五大经济特区DMI的变化情况

单位：万吨

年份	DMI				
	深圳	海南	厦门	珠海	汕头
1996	1150.4	1327.0	211.4	307.7	647.4
2000	1340.2	1829.4	313.0	470.7	605.7
2005	1743.0	2285.4	571.0	644.4	745.6
2006	1889.3	2599.8	679.8	691.2	771.5
2007	1910.8	2843.3	674.6	932.3	771.1
2008	1863.5	2996.5	766.5	1031.0	760.4
2009	1787.3	3397.8	768.1	1052.2	873.6
2010	1861.3	3844.0	944.1	1123.0	1177.6
2011	2024.7	4512.8	1049.1	1144.1	1288.8
2012	1912.1	4827.4	1109.5	1065.5	1200.7
2013	1838.8	5232.7	1126.8	1123.7	1398.4
2014	1692.0	5438.0	1147.8	1158.4	1422.8
2015	1620.2	5395.9	1174.3	1111.8	1464.5
2016	1601.3	5229.3	1214.7	1115.6	1547.9
2017	1412.9	5353.1	1172.2	1127.5	1565.3

注：依据最新年鉴对2016年公报数据进行修正。

资料来源：根据本报告物质流分析简化框架计算整理得到。

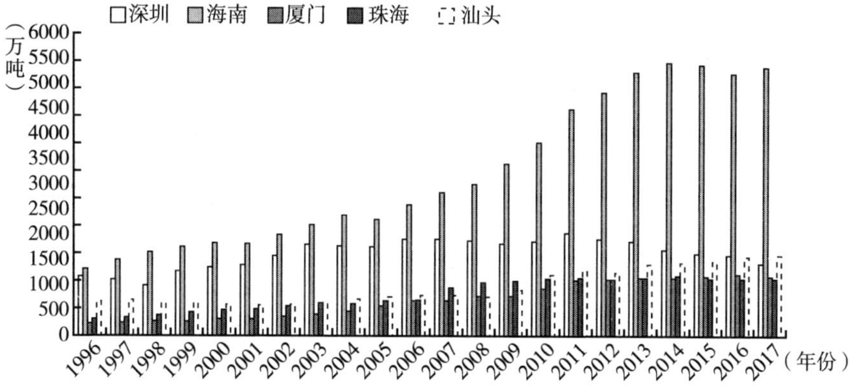

图1　1996～2017 年五大经济特区 DMI 的变化情况

注：依据最新年鉴对 2016 年公报数据进行修正。

资料来源：根据本报告物质流分析简化框架计算整理得到。

从 1998～2017 年变化情况看，海南的 DMI 增速较为平稳，其他经济特区的波动幅度较大。深圳 2016 年、2017 年 DMI 比上年分别出现不同程度的下降，鉴于构成 DMI 的工业非金属矿物质、化石能源消耗量有所减少，其下降趋势情有可原。五大经济特区 DMI 增长率情况如图 2 所示。

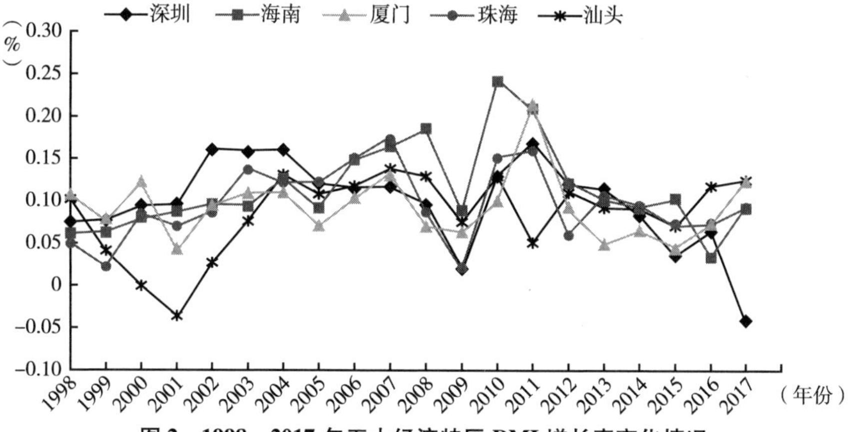

图2　1998～2017 年五大经济特区 DMI 增长率变化情况

2. 人均 DMI 及其比较

人均 DMI 衡量的是地区在经济发展过程中的物质资源投入人均水平。

如表3所示，2017年，各特区中人均DMI珠海最高，达6.39吨；其他特区人均DMI情况如下：海南省（5.78吨）、厦门市（2.92吨）、汕头市（2.79吨）以及深圳市（1.13吨）。

由图3可得，厦门、汕头2015~2017年人均DMI大体保持平缓态势，海南2017年稍有上涨，深圳人均DMI连续十年基本呈现下滑趋势，2017年突破新低，达1.13吨。人均DMI遥遥领先的珠海，近年来回落趋势明显，2017年人均DMI较2016年有所下降。

根据五大经济特区考察期内的人均DMI年均增速，增速较快的有海南、厦门、珠海，增幅分别可达5.55%、4.76%、3.29%。相较于上述特区，汕头人均DMI增长较为平缓，为2.93%。值得注意的是，各经济特区中唯独深圳出现了负增长，为-3.48%（见表4）。

表3 五大经济特区人均DMI情况

单位：吨

年份	人均DMI				
	深圳	海南	厦门	珠海	汕头
1996	2.38	1.86	1.10	3.24	1.52
2000	1.91	2.40	1.53	3.81	1.29
2005	2.11	2.76	2.09	4.55	1.51
2006	2.17	3.11	2.36	4.78	1.54
2007	2.09	3.36	2.22	6.32	1.52
2008	1.95	3.51	2.35	6.82	1.48
2009	1.80	3.93	2.33	6.83	1.67
2010	1.79	4.43	2.65	7.19	2.18
2011	1.93	5.14	2.91	7.30	2.38
2012	1.81	5.45	3.02	6.73	2.20
2013	1.73	5.84	3.02	7.07	2.55
2014	1.57	6.02	3.01	7.18	2.58
2015	1.42	6.22	3.04	6.80	2.64
2016	1.34	5.70	3.10	6.66	2.77
2017	1.13	5.78	2.92	6.39	2.79

注：人均指标用历年常住人口数计算。

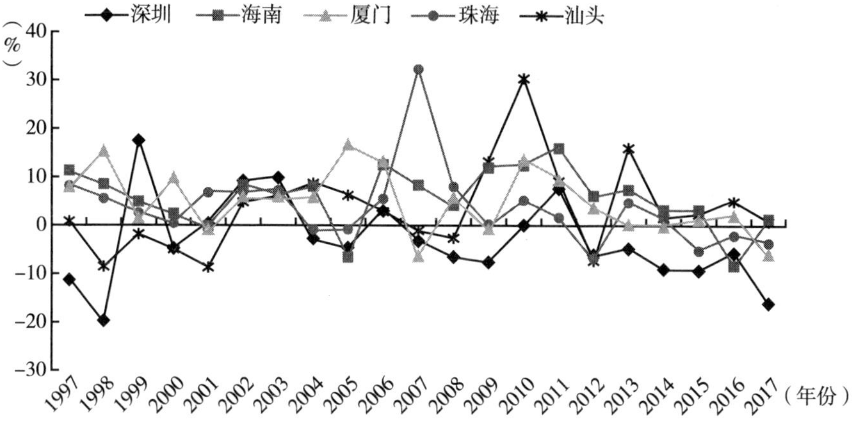

图3　1997～2017年五大经济特区人均DMI变化情况

表4　1996年、2017年五大经济特区人均DMI及年均增速对比

指标	深圳	海南	厦门	珠海	汕头
1996年(吨)	2.38	1.86	1.10	3.24	1.52
2017年(吨)	1.13	5.78	2.92	6.39	2.79
年均增速(%)	-3.48	5.55	4.76	3.29	2.93

资料来源：根据本报告物质流分析结合相关统计报告结果计算得出。

考虑到深圳1996～2017年常住人口年均增速高达4.43%，而同期DMI年均增速仅为0.98%等因素，其人均DMI下降幅度之大情有可原。此外，深圳先于其他特区基本实现产业转型升级，正处于对物质资源消耗需求放缓的后工业化发展阶段。

（三）典型特区资源利用构成分析

五大经济特区中，深圳、珠海两地1996～2017年的DMI构成结构变化较为典型。

深圳1996～2017年的DMI构成变化情况表明，金属矿物质占DMI比重于1996～2004年一直保持较高水平。自2005年占比出现下滑，2014年降到16.95%；后来又逐渐上涨，于2017年升至23.55%（见图4）。

同期化石燃料投入占 DMI 的比重总体处于稳步上升状态，从 1996 年的 8.63% 上升至 2017 年的 46.37%，在物质资源投入中份额不断攀升。然而相较于有限的土地资源，深圳市实际管理服务人口高达 2000 万人次，环境压力不言而喻。化石燃料投入 21 年的占比变化也形象地揭示了深圳市可持续性发展进程中资源不足的严峻形势。

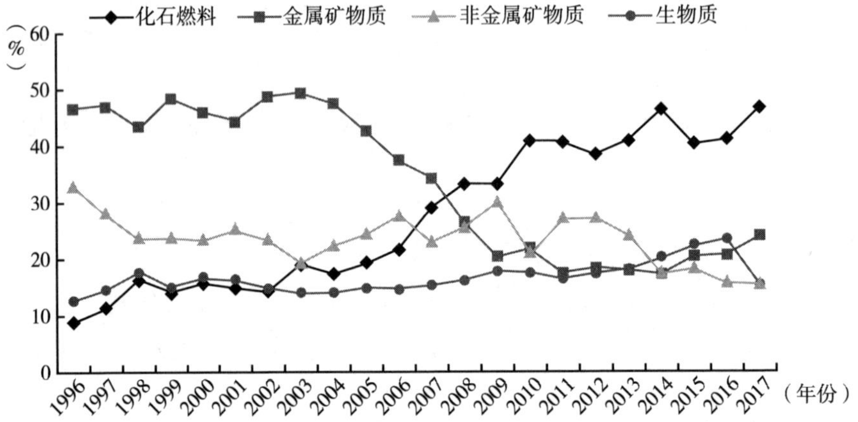

图 4　1996～2017 年深圳市 DMI 的构成变化情况

根据珠海市 1996～2017 年的 DMI 构成比例，珠海 DMI 从 1996 年的 307.7 万吨增加到 2017 年的 1127.5 万吨，年均增速达 6.4%。其中，化石燃料所占比例经历了先增加后减少的过程，在 40%～60% 波动；金属矿物质占比自 1996 年的 17.1% 升至 2017 年的 34.89%；生物质占比呈现持续下降态势，占 DMI 比重从 1996 年 35.81% 降至 2017 年的 5.49%（见图 5）。

三　2017年五大经济特区资源投入、资源效率比较分析

（一）2017年五大经济特区资源投入和构成比较

根据五大经济特区 DMI 变化情况，本报告将 2017 年各特区 DMI 由低

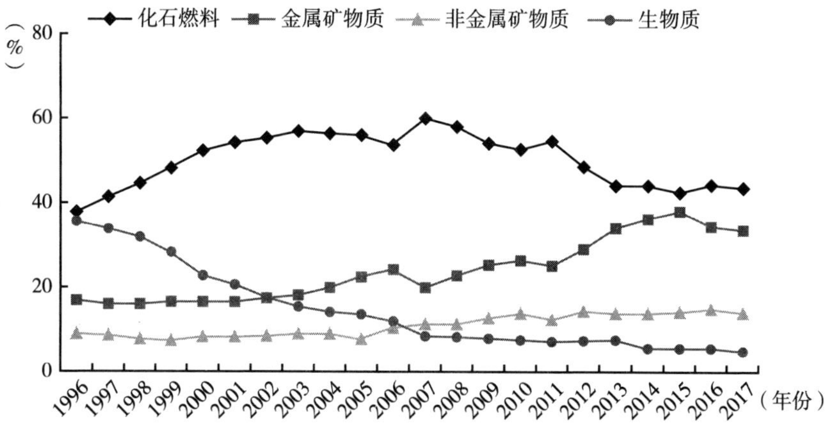

图5　1996～2017年珠海市DMI的构成变化情况

到高排序：珠海最低，仅为1127.5万吨；接着是厦门，达1172.2万吨；深圳、汕头、海南分别是1412.9万吨、1565.3万吨与5353.1万吨。同理对人均DMI进行排序，依次为深圳（1.13吨）、汕头（2.79吨）、厦门（2.92吨）、海南（5.78吨）、珠海（6.39吨）（见表5）。

表5　2017年五大经济特区DMI及人均DMI等的情况

经济特区	DMI（万吨）	人均DMI（吨）	资源生产率（元/吨）	GDP（亿元）	年末常住人口（万人）	人均GDP（万元）
海南	5353.1	5.78	8336.341	4462.54	925.76	4.82
深圳	1412.9	1.13	138989	19638	1252.83	15.67
厦门	1172.2	2.92	37118.76	4351.18	401	10.85
汕头	1565.3	2.79	15018.31	2350.76	560.82	4.19
珠海	1127.5	6.39	22747.75	2564.73	176.54	14.53

注：GDP及人均GDP以2000年不变价计算。

资料来源：根据本报告物质流分析框架及相关数据计算整理得出。

鉴于年末常住人口、GDP、化石燃料消耗量等数据在2017年统计年鉴校验时有所调整，个别经济特区相关数据在处理时存在误差，本报告据此对五大经济特区2016年的DMI、人均DMI等进行修订（见表6）。

表6　2016年五大经济特区DMI及人均DMI等调整修订后的情况

经济特区	DMI（万吨）	人均DMI（吨）	资源生产率（元/吨）	GDP（亿元）	年末常住人口（万人）	人均GDP（万元）
海南	5229.29	5.70	7734.34	4044.51	917.13	4.41
深圳	1601.28	1.34	121731.29	19492.60	1190.84	16.37
厦门	1214.75	3.10	31152.58	3784.25	392.00	9.65
汕头	1547.93	2.77	13440.77	2080.54	557.92	3.73
珠海	1115.59	6.66	19956.89	2226.37	167.53	13.29

资料来源：根据2017年各特区统计年鉴数据进行调整修订和重新计算得出。

五大经济特区2016年DMI构成对比情况（见表7）显示，化石燃料、金属矿物质、非金属矿物质普遍占比较高。其中汕头化石燃料占物质资源总投入的48.1%，为各特区之首，金属矿物质、非金属矿物质消耗量也保持相对高位水平，这与汕头快速工业化的实际情况相吻合。相比之下，海南金属矿物质消耗量最低，仅占8.79%；化石燃料、非金属矿物质、生物质却稳居高位，分别占32.68%、40.83%及17.69%，这与海南当地丰富的自然资源与农业的良好发展息息相关。

表7　2016年五大经济特区DMI构成比较一览

经济特区	DMI（万吨）	化石燃料（%）	金属矿物质（%）	非金属矿物质（%）	生物质（%）	人均DMI（吨）
海南	5229.29	32.68	8.79	40.83	17.69	5.7
深圳	1601.28	40.82	20.57	15.47	23.13	1.34
厦门	1214.75	31.67	45.2	15.29	11.28	3.1
汕头	1547.93	48.1	16.22	19.28	16.41	2.77
珠海	1115.59	42.38	37.89	14.2	5.53	6.66

资料来源：根据本报告物质流分析框架及相关数据计算整理得出。

（二）2017年五大经济特区资源利用效率比较

需要说明的是，报告中与五个经济特区资源生产率指标相关的国内生产总值数据按2000年可比价格计算。结果显示，以深圳为代表的经济特区资源生产率在1996~2017年增长劲头迅猛。截至2017年，深圳资源生产率再创新高，达138989.0元/吨；海南、厦门、珠海、汕头则分别为8336.3元/吨、37118.8元/吨、22747.7元/吨、15018.3元/吨（见表8）。

表8　五大经济特区资源生产率情况

单位：元/吨

年份	深圳	海南	厦门	珠海	汕头
1996	9113.9	2936.5	14189.0	6699.8	4770.1
2000	16322.0	2879.7	16034.4	7061.5	7432.0
2005	28404.7	4020.1	17628.8	9860.9	8528.1
2006	30771.3	4099.1	17267.0	10799.8	9315.3
2007	35595.6	4411.0	20790.5	9598.4	10757.7
2008	41785.0	5016.1	21013.1	9671.4	12516.6
2009	46383.9	4868.5	22616.9	9872.3	11858.0
2010	52507.9	5370.7	21820.9	10782.1	10266.0
2011	56877.7	5590.0	24205.1	12326.7	9898.8
2012	67838.3	5915.3	25390.3	14165.0	11867.8
2013	79252.3	6072.5	26680.7	14941.1	11198.0
2014	94572.6	6437.6	28519.4	16119.5	12060.7
2015	108032.6	6862.3	29516.3	18213.9	12632.6
2016	121731.3	7734.3	31152.6	19956.9	13440.8
2017	138989.0	8336.3	37118.8	22747.7	15018.3

注：资源生产率指标均采用2000年不变价GDP计算，部分年份数据有所调整。

资料来源：根据本报告物质流分析结果计算整理得到。

四　各经济特区资源效率与可持续发展分析

综合考量社会—经济—环境系统内部因素，本报告采用简化的资源生产率指标，从人口、经济、资源等方面探讨五大经济特区的资源效率与可持续发展情况。

（一）1997～2017年各经济特区资源生产率

五大经济特区资源生产率水平在1996～2017年整体保持平稳态势（见图6）。1997～2017年五大经济特区资源生产率增长速度变化情况见图7。

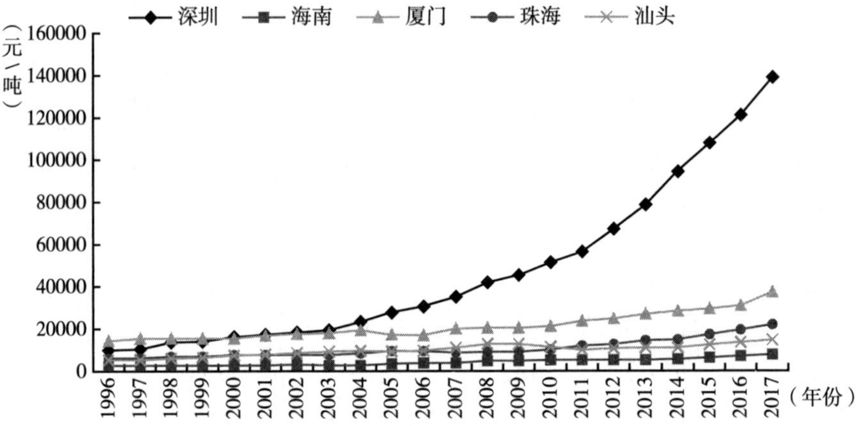

图6　1996～2017年五大经济特区资源生产率变化情况

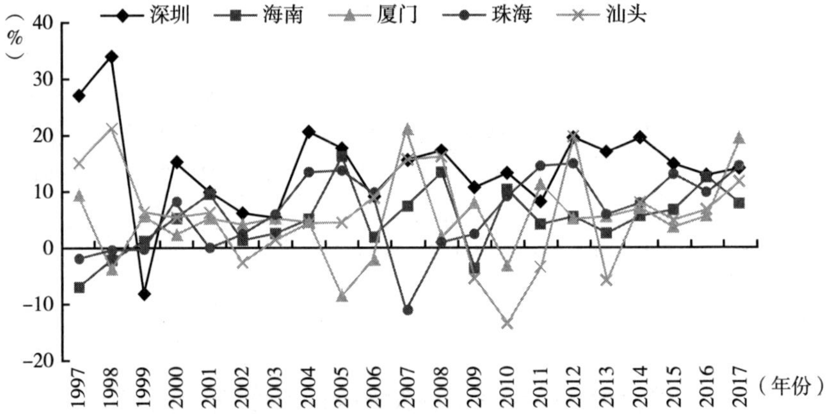

图7　1997～2017年五大经济特区资源生产率增长速度变化情况

深圳特区资源生产率从2003年开始出现大幅度上涨，2017年升至138989.0元/吨，位列五大经济特区之首；21年平均增速高达13.85%。

同年，厦门的资源生产率只有37118.8元/吨，1996～2017年年均增速为4.69%，相比之下可见深圳经济特区发展势头迅猛。各经济特区中海南、汕头两地资源生产率年均增速相对缓慢，分别为5.09%、5.61%（见表9）。

表9　1996年和2017年五大经济特区资源生产率及其年均增速比较

资源生产率	深圳	海南	厦门	珠海	汕头
1996年(元/吨)	9113.9	2936.5	14189.0	6699.8	4770.1
2017年(元/吨)	138989.0	8336.3	37118.8	22747.7	15018.3
年均增速(%)	13.85	5.09	4.69	5.99	5.61

资料来源：根据本报告物质流分析结果计算整理得到。

（二）经济特区资源效率与可持续发展分析

对比分析五大经济特区的主要指标增长率可得，1996～2017年DMI方面，各经济特区增幅明显，由低到高依次为汕头（4.09%）、珠海（6.08%）、海南（6.54%）、厦门（8.10%）、深圳（9.77%）。考虑到常住人口数量，深圳人均DMI增速最慢，仅为0.19%；海南最高，增幅达5.29%。单就资源生产率指标而言，深圳增速高达13.18%，在五大经济特区保持领先地位（见表10）。

表10　1996～2017年五大经济特区主要指标增长率比较

单位：%

主要指标增长率	深圳	海南	厦门	珠海	汕头
DMI	9.77	6.54	8.10	6.08	4.09
GDP	24.04	11.72	12.93	12.14	9.66
常住人口	4.43	1.19	3.38	2.86	1.26
人均DMI	0.19	5.29	4.56	3.13	2.80
资源生产率	13.18	4.86	4.47	5.71	5.35

对于2017年各经济特区资源消耗、资源效率、人口增长与经济增长间的关系，本报告采用Pearce的增长恒等式初步做一个基本判断（如表11所

示）。以 Pearce（2001）的增长核算形式为主并围绕以下等式展开：

$$R_{DMI} = yP_{population}/P_{resource} \tag{2}$$

其中 R_{DMI} 指资源使用量，用 DMI 来表征；y 为人均产出，用 $GDP_{real}/P_{population}$ 表示；$P_{population}$ 是人口，用年末常住人口表示；$P_{resource}$ 表示资源生产率（Resource Productivity），用当年物质投入对应的实际产出表征。

取对数并对时间求全微分可得：

$$\dot{R}_{DMI} = \dot{y} + \dot{P}_{population} - \dot{P}_{resource} \tag{3}$$

当中 $\dot{y} = \frac{1}{y}\frac{dy}{dt}$，其余依此类推。这种表达方式阐释了资源消耗与人口、经济产出之间的一种基本关系。且分析上式可知，只有当资源生产率的增长（$\dot{P}_{resource}$）大于人口与人均产出的增长之和时，才不会出现资源使用量的绝对增长。①

表 11　2017 年五大经济特区资源、人口、产出增长关系的基本判断

单位：%

经济特区	DMI 增长率	人均 GDP 增长率	常住人口增长率	资源生产率增速	恒等关系核算
深圳	-11.76	-4.24	5.21	14.18	-13.21
海南	2.37	9.31	0.94	7.78	2.47
厦门	3.63	12.40	2.30	19.15	-4.45
珠海	1.06	9.32	5.38	13.98	0.72
汕头	1.12	12.40	0.52	11.74	1.18

资料来源：根据本报告的物质流分析结果及相关数据计算整理得到。

本报告将恒等关系式推算得出的结果和 2017 年五大经济特区各自常住人口增长率、资源生产率增速、人均 GDP 增长率的计算结果进行对比，发现：DMI 增长率与人均 GDP 增长率、常住人口增长率和资源生产率增速的

① 参见 Grant Allan，Nick Hanley，The Macro-economic Rebound Effect and the UK Economy，Report for DEFRA，May 2006。

运算结果大致相同。以 2017 年汕头的相关指标为例，人均 GDP 增长率（12.40%）和常住人口增长率（0.52%）之和，再减去资源生产率增速（11.74%）的结果是 1.18%，这与汕头经济特区 2017 年的 DMI 增长率 1.12% 大体一致。

（三）提升经济特区资源效率并实现可持续发展的建议

1. 优化产业布局，构建绿色经济产业体系，建设生态文明智慧型特区

综观五大经济特区 2017 年经济效益、物质资源投入等情况可得，除深圳外，各经济特区人均 GDP 普遍达到较高水准，增速均保持在 9% 以上；每个经济特区的资源消耗总量仍然很大，呈现增长趋势；资源生产率差异显著，深圳市远远领先于其他地区。鉴于深圳常住人口增长率高达 5.21%，其人均 GDP 增长率在 2017 年出现负增长；同时 DMI 增长率实现净减少，为 -11.76%，资源生产率首次超过 13 万元/吨。相比之下，海南、厦门物质资源投入总量仍较大，DMI 增长率分别高达 2.37%、3.63%；仅海南特区 2017 年 DMI 已达 5353.1 万吨，接近深圳的 4 倍，且增长趋势明显。汕头、珠海 DMI 增长趋于平稳，增长率只有 1.12%、1.06%，但资源生产率不及深圳的 1/6。总体而言，五大经济特区经济发展过程中对资源的需求量仍处于高位，资源生产率提升空间巨大。尽管每个特区实际发展情况有别，但加强生态文明建设、推动绿色产业发展是经济转型的重要途径。

目前，中国面临的资源和环境压力仍然很大：生态环境加剧恶化、能源枯竭、PM2.5 爆表等；传统以牺牲环境为代价的发展模式在经济快速增长后急需调整。作为先行示范区，各经济特区须根据自身特色、现有资源与环境承载力加快改造传统资源型产业，积极发展新兴生态产业，大力培育新绿色经济增长点；合理优化产业结构，塑造创新文化的特区品牌，实施智慧治理、绿色经营。借鉴深圳特区经验，逐步形成文化、科技、互联网、服务业领跑发展的格局；在确保经济快速发展的同时，我们要最大限度地提升资源使用率，真正实现向“绿色经济”和可持续发展转型。

2. 健全政策体系，提升绿色技术创新能力，搭建节能循环科技创新平台

首先，可持续发展的关键在于保护生态环境和有效利用物质资源。各经济特区可结合实际发展状况，制定生态、空间、环境、经济和社会协同发展的绿色技术创新相关政策，从顶层设计角度对创新主体绿色技术创新水平的提升给予保障与支持；提供宽松良好的政策环境，积极引导广大中小企业开展绿色技术创新活动，对技术创新融资进行资金担保、利息补贴等；大力促进绿色技术研发与成果转化，以项目形式进行绿色低碳指导和产业规划；严格控制污染物排放、及时淘汰不合格的企业和产业；推动绿色技术革新，增加对环保产品的需求量，推广全民绿色生活和消费理念。

其次，五大经济特区可依托先天地域优势，坚持清洁生产、集约经营的创新技术、人才引进与交流学习，推进产学研合作模式、培育科技园与创业园等孵化器，形成高校、企业、工厂链条式绿色产业集群；培育技术转移、专利成果等知识产权相关的代理与咨询服务，协调产品研发、工艺推广与技术专利间关系，提升绿色技术创新水平。同时，大力发展以清洁环保技术为主的循环经济，利用龙头企业的示范作用驱动技术创新，逐步落实循环经济理念。节能环保产业生态效益与就业吸纳力显著，各经济特区可围绕集约化、循环化、效益化等目标合理整合产业园区资源，专心研发与循环经济相关的支持技术，构建绿色科技创新平台。

3. 完善绿色经济指标，实施绿色考核机制与金融制度，营造绿色政务环境

完备的制度体系是实现特区绿色转型的关键保障，这涉及构建绿色经济指标、创新绿色金融与考核机制、打造绿色化服务型政府等举措。就本报告中所采用的 DMI 而言，能在相当大程度上客观反映五大经济特区资源利用效率的基本状况，它与环境经济综合核算体系高度一致，为制定特区可持续发展政策提供了科学有力的决策依据。鉴于单一指标的片面性，可在国民经济资产和负债核算体系基础上建立经济—资源—环境综合绿色 GDP 核算体系，将自然资源和环境纳入绿色经济指标体系；货币化生态污染、资源损耗带来的经济损失，重视生产活动对经济与环境的双重影响，有效评估各地区可持续发展现状，实现生态经济系统的良性循环。同时，推进基于绿色指标

的官方绩效考核机制的建设，转变纯粹追求 GDP 增长的衡量标准；协调社会、生态与经济效益，逐步推进五大经济特区的绿色经济转型。

作为改革创新试验区，各经济特区应遵循可持续发展理念，考虑生态环境破坏潜在风险和成本，将环境治理与生态保护融入投融资决策业务，创新性地构建绿色金融体系，如绿色信贷、绿色证券等；借鉴浙江、贵州、江西等地绿色金融服务经验，重视基础设施建设、促进中外合作与风险防范，并充分发挥政府作用，积极落实绿色补贴和转移支付等可持续绿色财政制度；营造透明公开的绿色政务环境，实施环境与发展综合决策以调动社会经济资源，实现绿色长期可持续发展。

参考文献

徐一剑、张天柱、石磊等：《贵阳市物质流分析》，《清华大学学报》（自然科学版）2004 年第 12 期。

苏东斌、钟若愚：《中国经济特区导论》，中国经济出版社，2010。

钟若愚：《深圳资源生产率的变迁及其影响》，《开放导报》2008 年第 4 期。

钟若愚：《以效率和质量看待经济特区的未来发展》，《特区经济》2012 年第 2 期。

钟若愚：《中国资源生产率和全要素生产率研究》，《经济学动态》2010 年第 7 期。

钟若愚：《选择价值与城市未来》，《中国社会科学报》2012 年 10 月 29 日。

钟若愚、林滨：《中国经济特区资源效率与可持续发展报告》，载陶一桃主编《中国经济特区发展报告（2013）》，社会科学文献出版社，2014。

钟若愚、彭新才：《中国经济特区资源效率与可持续发展报告》，载陶一桃主编《中国经济特区发展报告（2014）》，社会科学文献出版社，2014。

钟若愚、唐文、管志贵：《中国经济特区资源效率与可持续发展报告》，载陶一桃主编《中国经济特区发展报告（2017）》，社会科学文献出版社，2018。

彭焕龙、董家华、曾思远、房科靖：《区域物质流的资源环境效率分析评价方法及应用研究——以广州市南沙区为例》，《生态经济》2017 年第 1 期。

季小妹、石峰、周艾文、范琳：《基于物质流分析的山东省资源利用压力动态评价》，《山东科学》2018 年第 1 期。

夏艳清、李书音：《基于物质流分析的区域经济系统环境效率评价》，《资源科学》2017 年第 9 期。

晁博、杨忠直：《循环经济视角下的区域经济系统物质流分析——以陕西省为例》，《生态经济》2017 年第 1 期。

戴铁军、刘瑞、王婉君：《物质流分析视角下北京市物质代谢研究》，《环境科学学报》2017 年第 8 期。

戴铁军、赵迪：《基于物质流分析的京津冀区域物质代谢研究》，《工业技术经济》2016 年第 4 期。

戴铁军、张沛：《基于物质流分析的北京市绿色 GDP 核算》，《生态经济》2016 年第 8 期。

Economy-Wide Material Flow Accounts and Derived Indicators, A Methodological Guide, Luxembourg: Office for Official Publications of the European Communities, European Communities, 2001.

Gylfason, Thorvaldur, "Natural Resources, Education, and Economic Development," *European Economic Review*, Elsevier, 45 (4-6), May 2001: 847-859.

Krutilla, J. V., "Conservation Reconsidered American," *Economic Review*, 57 (4), 1967: 777-786.

OECD, *Measuring Productivity: Measurement of Aggregate and Industry-Level Productivity Growth* (Paris: OECD Publications, 2001).

Pearce, D. W., Measuring Resource Productivity, Paper to DTI/Green Alliance Conference, February 2001.

B.4

中国经济特区创新发展报告*

张 扬　郭梅芳**

摘　要： 2017年是在中国经济增速放缓的背景下，通过创新引领经济转型承压的重要年份，经济特区的创新发展总体呈现分化的特征，其中深圳已经开始从产业招商、资本招商向创新招商转型，创新载体建设与财政科技创新机制加速，双创生态链得到进一步优化。厦门则大力发展重点产业链创新，改善知识产权服务，强化创新底层动力，同时通过政策创新助推科技创新，整体创新发展势头不减。珠海、汕头、海南则受制于财政硬约束与创新人才的供给不足，创新发展宏观增速并不显著。同时由于产业链不完善，三个特区都呈现过度依赖传统园区模式进行创新的特征，导致整体创新发展质量不高。在需求侧拉动经济乏力、供给侧呈现结构性过剩的状态下，经济特区需要通过深化供给侧结构性改革进一步降低创新成本；优化创新物理载体，形成有利于创新的生态系统；系统性解决创新人才供给问题，三管齐下，促进创新可持续发展。

关键词： 创新载体　创新人才　创新生态

---

* 本报告系深圳市哲学社会科学规划2018年度课题“广深创新走廊对策研究”（课题编号：SZ2018B011）、2018年广东省财政科研课题“‘互联网+’驱动传统产业转型升级的财税政策与制度创新研究”（课题编号：Z201828）的阶段性研究成果。

** 张扬，深圳大学新经济与金融研究所所长，副教授，金融学博士后，管理学博士；郭梅芳，广州大学讲师。

科学重在发现，技术重在发明，科学知识和技术发明只有被企业家转化为商业活动时，才被称为创新（约瑟夫·熊彼特，1999）。由此可见，科技创新概念本身就隐含着科技创新与金融创新结合之意。没有金融创新，传统高规避风险的金融体系根本无法支持高风险的高新科技创新活动，科技也无法真正带来商业价值，因此，科技创新其实是一种技术——经济范式，即技术革命是新经济模式的引擎，金融是新经济模式的燃料，二者合起来就是新经济模式的动力所在。商业实践的历史经验恰恰也印证了这一判断，没有众多的 PE、VC 基金、NASDAQ 股票市场和像硅谷银行这样专门服务于科技企业的金融创新，就不会有美国硅谷高科技持续的繁荣。

自 2008 年以来，受全球经济危机特别是美国金融危机的影响，中国出口贸易受到巨大冲击。为了维持经济的持续快速增长，国家出台了 4 万亿元的财政刺激政策，通过需求侧来稳定经济增速，应该说，在当时的情况下，取得了一定的政策效果。但在随后的几年中，过度财政刺激带来的经济结构不合理的问题逐渐暴露，财政引导金融资源向高能耗、低产出的行业流动，形成了资源错配，严重阻碍了产业升级，错过了经济结构转型升级的窗口期。为了对冲低效率部门挤占过多的金融资源问题，从 2012 年开始，国家刻意放松金融监管的尺度，试图通过鼓励金融创新，叠加技术进步可能带来的金融创新红利，借助市场力量往高效率经济部门配置金融资源。

2015 年夏季，伴随着 A 股市场的波动，通过金融创新与市场信号把金融资源配置到高效率经济部门（理论上说，上市的准入门槛决定了 A 股市场是最高产出效率的经济部门）的计划出现了事实性挫败。为了对冲股市波动引发的资产蒸发所带来的流动性问题，央行从 2015 年 6 月起进入降息周期，向市场注入流动性，寄希望于借助监管放松与金融科技产生双重激励作用，刺激金融创新，把金融资源配置到证券市场以外的高效实体经济部门中去。但真实经济世界的运行轨迹往往并不按照我们的预期构想去发展，某种程度上甚至背道而驰，正如哈耶克所言：通往奴役之路都是由美好的梦想铺就。货币政策放松之后，金融创新呈现前所未有的百花齐放的盛况，如 P2P、PPP、众筹、各类理财产品、披上政府引导基金外衣的政府融资平台，五花八门的金融创新产品层出不穷，试图通过市场信号来配置金融资源的最终结果是，流动性几乎全部流向了一个所谓的高效率部门：房地产。

在实体经济没有得到有效金融支持的2017年，创新发展的外部金融推动力量呈现衰竭的状态，作为中国经济的重要增长极，经济特区的创新发展开始转向内生动力，由于创新基础不同，各经济特区创新发展呈现比较显著的差异。

一　经济特区创新发展的总体概况

（一）深圳经济特区

作为全国最重要的创新发展基地，2017年深圳在原有的良好基础上进行了一些创新模式的探索，取得了一定的突破。

1. 由产业招商、资本招商开始向创新招商转型。2017年11月，由于被深圳发达的软硬件一体化生态系统所吸引，全球航空航天技术巨头企业——空中客车公司的中国区创新中心正式落户深圳。在此之前，包括英国ARM（中国）总部、美国WeWork公司等国际企业的科创中心已经进驻深圳，加拿大可穿戴技术研究院、澳大利亚悉尼科技大学深圳研究与创新中心等国际知名高校的创新机构落户深圳，基本形成了创新招商的两翼，即企业创新机构招商与高校创新机构招商。

2. 加大创新载体建设。2017年，针对三大重点技术，深圳市上马并完成了三个重要的创新物理载体建设。其中，国家超级计算深圳中心作为云计算技术创新的物理载体、大亚湾中微子实验室作为核反应技术创新的物理载体、国家基因库作为基因技术创新的物理载体。此外，2017年继续推进了各级科技创新平台的建设，国家、省、市级重点实验室、工程实验室、工程（技术）研究中心和企业技术中心等创新载体累计达到1617个，其中国家级110个，省级175个，创新平台的梯度效应呈现，投射出科技创新活动的梯度化。

3. 财政科技机制创新加速。在外部金融环境恶化的背景下，2017 年通过金融渠道进入基础创新领域的增量资金明显减少。依托深圳市财政状态尚佳、财政盈余较为丰沛的情况，以及多年财政科技扶持的经验，深圳市在 2017 年加速财政科技机制创新，通过提高资助效率对冲外部金融支持的减少。创新的基本思路是三结合，即有偿与无偿结合、事前与事后结合、稳定支持与竞争择优结合。虽然在资金来源上以政府财政为主体，但在资助方式上仍然强调市场的力量，银政企合作、科技保险、天使投资引导基金、股权有偿资助等的金融工具被广泛采纳，通过市场监督来保证财政资助的效率。

4. 双创生态链进一步优化。2017 年，深圳通过政策引导，刻意推动企业孵化器发展，截至 2017 年底，规模企业投入建设的孵化器比例大幅上升到 85% 以上，经国家、广东省及市级财政资助或认证的孵化载体共 237 个，其中国家级 17 个，省级 20 个，孵化场地面积为 500 万平方米，在孵项目为 9000 余个，毕业项目超过 5800 个，在孵项目从业人数为 20 余万人，形成了创业苗圃、孵化器、加速器、科技园区多层次创新载体、全流程创新体系。

（二）珠海经济特区

2017 年，珠海高新技术企业总数已突破 1400 家。珠海高新技术制造业增加值达到了 307. 36 亿元，占规模以上工业增加值的 27. 8%。立足原有基础、补齐创新短板是 2017 年珠海创新发展战略主导思想，其中，借助粤港澳大湾区建设的契机，在产业集聚、技术孵化、人才吸引等重点创新要素上做文章。

1. 产业园区升级。2017 年，珠海在产业园区的升级上做了几个探索。一是选择重点园区进行升级，优化创新环境。根据产业重要性、与国家战略的呼应程度，重点优化自创区、富山工业园、横琴自贸试验片区、高栏港经济区与航空产业园的科创环境，操作思路是赋权，对富山工业园进行体制赋权，行使市级经济管理权限；对横琴新区、高新区实行协同赋权，制定双自联动发展行动方案，以横琴高新技术产业片区为依托设立双自联动试点园区。二是建立高端产业园区。2017 年 9 月，珠海智慧产业园揭牌，首期签约项目有 15 个，总投资有 100 亿元，重点发展智慧服务、大数据技术研发及应用、人工智能及机器人等产业。三是建立高端虚拟园区。11 月，珠海高新区与澳门大学签订合作框架协议，共建澳门大学 - 珠海（国家）高新区平行创新孵化中心，利用两个机构的科创实体机构共建高端虚拟园区。

2. 借力湾区，推动创新。2017 年，横琴新落地了 84 项制度创新措施，9 项创新措施在全省复制推广，粤港澳紧密合作示范区也同时加快建设，横琴新注册港澳企业 849 家，同比增长 72%，粤澳合作产业园 16 个项目开工建设。粤澳中医药科技产业园注册企业达 56 家。湾区概念的产业园建设是 2017 年珠海创新发展的重要特色。

3. 发力人才集聚。以高校、企业双轮驱动吸引更多的创新人才是珠海落实创新驱动核心战略的重要内容。2017 年，珠海新引进国家“千人计划”专家 43 名，累计达 93 名。以引进人才为抓手，吸引研究机构落地。2017 年，新增省级新型研发机构 2 个，省级以上创新平台 90 个，引进中德人工智能研究院、珠海中科先进技术研究院等项目。

4. 鼓励支持企业进行科技创新。2017 年，珠海完成工业技改投资 194.84 亿元，同比增长 32.1%。规模企业（年主营业务收入在 5 亿元以上）实现研发机构全覆盖。大力支持企业开展核心技术攻关，13 个项目获省级以上重大科技项目立项。2017 年，珠海进一步推进双创生态链建设，分别新增 2 个国家级与省级科技企业孵化器，新增 5 个国家级与 8 个省级众创空间，挂牌国家小微企业双创示范基地 2 个，全国“互联网 +”双创示范基地 1 个，全市在孵企业（项目）数量超过 1300 个。

（三）厦门经济特区

2016 年 6 月，国务院批复同意在厦门国家高新技术产业开发区建设国家自主创新示范区，2017 年，自主创新示范区对全市创新发展的推动效应显现，全市研发投入占 GDP 的比例提高了 3.25 个百分点，国家级高新技术企业有 1425 个，同比增加 200 个。规模以上高新技术产业增加值占规模以上工业增加值的比例为67.7%，同比提高8.6个百分点。全市国家级、省市级重点实验室为121家，工程技术研究中心为131个，企业技术中心为146个，企业博士后工作站为25个。市级众创空间为203个，其中省级为51个，国家级为33个。

1. 以政策创新助推科技创新。利用国家自主创新示范区的创新自主权，厦门首先以政策创新激活企业科技创新，推出69个与科创相关的政府创新事项，其中支持科技创新活动的免税与补助政策降低了企业科技创新成本，激活了企业创新动力。2017年，1584家科技企业申报研发费用税前加计扣除备案，同比增长81.65%；所涉及研发费用达到78.17亿元，同比增长50.79%。此事项带动全市研发投入同比增长13.8%。其次以政策创新激活人才创新。2017年7月，厦门出台“人才新政45条”，对顶级创新团队到普通创新创业人群均有相应的财政扶持政策，此外，还专门创新了对台创业专才的扶持政策，效果显著。

2. 进行重点产业链创新。经过多年的积累，厦门形成了计算机软件、集成电路、生物医药、新材料等重要的产业集群。2017年，厦门在推动新技术与重点产业的结合创新上取得了一定效果。其中，计算机软件业营业收入超过1200亿元，利润同比增长34.5%，出现了美柚等互联网百强企业；第三代半导体材料已形成完整的产业链，出现了一批龙头企业；集成电路产业实现了材料、设计、制造、封装和测试环节全覆盖，规模同比增速超过50%。

3. 重点推动知识产权工作，强化创新的底层动力。2017年，厦门新获批建设国家十大知识产权强市创建市，成为八大知识产权运营服务体系建设重点城市之一，并成为知识产权综合管理改革试点城市。在政府大力发展、保护知识产权工作的推动下，由知识产权所引发的创新活动显著增加。2017年，厦门国内专利授权量为14678件，其中发明专利授权量为2333件。PCT国际专利申请量为278件。每万人有效发明专利拥有量达到23.5件。科技创新成果数量也上了台阶，新登记科技成果为447项，其中3项科技成果获国家科技奖。

4. 进一步促进创新空间建设。截至2017年底，厦门共培育众创空间200余个，其中国家级33个，省级51个。众创空间在2017年新注册企业（项目）数量超过2000家，现实盈利的超过40%。此外，厦门还设立了创新空间，鼓励两岸创业者共同创业，影响力逐步扩大。

（四）汕头经济特区

相比其他经济特区，汕头经济的起点相对较低，科技创新的基础相对薄弱，随着海外侨胞所带来的增量资本对创新的刺激作用逐渐弱化，汕头区位优势不明显，产业链结构不够完善，创新人才集聚效用不够明显逐步暴露出来，一定程度上制约了汕头的创新发展。2017年，国务院批复同意汕头高新区升级为国家高新区，客观上推动了高新科技企业向汕头进行转移，促进了汕头的创新发展工作。

1. 高新技术企业增速加快。基于国家高新区获批的制度红利，2017年，汕头新增国家级高新技术企业238个。但是，对照建设国家创新型城市指标要求，高新技术企业的研发投入还远远不够，很大程度上制约了科技创新成果的出现。

2. 改善创新要素供给。在总量基础不够的背景下，汕头试图通过改善创新要素供给，从效率角度提高创新发展水平。从政策层面来说，2017年出台了促进科技创新发展16条政策措施，启动创建国家创新型城市试点工作，全面推进全国质量强市示范城市、国家知识产权示范城市创建工作，通过政策引导改善创新要素供给质量。从操作层面来说，直接推动创新空间建设，在科技机构创新空间建设上，新增省级工程技术研究中心42家、省级新型研发机构4个，汕头大学荣获2017年度国家科学技术进步奖特等奖；在双创空间建设上，新建科技企业孵化器5个，众创空间2个，鼓励设立异地孵化器，鼓励本地产业龙头企业设立科技企业孵化器和众创空间。另外，改善创业资本供给，为创新创业提供资金来源，包括大力增加创业投资，与广东省粤科金融集团等机构合作，建立政府引导型创业投资基金等。

3. 发力实体经济中的创新工作。首先在发展高端产业上，重点发展高端装备、新一代信息技术、生物医药、节能环保、新材料等基础相对较好的产业，期望依托重点产业孵化出创新成果。其次在发展产业园区上，重点抓产业集聚，通过集聚效应激发创新活力，基本做法是在全市统筹布局产业园区建设，避免园区同质化，强调既差异化又协同发展的产业园区战略，发展互联网、大数据、云计算现代信息服务业，着力推动互联网、大数据、人工智能和实体产业的融合，通过融合产生创新的内生动力。

4. 重点支持创新高地建设。在大力发展汕头大学的基础上，2017 年汕头重点支持广东以色列理工学院建设，打造创新高地，并计划依托中以（汕头）科技创新合作区与以色列理工学院的区校合作，引进以色列在航空、食品化工等领域的先进技术，同时承接以色列发明创造成果，加快创新成果在汕头的转化和产业化。

（五）海南经济特区

“绿色兴岛、科技强岛”战略是海南省一直秉承的发展战略，但由于产业结构侧重于旅游服务业与农业，科技创新的基数一直不高。2017 年，借助于国家“一带一路”倡议、南海开发战略，海南开始逐步实施创新发展战略。

1. 进行支持科技创新的省级顶层设计。2017 年，为了贯彻落实全国科技创新大会精神、《中共中央国务院关于深化体制机制改革加快实施创新驱动发展战略的若干意见》以及《国家创新驱动发展战略纲要》等文件精神，海南省委、省政府出台《中共海南省委、海南省人民政府关于加快科技创新的实施意见》，该意见侧重于两方面的政策创新，一是贯彻中央精神，突出海南特色；二是全面推进，补齐短板，力争到“十三五”末，R&D 投入占 GDP 的比重在 1.5% 以上，该政策的效果有望在后续创新工作中得到体现。

2. 科技创新在总量上差距明显。在科研机构创新方面，2017 年，海南全省共实施国家自然科学基金项目 189 项，共受理省科技奖 104 项，其中科技进步奖 87 项，科技成果转化奖 17 项。以上数据与发达地区差距较为明显。在引进高端创新人才方面，共引进（含培养）“千人计划”8 人，“万人计划”3人，国家创新人才推进计划2人，基数仍处于较低水平。在高新技术企业与创新平台发展方面，仅新增培育与认定132个高新技术企业。截至2017年底，省级以上科技创新创业服务机构只有17个，入住的孵化平台有93个，与创新发达地区差距非常明显。从企业实际创新活动来看，根据海南省统计局对于规模以上企业的调查，在2017年，只有36.0%的企业开展了创新活动（含产品创新、工艺创新、组织创新和营销创新活动），33.9%的企业成功实现了创新，同比减少了0.1个百分点和0.4个百分点。如果把创新聚焦在技术创新上，那么仅有20.5%的企业进行了创新，同比减少了1.5个百分点。

3. 产业集聚加速，为未来基于产业链的创新发展打下基础。2017年，海南安排财政预算资金91.6亿元扶持十二大重点产业，其中重点打造热带现代农业、海洋、生物医药、航天、电子信息等产业，推动了产业集聚。以生物医药制造业为例，2017年全行业实现主营业务收入180.59亿元，比2016年同比增长22.6%，利润总额为34.77亿元，比2016年同比增长53.0%。在2017年，海南省出台了特色产业小镇建设三年行动计划，打造兼具旅游与社区功能的特色产业小镇，以产业集聚带动县域经济转型升级。按照规划，部分特殊小镇热带高效农业、高新技术、低碳制造、健康养生、互联网、文化创意、现代物流等产业具有较强的科技创新属性，这一批特色小镇一旦建成将为未来的创新发展打下坚实基础。

二　经济特区创新发展分析

2017年是在中国经济增速放缓的背景下，通过创新引领经济转型承压的重要年份，经济特区的创新发展总体呈现分化的特征。

（一）在金融空转的情况下，地方财政成了推动创新发展的最重要外生动力

从五个经济特区相关情况来看，由于财政预算充裕，财政科技投入规模

较大，投入方式较科学，深圳市的创新发展在2017年仍然保持了较好的势头。2017年，深圳实现财政科技支出172亿元，同时财政出资50亿元组建天使投资引导基金，重点扶持以科技为核心的战略性新兴产业和未来产业相关创业项目，直接支持科技创新的财政资金超过200亿元，而通过政府引导基金撬动的创新创业基金超过3000亿元。在深圳之外的其他四个特区中，厦门是财政科技投入最多的，其中直接财政科技支出为19.8亿元，与创新相关的产业链建设与科创平台建设分别投入37.8亿元和19亿元，与深圳的差距非常明显。基础性研究原本就需要大量财政资金，在金融市场健康运转的情况下，社会资本会出现从应用型创新领域向基础性创新领域外溢的现象，而在金融市场出现问题之后，资本会涌向泡沫化资产，甚至在金融体系内部空转，从而对创新投资产生严重溢出。在此情况下，地方财政的投入程度与投入效率成了推动创新发展的最重要外生动力。

（二）现有特区的物理形态对于推动创新发展在功能层面的作用已不明显

基于“先行先试”与“由点及面”相结合的经济特区扩散模式，中国创造了丰富的功能性特区形态，包括自由贸易区、出口加工区、自由港、保税区、工业园区、经济技术开发区、高新区、科技园等①。这些特区形态分别嵌入经济特区，承担各种经济功能，其中，以经济技术开发区、高新区、科技园为主的特区物理形态承担部分创新发展的功能，但必须指出的是，从各地的实际情况来说，做大GDP才是这些园区的主要职能，创新发展只是附带产物。在国家创新发展战略的指引下，很多地区开始有意识地强化经济技术开发区、高新区、科技园的创新职能，这一现象在创新能力、基础相对薄弱的经济特区表现得比较明显，比如，珠海、汕头与海南，但从实际效果来说，强化传统园区的创新职能对实际创新发展的引领作用并不明显。与此相反的是，深圳与厦门并未过分依赖现有园区的物理形态实施创新活动，而

① 张扬：《推广特区经验助力一带一路建设》，《中国社会科学报》2018年5月23日。

是根据创新创业活动的规律，大力发展创业苗圃、孵化器、加速器、科技园区多层次创新载体，实现创新体系的全流程化，逐渐形成了创新的内生动力，对创新发展的推动作用显著。

（三）经济特区创新发展的可持续性依赖创新人才的持续性供给

从全球历史经验来看，创新发展的可持续性基于人才的不断创新活动得以维系，人才所在的创新空间与整体创新机制对人才的创新活动产生刺激。美国的持续创新能力得益于二战期间大批流亡到美国的科学家所构建的人才基础，美国的高校及鼓励创新的社会体系不断激励人才进行创新活动。在中国经济增速放缓的背景下，几乎所有经济特区的创新发展活动都受到了不同程度的影响，只有深圳的创新创业活动仍然如火如荼，表现出极强的韧性，根本原因同样在于创新人才的持续性供给。不同于很多地区培养本土化人才，深圳的人才主要源于外部引进。深圳同样出台了大量吸引人才的优惠政策，其他经济特区却没有表现出对人才的持续吸引力，抛开福利待遇、地缘优势等因素，深圳完备的产业链对于创新人才、科创团队、国际创新机构的吸引力是根本性原因。目前，深圳、珠海、汕头正掀起建设高水平高校的热潮，其中尤以深圳投入巨大，这些高校的创新能力逐渐释放出来时，将为以上经济特区的创新发展提供可持续性保障。

（四）基于制造业产业链的创新活动是目前创新发展的主力军

特朗普政府之所以挑起中美贸易战，根本原因在于，全球化使美国的产业结构呈现两端发达状态，一端是高端的知识与技术密集型产业，另一端是发达的农业，而制造业呈现空心化的状态。与此相反，受益于全球化浪潮，中国建立了全球最完备的工业体系，培养了大量的产业工人与工程师，成了全球的制造业中心。正因为这个独一无二的优势，中国目前的绝大多数创新活动都围绕制造业产业链展开，各个经济特区的创新活动都表现出这一特征，作为制造业链条最完备的地区，深圳表现得尤为明显：各类创业苗圃、孵化器、加速器等创业空间均按照不同的产业链条开展创新活动；世界各地的创新团队被深圳发达的产业生态系统吸引，从而落户深圳；以华为、腾讯为首的大型科创企业投入大量资金，围绕产业链进行创新活动；利用新技术进行的创新活动基本围绕实体产业链展开；高校、科研机构的科研创新有了更加深度的融合……如果说其他经济特区的创新活动与深圳有着一定差距，最直接的差距就体现在制造业产业链的完备程度上，尽管这些地区试图通过招商引资弥补这一差距，但实际效果并不明显。

三　经济特区创新发展建议

在需求侧拉动经济乏力、供给侧呈现结构性过剩的状态下，通过创新来提高生产效率是未来几年中国经济的重心所在。作为中国经济的重要增长极，经济特区可以借助以下方式进一步改善、创新。

（一）通过深化供给侧结构性改革降低创新成本

在过去很长一段时间里，中国采取财政转移支付的方式支持创新发展，从 2012 年开始，伴随着金融创新的深化，社会资本对创新发展的支持力度不断加大。随着地方政府逐渐去土地财政化，财政紧缩状态将维持很长一段时间，期待各地持续增加创新投入并不现实，必须另谋途径。20 世纪 80 年代，美国的里根政府、英国的撒切尔政府回到古典经济学“供给创造需求”的框架下制定经济政策，通过大幅减税来激励企业进行投资，在经济现实中部分证实了“拉弗曲线”的合理性，给我们提供了很好的借鉴。中国正在进行的供给侧结构性改革已行至中盘，2016 ~ 2018 年的主要任务是解决产能过剩问题，在接下来的改革中可借鉴美英经验，通过大幅减税来激发企业创新活力。特别在企业创新已有比较好基础的经济特区，比如深圳、厦门，通过减税来激励企业创新，一定会产生比较好的效果。

（二）进一步优化创新的物理载体，形成有利于创新的生态系统

尽管在经济特区中，类似深圳这样的地区已经塑造形成了多层次的创新

物理载体，但相比美国的创新空间，仍然属于1.0时代。通过对美国硅谷与128号公路研究发现，由政府采购及便捷交通所带来的强劲市场需求是诱因，高等院校的科研支持是基础，鼓励科技创新的金融支持是助推力。良好的创新生态系统不仅需要完整的产业链，也需要围绕产业链形成产品需求、知识供给与金融支持。更重要的是，具体的物理载体之间是相互串联的生态系统，不仅有产业链层面的关联，还有物理空间上的连接。随着粤港澳大湾区战略的不断推进，深圳、珠海、汕头将拥有更大的物理空间，形成更大规模的创新生态圈，广深科技创新走廊或将成为新的创新高地。同时，随着海南全岛建设自由贸易区，通过外来需求带动创新生态系统建设将是一个重要的发展思路。而在“一带一路”倡议的框架下，由于独特的地缘优势，厦门也有可能产生全新的创新生态。

（三）系统性解决创新人才供给问题

参照经济学的分析框架，人才的短期供给由需求决定，长期供给则由人才的生产要素曲线决定。基于地缘优势、待遇优势，完备产业链对于人才的强劲需求使深圳的短期人才供给非常充足。同时，深圳正在推进高水平大学建设，将从根本上解决创新人才的长期供给问题。综合来看，深圳给其他经济特区提供了很好的参照性样本。各地由于资源禀赋的差异，在实施方法与路径上不能纯粹模仿深圳模式，但发展思路是清晰的，必须通过系统性设计解决创新人才的供给问题。

参考文献

《深圳市2017年国民经济和社会发展统计公报》，深圳市统计局、国家统计局深圳调查队。

《2017年珠海市国民经济和社会发展统计公报》，珠海市统计局、国家统计局珠海调查队。

《2017年厦门市国民经济和社会发展统计公报》，厦门市统计局、国家统计局厦门调查队。

《2017年汕头国民经济和社会发展统计公报》，汕头市统计局、国家统计局汕头调查队。

《2017年海南省国民经济和社会发展统计公报》，海南省统计局、国家统计局海南调查总队。

〔美〕约瑟夫·熊彼特：《资本主义、社会主义和民主主义》，吴良健译，商务印书馆，1999。

张扬：《推广特区经验助力一带一路建设》，《中国社会科学报》2018年5月23日。

B.5

中国经济特区社会保障发展报告

高兴民　郭　芹*

摘　要： 随着五大经济特区经济发展进入新常态以及全面深化改革的推进，特区社会保障发展面临的新矛盾和新问题日益凸显。本报告从社会保险、社会救助、社会福利等方面梳理了2017年深圳、珠海、厦门、汕头、海南五大经济特区社会保障发展的基本情况，从中总结各个经济特区社会保障发展取得的成就，同时结合当前五大经济特区社会经济发展背景对特区社会保障发展面临的困境进行分析，并从社保制度、社保基金、社保政策法规、社保信息化建设等方面提出推进经济特区社会保障发展的措施建议，以期为我国经济特区社会保障制度的改革与完善提供政策参考。

关键词： 经济特区　社会保障　社会保险

社会保障作为政府重要的社会政策和公共服务，是满足人们对美好生活的需要和实现共同富裕目标的基本制度保障。党的十九大报告提出，加强社会保障体系建设。按照“兜底线、织密网、建机制”的要求，全面建成覆盖全民、城乡统筹、权责清晰、保障适度、可持续的多层次社会保障体系。深圳、珠海、厦门、汕头、海南经济特区是处于我国改革开放前沿的经济区

* 高兴民，深圳大学中国经济特区研究中心教授，博士生导师；郭芹，深圳大学中国经济特区研究中心人口、资源与环境经济学博士研究生。

域，随着全面深化改革的推进，经济特区的社会保障事业取得了较快发展，社保覆盖面和基金规模不断扩大，社保待遇标准不断提高，社保政策法规逐渐完善。同时，随着五大经济特区产业转型升级任务加重，户籍制度改革逐渐深化，人口老龄化进程加快以及“互联网 + 社保”逐步推进，特区农民工社保问题逐渐凸显、社会养老负担日益严重、社保基金压力持续增大、社保政策法规体系有待完善、社会信息化建设相对滞后等问题日益凸显。如何进一步完善特区的社会保障制度，从而更好地发挥社保的“社会稳定器”作用，成为经济特区经济社会发展亟待解决的现实问题。

一 经济特区社会保障发展情况

（一）经济特区社会保险发展情况

1. 深圳

（1）社会保险参保情况

截至 2017 年末，全市社保五险总参保人数为 5881 万人次，同比增长 6.5%，占全省的 20.5%，居国内同等城市前列。养老保险参保人数为 1134.32 万人，扣除非劳动参保人口，深圳市养老保险基本实现全覆盖，其中，城镇职工基本养老保险在职职工为 1102.57 万人（男性为 632.93 万人，女性为 469.64 万人），离退休职工为 30.96 万人，城镇居民基本养老保险为 0.79 万人；基本医疗保险为 1396.11 万人，其中城镇职工基本医疗保险为 1151.01 万人，城镇居民基本医疗保险为 245.10 万人；失业保险为 1089.49 万人；工伤保险为 1100.68 万人，其中异地劳务工工伤保险年末参保人数为 926.83 万人；生育保险为 1160.57 万人。

（2）社会保险缴费和待遇标准

2017 年全市城镇职工基本养老保险单位缴费比例为 13%，个人缴费比例为 8%；城镇居民基本养老保险缴费上限为 3600 元/年，缴费下限为 120 元/年，实际年平均缴费为 2584 元；城镇职工统账结合医疗（基本医疗一档）中单位缴费比例为6%，个人缴费比例为2%；城镇职工单建统筹医疗保险中，基本医疗二档单位缴费比例为0.5%，个人缴费比例为0.2%，基本医疗三档中，单位缴费比例为0.4%，个人缴费比例为0.1%；工伤保险缴费根据行业类别确定基准费率，分为0.14%、0.28%、0.49%、0.63%、0.66%、0.78%、0.96%、1.14%八个档次；失业保险以本市月最低工资标准为缴费基数，用人单位缴费率为1%，个人缴费率为0.5%；生育保险缴费基数为本单位上月职工工资总额，缴费率为0.5%。

2017年1月1日起调整企业退休人员基本养老金，基本养老金人均增加180元，2017年全市企业退休人员月人均基本养老金达3756元。2017年9月起城镇居民参加基本医疗保险财政补助标准由每人每年420元提高至每人每年450元；2017年6月失业保险金标准由1624元/月调整至1704元/月；平均一次性伤残补助金为3.36万元/人，伤残津贴为2730.81元/（人·月），生活护理费为4935.54元/（人·月），供养亲属抚恤金为1586.43元/（人·月），一次性工亡补助金为63.91万元/人。全市生育医疗费用为5686.02元/人次，计划生育费用为222.35元/人次，生育津贴为12950.35元/人次。

（3）社会保险基金收支状况

2017年，全市各项社保基金收入共计1518.938亿元，支出共计541.474亿元，当期结余为977.464亿元。其中，企业职工基本养老保险基金收入为910.625亿元，基金支出为272.066亿元；城镇居民基本养老保险基金收入为0.305亿元，基金支出为0.319亿元；机关事业单位基本养老保险基金收入为151.735亿元，基金支出为0元；城镇职工基本医疗保险基金收入为289.252亿元，基金支出为151.727亿元；城镇居民基本医疗保险基金收入为27.144亿元，基金支出为25.205亿元；工伤保险基金收入为18.910亿元，基金支出为14.140亿元；失业保险基金收入为39.048亿元，基金支出为21.874亿元；生育保险基金收入为24.455亿元，基金支出为28.160亿元。

2. 珠海

（1）社会保险参保情况

2017 年，全市参加社会保险达 586.26 万人次，同比增长 6.17%。其中，城镇职工（含离退休人员）基本养老保险达 121.71 万人，同比增长 5.8%；城乡居民（含领取养老金人员）基本养老保险达 9.23 万人，同比下降 0.06%；基本医疗保险达 175.11 万人，同比增长 6.7%，其中一档参保为 91.34 万人，同比增长 8.3%，二档参保为 83.77 万人，同比增长 5.0%；工伤保险为 99.80 万人，同比增长 5.8%；失业保险为 98.18 万人，同比增长 6.5%；生育保险为 99.92 万人，同比增长 6.4%。

（2）社会保险缴费和待遇标准

2017 年离退休人员人均基本养老金达 2736 元/月，城乡居民月人均养老金为 519 元。基本医疗保险年度财政补贴为 510 元，医疗保险年度最高支付限额提高到 72 万元。一次性伤残补助金人均为 3.35 万元，一次性工亡补助金人均为 67.23 元，伤残津贴人均为 3081 元/月，生活护理费人均为 1967 元/月，供养亲属抚恤金人均为 1311 元/月，工伤保险基金先行支付待遇费用为 123 万元。失业金标准达 1320 元/月。计划生育津贴为 879 元/人次。

职工参加基本医疗保险一档的单位和个人缴费率各下调 0.5%。调整后，职工参加基本医疗保险一档的单位缴费率由 6.5% 下调至 6%，个人缴费率由 2% 下调至 1.5%。灵活就业人员参加基本医疗保险一档的，缴费率相应下调 1%。

（3）社会保险基金收支状况

2017 年，全市社会保险基金收入为 163.33 亿元，基金支出为 123.12 亿元。其中，企业职工基本养老保险基金收入为 107.19 亿元，基金支出为 72.17 亿元；城乡居民基本养老保险基金收入为 3.03 亿元，基金支出为 2.19 亿元；基本医疗保险基金收入为 47.10 亿元，基金支出为 43.62 亿元；工伤保险基金收入为 1.80 亿元，基金支出为 1.97 亿元；失业保险基金收入为 4.21 亿元，基金支出为 3.18 亿元。

3. 厦门

（1）社会保险参保情况

至2017年末，基本养老、基本医疗、工伤、失业和生育保险参保人数分别达到273.79万人、381.81万人、211.34万人、211.09万人和200.30万人，分别比2016年末增长7.6%、8.7%、9.9%、9.7%和10.1%。其中，参加城镇职工基本养老保险人数为240.93万人，参加城乡居民基本养老保险人数（调整后口径）为23.79万人，分别比2016年末增长8.97%，下降3.96%。外来从业人员参加基本养老、基本医疗、工伤、失业和生育保险的人数分别达到133.67万人、133.70万人、134.79万人、133.52万人、133.33万人，同比分别增长10.4%、9.9%、10.6%、10.3%和9.9%。

（2）社会保险缴费和待遇标准

企业退休职工月平均养老金为3422元，城乡居民月人均基础养老金为262元，被征地人员月人均退养金为1521元。城乡居民基本医疗保险财政补助标准为500元。从2017年7月1日起失业保险金标准为：第一档1445元/月，第二档1530元/月，第三档1615元/月。从2017年9月1日起失业保险缴费率单位缴纳部分由1%降至0.5%，本市人员缴纳部分为0.5%，外来员工不用缴纳。伤残津贴方面，一级至六级伤残津贴保底金额分别为3115元、2942元、2769元、2596元、2423元、2077元。生活护理费方面，生活完全不能自理的为204元，生活大部分不能自理的为164元，生活部分不能自理的为123元。供养亲属抚恤金方面，每月增加额按供养对象提高：属配偶的，每人每月增加164元；属其他亲属的，每人每月增加123元。供养对象同时属孤寡老人或孤儿的，在其增加标准基础上再提高10%计发。2017年1月1日起，实行城乡居民养老保险待遇领取人员丧葬补助金制度，每人2500元。

（3）社会保险基金收支状况

各类社会保险基金收入为297.76亿元，支出为198.47亿元，各类社会保险基金历年累计结余为859.29亿元。基本养老保险基金收入为183.7亿元，比2016年同期增长2.54%，基本养老保险基金支出为101.9亿元，同比增长

6.81%。其中，城镇职工基本养老保险基金收入为185.68亿元，企业基本养老保险基金收入为168.19亿元，机关事业单位基本养老保险基金收入为16.45亿元，分别比2016年同期增长4.17%、19.54%、-54.99%。失业保险基金收入为9.7亿元，比2016年同期下降9.88%，失业保险基金支出为9.5亿元，同比下降0.45%，工伤保险基金收入为3.4亿元，比2016年同期减少7.71亿元，工伤保险基金支出为4.6亿元，同比增长20.38%。

4. 汕头

（1）社会保险参保情况

截至2017年末，全市参加基本养老保险人数为335.64万人，其中，城镇职工（含离退休人数）基本养老保险为129.16万人，城乡居民基本养老保险为206.48万人；基本医疗保险为502.27万人，同比增长0.2%，其中城镇职工基本医疗保险为54.70万人，城乡居民基本医疗保险为447.57万人；失业保险为79.99万人，同比增长10.6%；工伤保险为78.25万人，同比增长11.8%；生育保险为58.08万人，同比增长0.5%。

（2）社会保险缴费和待遇标准

企业退休人员月人均基本养老金达2083.54元，城乡居民基础养老金为119.65元/（人·月）。一次性伤残补助金人均为2.84万元，一次性工亡补助金人均为653490元，伤残津贴为2660.43元/（人·月），生活护理费为1619.26元/（人·月），供养亲属抚恤金为1033.96元/（人·月）。失业保险金标准为1080元/（人·月）；人均医疗保险费为281.36元/（人·月）。享受生育保险待遇为27955人次，生育医疗费用为4070.65元/人次，生育津贴为10058.09元/人次，计划生育费用为1876.68元/人次，计划生育津贴为2047.03元/人次。调整工伤保险行业基准费率：自2018年1月1日起，一类至八类行业的工伤保险基准费率分别调整为0.1%、0.2%、0.3%、0.4%、0.5%、0.6%、0.65%、0.7%。

（3）社会保险基金收支状况

2017年，全市社会保险基金收入为1240286.07万元，基金支出为1109380.36万元。其中，城镇职工基本养老保险基金收入为657863.33万元，基金支出为615603.49万元；城乡居民基本养老保险基金收入为91483.23万元，基金支出为79093.57万元；城镇职工医疗保险基金收入为147428.53万元，基金支出为141774.42万元；城乡居民基本医疗保险基金收入为284771.07万元，基金支出为239227.62万元；工伤保险基金收入为10670.87万元，基金支出为3507.12万元；失业保险基金收入为26953.49万元，基金支出为10780.34万元；生育保险基金收入为21115.55万元，基金支出为19393.81万元。

5. 海南

（1）社会保险参保情况

2017年末，全省参加城镇职工基本养老保险人数为240.86万人，其中在职人员为172.00万人，离退休人员为68.86万人。城乡居民养老保险参保人数为285.89万人；城镇职工基本医疗保险参保人数为209.53万人，其中在职人员为149.15万人，退休人员为60.38万人；城乡居民医疗保险参保人数为209.89万人；参加失业保险人数为168.15万人；参加工伤保险人数为141.41万人；参加生育保险人数为140.33万人。

（2）社会保险缴费和待遇标准

2016年5月1日至2018年4月30日阶段性降低城镇从业人员基本养老保险和失业保险费率。《海南省城镇从业人员基本养老保险条例》第二条第一款第（一）、（二）、（四）、（五）项规定，企业性质的用人单位的基本养老保险费单位缴费比例由20%降至19%。参加城镇从业人员失业保险的用人单位的失业保险单位缴费比例由1%降至0.5%。从2018年1月起，海南省城乡居民基本养老保险缴费档次确定为200元、300元、400元、500元、600元、700元、800元、900元、1000元、1500元、2000元、3000元、5000元13个档次。

（3）社会保险基金收支状况

截至2017年末，全市社会保险基金收入为368.86亿元，其中基本养老保险、失业保险、城镇基本医疗保险、工伤保险、生育保险基金收入分别为271.12亿元、5.90亿元、83.28亿元、5.10亿元、3.46亿元，全市社会保险基金支出为303.28亿元，其中基本养老保险、失业保险、城镇基本医疗保险、工伤保险、生育保险基金支出分别为 231.97 亿元、5.25 亿元、60.50 亿元、1.61 亿元、3.95 亿元。

（二）经济特区社会救助和社会福利发展情况

1. 深圳

2017 年第 4 季度本市社会服务事业费总支出为 291805.7 万元，其中抚恤支出为 10560.9 万元，社会福利支出为 69561.7 万元，社会救助支出为 34622 万元，城市低保支出为 5693.3 万元，直接医疗救助支出为 907.1 万元。在儿童福利方面，集中供养孤儿 1063 人，社会散居孤儿 28 人，收养登记 27 件。在社会救助方面，城市低保人数为 5126 人，城市低保户数为 2280 户，民政部门资助参加基本医疗保险人数为 1163 人，民政部门直接救助人数为 3486 人次，站内救助人数为 8505 人次。

2. 珠海

2017 年，全市低保标准为人均 896 元/月，特困人员基本生活标准为 1434 元/月，残疾人生活津贴为人均 160 元/月，重度残疾人护理费为人均 200 元/月，孤儿基本生活标准为人均 1580 元/月。至 2017 年底，享受低保救助的困难群众为 8188 人，其中，城镇为 3536 人，农村为 4652 人。全年医疗救助为 41825 人次，比 2016 年增长 3.6%。各类提供住宿的社会福利机构床位数为 3602 张，全市每千名老年人口养老床位数达 37 张，救助各类受助人员为 1835 人。收养救助人员为 21 人。民政部门资助参保 7569 人次。综合性社区服务中心（站）为 318 个。共发行销售福利彩票 6.56 亿元，筹集福彩公益金 1.97 亿元。

3. 厦门

2017 年，全市最低工资标准提高到 1700 元。城乡低保和特困人员基本生活标准分别提高到每人每月 1080 元和每人每月 720 元。照料护理标准分为全自理、半护理、全护理三档，补贴分别为 260 元、510 元、850 元。困难残疾人生活补贴标准为每人每月 360 元，重度残疾人护理补贴最高为每人每月 510 元。孤儿保障标准为每人每月 1800 元。发放医疗救助资金 6287.18 万元，救助 33.70 万人次。发放临时救助资金 1369.45 万元，救助 5992 人次。全市共有养老服务机构35家，床位数为9304张。其中，公办养老机构6家，床位数为1828张；民办养老机构29家，床位数为7476张。

4. 汕头

2017年第4季度，老年人与残疾人服务床位数为4929张，老年人与残疾人服务人数为839人，特困人员救助城市供养人数为520人，特困人员救助农村供养人数为3779人。民政部门直接救助（医疗救助）人数为19380人次，临时救助4079人。

至2017年末，全市用于最低生活保障资金支出为3.81亿元，比2016年增加0.60亿元，增长18.8%；获最低生活保障人数为11.94万人，增长10.5%；救助站救助人数为4875人，增长8.4%。养老服务体系逐步完善，银龄安康行动统保率为80.5%，养老床位达2.35万张。社会福利院为11处，收寄养809人；城镇及村办敬老院为40个，收寄养335人。

5. 海南

2017年，全市抚恤、补助各类优抚对象2.85万人。至年末，城镇居民最低生活保障人数为6.21万人，同比下降17.5%；农村居民最低生活保障人数为18.07万人，同比下降0.1%。农村五保户供养对象为2.67万人，同比下降6.7%。全年实施医疗救助44.25万人次，其中城市医疗救助13.68万人次，农村医疗救助30.57万人次。全年投入救灾救济资金0.49亿元，同比增长59.2%；救助灾民65.39万人次，同比增长46.5%。全省共销售福利彩票15.36亿元，同比下降8.1%；筹集社会福利彩票公益金3.73亿元，同比下降7.7%。

二　经济特区社会保障发展取得的成就

（一）经济特区社会保险发展取得的成就

1. 深圳

（1）开辟医保异地就医省外现金报销受理渠道

其一，市社保部门对由于未办理跨省备案或转诊，或未办理金融社保卡、在跨省异地结算平台之外的医疗机构就诊等原因而未直接住院结算的参保人确立了省外受理工作思路。其二，招标选定四家具备资质的代办商保机构，在十个试点城市分别设立受理网点（共计 39 个受理网点），为深圳市参保人提供跨省异地就医现金报销受理服务。其三，市社保部门与上述四家受托商业保险机构签订协议，强化监管协同。受托机构在省外试点城市设立网点，开通跨省异地医保现金报销受理渠道。

（2）推动医疗保险智能监控系统建设

医疗保险智能监控系统建设工作作为 2017 年重点工作在全市定点医药机构全面铺开。该系统一期建设已于 2016 年底完成，7 家定点医院已上线并试运行。二期建设于 2017 年启动，2017 年 8 月已新增 34 家试点医院及推进 50 家药店实时监控试运行。根据方案要求，2017 年底将实现“三个 100%”，即定点医院 100% 上线、定点药店 100% 上线、门诊和住院 100% 上线。

（3）提高困难群体重疾补充保险待遇

符合条件的困难群体，住院医疗费用自付部分重疾补充保险报销的起付标准从 1 万元降低至 2000 元，报销比例从 70% 上调至 80%。调整后，经深圳市民政部门认定的特困供养人员以及最低生活保障对象、低保边缘人员，参加深圳市重疾补充保险后，在同一社会医疗保险年度内，住院时发生的医疗费用按《深圳市社会医疗保险办法》规定属于社会医疗保险目录范围内且应由其本人自付的部分累计超过 2000 元的，超出部分由承办机构支付 80%。

2. 珠海

（1）进一步完善异地就医直接结算

为与国家异地就医政策接轨，珠海市人力资源和社会保障局发布《进一步加强我市异地就医直接结算有关工作的通知》，将异地就医备案范围扩大到学生和未成年参保人，并将异地就医备案范围扩大到 2 个统筹区内所有定点医院。根据规定，学生和未成年人参加珠海市基本医疗保险二档满 1 年后的也可按相关规定办理常住异地就医。同时，由于异地就医备案范围扩大到 2 个统筹区，在这 2 个统筹区内只要是接入国家异地就医结算系统的定点医疗机构，属于退休后领取养老金、长期异地居住或长期异地工作的三类参保人都可以办理异地就医备案。

（2）生育保险和基本医疗保险合并实施

2017 年 7 月 1 日起，新修订的《珠海市职工生育保险办法》正式实施，标志着珠海生育保险和基本医疗保险正式合并实施。根据新规，珠海市行政区域内的国家机关，企业、事业单位，社会团体，民办非企业单位，基金会，律师事务所，会计师事务所等组织和有雇工的个体工商户等各类用人单位参加基本医疗保险的在职职工同步参加生育保险。基本医疗保险费按照参加生育保险和基本医疗保险的缴费比例之和确定新的用人单位基本医疗保险费率，个人不缴纳生育保险费。

（3）推动建筑施工企业参加工伤保险

把开展建筑业工伤保险与安全生产培训作为推动建筑施工企业参加工伤保险、切实加强安全生产管理和工伤预防工作的重要途径，开展了 2017 年珠海市建筑业“千企万人”工伤保险与安全生产集中培训（第二期）活动。全市共有 200 多名建设施工监理企业负责人以及市建筑安全协会、起重机械和脚手架专业委员会负责人参加了培训。培训全市建筑施工企业不少于 400 家，培训人数不少于 4000 人，基本实现全市建筑施工企业培训教育全覆盖，基本实现全市建筑项目工伤保险全覆盖。

3. 厦门

（1）提高城乡居民和外来从业人员基本医疗保险待遇

一是适当提高城乡居民基本医疗保险筹资标准。城乡居民基本医疗保险的筹资标准从原来的每人每年 600 元调整为每人每年 650 元，其中财政补助标准由原来的每人每年 470 元调整为每人每年 500 元，个人缴纳基本医疗保险费标准由原来的每人每年 130 元调整为每人每年 150 元。二是扩大基本医疗保险健康账户的使用范围。将原来个人医疗账户只限于支付本人医疗费、体检和购药的功能扩大到可用于抵付个人自付部分医疗费、家庭成员之间互助共济等。三是适当提高外来从业人员门诊社会统筹医疗基金支付限额。连续参保不满 6 个月的，由社会统筹医疗基金支付的门诊医疗费最高限额从原来的200元调整至400元；满6个月不满2年的，从400元调整至800元；满2年以上的，从1000元调整至2000元。

（2）做好企业职工基本养老保险转移接续工作

印发了《厦门市城镇企业职工基本养老保险关系转移接续若干意见》，进一步明确缴纳超龄养老保险费的对象和待遇标准。户籍迁入本市的参保人员按《厦门经济特区职工基本养老保险条例》规定补缴超龄养老保险费，年龄统一确定为男性年满50周岁，女性年满40周岁。超龄养老保险费＝调入（或迁入后首次参保）时上年度全市在岗职工年平均工资×（30%＋超龄年限×1%）×超龄年限。

（3）创新社保经办工作服务模式

一是开通社保网上预约服务。二是推进自助终端服务。推出全国首创的社保卡自助制卡发卡一体机，实现了社保卡挂失补卡3分钟立等可取，受到人社部领导的肯定和赞许，并作为典范向全国推广。三是推动社保综合柜员制，实现社保业务“一窗通办”。打破此前按业务险种设置窗口的模式，构建“一窗受理、内部流转”的窗口通办模式，实行前台综合受理、后台分类审批、统一窗口出件，实现一个窗口即可办好所有事项。四是推行周末轮班制，实现群众办事无休日。

4. 汕头

（1）进一步做好城乡居民基本医疗保险工作

为完善城乡居民基本医疗保险制度，优化提升医保筹资水平，稳步提高基金保障能力，汕头实施大病保险向困难群体倾斜政策。2017年10月1日起，参保人属困难群体的，其大病保险起付线及报销比例按下列规定支付：不设年度最高支付限额，具体为参保人属特困供养人员的，大病保险起付线为3000元，由大病保险承保人按80%的比例支付；参保人属建档立卡贫困人员和最低生活保障对象的，大病保险起付线为4500元，由大病保险承保人按70%的比例支付。

（2）衔接公立医疗机构医疗服务价格改革

一方面，按照医疗服务价格结构性调整情况，将原已列入医保支付范围的医疗服务项目，按调整后的价格由医保统筹基金按规定予以支付；另一方面，按照基本医疗保险“保基本”的属性原则，依据本次普通门诊诊查费由 3 元/次调整提高至 8 元/次，将参保人在各级医疗机构的门诊诊查费，由统筹基金按每次不超过 5 元的标准支付，并计入普通门诊统筹基金支付限额，减轻参保人就诊负担。

（3）实现微信医保支付新模式

汕头市人社局与腾讯公司密切配合，推动微信医保支付在汕头市的上线使用。参保人使用微信绑定社保卡，通过手机即可获得在协议医药机构在线挂号预约、医保及自费金额在线支付、医疗信息查询等就诊全流程自助服务。此次合作打破了只能在线下刷卡进行医保支付的单一结算方式，缩短了就医时间，实现“群众跑路”向“信息跑路”的转变，有效缓解汕头市参保群众就医过程中排长队挂号、结算等问题，既能改善患者就医体验，也能提升医院服务满意度。

5. 海南

（1）深化基本医疗保险支付方式改革

制定《海南省进一步深化基本医疗保险支付方式改革实施方案》，进行城镇从业人员基本医疗保险和城乡居民基本医疗保险制度的支付方式改革。该方案要求健全医保对医疗行为的激励约束机制以及对医疗费用的控制机制，建立健全医保经办机构与医疗机构间公开平等的谈判协商机制、“结余留用、合理超支分担”的激励和风险分担机制，逐步形成与基本医疗保险制度发展相适应、激励与约束并重的医疗保险支付制度。

（2）加快开展跨省异地就医结算工作

海南是首批接入国家跨省异地就医结算系统的省份，2017 年 1 月 17 日，海南 301 医院实现了全国首例通过国家异地就医结算平台成功结算的案例，标志着国家异地就医结算系统正式投入运行。海南采取“两条腿走路”方式开展跨省异地就医结算工作。一是抓紧完成与第一批接入平台的各省份间的程序测试，将异地就医实际业务开展得更快更好，借助国家平台提速增效。二是进一步加强与兄弟省份沟通协调，推动更多地区加紧对接工作，同时加快完善自身系统及应用环境建设，继续推进并深化省与省之间点对点的合作。

(3) 加强社会保险基金监管行政执法

为了规范社会保险基金监管行政执法行为，促进依法行政，确保社会保险基金安全有效，出台《海南省社会保险基金监管行政执法规程（试行）》。本规程适用于海南省县级以上地方人民政府社会保险行政部门在本行政区域内实施基金监管行政执法行为，社会保险行政部门内设的社会保险基金监督机构具体负责基金监管行政执法的组织实施。上级社会保险行政部门在法定权限内，可将社会保险基金行政执法事项授权（或委托）下一级社会保险行政部门组织实施。

（二）经济特区社会救助和社会福利发展取得的成就

1. 深圳

(1) 进一步加强社会救助制度建设

正式出台《深圳市临时救助暂行办法》，明确各相关单位职责、临时救助对象、救助方式、救助标准及救助程序等事项，进一步完善和规范深圳市临时救助管理制度。《深圳市临时救助暂行办法》规定，对遭遇突发事件、意外伤害、重大疾病或其他特殊原因导致基本生活陷入困境，且无能力自救，其他社会救助制度暂时无法覆盖或救助之后基本生活暂时仍有严重困难的家庭或个人，给予应急性、过渡性的救助。临时救助方式以发放救助金为主，以发放实物及提供服务为辅，以转介救助为重要补充。

(2) 完善养老服务管理模式

深圳市民政局与日本微风介护管理系统株式会社签署战略合作协议，协议的签订标志着深圳养老事业迈出扎实的一步，深圳根据养老服务事业实际需要，利用日本微风介护标准化的养老服务管理模式，通过融合改进的方式，开展可复制的标准化、信息化、智能化养老服务咨询，建立并完善深圳市养老服务质量标准和评价体系；推动具有代表性、示范性的养老机构建成和发展，促进深圳城市养老服务功能发挥，带动深圳市养老服务质量总体水平提升。

(3) 探索中国的慈善会改革“第三条路”

深圳在传统官办组织和草根社会组织之外，探索出了一条结合两者优势的“第三条路”——“嵌入式管理模式”，给中国慈善会系统改革转型和现代治理探索了一条可行之路。同时，构建“生态慈善”共享，发挥深圳市捐赠主渠道和现代枢纽型组织的作用，每年拿出一定比例的资金开展公益创投，建立深圳慈善组织孵化、创新、交流的枢纽性平台和创新基地，耕耘政府、市场、社会组织、公众四个维度，组建深圳市慈善会社区发展支持系统，形成多元格局与合作共享的共赢共益社会生态合作模式。

2. 珠海

(1) 探索共享养老新模式

据统计，至 2017 年底，珠海市 60 周岁以上老年人口已达 13.7 万人，且每年增长保持在 1 万人左右。针对近年来老年人口迅速增长的情况，珠海养老模式已从传统的家庭孝敬养老向敬老院、养老院机构养老过渡，从单一机构养老模式到居家养老、旅居养老、日托养老、共享养老等多元化养老模式发展。其中，住娘家共享微养中心是珠海打造的首个共享养老项目，以日常照料为基础，延伸社区食堂、喘息托养、居家上门等一站式养老服务，为长者提供涵盖吃、住、医、养、娱全方位的高品质养老服务。

(2) 完善特困人员救助供养制度

实施《珠海市特困人员救助供养制度实施方案》，该方案对珠海市农村五保供养、城市“三无”人员救济等制度进行整合，并完善针对特困人员的救助供养制度，同时对生活不能自理的给予照料，原则上可以通过政府购买服务或采取发放服务券（代金券、代金卡）形式予以保障。此外，该方案被纳入“特困人员基本生活标准达低保标准的 1.6 倍”这条标准，明确了特困人员享受住院救助不设金额上限，门诊年救助标准为 3600 元，以及上大学能获得学费资助和生活补贴等多方面的救助政策。

3. 厦门

(1) 推进养老服务供给侧改革

一是按照“一市一中心”的基本布局，加快推进市、区社会福利中心建设。推进建设爱鹭老年养护中心、“农村幸福院”、“社区老年人日间照料中心”等项目。二是出台《关于加强养老服务机构医疗服务的实施意见》，实现医保刷卡服务，支付范围涵盖养老人员的入住床位费及在医务室看病就医的费用。三是鼓励社会资本以独资、合资、合作等方式投资养老项目，或与政府的养老项目对接。四是开通全市养老信息化平台暨12349养老服务热线，为居家养老者提供情感关爱、生活服务、文化娱乐、健康管理等全方位服务。

（2）提升特困人员供养水平

一是实行特困供养对象申请人家庭经济状况核对，每年对特困供养人员家庭经济状况进行复核。二是建立特困对象保障标准与物价上涨挂钩的联动机制，并实现保障标准城乡一体化。2017年特困人员基本生活保障标准为每人每月1080元，照料护理标准全自理、半护理、全护理分别为每人每月260元、每人每月510元、每人每月850元，位居全省第一。三是投资5.2亿元完成6家大规模的社会福利中心建设，优先为完全或部分丧失生活自理能力的特困人员提供集中供养服务。

（3）保障困难群众基本生活

一是进一步完善困难群众基本生活保障标准动态调整机制。2017年两次提高困难群众生活保障标准，其中低保标准为每人每月720元，全省最高。二是提升灾害救助水平。2017年投入近3000万元购买巨灾保险，人员伤亡责任限额为20万元，每户住房倒损责任限额为10万元；保障对象由户籍人口扩大到灾害发生时处于厦门市行政区域范围内的所有自然人。三是建设居民家庭经济状况核对信息平台二期，接入公安、人社等部门的24类信息，并与20家银行建立专线，精准识别困难群众。

4. 汕头

（1）保护农村留守儿童权益

实施《汕头市农村留守儿童“合力监护、相伴成长”关爱保护专项行动工作方案》。该方案要求依法落实家庭监护责任、政府属地责任及各部门相关职责，切实解决农村留守儿童摸底排查工作中发现的突出问题，着重加强对无人监护，父母一方外出、另一方无监护能力，失学辍学，无户籍农村留守儿童等重点对象的干预帮扶，确保农村留守儿童得到妥善监护照料。力争到 2017 年底，将所有农村留守儿童纳入有效监护范围，杜绝农村留守儿童无人监护现象，有效遏制监护人侵害农村留守儿童权益行为，切实兜住农村留守儿童人身安全底线。

（2）深化拓展“银龄安康行动”

从 2014 年开始，贯彻落实省民政厅、省老龄办关于实施“银龄安康行动”的工作部署。2017 年，市财政部门积极筹措资金，加大投入力度，从 10 月 1 日开始，出资统保的年龄从原来 80 岁降到 70 岁。从 2017 年起提高高龄老人政府津贴标准，全市 80 ~ 89 周岁的户籍居民每人每年发放高龄津贴 360 元，比以往提高了 10 元；全市 90 ~ 99 周岁的户籍居民每人每年发放高龄津贴 600 元，比以往提高了 250 元，汕头市高龄老人政府津贴政策实现了从补缺型向普惠型的转变，进一步提高老年人养老保障水平。

（3）资助困难居民参加城乡居民基本医疗保险

出台《关于资助困难居民参加城乡居民基本医疗保险的实施意见》，该意见将七类困难居民列入参保资助对象，规定困难居民可办理全年参保或中途参保，已参保贫困人员救助金通过金融机构发放。同时，该意见明确困难居民参加城乡居民医保时，其个人应缴纳的医疗保险费由政府给予全额资助。其中，市福利院供养人员参保所需资金由市级社会福利彩票公益金安排的城乡医疗救助金解决；其他困难居民参保所需资金由区（县）城乡医疗救助金解决。

5. 海南

（1）促进医疗救助与城乡居民大病保险有效衔接

下发《关于进一步加强医疗救助与城乡居民大病保险有效衔接的通知》，规定市县相关部门要全面落实资助特困供养人员、孤儿、最低生活保障对象、建档立卡贫困人口、低收入救助对象等困难群众参加城乡居民基本医疗保险工作，明确将经大病保险报销后仍有困难的以上对象纳入重特大疾病医疗救助范围，并全面实施县级行政区域内定点医疗机构住院先诊疗后付费改革。明确医疗救助与医疗保险费用报销程序，救助对象经基本医疗保险、大病保险报销后，对其自负合规医疗费用按规定给予医疗救助。

（2）全面放开养老服务市场，提升养老服务质量

出台《关于全面放开养老服务市场提升养老服务质量的实施意见》，意见指出，激发各类市场主体活力，鼓励社会力量进入养老服务业。简化设立养老机构的申请材料。简化环境影响评价，对养老机构环境影响评价实施分类管理。加快公办养老机构改革。制定海南省公建民营养老机构管理办法。政府投资建设和购置的养老设施、新建居民区按规定配建并移交给民政部门的养老设施、国有单位培训疗养机构等改建的养老设施均可实施公建民营。

（3）建立困境儿童分类保障制度

制定《关于加强困境儿童保障工作的实施意见》，进一步完善落实社会救助、社会福利等保障政策，建立困境儿童保障体系，实施分类保障。意见将困境儿童分为家庭困境儿童、自身困境儿童、监护困境儿童、临时困境儿童和孤儿五类。其中对于监护困境儿童、自身困境儿童明确要求按照当地城乡最低生活保障标准发放生活补贴，已享受最低生活保障的监护困境儿童、家庭困境儿童、自身困境儿童，再按照每人每月 100 元标准发放生活补贴，并建立生活补贴自然增长机制，经费由省、市（县）两级政府各承担 50% 。

三　经济特区社会保障发展存在的现实困境

经济特区处于改革开放前沿，经济开放程度高，公民权利意识强，社会矛盾和问题较为突出，对社保工作提出了更高要求。在当前户籍制度改革不断推进，“互联网 + 社保”时代到来的背景下，随着特区经济发展进入新常态，人口老龄化加快，特区社保发展面临的新矛盾、新问题日益凸显，成为特区社会经济发展的制约因素。

1. 户籍制度改革背景下特区农民工的社保问题逐渐凸显

《国务院关于进一步推进户籍制度改革的意见》决定统一城乡户口登记

制度，全面实施居住证制度，稳步推进城镇基本公共服务覆盖全部常住人口。社会保障服务的供给将逐步以居住证制度为依据，户籍与非户籍人口享受社保服务的差距会不断缩小，将在很大程度上改变社保福利的原有分配格局。随着户籍制度改革的深入以及农业转移人口市民化的推进，要求建设与完善农民工市民化的社会保障体系。经济特区农民工规模大，随着农民工参加社会保险的人数逐渐增加，特区社保负担不断加重。近年来，特区社会保障与就业支出占比较低，社会保障的公共财政扶持力度不够，社保转移支付政策体系不够健全，农民工面临流动就业与社会保险制度设计不匹配、社会保障的流动性差以及转移接续难、社保缴费负担过重、社保福利缺乏等问题。目前特区的社会保险制度主要是针对城镇人口设定和实施的，如何确保城镇化过程中农民工和城镇居民享受同等社保待遇，以及农民工在特区缴纳社保费后流动的社保关系转移和接续问题成为特区社保发展面临的困境。户籍制度改革的深入使特区农民工的社保问题凸显，必须建立与户籍制度改革相适应的社会保险制度，逐步完善居住证制度下流动人口的社保服务。

2. 人口老龄化趋势下特区社会养老负担日益严重

经济特区自 20 世纪 80 年代成立以来，年轻的外来人口成批涌入特区就业和创业，人口年龄结构年轻化特征明显，减缓了特区老龄化的进程。经过改革开放 40 年发展，当年“成批”涌入特区的年轻人，逐渐“成批”老化，再加上随迁的庞大养老队伍，特区老年人口比重不断上升，老年抚养比逐年提高，增加了基本养老保险基金的支付压力和基本医疗保险的资金需求。当前养老保险基金投资未完全放开，基金保值增值能力不强，养老保险“隐性债务”和个人账户“空账运行”等问题日益凸显。老龄化的迅速发展使特区医疗费用消耗大幅度增加，基本医疗保险资金需求不断增加。与此同时，特区养老服务业发展滞后于人口老龄化发展，养老服务供给不足。当前公办养老机构普遍存在养老服务设施建设滞后、内部改善动力缺乏等问题，社会养老机构面临机构运营困难、服务标准不统一、专业人才缺乏等困境，难以满足特区老龄社会的养老需求。以养老床位数为例，除了深圳之外，其他特区每千名老人拥有养老床位数均低于国家规定的2020年35～40张的标准。2014年全国平均为27.2张，广东省平均为23.23张，目标数为30张，深圳、珠海、汕头分别为39.2张、25.9张、20.9张，只有深圳达到了省定养老床位目标数。

3. 经济发展新常态下特区社保基金压力持续增大

随着经济特区社保制度逐渐实现全覆盖，特区参保规模不断扩大。长期以来，特区保险基金的高结余主要是制度内人口红利的贡献。但随着特区外出农民工增速持续下降，转移劳动力带来的人口红利正在逐渐消失，社保统筹账户的筹资逐渐面临缴费人口减少的压力。新常态下特区经济增速和财政收入增速趋缓，社保的经济适应性普遍不强，社保基金支出增幅高于社保基金收入增幅，受到人口老龄化加剧以及社保待遇调整和社保费率降低等因素影响，社保基金收支平衡压力持续增大。同时，新常态下特区产业结构调整加快，部分企业生产经营困难，难以依法足额缴纳各项社会保险费，导致社保基金缺口扩大。从2014年开始，海南全省企业职工基本养老保险处于收支失衡的临界点，社会保险基金安全运行风险增大。2015年底，汕头企业职工基本养老保险基金收支相抵赤字为43938万元，职工医疗保险基金收支相抵赤字为1079万元。目前特区社保基金的投资渠道比较单一，主要是银行存款、委托运营和债券投资。2016年，珠海社会保险基金用于投资银行存款的比例为91.19%，委托管理的比例为8.69%，债券投资为0万元；汕头社会保险基金用于投资银行存款的比例为97.57%，债券投资的比例为0.02%，委托运营为0万元。在当前通货膨胀率高于银行定期存款利率的情况下，特区社保基金的投资收益率偏低，社保基金存量实际上处于贬值困境。

4. 法治中国建设进程中特区社保政策法规体系有待完善

我国社会保险制度形成了相对粗线条的政策性制度，但社会保险法治化程度较低，社保法律体系建设相对滞后，存在法律制度供给不足、法律法规效力不高、规范性文件操作性不强等问题。社保规章制度大多仍处于政策层面而未上升到法律层面，各地区制定的社保政策法规的实施意见、办法和通知缺乏规范性、权威性和操作性。社会保障法治建设是法治中国建设的重要内容，经济特区要充分利用特区立法权，完善社保政策法规体系。随着经济特区社保覆盖面的扩大以及社保新矛盾、新问题的凸显，现有低层次、多变化的指导意见，临时规定等政策法规将难以满足特区社保发展的需要。2010年《中华人民共和国社会保险法》的出台使全国社保基金投资运营管理走向法治化，但目前特区关于社保基金投资管理的法规政策较少，主要参照本省出台的社保基金监督条例，社保基金投资管理缺乏具体的制度规范导致社保基金管理体系不健全、社保基金投资绩效差等。经济特区农民工规模大，在农民工异地养老、大病医疗、工伤等社保方面，仍然缺乏保护农民工权益的相关政策和法规。近年来，特区按照国家政策要求落实居住证制度，将原有非户籍人口纳入社保范围，使社保制度覆盖范围迅速扩大，从而倒逼特区原有社保法规的修订与完善，以适应新形势的发展要求。

5. “互联网 +社保”时代特区社保信息化建设相对滞后

当前社会信息化发展进入新阶段，移动互联网、大数据、物联网、智能化等信息技术发展迅速。社会保障全面覆盖、统筹城乡、跨制度衔接、跨区域协作的发展趋势对社保信息化建设提出了新的更高要求。在“互联网 +社保”的背景下，经济特区的社保信息化建设仍然滞后于社会信息化的总体水平，难以为快速发展的社保事业提供有效的技术支撑。社保信息化建设的网络覆盖面具有一定的局限性，地区、部门之间难以实现信息资源的整合与共享。社保信息化建设的流程缺乏统一的标准规范，不利于参保人在合法范围内享受应有权利和福利待遇。同时，特区社保资源数据库不够健全，相关机构的社保信息未能实现有效整合与全面对接，亟待社保大数据的建立与完善。由于经济特区的社保信息化建设滞后，社保部门难以为社保用户提供高水平的信息化服务，社保用户难以准确有效地掌握社保服务信息并及时做出与自身福利相关的正确决策。当前深圳社保信息系统老化、运行缓慢，负荷超载等现象凸显，容易引发参保人投诉。2014 年 12 月海南开始对省级社保经办系统进行全面升级，新系统不稳定、数据错误量大、操作界面不合理等问题增加了社保机构的业务负担。

四　推进经济特区社会保障发展的政策建议

1. 建立以居住证为基础的社保制度，提高特区农民工的社保福利水平

近年来，《国务院关于进一步推进户籍制度改革的意见》《居住证暂行条例》《推动1亿非户籍人口在城市落户方案》等相继出台，经济特区积极落实本省制定的户籍改革实施意见和方案，逐渐实现居住证制度全覆盖，持证人通过积分等方式，阶梯式享受包括社保在内的基本公共服务。为此，经济特区应健全居住证制度，扩大居住证服务内容，逐步将各类社会保险与居住证对接，改变非户籍人口与户籍人口社保福利差距较大的现状，不断增加非户籍常住人口的社保福利。在推进户籍制度改革的同时，实施更加灵活有弹性的社会保险制度，重点解决当前农民工的社会保障问题。“十三五”时期特区参保扩面的重点是农民工和灵活就业人员。为实现“建立更加公平可持续的社会保障制度”目标，完善农民工社会保障体系，持续性地推进操作性强的全国社保转移接续政策与异地缴付政策，提高社会保险统筹层次和农民工的参保率。调整优化财政支出结构，逐步提高财政预算中社会保障支出的比例，加大对农民工的保障力度。同时，统筹推进户籍制度改革和社会保障建设，完善社会保障财政投入机制，多渠道筹集和补充社会保障的可用资金，为推进户籍制度改革提供有力支持。

2. 完善特区基本养老保险制度，推动完善养老服务体系和养老服务业发展

由政府主导的基本养老保险、企业主导的补充养老保险以及个人主导的储蓄性养老保险构成了我国基本养老保险制度的三大支柱模式。为完善特区基本养老保险制度，经济特区应健全财政投入机制，增加对基本养老保险基金的投入，提高基本养老保险的统筹层次，推动基本养老保险恢复财务平衡。规范和引导特区企业补充养老保险发展，支持企业建立企业年金并将其作为基本养老保险的重要补充。鼓励个人参加商业保险，自主提高老年退休生活的保障水平。加快养老服务业发展是“十三五”时期特区社保工作的重要内容，各经济特区出台了相关规划，推动养老服务体系建设，提高养老

服务供给能力。为此，推进公办养老机构公建民营社会化改革，提高公办养老机构的生存能力和发展活力，发挥公办养老机构的养老托底作用。引入社会资本发展居家和社区养老服务，加大对居家和社区养老服务的补贴力度，扩大居家和社区养老服务覆盖面。完善医疗机构与养老机构合作机制，支持养老机构内设医疗卫生机构，创建医疗养老结合型养老机构。同时，全面放开特区养老服务市场，通过购买服务、补助投资、运营补贴等方式，支持和引导民间资本和境外资本投资养老服务业，向社会提供多样化的养老服务。

3. 加强特区社保基金的运营管理，提高社保基金保值增值能力

加强社保基金特别是养老保险基金的投资运营，对于应对基金贬值风险、人口老龄化，提高基金支撑能力具有重要作用。从国际经验来看，社保基金的投资管理必须同时兼顾资产的安全性、收益性和流动性。随着社保管理制度的发展与完善，通过市场化和专业化运作管理，实现社保基金的保值增值。随着我国养老金入市进程加快，经济特区应依据《基本养老保险基金投资管理办法》，拓展以养老金为代表的社保资金投资渠道，使基金主要来源由财政性转移支付转变为持续投资运营收益，实现基金保值增值。逐步完善社保基金投资运营制度，实行基金市场化和多元化投资运营。除银行存款和国债投资外，将基金广泛投资于上市流通的证券投资基金、股票等有价证券以及股权投资项目、信托贷款项目和私募股权投资基金等，逐步探索投资抵押贷款、不动产，投资地方重点基础设施建设项目，提高社保基金收益率。同时，加大基金的统筹力度，由省级财政部门实施资金的运营和监管，加大转移支付力度。委托或设立独立的社保基金运营机构，以具体负责基金的投资运营和保值增值。此外，加强对社保基金的监督管理。完善社保基金运行内控监管制度和外部审计制度，对基金投资范围进行适度管制，对定点医疗机构、参保人就医行为进行监控，对欺诈骗保的行为人实行“黑名单”制度，保证社保基金安全有效运营。

4. 完善特区社保法规政策体系，提高社保事业法治水平

“十三五”期间是全面实行依法治国、建设法治中国的重要阶段，依法改革仍然是特区社保工作的主线。经济特区要充分发挥特区立法权的优势，完

善社保政策法规体系，实现特区社保政策法规逐步与全国社保政策法规相衔接，提升社保事业的法治水平。在户籍制度改革背景下，特区流动人口的社保问题逐渐凸显，要求各经济特区结合自身实际逐步完善流动人口，特别是农民工的社保政策法规，逐步将原有非户籍人口纳入社保范围。同时，利用特区的地方立法权，制定地方性社保基金运营管理的规范性文件，通过法律形式明确社保基金的管理与投资运营主体及其责任与权力，规范社保基金的投资运营考核与奖惩机制、监督机制、运营风险披露机制等。另外，提升特区社保立法质量，营造良好的社保法制环境。特区应健全政府主导、社会各方有序参与社保立法的途径和方式，完善社保法规、规章、规范性文件草案公开征求意见和公众意见采纳情况反馈机制。同时，开展社保法律、规章的立法后评估工作，根据评估结果适时启动社保法律、规章的立、改、废工作，通过强化社保规范性文件合法性审查和清理，增强社保立法的及时性和有效性。

5. 加强特区社保信息化建设，创新社保经办服务模式

社保信息化建设是现代社保事业发展的基本趋势。经济特区社会保险参保人数多、业务种类杂、工作量大，要抓住“互联网＋社保”时代的发展机遇，推进互联网、大数据、金融服务和社保卡的融合，促使社保经办业务模式转型升级，实现经办管理服务信息化。一是推动社保业务网上一站式受理，实现社保经办无纸化、参保档案电子化、清单打印自助化，同时推广应用微信、支付宝、手机 App 等新媒体平台提供参保登记、个人缴费等服务。二是完善社保信息跨部门共享机制，实现信息自动校验和实时比对。根据《“互联网＋人社”2020 行动计划》，要求完善社保基金监管系统，推动社保与财政、税务、金融监管等大数据资源的融合应用。三是加强与金融机构的合作。深化与邮政合作，实现参保人在全市任一邮政网点办理有关社保业务，并可通过邮储银行办理社保资金结算；委托商业保险机构开展医保现金报销、异地就医审核等业务，委托商业银行代办少儿医保参保和个人缴费业务。四是以“一卡通”为重点推进社保信息化建设。推动互联网与社保卡的应用融合，拓展与完善社保卡应用范围与服务体系，使群众通过社保卡享受更加便利的社保服务。

参考文献

《2017 年珠海市国民经济和社会发展统计公报》，珠海市统计局、国家统计局珠海调查队。

《关于 2017 年珠海市社会保险情况的通告》，珠海市社会保险基金管理中心。

《厦门市 2017 年国民经济和社会发展统计公报》，厦门市统计局、国家统计局厦门调查队。

《2017 年厦门市人力资源和社会保障工作总结》，厦门市人力资源和社会保障局。

《2017 年汕头国民经济和社会发展统计公报》，汕头市统计局、国家统计局汕头调查队。

《2017 年度汕头市社会保险情况的通告》，汕头市人力资源和社会保障局。

《2017 年汕头市社会服务统计季报表》，汕头市民政局。

《2017 年海南省国民经济和社会发展统计公报》，海南省统计局、国家统计局海南调查总队。

海南省统计局、国家统计局海南调查总队编《海南省统计年鉴 2018》，中国统计出版社，2018。

张晓杰：《流动人口的社会保障与制度构建》，《重庆社会科学》2014 年第 2 期。

马駇、秦光荣等：《关于应对人口老龄化与发展养老服务的调研报告》，《社会保障评论》2017 年第 1 期。

潘俊：《如何对社会保障信息化管理进行创新》，《现代经济信息》2013 年第 20 期。

杨文杰、罗金莉、韦玮：《财政支持流动人口社会保障机制的政策研究》，《中国财政》2012 年第 12 期。

王欢：《江苏人口老龄化对社会保险的影响》，《中国老年学杂志》2017 年第 5 期。

魏志华、林亚清：《社保基金的投资管理模式及其困境摆脱》，《改革》2014 年第 3 期。

厦门市财政支付中心课题组：《浅谈如何加强地方社保基金保值增值——基于厦门市社保基金的情况》，2013 年 3 月 29 日。

《关于印发〈深圳市人力资源和社会保障事业发展“十三五”规划〉的通知》，深圳市人力资源和社会保障局网站，http://www.sz.gov.cn/szrbj/xxgk/ghjh/jjhshfzgh/201609/t20160926_4966574.htm。

《〈深圳市临时救助暂行办法〉正式出台政策详细解读》，《深圳晚报》2017 年 12 月 28 日。

《市民政局牵手日本专业护理团队打造深圳养老新模式》，深圳政府在线，http://

www. sz. gov. cn/cn/xxgk/zfxxgj/bmdt/201711/t20171123_ 9937943. htm。

《广东珠海探索养老新模式 从机构养老到共享养老多元发展》，央广网百家号，https：//baijiahao. baidu. com/s?id = 1590769583740817498&wfr = spider&for = pc。

《我省到 2020 年基本实现养老服务市场全面放开　鼓励社会力量进入养老服务业》，《南国都市报》2017 年 9 月 21 日。

《海南建立困境儿童分类保障制度》，新华网，http：//www. xinhuanet. com//2017 - 10/28/c_1121870917. htm。

B.6
中国经济特区生态城市建设报告

张克听　李 敏*

摘　要： 随着我国城市化的加速推进，城市生态环境问题日益突出。建设生态城市是落实党中央“五位一体”的战略布局、建设社会主义生态文明的重要途径，对于推动城市发展模式转变、提高城市竞争力、改善人居环境、实现城市可持续发展具有重要意义。本报告首先论证了建设生态城市的迫切性，然后对深圳、珠海、汕头、厦门、海南五个传统经济特区近年来在生态城市建设上的具体做法和经验进行了概括总结，主要从生态城市建设的顶层设计、产业选择与空间结构布局、绿化建设和环境整治、倡导绿色生产生活方式、提高生态城市建设的公众参与水平等方面进行介绍和评述。本报告最后对经济特区生态城市建设经验进行总结，并对经济特区生态城市未来发展进行展望，提出了注重生态修复、深化生态城市理论研究等建议。

关键词： 经济特区　生态城市　生态文明

城市是社会文明发展的标志，是人们生产和生活的主要载体。目前，世界发达国家有75%以上的人口生活在城市，世界平均城市化率超过50%，

* 张克听，深圳大学经济学院副教授，硕士生导师；李敏，深圳大学经济学院区域经济学专业硕士研究生。

因此，城市生态环境质量直接关系到世界上大多数人的健康和福利。改革开放40年来，中国城镇化加速发展。城镇化率由1978年的17.92%提高到2017年的58.5%，城镇常住人口由1978年的1.7亿人增长到2017年的8.1亿人，城市数量由1978年的193个增加到2017年的657个。[①] 当前我国80%以上的经济总量产生于城市，50%以上的人口生活在城市，86%的消费来自城市。[②] 但在城市规模不断扩大和数量不断增加的同时，我国城市化和工业化发展也面临由于功能失衡及容量超载等招致的“大城市病”“工业癌症”，如环境污染、生态失衡、交通堵塞、基础设施严重不足等问题。

党中央高度重视我国发展过程中的生态问题。为了促进经济社会和生态环境的可持续发展，党的十八大提出了“五位一体”的战略布局，提出要全面推进经济建设、政治建设、文化建设、社会建设、生态文明建设，实现以人为本、全面协调可持续的科学发展，把生态文明建设上升到国家战略的高度。在党的十九大报告中，习近平总书记对生态文明建设进行了深刻论述，指出“建设生态文明是中华民族永续发展的千年大计。必须树立和践行绿水青山就是金山银山的理念，坚持节约资源和保护环境的基本国策，像对待生命一样对待生态环境”。[③] 如何贯彻党的发展战略和发展理念？建设生态城市是必然抓手，是解决城市生态问题，实现资源、环境可持续发展的必然选择。

近些年来，作为改革开放先锋地区的经济特区，在生态城市建设方面进行探索和尝试，积累了丰富的经验，取得了显著成效。深圳经济特区致力于构建生态友好型产业结构，大力发展绿色环保等生态经济，多次获得全国文明城市称号；珠海经济特区努力搭建绿色交通体系，倡导绿色出行；汕头经济特区则推进“环保+公安”的生态执法体制改革，开创汕头模式；厦门经济特区倡导绿色生活方式，建设生态型城市社区；海南经济特区创新

---

① 《社科院解码40城崛起基因：改革开放》，《中国经济导报》2018年6月28日。

② 刘举科、孙伟平、胡文臻主编《中国生态城市建设发展报告（2015）》，社会科学文献出版社，2015。

③ 习近平：《决胜全面建成小康社会　夺取新时代中国特色社会主义伟大胜利——在中国共产党第十九次全国代表大会上的报告》，人民出版社，2017。

“公园 + 环保”模式，构建绿色生态空间结构等。经济特区在生态城市建设方面的成效和经验为国内其他城市生态文明建设的探索提供了借鉴和蓝本。本报告首先对加快建设生态城市的必要性及重要性进行分析，然后介绍各个经济特区在生态城市建设方面的具体做法，最后总结经济特区在生态城市建设中的经验，对未来生态城市建设的发展进行展望。

一　生态城市建设的迫切性

改革开放以来，随着科学技术水平的不断攀升，我国的工业化、城市化进程得到了迅猛发展，但与此同时也滋生了一系列环境污染、资源紧张等问题，这对我国的未来发展构成潜在威胁。探索建设循环经济型、环境友好型、综合创新型、绿色消费型的城市新模式具有重要的现实意义和必要的紧迫性。生态城市是一个城市经济生态化、环境生态化、社会生态化、文化生态化的内在有机联系和相互制约的复杂的城市系统模式。推进城市向生态城市的转变是中国城镇化健康发展的必然选择，对实现经济、社会、环境等的协调发展具有举足轻重的战略意义。

1. 生态城市建设是推动城市发展模式转变的必然选择

面对紧张的资源约束、逐步退化的生态系统和愈加严峻的环境污染问题，党的十七大首次将“生态文明”写入党的报告中，这标志着生态文明建设上升至国家意志，自此生态文明建设始终被放在突出地位。在党的十九大报告中，继续强调推进生态文明建设的重要性，努力形成节约资源和保护环境的空间结构、产业结构和生活方式。

生态城市建设则是生态文明实现的具体的表现形式，也是新时代城市发展模式转型的必然选择。传统城市是工业文明的产物，一切以人为中心，片面地追求经济的发展和规模的扩大，发展方式是不可持续的，资源利用方式是简单线性的，管理体系方式是链状的。[①] 长久以来，传统城市更偏好高投

① 王彦鑫：《五位一体：生态城市理论与实践》，吉林出版集团股份有限公司，2016。

资高回报主导型发展模式，以满足需求为导向的发展理念，忽略了资源供给、环境容量的有限性，结果造成高能耗、低效率、高污染、高排放等负面生态问题，威胁城市的协调发展。

而生态城市是在科学的生态文明理念和健康有序的生态运行机制的基础上，以可持续发展为根本，兼顾不同时间、空间的各种资源的合理配置，强调天人合一的系统观、和谐观，进一步优化城市的功能和结构，提升城市的可持续开发能力，最大限度地实现生态与经济效率的综合提升，资源、能源、信息的高效利用，文化、景观、科学技术的高度融合，满足人与人、人与自然的和谐共生。具体而言，从涉及领域来看，生态城市是一项集社会、经济、文化、自然于一体的复合系统；从城市经济系统来看，生态城市是城市经济系统和生态系统实现双赢的内在诉求；从社会参与方面来看，生态城市建设是政府主导，社会参与的市场化运作模式。总之，生态城市是以生态文明理念为基础，实现自然和谐、信息共享、经济高效、社会公平完美融合的新模式，有利于城市发展模式的优化和升级。

2. 生态城市建设是解决城市生态问题的重要途径

近年来，我国经济快速发展，能源消费量也随之增加。2010 年中国已经成为国际能源消费量最大的国家。尽管“十二五”期间，我国政府出台相关环境政策以控制能源消费，提高光伏、风电等可再生清洁资源的利用水平，但煤炭消费量在能源结构中占有相当大的比重，截至 2016 年底，煤炭消费量占全国能源生产总量的 62%。[①] 尽管从短时间来看，这带来了丰厚的经济利益，推动国家或区域经济快速增长，但从长期来看，这会造成环境恶化、极端天气频发、资源枯竭等生态环境问题。这种粗放式、掠夺式的发展方式正与重需求而轻供给的发展机制有关，必须重视生态方面的供给侧改革，为生态城市建设提出强烈的现实需求。

从城市规划层面看，生态城市建设和供给侧改革是相辅相成的，强调生

① 《全国能源消费总量历年数据分析：2017 前三季度能源消费回暖　煤炭消费转负为正（附图表）》，中商情报网，http：//www. askci. com/news/chanye/20171121/141416112372. shtml。

态城市的建设是推动供给侧改革的催化剂。供给侧改革就是通过生态资源的高效利用，在环境污染的治理和生态建设中尽可能降低资源、能源的消耗，减少对环境的破坏，也能达到同样的产出效果。① 建设生态城市，以绿色、高效、可持续、均衡性为目标，秉承“创新、协调、绿色、开放、共享”新发展理念，着力调整城市产业结构、经济增长动力结构和人民的消费结构，创新循环经济、低碳产业，加强技术革新，提高全要素生产效率，建立供给侧生态，实质是从根本上扭转我国传统城市粗放的发展模式，解决产能过剩、生态失衡的问题。实施供给侧改革，是实现中国新型城镇化建设的内在要求，也是解决城市生态问题的重要途径。

3. 生态城市建设是强化城市竞争力的主要源泉

随着全球化浪潮的席卷和智能科学技术的蓬勃发展，各种生产要素已经完全可以实现在全球范围内的高效自由流通。强化国家的综合国力或地区的综合实力是吸引优质资源的强而有力的吸铁石。作为现代文明标志之一的城市，是人民生产和生活的主要载体，为社会经济发展提供经营活动空间，在推动国家或区域发展中具有至关重要的地位。城市竞争力具体表现为城市凭借其独特的优势能力，比如，优美的自然环境、发达的经济环境、开放包容的制度环境或完备的社会环境，吸引、争夺、拥有、控制、转化资源，进而形成对社会发展和居民的幸福生活产生正面影响的能力。所以说，提升城市竞争力被认为是提高综合国力和激发地区发展活力的重要目标。

改革开放 40 年，是我国城镇化快速发展的关键时期。城市规模的扩大和城市人口数量的激增标志着我国城市经济和社会快速发展，但同时也带来了城市拥堵、生态破坏、资源枯竭等问题，因而如何解决这些问题对新型城市建设和优化提出了新的要求。国际先进经验如“花园城市”新加坡的城市建设经验、“欧洲文化之都”德国鲁尔区的改造经验、巴西库里蒂巴城市规划经验等表明，只有通过生态城市建设，改善人居环境，使其与城市经济

① 李佐军：《推进供给侧改革　建设生态文明》，《党政研究》2016 年第 2 期，第 5～8 页。

竞争力的提升和谐共生，才能吸引更好的优质资源服务城市，以促进其更好地发展，形成良性循环，进而增强城市的竞争力。

二　经济特区生态城市建设的实践

作为改革开放排头兵的经济特区，围绕生态城市、低碳城市、绿色发展、宜居城市等方面积极探索、先行先试，无论是在发展理念上，还是在具体做法上，在相关体制机制的建立和落实以及引导社会公众参与等方面，都积累了一些经验，具有一定的领先价值。

1. 深圳经济特区

作为改革开放先锋城市，深圳在经济超高速发展的同时，积极保护生态自然环境，加强环境建设，走出了一条经济发展和生态改善的双赢之路。深圳注重生态立法，2006 年出台《深圳经济特区循环经济促进条例》，成为全国首个为循环经济立法的城市，在具体措施上围绕发展转型、生态改善、环境保护积极探索和实践，渐进式地开辟符合城市自身发展的生态保护和建设之路。深圳的生态城市建设成就斐然，获得了国家森林城市、全球宜居城市等称号，五次荣膺全国文明城市。

（1）明确城市发展战略目标，推动城市规划编制落实

从宏观整体出发完善顶层设计，明确城市发展方向，谋求综合效益最优化，是城市规划设计的重要引擎，也是城市建设和管理的重要依据，给城市经济社会文化的发展、城市基础设施建设的统筹、城市土地空间合理利用等提供指导。进入 21 世纪以来，由于经济科技的快速发展，深圳面临的矛盾也日益突出，如经济大市与空间小市、人口大市与环境容量小市、产业大市与资源小市之间的矛盾。面对土地空间、能源资源、人口重负和环境承载力的困境，深圳坚持从“创新、协调、绿色、开放、共享”发展理念出发，统筹推进“五位一体”总体布局，将生态城市、生态文明的理念融入城市政治、经济、文化、社会建设的各个方面，坚定不移地走经济发展和环境改善双赢之路。

2006 年，深圳出台了《深圳生态市建设规划》，2007 年制定了《关于加强环境保护建设生态市的决定》，明确五大生态体系建设，正式提出“生态立市”战略，生态城市建设全面启动。2010 年深圳市人大审核通过《深圳经济特区加快经济发展方式转变促进条例》，明确以建设国家循环经济、低碳生态城市为导向，重点发展循环经济，实施清洁生态政策，推进源头减排、综合利用和无害处理，降低资源消费，减少废弃物产生等，以将绿色发展理念融入城市规划设计、产业结构优化升级、生态环境改善等方面，促进深圳创新驱动、内生可持续发展的长效化、常态化。2017 年，深圳市《政府工作报告》再次提出打造绿色发展示范生态城市目标，秉持环境是生产力和竞争力的理念，加大环保投入，巩固提升环境质量，实现利民惠民的终极目标。深圳市一直重视生态城市建设，不断完善顶层设计，坚持推进生态文明和城市的融合，不断优化城市环境。

（2）构建城市生态布局，促进城市空间结构优化

城市空间结构是城市自然、经济、社会发展机制的空间投射，不同的城市空间结构具有不同的生态环境效应。[①] 为防止城市规划“摊大饼”的空间布局陷阱，提高土地利用效率，深圳提出带状组团式空间发展模式，使整个城市在“隔离中统一”，提高土地的使用效率。2001 年深圳对多中心组团的城市布局予以明确，形成由 11 个功能组团构成的市域组团式空间布局，力争均衡发展各城市。多中心组团式的结构可以实现职住平衡，缩短通勤的时空距离；实现土地的混合高效利用，使居住的城市的各项基础设施无缝衔接，形成分散式集中的节点模式；并且组团隔离带的存在更有利于自然生态的保护，缓解热岛效应。深圳市坚持依托区域性城市山体，建立组团式的生态走廊，加快推进绿色主题公园建设，比如，自 2016 年以来，罗湖体育休闲公园、国际友好城市公园、坝光银叶湿地公园、深圳人才公园等纷纷开始投入使用。

---

① 张一成、樊行：《低碳生态城市建设规划管理探索与创新——兼谈深圳低碳生态示范市的规划建设》，载中国城市规划学会编《新常态：传承与变革——2015 中国城市规划年会论文集（07 城市生态规划）》，中国建筑工业出版社，2015，第 16 页。

另外，深圳注重城市空间存量优化，推动城市进行有机更新，在更新中践行以人为本的生态城市建设理念。数据显示，截至2016年底，深圳市全市建设用地面积已达147.87万亩（1亩相当于666.667平方米），[①] 已经超出2020年规划建设用地规模。深圳积极推动城市土地共享，优化存量。一种是自下而上的对城中村的个性化改造，即社会主动参与城市建筑绿色改造实践，例如，“岗厦1980”项目使城市绿化从传统的水平方向发展到垂直方向，在拓宽城市绿化空间的同时，也形成独特的绿化产品形态。另一种是自上而下的指示性城市更新，即由政府主导进行城中村改造，例如，水围国际社区，福田区政府2016年投资1亿元将水围35栋城中村住宅改造为人才公寓。以独特视角和创意的思维进行已有城市建筑的更新，在提高城市的整体形象的同时，也践行以人为本的生态城市建设理念，解决人才的保障性住房问题，增强城市对人才的吸引力。

（3）开展以环保为主题的“深圳蓝”系列活动，改善市容市貌

2014年，深圳市从自身发展实际情况出发，适时推出《关于推进生态文明，建设美丽深圳的决定》，明确深圳长远发展的基础资源是生态资源，深圳竞争力的关键因素是生态环境，深圳质量的重要内容是生态质量，并提出，到2020年，形成节约资源和保护环境的空间、产业结构、生产方式和生活方式，实现国家生态文明示范市和美丽中国典范城市的目标。为此，开展了一系列提升活动，比如，推进水环境综合整治、饮水安全、数字监管等的“鹏城水更清”行动，推广使用高品质车用燃料，鼓励清洁能源汽车的使用，全面完成电厂污染深度治理的大气环境质量提升行动，优化滨海生态空间和开展海域生态修复行动，以及推进自然公园、城市公园、社区公园体系建设，推进“四带六廊”生态安全体系建设的绿化城市提升行动等。另外，《深圳市治水提质工作计划（2015—2020年）》提出，按照“节水优先、空间均衡、系统治理、两手发力”的原则，以水资源、水安全、水环

① 《深圳市2016年度土地变更调查主要数据成果的公报》，深圳市规划和自然资源局网站，http：//www.szpl.gov.cn/xxgk/sjfb/tjsj/201712/t20171213_ 460977.html。

境、水生态、水文化“五位一体”的理念统领治水工作，系统有序推进水治理工作。截至2017年底，深圳市新增污水管2009千米，是“十二五”期间的1.8倍，并且建成区28段黑臭水体清淤工作按期完成，河流水质稳步改善。①

（4）推动产业升级增效，发展生态友好型经济

经济规模和经济效益同步提升是建设生态城市的必然要求，关键是要淘汰低端产业，发展新兴产业，推动新旧产业更替，实现产业优化升级。2018年深圳市发改委发布了《深圳市战略性新兴产业发展政策》和《深圳市实施新能源产业和节能环保产业2018年第一批扶持计划》，提出要加大力度扶持战略性新兴产业，主动适应和引领经济发展新常态，培育经济新增长点，加快深圳国际产业创新生态城市建设。在加快发展新能源、生物、新材料、生命健康等节能环保、低污染型产业的同时，淘汰高能耗、高污染的低端企业。《深圳市突出环境问题整改工作方案（2017—2020年）》规定，深圳每年将依法淘汰10%的重污染企业，到2020年，淘汰低端企业和污染企业3000家以上，推进产业集聚区建设。②

（5）鼓励社会广泛参与，形成多元参与的生态治理体系

深圳在深化生态文明体制改革、建设生态城市的过程中，形成政府主导、社会参与和市场驱动的模式。一是建立健全强有力的推进机制，并从制度层面进行正面激励和反向约束。2012年起，深圳市政府定期召开全市层面的环境形势分析会，研究解决突出的、迫切的环境问题，在决策层面推进生态城市建设，并且深圳经济特区开创性地建立领导干部生态文明建设考核工作档案，建立生态城市建设考核平台。二是积极支持各类环保组织开展各类环境保护公益活动，将生态保护的理念融入广大市民的生活，提高市民的环保参与意识。三是以高效的市场机制为驱动。深圳在全国率先推进环境污染责任保险制度改革，并提高环境污染责任保险在全市的覆盖率。同时，也

① 《深圳黑臭水体整治初见成效　2018年还有这些“硬仗”要打》，深圳新闻网，http：//www. sznews. com/news/content/2018－02/13/content_ 18475452. htm。

② 《深圳市突出环境问题整改工作方案（2017—2020年）》，深圳市人民政府，2016年12月。

健全生态补偿机制，截至2016年底，深圳市已累计发放生态补偿补助资金13.5亿元，并且进一步完善水、气阶梯定价政策，有序开放对资源型产品的价格管控，促进资源的有偿使用。

2. 珠海经济特区

珠海是珠江西岸核心城市，在生态城市建设上一直走在国内前列，其环境质量和城市形象得到了社会充分认可，获得了国家环保模范城市、国家森林城市和国家生态市等荣誉称号。珠海经济特区在生态城市建设过程中的成熟做法值得各地借鉴。

（1）完善顶层设计，重视生态环保体制机制建设

一是建立与环境保护、生态治理相关的政策决定，用整体战略规划引领城市建设。2015年，珠海经济特区颁布的《关于实施新型城镇化战略建设国际宜居城市的决定》指出，生态宜居城市建设要分“三步走”，渐进式建成生态安全、设施绿色低碳的国际生态文明城市。2018年，珠海市审核通过《珠海市生态文明建设“十三五”规划》，提出将实施“1588战略”①，旨在优化城市空间格局，转型产业结构，提升环境质量等，以期到2020年，建成空间集约、产业高端、环境优美的国家生态文明建设示范市标杆。

二是加强环境保护相关法治建设，构建具有地方特色的法治体系。《珠海经济特区生态文明建设促进条例》是我国第一部关于生态文明建设的地方性法规，这也表明珠海经济特区重视从法治建设层面肯定建设生态城市的重要性，使保护环境、提高环境质量的一系列行动具有法治性、规范性。此外，珠海还出台了《珠海经济特区餐厨垃圾管理办法》《珠海市生态控制线管理规定》《珠海市主体功能区规划》等多项法规。截至2016年底，珠海经济特区通过使用经济特区立法权，已经颁布或修订12件次环境保护地方性法规及6件次地方政府规章。2017年7月，完成了《珠海市环境保护条例》修订。珠海不断完善以生态文明建设为核心的相关法规体系，为生态

① 《珠海生态文明建设“十三五”规划出炉》，珠海文明网，http://gdzh.wenming.cn/018/201804/t20180403_5123716.html。

环境保护、建设生态城市保驾护航。

三是创新生态治理、环境保护制度改革。珠海经济特区开全国先河，实施“生态环境指数发布机制”，将生态环境质量量化，定期向社会公示“生态环境指数”测评结果并将其作为各区生态环境质量情况的重要考核方式，有助于各区政府及时发现当地生态环境保护的薄弱环节从而有针对性地开展整治工作。珠海积极推进排污权有偿使用和交易试点工作，有计划地、分步骤地实施控制污染物排放许可证制度。2016 年 12 月，珠海经济特区印发《珠海市排污权有偿使用和交易试点管理办法（试行)》，成为广东省首个印发排污权有偿使用和交易管理办法的地级市，并且对现有企业主要污染物的排污权进行核定和分配，为推行国家排污许可改革奠定了坚实的基础。①

四是健全生态文明考核机制。珠海经济特区转变传统的干部考核“唯GDP 论”理念，将生态文明建设情况作为领导干部考核的重要参考指标，并学习国际先进经验，引入第三方评价，确保考核的公正性及合理性。

（2）加大新旧产能更替，推动向绿色产业结构转型

珠海坚持环境质量和经济效益并重，在大力进行经济建设，推动经济快速发展的过程中，以创新驱动、可持续发展理念为导向，构建资源节约型、环境友好型的产业体系。一方面，珠海加大新旧产能更替，推动产业结构的转型优化，研究起草《珠海市重点工业行业主要污染物排放标准》，制定更为严格的污染物排放标准，以更高标准淘汰落后产能、落后工艺，推动企业转型；另一方面，在淘汰低端产业的同时，政府也加大对高新技术产业、生态旅游产业的扶持力度，推动相关产业稳健发展。统计公报显示，2017 年，珠海市实现地区生产总值 2564. 73 亿元，同比增长 9. 2%，其中高新技术制造业增加值增长 17. 8%，先进制造业增加值增长 15. 2%，第三产业实现增加值 1230. 45 亿元，同比增长 6. 9%，对 GDP 增长的贡献率为 36. 0%，产业结构进一步优化。②

---

① 《“小城”珠海生态环境为何持续领跑?》，《南方都市报》2017 年 6 月 30 日。

② 《2017 年珠海市国民经济和社会发展统计公报》，珠海特区报网站，http：//www.cnepaper. com/zhtqb/html/2018 - 03/28/content_ 10_ 1. htm。

（3）构建绿色交通体系，大力倡导绿色出行

“十三五”以来，珠海经济特区秉承“以人为本、公交优先、绿色交通”的理念，进一步完善交通基础设施建设。近年来，珠海经济特区坚持“创新、协调、绿色、开放、共享”的发展模式，相继颁布了《珠海市城市轨道交通线网规划修编暨现代有轨电车近期建设规划》、《珠海市公共自行车租赁系统规划》、《中心城区绿色交通接驳系统规划》和《珠海市机动车清洁能源补给站专项规划》等，逐步形成了以一般公共交通工具为主体，以轨道交通为骨架，以有轨电车和公共自行车为补充，以公交枢纽为汇集点的低碳、智慧、绿色、综合交通网体系。

3. 汕头经济特区

汕头是我国著名的侨乡，也是粤东和闽西南出海的重要门户，具备悠久的潮汕传统文化、奋进的特区文化和独特的华侨文化，一直致力于建设独具魅力的宜居生态城市。近年来，汕头经济特区不断创新生态治理手段，采取一系列环境保护措施，逐步确立了具有汕头特色的环保新体系。2017 年汕头市环境空气质量综合指数为 3.41，位居广东省第五，并累计建成 141 个生态示范区，其中国家级生态示范区 1 个，省级生态示范区 34 个，可见，生态环境活动取得了可喜成绩。

（1）制定环境保护规划，落实环境保护计划

2015 年汕头市政府启动编制《汕头市环境保护“十三五”规划》，2017 年完成，明确了汕头市在“十三五”期间环境保护的战略目标、重点任务和重要举措。该规划提出了七项重点任务：持续强化治污减排，倒逼产业转型升级；推进生态文明建设，增强生态服务功能；实施污染防治行动计划，持续改善环境质量；大力推进练江流域环境综合整治；深入推进贵屿地区污染治理和修复；全面防控环境风险，切实保障环境安全；完善环保公共服务，提升环保管理能力。实现到 2020 年，全市生态环境质量总体改善、生产生活方式低碳水平上升、生态系统稳定性增强、环保基础设施建设改善等目标。在此基础上，汕头还设立了相应的专项配套制度，如水资源保护的《汕头市水体达标方案（2016—2020 年）》、强调防止土壤污染的《汕头市

土壤污染防治行动计划工作方案》以及培育生态保护红线意识的《汕头市生态保护红线划定方案》等。

（2）推进“环保+公安”执法体制改革

2016年6月13日汕头市开创性地设立了“环保警察”队伍，旨在创新生态保护执法与刑事侦查联动的执法机制，加大环保执法力度，提升环境执法效能，通过“双剑合璧”形成强而有力的环境保护、生态整治力量。自环保警察设立以来，汕头市制定的《练江流域污染整治联合交叉执法检查计划》《打击贵屿园区外非法电子拆解和废塑料加工造粒工作行动方案》等专项执法行动都将环保警察列入其中，据统计，2016～2018年，全市公安机关共侦破污染环境刑事案件156起，刑事拘留276人，逮捕173人，其中逮捕企业老板71人，上网追逃56人；查处污染环境行政案件231起，行政拘留612人，行政拘留企业老板173人。①

（3）实施大气环境、水环境提升等一系列活动

一是全面提升大气质量。2017年印发《汕头市大气污染防治2017年度实施方案》《汕头市2017年节能减排工作推进方案》，提出要加大力度推进高污染锅炉的综合整治以及对高排放行业的环境监管，推动向环境友好型企业转型。采取大力扶持新能源汽车、加快构建城市绿色交通管理网络、继续全面供应国Ⅴ汽油、加快岸电设施建设、鼓励靠港船舶优先使用岸电等系列措施。与此同时，升级建设污染源在线监控平台和完善监测管理体系，健全污染减排工作机制，深化结构性减排、工程性减排。

二是系统开展治水工作。从2009年起，汕头市每年开展集中式饮用水水源环境状况评估工作，2017年加大巡查力度，环保部门每月对中心城区饮用水水源保护区进行检查，及时消除隐患；强化区域内经济技术开发区、印染产业园区等工业集聚区的水污染治理；加快污水处理厂的扩建和完善污水处理厂的配套设施。截至2017年底，汕头市已建成城镇污水处理厂17

① 《刚刚，汕头召开打击环境污染违法犯罪新闻发布会》，搜狐网，http://www.sohu.com/a/235988652_100116740。

个，提高污水综合处理率，改善区域水环境；开展专项水污染治理行动，例如，推进练江流域纺织印染重点企业清洁化改造及推进清洁生产技术广泛应用，进一步提高水环境管理水平，保障水资源安全。

（4）创新和丰富生态城市建设参与形式，引导社会公众广泛参与

汕头市围绕生态城市建设，开展环境保护主体活动和环保志愿公益活动，将绿色低碳、生态文明的理念传播到公众的生活中，形成绿色、低碳的消费观、生活观。2017 年，汕头市全年共组织编印环保宣传手册 80000 余份，组织开展环保主题宣传教育活动 21 场次，如“绿色生活养成记”评选活动、“播种绿色行动——环保课进校园”等志愿服务活动。汕头还编制《汕头市环境保护局奖励公众举报环境违法行为办法（试行）》，采取匿名举报、匿名奖励的双匿名监管方式，充分调动社会公众对环境违法行为监督的积极性。

4. 厦门经济特区

厦门市一直重视生态环境立市，是全国最早编制生态文明指标体系的城市。2015 年被评为国家生态市，这也是我国第二个验收通过的副省级城市。厦门在环保制度建设、生态社区建设、指标体系编制方面都有一些成功的做法和经验。

（1）推进生态制度建设，建立环境保护工作机制

一是重视建立健全生态文明建设制度体系。2013 年，基于城市发展和转型的需要，厦门市政府组织编制《美丽厦门战略规划》（2016 年再次修订），这是一个统筹城市发展、具有法律效力的纲领性文件。规划明确提出，要实施人才发展战略和空间发展战略的“城市发展战略”以及“五个城市定位”，以谋求实现“两个百年愿景”目标。为此，厦门市政府先后出台了《中共厦门市委、厦门市人民政府关于加快推进生态文明建设的实施意见》《厦门经济特区园林绿化条例》《厦门市生态文明体制改革实施方案》《厦门市推进国家生态文明试验区建设暨厦门市生态文明体制改革行动方案》等规范性文件，形成完整性的生态文明制度体系，为生态城市建设提供相应法律保障。

二是深化市场化管理。与其他经济特区一样，厦门也通过实施排污权有偿使用和交易，制定更严格、更规范的排污标准；落实环境第三方治理，全面开放环境监测服务市场，这也是福建省唯一开展工业企业排污权第三方核定的地级市；不断推进绿色金融体系建成和完善；公布应投环境污染责任险企业名单，引导企业投保，提高环境保险的覆盖率等。

（2）以生态城市为推手，积极推进生态修复工程

一是实施“洁净蓝天”工程，开展“百日攻坚行动”，促进大气质量提升。进行机动车排气污染、工业园扬尘污染、生活污染和重金属污染防治等；提高重点行业的准入门槛并加强监管；同时，健全大气污染联防联控机制，强化污染成因研究，提高预警能力。二是实施“清新水域”工程，完善水污染防治工作机制。推行“河长制”，对黑臭水体进行集中整治并建设截污纳管工程，持续改善水环境；加快海域清淤，控制排海污染物规模，做到海陆统筹管理；通过控源、截污、污染源整治等途径，比如，九江环保“三联合”工作，加强对坂头、莲花水库和枋洋水库的全面整治，规范饮用水水源地建设，保障饮用水水源的安全和稳定。三是实施“清洁土壤”工程。对重点行业和农用地质量进行排查和实地考察，确定土壤污染防治责任清单；培育危废处置市场，提高危险废弃物的综合利用和防治水平，建设市工业废物综合处置中心和废物电子信息化监管平台。

（3）倡导绿色生活方式，搭建生态型城市社区

2015年5月，通过学习国际先进社区模式，厦门创建了社区书院，培育多元的社区组织，开设社区绿色健康生活兴趣班和举办垃圾分类、智慧社区等特色讲堂，在丰富社区生活的同时，将生态理念融入居民的日常生活中，以让更多的居民能在生态城市建设中主动地、积极地参与各类活动。截至2017年，厦门市已经建成1家市级书院总部、6家区级社区书院指导中心和59家社区书院。①

① 《建设社区书院——提升城市文明程度和市民文明素质的厦门实践》，中共厦门市委文明办，2017年2月15日。

（4）编制可操作的评价指标体系，为生态城市建设的定量评价提供依据

若想生态城市建设能够取得实质性建设成果，就必须建立一套可操作的、可量化的指标体系，以更为直观地、容易化地被城市管理者和市民监督。《生态文明建设（城镇）指标体系》是由厦门市政府组织学者共同研究、编制的评价体系，也是全国首个城市生态文明建设的指标体系，该指标体系涵盖30个指标，除了反映各地区发展生态经济、资源有效利用的努力程度的单位GDP能耗、清洁能源使用率、工业用水重复利用率等指标，以及反映各地强化生态治理、维护生态安全努力程度的区域环境噪声平均值、绿色运营车辆占有率等指标外，还在生态意识提高和生态制度保障等方面给出具体衡量指标，如将政府绿色采购率、生态环境教育课时比、环境指标纳入党政干部政绩考核，还包括恩格尔系数以及生态环境议案、提案、建议比例等，是一个综合性强的指标体系，为生态城市建设的科学规划、定量评价和正确决策提供了科学依据。

厦门建立和完善生态环保责任目标评价考核体系。自2015年出台《厦门市生态文明建设目标评价考核办法》，试行“党政同责”“一岗双责”制以来，厦门市已连续2年生态文明建设考核位列福建省第一。为了继续强化生态环保评价的量化考核，提高领导班子的环保责任意识，2017年，厦门市又先后颁布了《厦门市生态文明建设目标评价考核办法》、《生态文明建设考核目标体系》和《绿色发展指标体系》。

5. 海南经济特区

海南经济特区是我国唯一的省级经济特区，也是全国首个生态示范省，具有富饶的热带资源，致力于建立国际旅游岛和四季花园。同时，海南又拥有良好的生态环境，大气、水资源质量在全国保持领先水平。海南始终坚持以生态立省为原则，重视环境保护和生态治理，在生态城市建设方面有比较成熟的经验和做法。

（1）创新“公园＋环保”模式，构建绿色生态空间

早在1999年，海南率先出台《海南省人民代表大会关于建设生态省的决定》，提出了生态立省的发展战略。2000年《海南生态省建设规划纲要》

获得通过，标志着生态立省的发展战略具有法律效应。海南立足实际，不断对纲要进行修编，提出要严格遵循“不破坏资源、不污染环境、不搞低水平重复建设”的“三不原则”和扶持“两大一高”（即大企业、大项目、高科技）发展，全面开启生态城市建设。近年来，海南先后出台了《海南省总体规划（2015—2030）纲要》《海南省生态保护与建设行动计划（2017—2020年）》《中共海南省委关于进一步加强生态文明建设谱写美丽中国海南篇章的决定》等重要文件。其中《海南省生态保护与建设行动计划（2017—2020年）》提出要优化环境保护空间布局，依靠海南丰富的森林资源和海洋资源形成以生态岸段和海域为支撑的“生态绿心+生态廊道+生态岸线+生态海域”的生态空间格局①；《海南省总体规划（2015—2030）纲要》提出要坚定全省“一盘棋”理念，引领国家主体功能区规划，并且要探索各类型生态核心保护区，设立热带雨林国家公园、海洋国家公园等，创新“公园+环保”主体模式，推进公园体制改革，深化生态城市建设内涵。

（2）探索精准扶贫绿色发展道路，实现扶贫和生态相结合

生态城市建设不仅涉及经济生态、自然生态领域，还应该涉及民生生态领域，因此生态文明建设应该紧密联系人民生活。截至2018年9月，海南尚存5个国家贫困县，且它们多处在生态敏感区，所以在精准扶贫的过程中，不能一味强调发展经济，实现脱贫，还应该注重生态保护。虽然海南对这些地区制定严格的生态红线并严禁房地产开发，但鼓励通过绿色产业扶持、生态移民扶贫和生态补偿等方式提高当地贫困户收入，这有利于保护环境。截至2018年5月，海南省已经实现517个贫困村成功脱贫，贫困率由2013年底的12.3%降至1.5%且生态环境依然保持得很好。②

（3）完善绿色基础设施体系，形成绿色生产和消费的良性循环

依托路、光、电、气、水的“五网”建设，继续完善与生态经济、生态环境、生态社区相关的配套设施建设，形成“生态网”。一方面，自海南建设旅游

① 《海南省生态保护和建设行动计划（2017—2020年）》，海南省发展和改革委员会，2017年3月22日。

② 《海南生态文明建设的发展、成就与经验》，《海南日报》2018年5月23日第A07版。

国际岛以来，“农家乐”等生态旅游蓬勃发展，但也同时对海南的交通设施提出了新的要求，因此海南从“绿色、贯通”理念出发，实施中部山区畅通工程，完善当地旅游交通配套设施体系。在城镇道路建设方面，完善步行和自行车交通网，推动绿色出行。另一方面，完善生活污水、生活垃圾综合处理系统建设，探索共建共享垃圾处理设施，在旅游景区推行生态化污水处理模式等。

三 生态城市建设的经验及发展展望

1. 生态城市建设的优秀经验

（1）坚持生态文明观，是生态城市建设的前提条件

生态城市建设是一项从思想认识到制度安排、工作落实的复杂而系统的循序渐进工程，因此，必须转变“唯 GDP 论”的传统发展观念，将绿色低碳、生态优先的发展理念贯彻到城市建设各个方面，从而实现经济生态化、交通生态化、环境生态化、社区生态化。总结经济特区生态城市建设经验，我们不难发现，只有坚持“生态立市”战略，在发展经济的同时高度重视生态环境保护，处理经济快速发展和环境保护之间的关系，同时在体制机制上完善各项制度建设，才能走出一条产业和生态双赢之路。

（2）体制机制的建立健全，是生态城市建设的根本保障

一方面，推动生态城市建设，需要遵循激励约束并重的机制。在生态城市建设中均强调做好制度安排，通过颁布一系列与生态城市建设相关的法令法规，使生态城市建设规范化、法律化。对符合生态城市建设的生产、生活行为进行激励，如实行生态补偿机制，也对违背生态城市建设的经济行为进行约束，如制定严格的排污权有偿使用制，通过奖惩机制推动生态城市建设。另一方面，健全生态文明绩效考核和责任追究制，关键是要构建一套符合生态城市建设衡量标准的指标体系，譬如厦门将生态经济、能源消耗、生态安全努力程度、生态制度保障等指标量化，逐步建立了一套科学的奖惩机制。此外，政府还应该着重相关机构的建立，将生态城市建设的工程细化，明确各个执行人员的具体责任等。

（3）多元主体参与，是生态城市建设的关键

生态城市建设是一项规模庞大的、复杂的民生工程，需要广泛的、多元化的社会主体参与。不仅需要政府发挥主导作用，颁布法令法规指导、落实、监督生态城市建设，还需要企业发挥配合效应，在生产中使用低碳技术、清洁能源，将生态经济常态化；另外，需要社会的积极参与，自觉养成环保意识。比如，厦门创新生态社区新模式，开设垃圾分类、绿色出行等趣味课堂，普及环境保护知识等。总之，在生态城市建设过程中，要努力形成政府主导、社会参与和市场驱动的良性模式，凝聚社会环保共识，为促进生态城市建设创造强大的内生动力。

2. 生态城市建设的展望

（1）在生态城市建设的同时注重生态修复

经济特区建立时间较早，经济发展速度快，土地开发强度大，这使已经建成区的生态保持和维护压力增大。在特区的一些地方，部分山体、河流、湿地、植被遭到破坏，一些老旧城区环境质量较差，基础设施水平低，市容市貌较差，交通不顺畅。生态环境较好的区域也存在基础设施档次低、绿化层次和标准不高等问题，因此，应通过生态修复全方位提高特区生态建设的水平。例如，加强海岸线修复，还滩还海，恢复海岸自然属性；推进海绵城市建设，采取截污并网、雨污分流、湿地建设等多种措施清除黑臭水体，使特区河流真正变清；加强山体修复，重建被破坏山体植被群落，恢复山体自然形态；保护城市特色风貌。加强对城市历史人文资源的挖掘和保护等。

（2）推进生态城市建设理论研究和实践探索

经济特区在生态城市建设上成效显著，但缺乏相应的总结和分析，没有形成相关的理论成果，在生态城市建设的理论研究方面，还有待进一步深入探索。经济特区应该在绿色生产、低碳经济、循环经济的具体实践中，探索出新的路径。经济特区应利用资金和技术优势，把产业、资金、技术、人才等要素结合起来，形成政府、企业、科研机构合作与参与的新模式，在新能源开发、废弃物再利用、建筑节能等方面取得突破，为全国的生态环境建设积累经验和智慧。

B.7 中国经济特区金融产业发展报告

郭茂佳*

摘　要： 在去杠杆和严监管的双重约束下，2017年特区金融业的发展不仅实现了规模的逆势扩张，而且实现了发展质量的改善，但也面临瓶颈和隐含一定的风险。展望2018年，特区金融业既会借“转型升级、底线思维、深度创新、财富管理、深化改革和开大国门”之力蕴藏难得的发展机遇，也会由于“经济增速放缓、市场不确定性增加、多重约束条件冲突以及监管从严”等原因让特区金融业发展面临较大的潜在阻力。2018年，特区金融业要想实现稳健发展，就应该把发展的着力点放在“坚守天职、勒紧缰绳、紧扣主题、高举旗帜、协调关系”上。

关键词： 逆势扩张　发展质量　底线思维

一　2017年中国经济特区金融业发展的新动态

（一）整体规模实现逆势扩张

1. 银行业的规模实现逆势扩张（见图1）

由图1可以看出，2017年，五个传统经济特区本外币存款余额首次突

* 郭茂佳，深圳大学中国经济特区研究中心教授。

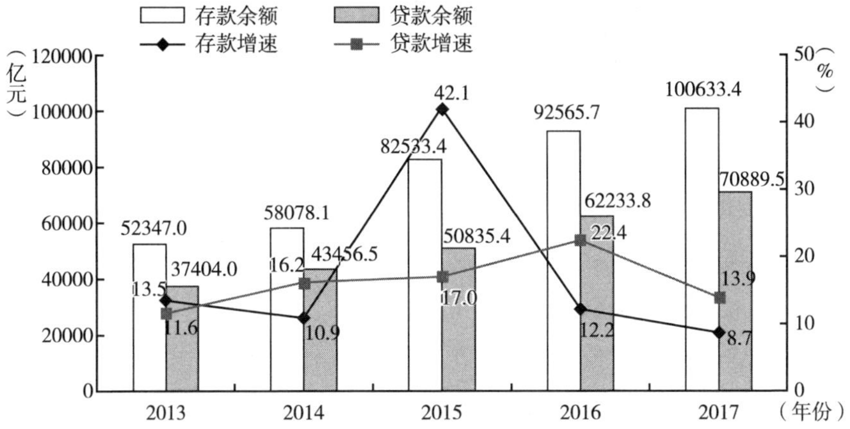

图1　2013～2017年特区本外币存贷款余额及增速统计

资料来源：根据2013～2017年各特区国民经济和社会发展统计公报的相关资料整理而成。

破10万亿元大关，达100633.4亿元，较2016年增长8.7%；本外币贷款余额首次突破7万亿元大关，为70889.5亿元，增速达13.9%，特区存贷款平均增长速度均超过同期特区经济平均增长速度。

2. 证券业的规模实现逆势扩张（见图2）

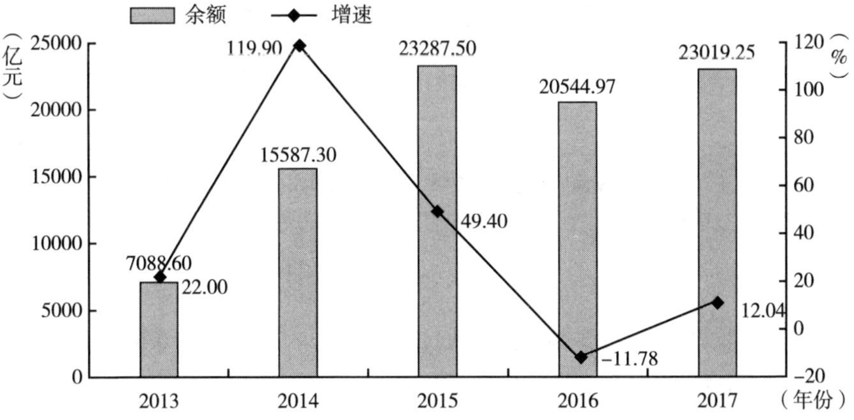

图2　2013～2017年特区券商资产扩张余额及增速统计

资料来源：根据中国证券业协会官网公布的《证券公司会员经营业绩排名情况》（2013～2017年）的统计资料整理而成。

由图2可以看出，2017年，特区证券业资产规模虽然没有突破2015年的历史高度，但与2016年相比，一举扭转了负增长的颓势，实现了12.04%的正增长。

3. 保险业的规模实现逆势扩张（见表1）

由表1可以发现，2017年，五个传统经济特区保险公司的保费收入首次突破了1600亿元大关，达1604.63亿元，比2016年增长了23.04%，尤其是财险保费收入，增速明显加快，增速由2016年的8.3%提高到18.5%。赔付支出金额首次突破450亿元大关，为450.21亿元，较2016年增长了11.1%。

表1 2013~2017年特区保险收入与理赔支出情况统计

单位：亿元，%

指标	2013年	2014年	2015年	2016年	2017年
保费收入	761.6	900.7	1060.48	1304.12	1604.63
增长率	16.72	18.3	17.74	22.97	23.04
财险保费收入	292.2	351.3	365.45	395.78	469.1
增长率	14.7	20.2	4.0	8.3	18.5
人身险保费收入	469.4	549.3	695.03	908.34	1135.53
增长率	17.3	17.0	26.5	30.7	25.0
赔付支出金额	228.27	284.7	320.4	405.07	450.21
增长率	24.3	24.7	12.5	26.4	11.1

注：上海浦东和天津滨海新区因缺少独立的保险业统计数据，故表中未做体现。

资料来源：根据2013~2017年各经济特区国民经济和社会发展统计公报的相关资料整理而成。

2017年特区保险业规模逆势快速扩张的势头还可以通过特区上市保险公司的相关资料加以印证（见表2）。

从表2反映的两家特区保险类上市公司的情况来看，2017年其总资产不仅实现了两位数的增长，而且平均增速为2015~2017年最高，达15.59%。

表 2　2017 年特区上市保险公司资产规模扩张情况统计

单位：万亿元，%

保险公司名称	2015 年		2016 年		2017 年	
	规模	增长率	规模	增长率	规模	增长率
中国平安	4.76	18.95	5.57	17.02	6.49	16.52
中国太保	0.92	11.97	1.02	10.87	1.17	14.71
平均增速	—	15.46	—	13.76	—	15.59

资料来源：根据特区上市保险公司 2015 ~2017 年报告的相关数据整理而成。

4. 金融租赁业的规模实现逆势扩张（见表3）

表 3 的数据显示，2017 年，进入全国前 10 名的 6 家特区金融租赁企业的资产规模达 11778.7 亿元，平均增速为 13.6%，实现了两位数的正增长。

表 3　2017 年进入全国前 10 名的特区金融租赁企业资产规模及增速情况统计

单位：亿元，%

全国排名	名称	注册地	资产规模	资产规模增长率
1	工银金融租赁	天津滨海	3148.9	4.3
2	交银金融租赁	上海浦东	2072.4	20.4
3	国银金融租赁	深圳	1871.0	12.3
4	民生金融租赁	天津滨海	1782.9	16.8
5	招银金融租赁	上海浦东	1554.1	13.4
7	兴业金融租赁	天津滨海	1349.4	14.6
合计	—	—	11778.7	—
平均	—	—	—	13.6

资料来源：根据前海融资租赁俱乐部发布的 2017 年全国金融租赁资产规模前 10 名企业的相关资料整理而成。

（二）整体发展质量有所改善

1. 银行业的发展质量有所改善

（1）银行业净利润增长率见底的苗头开始显露（见表 4）

表4　2014～2017年特区5家A股上市银行净利润增速变动情况统计

单位：亿元，%

银行名称	2014年		2015年		2016年		2017年	
	净利润	增长率	净利润	增长率	净利润	增长率	净利润	增长率
交通银行	658.5	5.7	665.28	1.03	672.1	1.03	702.23	4.48
浦发银行	470.3	14.9	506.04	7.61	530.99	4.93	542.58	2.18
招商银行	559.1	8.1	580.18	3.51	620.81	7.60	701.5	13.0
平安银行	198.0	30.0	218.65	10.42	225.99	3.36	231.88	2.61
上海银行	113.76	21.77	130.02	14.29	143.08	10.08	153.28	7.13
总　计	1999.66	—	2100.17	—	2192.97	—	2331.47	—
平　均	—	16.09	—	7.37	—	5.40	—	5.88

资料来源：根据特区上市银行2014～2017年度报告的相关数据整理而成。

2017年，特区5家A股上市银行净利润总规模达2331.47亿元，比2016年净增加了138.5亿元，平均增幅为5.88%，比2016年的平均增速快了0.48个百分点，呈现增长企稳反弹的信号。

（2）银行业不良贷款规模快速增长的势头有所收敛（见表5）

表5　2014～2017年特区5家A股上市银行不良贷款规模变动情况统计

单位：亿元，%

银行名称	2014年		2015年		2016年		2017年	
	规模	增长率	规模	增长率	规模	增长率	规模	增长率
交通银行	430.2	25.4	562.1	30.7	623.65	10.95	669.0	7.38
浦发银行	215.9	65.3	350.5	62.3	521.78	48.87	685.19	31.31
招商银行	279.0	52.0	474.1	69.9	611.21	28.9	573.93	-6.10
平安银行	105.0	39.3	176.4	68.0	256.78	45.57	289.97	12.92
上海银行	44.31	30.40	63.84	44.07	64.82	1.53	76.36	17.77
总　计	1074.41	—	1626.94	—	2078.24	—	2294.45	—
平　均	—	42.48	—	54.99	—	27.16	—	12.66

资料来源：根据特区上市银行2014～2017年度报告的相关数据整理而成。

由表5可以看出，2017年，特区5家A股上市银行不良贷款规模虽然仍在扩大，但增速仅为12.66%，较2016年27.16%的增速出现了腰斩的现象。

2. 证券业的发展质量有所改善（见表6和表7）

从表6和表7中可以发现，无论是反映特区上市证券公司发展质量的营业收入增长指标，还是净利润增长指标，2017 年均比 2016 年出现较大改观，分别由 2016 年的 -43.62% 和 -52.68% 转变为 9.2% 和 7.84%。

表 6　2014 ~ 2017 年特区 6 家上市证券公司营业收入变动情况统计

单位：亿元，%

上市券商	2014 年		2015 年		2016 年		2017 年	
	营收	增长率	营收	增长率	营收	增长率	营收	增长率
中信证券	291.97	81.18	560.13	91.84	380.02	-32.16	432.9	13.92
招商证券	110.02	80.69	252.92	129.87	116.95	-53.76	133.5	6.48
国信证券	117.92	74.14	291.39	147.1	127.49	-56.25	119.2	-6.46
国泰君安	178.81	98.49	375.97	110.25	257.6	-31.47	238.0	-7.61
东方证券	54.99	69.53	154.35	180.65	68.77	-55.44	105.3	53.16
第一创业	18.59	80.18	30.10	61.93	20.27	-32.64	19.5	-3.75
总　计	772.3	—	1664.86	—	971.1	—	1048.4	—
平　均	—	80.70	—	120.27	—	-43.62	—	9.2

资料来源：根据 2014 ~ 2017 年特区上市证券公司年报的数据整理而成。

表 7　2014 ~ 2017 年特区 6 家上市证券公司净利润变动情况统计

单位：亿元，%

上市券商	2014 年		2015 年		2016 年		2017 年	
	净利润	增长率	净利润	增长率	净利润	增长率	净利润	增长率
中信证券	113.37	116.2	198.00	74.64	103.65	-47.65	114.3	10.3
招商证券	38.50	72.70	109.09	183.29	54.03	-50.47	57.8	7.08
国信证券	49.27	133.75	139.49	183.08	45.5	-67.34	45.7	0.41
国泰君安	67.58	134.73	157.00	132.32	98.41	-37.32	98.8	0.41
东方证券	23.41	132.4	73.25	212.82	23.14	-68.41	35.5	53.57
第一创业	5.08	212.19	10.21	100.97	5.62	-44.9	4.2	-24.73
总　计	297.21	—	687.04	—	330.35	—	356.30	—
平　均	—	133.66	—	147.85	—	-52.68	—	7.84

资料来源：根据 2014 ~ 2017 年特区上市证券公司年报的数据整理而成。

3. 保险业的发展质量有所改善（见表8和表9）

从表 8 和表 9 中可以发现，与 2016 年 11.50% 的营业收入增长速度相比，2017 年净提升了 10.9 个百分点，达 22.4%；与 2016 年 -8.4% 的净利润增长速度相比，2017 年不仅出现了正增长，而且正增长的比例高达 32.2%。

表8　2014～2017年特区上市保险公司营业收入变动情况统计

单位：亿元，%

上市保险	2014年		2015年		2016年		2017年	
公司名称	营收	增长率	营收	增长率	营收	增长率	营收	增长率
中国平安	4629	27.6	6199.9	33.9	7124.5	14.9	8908.8	25.0
中国太保	2197.8	13.8	2472.0	12.5	2670.1	8.1	3198.1	19.8
平　均	—	20.7	—	23.2	—	11.50	—	22.4

资料来源：根据2014～2017年特区上市保险公司年报的数据整理而成。

表9　2014～2017年特区上市保险公司盈利变动情况统计

单位：亿元，%

上市保险	2014年		2015年		2016年		2017年	
公司名称	净利润	增长率	净利润	增长率	净利润	增长率	净利润	增长率
中国平安	377.9	34.2	542.0	37.9	623.9	15.1	890.9	42.8
中国太保	110.5	19.3	177.3	60.4	120.6	-31.9	146.6	21.6
平　均	—	26.75	—	49.15	—	-8.4	—	32.2

资料来源：根据2014～2017年特区上市保险公司年报的数据整理而成。

4. 特区金融租赁业的发展质量有所改善（见表10）

表10的数据显示，2017年进入全国前10名的6家特区金融租赁企业的营业收入和净利润增长率分别高达22.1%和19.7%，大大高于其总资产13.6%的增长率，表明其以较低的投入获得了较高的产出。

表10　2017年进入全国前10名的6家特区金融租赁企业发展质量情况统计

单位：亿元，%

全国排名	名称	注册地	营业收入	增长率	净利润	增长率
1	工银金融租赁	天津滨海	81.7	4.1	35.7	4.3
2	交银金融租赁	上海浦东	124.0	37.1	24.1	20.4
3	国银金融租赁	深圳	118.0	9.1	21.3	36.5
4	民生金融租赁	天津滨海	118.7	34.7	17.0	32.1
5	招银金融租赁	上海浦东	89.8	30.7	19.6	15.0
7	兴业金融租赁	天津滨海	71.1	17.1	15.2	10.1
平均	—	—	—	22.1	—	19.7

资料来源：根据前海融资租赁俱乐部发布的2017年全国金融租赁资产规模前10名企业的相关资料整理而成。

（三）大者恒大的趋势十分明显

1. 实力越强的特区对金融资源的虹吸效应越大

（1）实力越强的特区对传统金融企业的虹吸效应越大。以上海浦东为例，2017年新增持牌金融机构38家，使拥有持牌金融机构总量达1001家，其中，银行类为266家，证券类为454家，保险类为281家。379家为法人持牌类金融机构。再如深圳，2017年新增分行级以上持牌金融机构36家，15家为法人持牌金融机构，使其持牌金融机构的总量达439家，188家为法人金融机构。由于大型金融机构的进驻，特区的金融资产规模迅速扩大，涉及银行业存贷款规模、证券公司总资产、保险公司保费。

（2）实力越强的特区对新金融企业的虹吸效应越大（见表11）。在“2018胡润中国新金融50强”榜单中，来自深圳和上海浦东两个特区的就有20家，占比高达40%。它们涵盖了网络借贷、众筹、互联网支付、互联网银行、互联网证券、互联网保险、互联网基金、互联网支付、互联网理财、直销银行、消费金融和互联网征信等细分领域。其中，拍拍贷于2017年11月10日成功登陆纽约证券交易所，实现了特区网贷平台在美国上市的零突破。

表11　2018胡润中国新金融50强榜单（排名不分先后）

非特区新金融50强				特区新金融50强			
名称	注册地	名称	注册地	名称	注册地	名称	注册地
人人贷	北京	51信用卡	杭州	恒大金服	深圳	陆金所	浦东
INK银客	北京	蚂蚁金服	杭州	财付通	深圳	拍拍贷	浦东
北银消费	北京	淘宝众筹	杭州	乐信	深圳	银联商务	浦东
和信	北京	微贷网	杭州	随手记	深圳	众安保险	浦东
宜人贷	北京	网商银行	杭州	小赢理财	深圳	钜宝盆	浦东
积木盒子	北京	挖财	杭州	微众银行	深圳	余额宝	浦东
京东金融	北京	铜板街	杭州	前海征信	深圳	腾讯乐捐	深圳
拉卡拉	北京	苏宁金融	南京	鹏元征信	深圳	我来贷	深圳
泰康在线	北京	江银直销	南京	腾讯理财通	深圳	友金所	深圳
民生直销	北京	天天基金网	上海	人人聚财	深圳	招联消费	深圳

续表

非特区新金融50强				特区新金融50强			
名称	注册地	名称	注册地	名称	注册地	名称	注册地
趣店	北京	好买基金网	上海	—	—	—	—
轻松筹	北京	信而富	上海	—	—	—	—
网信理财	北京	徽常有财	合肥	—	—	—	—
团贷网	东莞	马上消费	重庆	—	—	—	—
富途证券	香港	老虎证券	香港	—	—	—	—
合计	30			20			

资料来源：根据“2018胡润中国新金融50强”上榜企业名单整理而成。

（3）实力越强的特区对外资金融企业的虹吸效应越大。截至2017年底，在上海浦东设立全资子公司的跨国资产管理公司已达29家，包括外资独资、中外合资的法人银行、证券公司、保险公司、资产管理公司、支付公司和保险经纪机构等。其中，外资法人银行占全国的比重超过40%。

2. 实力越强的特区金融企业对金融资源的虹吸效应越大

在严监管和行业竞争加剧的大背景下，不管是银行、证券和保险业务，还是信托、融资租赁、基金和期货业务，特区优势金融企业凭借其强大的品牌、营销渠道和业务品种优势，增速明显超过市场平均水平，市场集中度明显回升（见表12）。

表12　2017年进入世界500强的特区金融企业排名情况统计

单位：百万美元

2017年排名	2016年排名	金融企业名称	营业收入	营业利润	地区
29	39	中国平安保险(集团)股份有限公司	144196.8	13181.4	深圳
168	171	交通银行	57711.4	2903.7	浦东
213	216	招商银行	47950.7	3272.4	深圳
220	252	中国太平洋保险(集团)股份有限公司	47318.8	2169.4	浦东
227	245	上海浦东发展银行股份有限公司	46295.2	8138.1	浦东
465	—	中国太平洋保险集团有限责任公司	25597.5	449.2	浦东

资料来源：根据2018年《财富》杂志公布的世界500强排行榜的相关数据整理而成。

由表12可以发现，第一，进入世界500强的特区金融企业由2016年的5家变成2017年的6家；第二，进入世界500强的特区金融企业的排名较

2016 年出现了整体性提升。其中，中国平安和中国太保的原保费和财险市场份额分别占整个中国市场份额的 21% 和 40%。

大者恒大不仅体现在传统金融业的发展上，而且在新兴金融业的发展上也表现得较为明显，2017 年特区新金融行业呈现与发展初期明显不同的变化是，告别了野蛮生长，出现了“胜者为王”的现象（见图 3）。

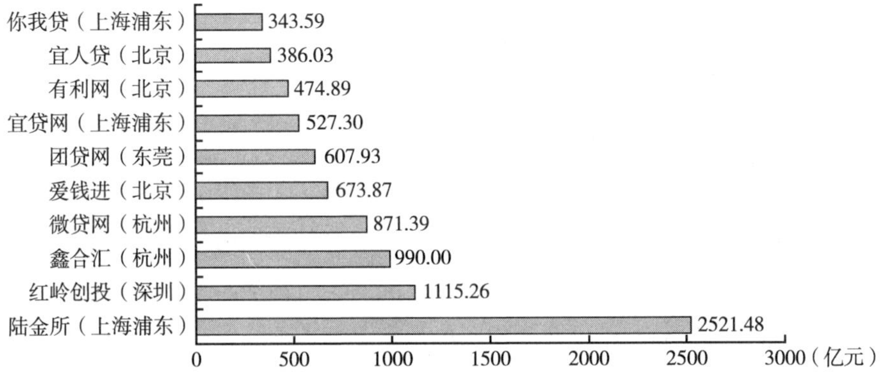

图 3　2017 年累计交易规模排名前 10 的网贷平台情况统计

资料来源：根据网贷之家发布的 2017 年网贷平台发展指数评级百强榜的相关数据整理而成。

通过图 3 可以得出两个结论。第一，网贷业务呈现向特区集中的趋势。2017 年全国网贷行业正常运营平台数量多达 1931 家，成交额为 28048.49 亿元，而排名靠前的 10 家网贷平台的累计成交额就达 8511.74 亿元，排名靠前的 10 家平台中有 4 家来自特区，累计成交额为 4507.63 亿元。第二，特区网贷业务呈现向大平台集中的趋势。来自特区的陆金所和红岭创投累计交易规模分别达 2521.48 亿元和 1115.26 亿元，占全国市场份额分别达 9% 和 4.0%，占特区市场份额在 20% 以上。

（四）金融科技和金融创新水平得到普遍提升

1. 金融科技渗透力度明显加大

（1）线上金融业务与线下金融业务一体化进程加快。截至 2017 年底，仅特区券商 IT 总投入就超过 50 亿元，同比增长 12%，IT 总人员超过 6000 人，同比增长 10%，使其拓展金融业务的渠道更趋轻型化、智能化。

（2）大数据、云计算、人工智能和区块链等新技术在金融业务的拓展中使用的点和面大大增加，尤其是百度、阿里巴巴、腾讯、京东等互联网优势企业凭借流量和场景优势加速在特区金融领域进行深度布局，使金融与科技的融合程度大大提高。

（3）特区金融企业设立专业化科技金融子公司的现象迅速增加，使金融科技已发展成为独立的产业和新的利润增长点。

2. 金融创新更有针对性

（1）将特区自贸区金融创新与扩大特区对外开放合作融为一体。如在特区自贸区陆续推出自由贸易账户、人民币跨境使用、跨境投融资汇兑便利等金融创新业务的同时，缩短保函开具时间，大力拓展跨境双向人民币资金池业务，将金融创新与特区自贸区金融改革融为一体，让特区自贸区金融创新走在改革的前列。再如，在特区自贸区成立外资控股的合资证券公司、外资控股的合资基金管理公司、相互保险社、银行营业机构等，让特区自贸区的外资金融机构的占比明显提高，从而提升特区金融国际化的整体水平。

（2）将金融创新与金融服务普及化融为一体。如通过大力发展国际金融、科技金融、产业金融、民生金融，让金融服务更普惠；通过建立相互保险社和保险交易所，建设保险、再保险、保险资产以及保险衍生品四大交易平台，形成创新性、公开性的多层次保险服务市场体系；通过推出滩涂承包经营权抵押贷款、商业地产收益权资产证券化产品、农村金融机构信贷资产支持证券、民营投资公司、巨灾指数保险、跨境金融指数等让金融服务更普惠。

（3）将金融创新与发展绿色金融融为一体。如上海浦东通过搭建信息共享平台，以筹集境内外绿色金融资金，收集绿色金融项目和创新意见信息，打造绿色金融创新试验体和承载体。其绝色金融数据库的建立，不仅有助于分析和预测未来绿色金融地区和项目的发展潜力，而且有助于建立服务于全球的绝色金融中国发展标准。

（五）应对金融风险的能力有所上升

1. 应对金融风险的主动性和前瞻性有所上升

杠杆比例偏高和资产泡沫过大的现实让特区金融业普遍意识到爆发金融危机的风险随时有可能降临，各金融机构应对金融风险的警惕性大大提高。一是从严掌握风险认定标准，让风险的等级和程度相对降低。二是把风险的防控与经济利益紧密挂钩，提高从业人员防范金融风险的主动性。三是普遍建立起了健全风险监测预警机制，使风险防控能够做到早发现、早识别、早处置。

2. 防范金融风险的经验更丰富

就传统金融业而言，通过对特区近年来典型金融风险案例的梳理和分析找到了破产或违约企业的共同特征，即过度或多头举债、过度或多元化投资，从而可以避免因给过度负债、多头举债和过度投资企业提供金融服务而重蹈金融风险的覆辙。从互联网金融业实践中发现，互联网只是一种技术性工具，相对传统金融业的发展优势并不突出，它能改变的仅是金融服务的便利性和效率，但它并不能彻底改变金融的根本属性，决定每一个新金融业态能否走远的依然是资金筹措能力和资金定价能力，因而，互联网金融业的发展已主动回归理性的轨道。

二　2017年中国经济特区金融业发展中出现的新问题

（一）规模扩张接近瓶颈

1. 银行业规模扩张接近瓶颈

在资金脱媒现象继续蔓延的2017年，银行业的存款规模虽有增长，但增速首次跌到了个位数（见表13）；贷款增速虽然仍保持两位数，但与2014～2016年16%以上的增速相比，则大为降低。受制于特区银行业存贷规模增速放缓的大背景，特区内几家上市银行的资产规模增长速度放缓的现象更为明显。

表 13　2013～2017 年特区 5 家上市银行资产规模扩张情况统计

单位：万亿元，%

银行名称	2013 年		2014 年		2015 年		2016 年		2017 年	
	规模	增速	规模	增速	规模	增速	规模	增速	规模	增速
交通银行	5.96	13.0	6.27	5.2	7.15	14.1	8.40	17.4	9.04	7.6
浦发银行	3.68	17.0	4.20	14.0	5.04	20.2	5.86	16.1	6.13	4.8
招商银行	4.16	19.2	4.7	17.8	5.47	15.7	5.94	8.5	6.30	6.0
平安银行	1.89	17.8	2.18	15.6	2.50	14.7	2.95	17.8	3.25	10.0
上海银行	0.98	16.9	1.19	21.4	1.45	22.0	1.76	21.1	1.80	3.00
平均增速	—	16.8	—	14.8	—	17.3	—	16.2	—	6.8

资料来源：根据特区 5 家境内上市银行 2015～2017 年度报告的相关数据整理而成。

由表 13 可以看出，2017 年，特区 5 家上市银行资产规模扩张的速度仅为 6.8%，它不仅远远低于 2013～2016 年 14.8% 以上的平均增速，而且也是历史上首次低于两位数的年份，甚至低于同期特区 GDP 的平均增长速度。

2. 非银行业规模扩张接近瓶颈

在严监管的大背景下，特区证券业、保险业、信托业和基金业的资管通道类业务受到全面压制，扩张难度明显加大，证券业和信托业受制更为严重。2017 年，特区证券业的资产规模虽同比实现了正增长，但仍未突破 2015 年的规模，其核心业务中的证券经纪业务，无论是绝对规模，还是相对占比均呈现明显下降的势头，佣金的平均比例已降至 0.0378% 的盈亏临界点上；特区信托业中的龙头企业之一，平安信托的规模和利润虽分别达 6528 亿元和 39 亿元，但较 2016 年增幅仅为 2.9%，可见，其规模扩张已陷入难以为继的窘境。

（二）银行业和证券业的影响力露出下滑的端倪（见表14）

从表 14 中可以发现，2017 年进入《财富》中国 500 强的特区银行、证券公司共有 7 家，其排名无一例外都出现了下滑，尤其是证券公司，排名下滑的现象十分严重，说明其在中国企业界的影响力远不及从前。

表 14　2017 年特区银行、证券公司在中国 500 强排名变动情况统计

单位：百万元

2017 年排名	2016 年排名	与 2016 年比较	金融企业名称	营业收入	利润	所在特区
38	30	-8	招商银行	220897	70150	深圳
43	33	-10	交通银行	196011	70223	上海浦东
48	37	-11	浦东银行	168619	54258	上海浦东
176	159	-17	中信证券	49291	11433	深圳
224	185	-39	上海银行	33125	15328	上海浦东
258	226	-32	海通证券	28221	8618	上海浦东
309	246	-63	国泰君安	23804	9881	上海浦东

资料来源：根据 2018 年《财富》中国 500 强排行榜的资料整理而成。

（三）银行业风险偏大的隐患并未消除

1. 不良贷款比例仍处在历史高位（见表15）

由表 15 不难看出，2017 年，特区 5 家 A 股上市银行的不良贷款比例虽比 2016 年有微幅下降，但仍处于 1.62% 的历史高位，与 2013 年 0.87% 的水平相比有相当大的差距，表明特区银行的风险隐患难以消除。

表 15　2013 ~ 2017 年特区 5 家 A 股上市银行不良贷款所占比例变动情况统计

单位：%

银行名称	2013 年	2014 年	2015 年	2016 年	2017 年
交通银行	1.05	1.25	1.51	1.52	1.50
浦发银行	0.74	1.06	1.56	1.89	2.14
招商银行	0.83	1.11	1.68	1.87	1.61
平安银行	0.89	1.02	1.45	1.74	1.70
上海银行	0.82	1.25	1.19	1.17	1.15
平　　均	0.87	1.14	1.48	1.64	1.62

资料来源：根据特区上市银行 2013 ~ 2017 年度报告的相关数据整理而成。

2. 拨备覆盖率仍处在较低的水平（见表16）

表 16 的统计结果显示，2017 年，5 家特区上市银行的平均拨备覆盖率仅为 194.24%，与 2013 年 258.14% 的水平相比，仍然处于相对较低的水平。其中，交通银行和平安银行已降至 150% 的监管红线附近，浦发银行更

是以132.44%排在全国所有上市银行的最后一位，意味着特区上市银行盈利的“护城河并不牢固”，不良资产进一步暴露的风险仍然很大。

表16　2013～2017年特区5家A股上市银行拨备覆盖率变动情况统计

单位：%

银行名称	2013年	2014年	2015年	2016年	2017年
交通银行	213.65	178.9	155.57	150.5	153.08
浦发银行	319.65	249.1	211.4	169.13	132.44
招商银行	266.00	233.4	178.95	180.02	262.11
平安银行	201.06	200.9	165.86	155.37	151.08
上海银行	290.36	260.55	237.70	255.50	272.52
平　　均	258.14	224.57	189.90	182.10	194.24

资料来源：根据特区上市银行2013～2017年度报告的相关数据整理而成。

3. 资本充足率提升乏力（见表17）

从表17中可以看出，2017年大部分特区银行的资本充足率较2016年有所提升，但提升的幅度有限，其中，平安银行的资本充足率甚至有所下降，这既说明特区上市银行规模进一步扩张受资本的掣肘较大，也说明特区上市银行抗风险的“堤坝”并不厚实。

表17　2017年特区5家A股上市银行资本充足率变动情况统计

单位：%

银行名称	资本充足率	同比变动	核心资本充足率	同比变动	一级资本充足率	同比变动
交通银行	14.0	0	10.79	0.07	11.86	0.21
浦发银行	12.02	0.26	9.50	0.29	10.24	0.27
招商银行	15.45	2.15	12.06	0.52	13.02	1.48
平安银行	11.20	-0.33	8.28	-0.08	9.18	-0.16
上海银行	14.33	1.16	10.69	0.25	12.37	1.24
平　　均	13.4	0.648	10.26	0.21	11.33	0.608

资料来源：根据特区5家上市银行2017年度报告的相关数据整理而成。

（四）互联网金融风险加速暴露仍在路上

2018年，随着互联网金融风险专项整治办法的细化，特区互联网金融行业增速进一步放缓，风险爆发的现象继续增加，尤其是那些ICP/EDI双证不全、银行存管没有上线、信息披露不全、电子签单手续不完善的P2P借贷平台，“暴雷”的现象会频繁出现。

需要特别指出的是，随着传统金融与新金融的相互渗透、表外业务与表内业务渠道的打通，银行业务与影子银行业务界限的模糊，特区金融业风险的聚集已突破了单个个体或单个行业的界限，呈现合成化和复杂化的趋势，特区金融业的风险聚集已不再是传统意义上单个金融企业或单个金融行业信用风险的聚集，而既有信用风险的聚集，也有市场风险和流动性风险的聚集，甚至市场风险和流动性风险的聚集更突出。

（五）金融业资产配置失态的现象仍较严重

2017年，特区金融业资产规模的增速与特区实体经济的增速之间的差距虽然大大缩小，资产总量配置失态的现象有所缓解，但特区金融业资产配置结构失态的问题仍然较严重。如存在过度运用短期资金进行长期使用，以获取期限之间的差价的资金期限错配问题；存在过度运用安全性高、收益性低的资金去进行安全性低、收益性高产品投资，以获取差价的信用错配问题；存在过度运用需要流动性准备的资金，去进行非流动性资产的投资，以获取流动性差价的流动性错配问题；存在过度利用汇率波动进行负债外币化、资产本币化或负债本币化、资产外币化以获取汇率、利率差价的币种错配问题；存在过度加大杠杆，试图通过以小博大获得差价的杠杆错配问题；存在过度利用信息不对称性，获得资金的差价的信息错配问题等。

三　2018年特区金融业面临的新机遇与新挑战

（一）2018年特区金融业面临的新机遇

1.“转型升级”有可能带来的新机遇

中美贸易争端加剧让2018年实体经济转型升级进入关键时期的特区的

轻资产行业，低耗能、低排放和低负债行业，战略性新兴行业受益，从而带来相关行业的金融新需求，对于一些优势企业而言，其还会需要特区金融业提供更多的与兼并重组相关的金融服务，这势必会加大特区内部基础设施建设力度，从而带来农田水利设施、保障房建设、棚户区改造、信息网络、地下管网、停车设施、养老设施等方面的金融需求大幅增加。

2. “底线思维”有可能带来的新机遇

为守住不发生系统性金融风险这一底线，2018 年管理层做出三大重要部署。一是对金融监管体制做出重大调整，如新设“国务院金融稳定发展委员会”、将“一行三会”调整为“一行两会”等，其对特区金融业发展带来的正面效应是：一方面会让特区金融业发展更趋稳健；另一方面让金融业监管沟通成本更低，更有利于特区银行业、信托业与保险业协同发展。二是进一步简政放权和减税、减费，降低企业的制度性交易成本和税费财务成本，其对特区金融业发展带来的正面效应是提高贷款对象的盈利和偿债能力。三是进一步降低非金融企业过高的负债率，其对特区金融业发展带来的正面效应是尽快从去杠杆走向稳杠杆。

3. “深度创新”有可能带来的新机遇

在 2017 年之前，特区金融业的金融科技创新尚处于浅层次阶段，创新的主攻方向是产品营销创新。未来将进入全面创新阶段。一是网络化和移动化创新带来网上金融业务和服务快速增长；二是金融与电商一体化创新带来电子商务方面金融业务和服务的快速增长；三是金融服务集中化创新给优势金融企业带来金融业务和服务的快速增长；四是金融科技企业专业创新让一大批具有“独角兽”性质的金融企业在特区迅速崛起；五是金融服务智能化创新促使大数据风控、产品定价、精准营销、智能化信贷决策、私人定制、量化交易、智能投顾等业务快速增长；六是金融服务社会化创新促使金融专业外包服务业务增长。

4. “财富管理”有可能带来的新机遇

截至 2017 年底，“5 + 2”特区居民个人持有的可投资资产总体规模超过 25 万亿元，按 7.5% 左右的 GDP 增长率计算，2018 年总体规模接近 27

万亿元，财富管理的需求潜力巨大。加上有近半数居民的可投资资产为现金和存款，结构调整性财富管理的需求同样潜力巨大。这为特区金融业带来以下业务拓展的机会。一是拓展财富管理业务的机会。其范围涉及私人银行、资产保全增值、财富传承、家族治理、税务规划等。二是拓展资产证券化业务的机会，其涉及信贷证券化到企业资产证券化和资产支持票据等领域。三是拓展以地产为主轴的业务机会，可以以地产为基础，拓展相关的养老配套、医疗健康服务和消费娱乐等方面的投资理财业务。四是拓展与 PPP 相关的业务机会。其涉及参与 PPP 产业投资基金到 PPP 项目资产证券化、债权投资等领域。五是拓展并购重组和消费金融业务的机会。大消费、大健康、节能环保、高端制造、医疗养老和新经济等新兴领域进行并购重组和围绕住房抵押贷款、装修贷款、汽车贷款、耐用品消费贷款和信用卡分期等消费信贷、金融业务均可以大大提高居民资产配置效率。

5. “深化改革”有可能带来的新机遇

（1）深化供给侧改革有可能带来的新机遇。供给侧改革虽然有可能带来不良贷款率的上升，但其最大的功效是促进许多传统产业由供过于求重回供求均衡的健康运行轨道，这既可提高其旧债的偿还能力，也可增加其借新债的需求。同时，供给侧改革会催生出与并购重组相关的新金融需求，为特区金融业拓展并购贷款、投行服务、债转股和不良资产处置等业务提供了新的机遇。

（2）深化金融改革有可能带来的新机遇。一是加强混业监管有可能带来的新机遇。2018 年，金融监管改革从分业监管向混业监管转变，这项改革明显提升金融控股公司的金融创新自由度和协同作战能力。二是金融行业开放程度继续提高。这项改革有助于民营资本和境外资本全面涉足特区银行、证券、保险、信托、基金、期货、租赁和互联网金融等领域。三是养老目标基金有望变成现实、IPO 发行常态化和 A 股纳入明晟指数等变革，会让与此相关的证券业、基金业直接受益。四是监管层按资金运用与资金来源相结合的标准明确了信托公司可开展债权信托、股权信托、标品信托、同业信托、财产信托、资产证券化信托、公益信托及事务信托等业务，从而让信托业进入可持续发展轨道。

6.“开大国门”有可能带来的新机遇

2018年是金融业放宽外资准入限制、“一带一路”提速、人民币国际化、金融市场双向开放和特区企业走出去五大构想共同发力的一年，它们助力特区金融业拓展新的业务发展空间。

（1）放宽金融业外资准入限制有可能带来的新机遇。根据2017年11月财政部关于金融业对外开放的承诺，2018年，外资投资金融业的配套政策全部出齐，促使更多的外国银行在特区设立分行和子行，发起设立不设外资持股比例上限的金融资产投资公司和理财公司，开展代理发行、代理兑付等业务；促使更多的外资在特区设立证券公司、基金公司、期货公司，并从事证券经纪和咨询业务；促使更多的外资在特区设立外资控股人身保险公司、保险经纪公司，从事保险、经纪、代理和公估业务；促使更多的外资金融服务公司，如银行卡清算机构、非银行支付机构、信用评级机构在特区开办机构，提供金融服务。

（2）“一带一路”有可能带来的新机遇。随着更多的项目在“一带一路”沿线国家和地区落地，与之相配套，更多的特区金融机构在沿线国家和地区进行布局，带来更多与基础设施相关的金融需求，其特点如下。第一，包容性强。既需要传统商业银行提供融资服务，也需要开发性金融、产业基金、保险等提供金融服务。二是资金需求量大。仅靠一家或一种金融机构难以满足其需要，需要多家甚至多种金融机构联手提供金融服务。三是资金使用的期限比较长。需要金融机构提供持续的滚动式金融服务。

（3）人民币国际化有可能带来的新机遇。人民币作为结算货币、支付货币、交易货币和储备货币功能和渠道的不断提高和拓宽，带来四大金融服务需求的增加：一是跨境贸易金融服务需求，尤其是人民币结算需求增加；二是有更多的符合条件的中资机构积极地走出去，开设海外分支机构，对外直接投资的金融服务需求增加；三是有更多的个人使用人民币对外进行投资，对外间接投资的金融服务需求增加；四是有更多的离岸人民币跨境回流到国内寻找投资机会。

（4）金融市场双向开放有可能带来的新机遇。境内投资者跨境配置资产和全球财富管理需求日益旺盛，呈现市场主体、市场中介和市场品种国际化齐头并进的局面，特区金融业境外布局具有广阔的发展空间，尤其是那些拥有跨境网络和客户资源优势的金融企业，更有可能在股票、债券、基金等互投领域实现国际国内业务协同发展；扩大对外开放金融市场，促使与存托凭证（CDR）、熊猫债发行和“沪伦通”相关的业务增加。

（5）企业走出去有可能带来的新机遇。更多的国有和民营企业走出去带来跨境结算、跨境筹资、跨境投资、跨境保险、跨境 IPO 等多元化金融服务需求增加。同时，基于大量年轻人走出国门形成的庞大互联网金融需求，有些特区新金融企业可能会走上国际化的探索之旅，如微信支付可能会在境外的酒店、餐厅、娱乐业场所等被广泛地使用。

（二）2018年特区金融业面临的新挑战

1. 实体经济低速前行有可能带来的新挑战（见图4）

从图 4 中可以发现，2012 ~2017 年，特区 GDP 的平均增速长期在下降通道中运行，2017 年的平均增速仅为 7.95%，分别比 2012 年、2013 年、2014 年、2015 年和 2016 年放慢了 3.36 个百分点、3.12 个百分点、2.09 个百分点、1.09 个百分点和 0.71 个百分点，并未出现明显的止跌信号。经济增速持续放缓，一会让特区金融业进一步扩张更加受到瓶颈的约束，因为经济下行势必会让金融市场融资主体的融资需求不断萎缩，从而让金融业资产规模、经营收益和净利润难以实现高速增长；二会使特区金融企业提升资产质量的愿望难以实现，因为经济下行势必会让优质融资标的减少，从而让金融机构甄别信贷、投资、信托、保险、租赁等金融业务优劣的难度增加；三会使特区金融企业行稳致远的难度加大，因为经济下行势必会让楼市、股市、期市、债市和信贷市场风险更加显性化，且相互之间的传染性大增，让特区金融业发展的稳定性大大下降。

2. 市场不确定性增加有可能带来的新挑战

特区金融业在 2018 年面临双重考验：一方面由于全球经济复苏的前景

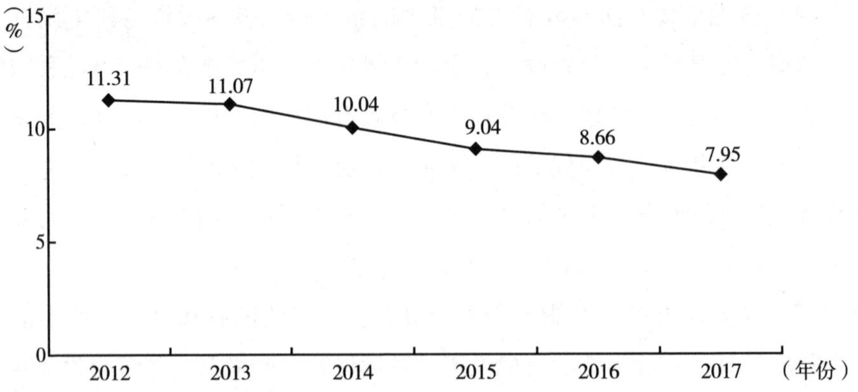

图4　2012～2017年特区经济增长率变动情况统计

资料来源：根据2012～2017年各特区国民经济和社会发展统计公报的相关资料整理而成。

不明、美联储加息、全球贸易保护主义抬头等因素，金融市场波动的无序性加大；另一方面由于国内经济增速下行、金融监管趋严和市场波动率上升等因素，对特区银行业的贷款业务，证券业的自营业务，保险业、信托业和基金的投资业务取得风险可控下的稳定收益带来巨大挑战。

3. 多重约束条件冲突有可能带来的新挑战

防止特区金融业出现系统性风险是2018年特区金融业发展的首要任务，这一任务的完成从长远来看至少需要三种力量的相互配合：一是房价上涨的势头得到遏制；二是过高宏观杠杆比例有效降低；三是实体经济转型升级取得明显成效。然而，从短期分析来看，特区金融业风险控制则存在较大的变数：一是频繁推出限购、限贷、限价和限售政策以加大房地产市场调控力度，会让强劲的居民住房按揭贷款需求降温；二是加大去杠杆的力度，会让仍处上升通道的不良贷款比例进一步上升；三是加大传统产业的淘汰力度，会让更多的从事实体经济的企业陷入经营困境。

4. 严监管有可能带来的新挑战

在严监管的基调下，2018年出台“资管新规”是大概率事件，监管内容是“去通道、去嵌套、规范非标和打破刚性兑付”，这使特区金融业的同业负债、同业资产和委托贷款等规模出现明显收缩，那些非信贷资产占比超过 50% 的特区银行为其历史非理性扩张埋单；这使那些以通道业务、嵌套业务、非标业务为主，且身披刚性兑付铠甲的特区金融业面临客户快速流失，甚至发生违约、挤兑的风险。同时，2018 年提高互联网金融的行业准入标准和硬化资金必须托管于银行的要求也将是大概率事件，一大批互联网金融企业因达不到准入门槛和资金存管要求告别市场。

四 2018年特区金融业发展的着力点

（一）要坚守服务于实体经济的天职和宗旨

特区实体经济发展以及实体经济的多元化、多方位的金融需求既是特区金融业发展的立足点，也是特区金融业服务的出发点，更是特区金融业规避资金空转风险的基础，因此，特区金融业必须根据实体经济的客观需要重新调整自己的服务规模、服务方向、服务力度和服务效率，以尽力解决金融服务与实体经济不合拍的问题。金融支持实体经济的立足点如下。一是要将更多的资金投向支持战略性新兴行业、科技企业发展；二是推出更多的金融工具和金融产品，如投贷联动、债转股、并购基金、资产证券化等，支持优质企业通过兼并重组去产能，去杠杆，升级做强；三是提供“价格低廉”的资金，帮助企业，尤其是中小企业降低融资成本。

（二）要勒紧防范化解重大风险的缰绳

特区金融业与西方金融业有一个重要的区别就在于既要追求自身的盈利目标，为股东创造价值，又要确保国家稳定的大局。2018 年，维护金融安全上升到国家政治的高度，特区金融业理应树立大局意识，一要培育审慎经营的理念，强化风险资本约束，完善净资本管理，筑牢防范风险的防线。二要潜心研究和完善防范化解重大风险的长效机制，既要尽快提升洞察、计量、揭示、分析、评估、缓释和处置个别风险的能力，也要尽快提升洞察、计量、揭示、分析、评估、缓释和处置系统性风险的能力；既要尽快提升洞察、计量、揭示、分析、评估、缓释和处置存量风险的能力，也要尽快提升洞察、计量、揭示、分析、评估、缓释和处置增量风险的能力。三要抑制表外业务过快膨胀，兼顾好信贷业务与非信贷业务之间的关系。四要摸清经济周期性运行的脉搏，树立逆向思维。五要大力提升风险防控的智能化水平，尤其是在信用风险防控体系的构建上，要利用大数据、人工智能等技术，让贷前调查、贷中审查和贷后检查全程实现智能化。

（三）要紧扣质量优先的发展主旋律

在特区经济增长转向质量优先的背景下，特区金融业紧扣质量优先的发展主旋律是应有之义。一要从金融的本质出发，把流动性合理对价作为核心竞争力，实现金融业的收益与风险合理匹配，提高特区金融业资源配置效率。二要运用大数据、云计算和人工智能等技术手段寻找金融需求场景和改进效率的空间。三要在逆周期发展过程中管控好资金的行业取向，念好“四字经”：首先是“轻”字经，即无论是存量资金，还是增量资金的配置，重点都要放在轻资产的行业上；其次是“新”字经，即要把资金配置的重点放在新零售、新制造、新技术、新金融、新资源等行业上；再次是“低”字经，即要把资金配置的重点放在低耗能、低排放、低负债的行业上；最后是“流”字经，即要把资金配置的重点放在能够产生现金流的行业上。

（四）要高举不断创新的发展旗帜

金融增加科技元素最可行的也是最成熟的路径，是引入互联网这一工具，让各自内部的金融服务实现线下与线上完美结合，进而将互联网的跨边界思维和由此积累的大数据、智能技术渗透到特区金融业的客户获取和产品的设计与销售中，以提高存款、贷款、结算、支付、交易、理财服务效率。但科技的基因改造金融不是简单做加法，对于传统金融业而言，金融创新不能简单地将其理解为“金融 + 互联网”，对于新金融业而言，不能简单地将其理解为"互联网＋金融"，而要不断地采用新科技，推出新业态、新模式、新产品和新业务。用科技的基因改造特区金融业，当务之急，一要加速人才、资金、市场等创新资源的集聚；二要尽快构建从基础研究到技术开发、成果转化、金融应用的创新产业链条；三要培育开放和合作的心态，建立起共赢的金融创新大数据服务平台，使每项金融科技开发和应用成果能够便利地被更多的金融体系和客户分享。

（五）要树立多管齐下的协同发展思路

1. 要树立业内与业外协同发展的思路

特区金融业是一个大家族，在创新和竞争两股力量的作用下，其内部的业态种类处在不断分化和派生的过程之中，催生出一批新业态、新机构和新模式。而各子行业经营压力与日俱增的现实又迫使各类特区金融业不得不朝着新金融和混业经营的方向迈进，在中间业务地带创造了许多令人眼花缭乱的合作模式，这需要各子行业间通过各种合作实现优势互补。一是平台优势互补。各类特区金融企业要与各类平台合作，提高获客能力、提升客户体验、缩短交易处理时间、提高风险识别效率。二是技术优势互补。各类特区金融企业要与专业科技公司合作，借助科技公司的大数据、人工智能、云计算技术优势，进行批量化业务处理，降低运营成本。三是借助并购重组的力量实现优势互补，如通过对合作机构实行纵向并购来提高纵向一体化合作的深度。

2. 要树立直接融资与间接融资协同发展的思路

基于多层次资本市场快速发展这一趋势，可以预见，未来特区直接融资比重会不断提高，特区金融业要提高直接融资和间接融资市场双线作战能力，通过增加投行业务增强与直接融资的紧密度，如要尽快提升服务于IPO、定向增发、优先股、债券发行等业务的服务能力；加大资产证券化、上市公司并购重组、杠杆融资和财务顾问等业务的参与力度；适度增加配置期货、期权等金融衍生品的数量，实现风险对冲，熨平资产负债表的波动；在风险可控的前提下，参与利率衍生品和外汇衍生品的交易，以对冲和有效规避利率和汇率市场的风险。同时，积极探索“股债贷”相结合的融资方式，打通直接融资与间接融资之间的壁垒。

3. 要树立专业化与集团化协同发展的思路

专业化、特色化无疑应该成为特区金融业，特别是小型金融机构展开错位竞争的重要法宝，但由分散走向集中是现代金融业演变的重要规律。即使是新金融也应不断以集团化和混业经营的方式向优势公司集中。如凡普金科、众之金服等已完成了集团化转型，并根据需要重新布局，让单一的业务模式向多元化的业务模式转型。其背后的动因就在于：用户的服务需求呈现多元化和个性化趋势，需要新金融通过集团化精耕细作，分别提供小额贷款、网贷中介、智能投顾、普惠金融、金融科技、众筹、第三方支付、征信、保理、融资租赁等多品种的业务服务。

4. 要树立境内与境外协同发展的思路

2018 年，有多重因素会促使更多的特区金融业在立足境内业务的同时，加大海外市场拓展的力度。一是人民币国际化、“一带一路”倡议和企业走出去步伐加快三大外力的推动。在人民币国际化大背景下，势必会带来人民币跨境业务的增加；与“一带一路”倡议相呼应，势必会带来与沿线国家基础设施相关的金融业务的增加；伴随着企业走出去步伐的加快，势必会带来并购及与此相关的融资服务的增加。二是面对国内市场饱和、竞争压力加大现实，有些特区金融企业不得不采用跨国家、跨地区、跨市场和跨业务经营的空间发展战略，以获取更多的盈利来源。三是基于自身实力的长期积累，有些特区金融企业更有底气和胆量在国际金融舞台上与国际同行竞技。

参考文献

2013 ~ 2017 年各特区国民经济和社会发展统计公报。

各特区“十三五”金融业发展报告。

2013 ~ 2017 年各特区上市金融企业年度报告。

中国证券业协会官网公布的《证券公司会员经营业绩排名情况》（2013 ~ 2017 年）。

2013～2017 年各特区金融办辖内金融工作总结报告。
2013～2017 年中国人民银行各特区分行辖内金融工作总结报告。
陶一桃主编《中国经济特区发展报告（2013）》，社会科学文献出版社，2014。
陶一桃主编《中国经济特区发展报告（2014）》，社会科学文献出版社，2014。
陶一桃主编《中国经济特区发展报告（2015）》，社会科学文献出版社，2015。
陶一桃主编《中国经济特区发展报告（2016）》，社会科学文献出版社，2017。
陶一桃主编《中国经济特区发展报告（2017）》，社会科学文献出版社，2018。
2018 年《财富》世界 500 强排行榜。
2018 年《财富》中国 500 强排行榜。
尚福林：《银行业改革创新与风险防范》，《行政管理改革》2017 年第 2 期。
郑伟：《2016 年中国保险业回眸与思考》，《中国保险报》2017 年 1 月 10 日。
宋艳伟：《银行格局变化及盈利模式转型策略》，《银行家》2017 年第 8 期。

B.8
中国经济特区文化产业发展报告*

钟雅琴　陈良璧**

摘　要： 近几年，中国文化产业发展稳定，整体产业规模与发展水平不断扩大与提升。2017年是中国实施“十三五”规划的重要一年，聚焦文化产业各细分领域的政策与法律法规不断出台，为文化产业的全面发展提供支持。其中以“互联网+”为代表的新兴业态发展突出。经济特区作为中国经济发展的先行者，其文化产业发展水平相比其他城市，具备发展迅速、特色鲜明、体系成熟等特征，五大经济特区的文化产业发展各有所长而又有所共通。目前，数字文化产业是经济特区文化产业发展的重头戏，作为受众广泛的文化产业门类，其发展潜能巨大。此外，各经济特区文化产业发展虽已取得长足进步，但区域间发展不均衡与专业人才需求缺口等均构成各地文化产业下一阶段发展的制约因素。

关键词： 经济特区　区域发展　数字文化产业

2017年，全国各地文化产业发展稳中有进，在维持产业活力的基础上，产业规模不断扩大，在居民文化消费水平持续提升的基础上，产业发展层次

---

* 本报告为2018年国家社科基金青年项目“‘比较文本媒介’理论视域下的文学跨媒介生产研究”（编号：18CZW005）的阶段性研究成果。

** 钟雅琴，深圳大学文化产业研究院特聘副研究员，博士（博士后），硕士生导师；陈良璧，深圳大学文化产业研究院硕士研究生。

不断提高，为“文化走出去”提供了产业基础。近几年来，文化产业增加值占 GDP 比重逐年提升。2017 年，我国文化产业实现增加值 35462 亿元，比 2004 年增长 9.3 倍，对 2017 年 GDP 增量的贡献达到 4.29%，呈现快速增长的态势[①]。与此同时，随着居民文化消费层次不断升级，我国多元化、多层次的文化消费格局正在逐渐形成。

2017 年是“十三五”规划实施的重要一年，国家自年初就不断出台相关细分领域的文化政策与法规文件，包括《国家“十三五”时期文化发展改革规划纲要》、《国家文物事业发展“十三五”规划》、《“十三五”时期文化旅游提升工程实施方案》、《“十三五”时期繁荣群众文艺发展规划》、《关于实施中华优秀传统文化传承发展工程的意见》、《战略性新兴产业重点产品和服务指导目录》（2016 版）、《文化部关于推动数字文化产业创新发展的指导意见》、《文化部“一带一路”文化发展行动计划（2016—2020 年）》等。在政府政策的大力支持下，文化产业以领先 GDP 平均增速的姿态高歌猛进。以“互联网 +”“数字创意产业”为代表的新兴业态展现出良好的发展势头与前景。

一　经济特区文化产业进展

（一）深圳经济特区

2016 年 11 月，《深圳市文化发展“十三五”规划》在《深圳文化创新发展 2020（实施方案）》《关于加快构建现代公共文化服务体系的实施意见（2016—2020 年）》的基础上，秉承“文化立市”的宗旨，对深圳“十三五”期间的文化产业发展做出详细规划指导，为实现成为与科技、产业创新中心相匹配的文化强市的目标添砖加瓦。2017 年全市文化创意产业增加

① 《文化事业建设不断加强　文化产业发展成绩显著——改革开放 40 年经济社会发展成就系列报告之十七》，中华人民共和国国家统计局网站，http://www.stats.gov.cn/ztjc/ztfx/ggkf40n/201809/t20180913_1622703.html。

值为2243.95亿元，同比增长14.5%，文化产业俨然成为深圳经济的支柱产业之一。作为全国第一个文化产业增加值过千亿元的城市，深圳不断探寻文化产业进一步发展的方向。近年来，深圳市政府通过调整文化发展战略，持续推动深圳文化产业保质保量发展，描绘现代化国际化创新型城市的美好愿景、未来世界级"创新之都"的崭新蓝图。

相比2016年，2017年深圳市文化产业在公共文化事业服务、产业业态转型创新、产业综合实力方面都有所收获。加快推进建设深圳书城龙华城、深圳美术馆新馆、深圳歌剧院等一批标志性公共文化场馆。其中，深圳书城龙华城于2017年9月提前动工，预计将在2019年建成并投入使用。在国家大力发展"数字创意文化产业"的政策导向下，出台相关政策，稳步推进数字化项目建设，如加强图书馆大数据应用平台的建设，提升公共图书馆服务标准化水平，体现"图书馆之城"特色。成功举办多场大型公共文化演出，丰富居民文化生活，同时艺术作品的创作成果显著，多部艺术作品获广东省及中宣部"五个一工程"奖，并有不少艺术作品正在创作过程中。加强公共文化服务体系建设统筹协调。在公共文化服务体系建设上，发布《深圳市公共文化服务工作考核标准》，完善公共文化服务质量评判体系，加强对基层文化工作的督导。完善文化馆联盟建设，推进全市文化馆（站）资源共享。组织开展文化志愿服务进校园、下基层演出和文化志愿服务展示月活动。①

在产业转型创新方面，深圳市旅游业的成绩较为亮眼。深圳市文体局统计数据显示，2017年市文体旅游局系统部门预算收入为163671万元，比2016年增加4815万元，上升3%。其中：财政预算拨款为162319万元，事业收入为1117万元；用事业基金弥补收支差额为159万元，上年结转76万元。2017年市文体旅游局系统部门预算支出为163671万元，比2016年增加4815万元，增长3%。其中：人员支出为34941万元，公用支出为8689

① 《深圳市文体旅游局（新闻出版广电局、文物局）2017年工作总结》，深圳市文化广电旅游体育局、深圳市文物局网站，http：//www.sz.gov.cn/wtlyjnew/xxgk/ghjh/ndgzjhjzj/201803/t20180313_11174327.htm。

万元，对个人和家庭的补助支出为 6672 万元，项目支出为 113369 万元。2017 年，深圳旅游产业在 2016 年的基础上略有发展，2017 年，全市接待游客总人数为 13147.45 万人次，同比增长 5.31%，旅游总收入为 1485.46 亿元，同比增长 8.3%。[①] 在产业转型升级方面收获新亮点，深度挖掘特有旅游资源潜力，继续发展“文化 + 旅游”经济发展模式。大鹏新区被列入国家级旅游业改革创新先行区创建名单，“海上看深圳”游船旅游项目正式投入运营，制定工业旅游示范点服务质量和评定标准，提升本市旅游形象和品牌影响力。借助地理优势，加强深港澳、广深珠、粤港澳大湾区等区域旅游合作，打造区域旅游品牌。“一区一节”活动影响不断扩大，树立城市文化名片。

随着政府政策的不断创新调整，深圳市文化产业环境不断优化，区级政府积极配合市政府，相继出台相关文化政策，如福田区出台《支持建筑装饰设计行业发展若干政策》，立足行政区，从多个细分领域完善对文化产业的扶持政策。深圳共有 10 余类专项资金扶持计划，由政府资金扶持，积极推进文化创意型企业发展，提升了深圳文化产业发展的综合实力。作为世界闻名的“设计之都”，深圳设计产业是文化产业的重要组成部分，其中工业设计尤为突出。据深圳市工业设计行业协会统计，深圳拥有各类工业设计机构逾 6000 家，专业设计师及从业人员超过 15 万人，创造经济价值逾千亿元。2017 年深圳市政府重视文创设计产品企业，共计扶持 3 家试点企业，推出百种产品，在提升本土设计能力的同时，稳步推进国家文化消费试点工作。成功举办第十三届文博会，实际成交额达 2240.84 亿元，比上届增长 10.28%[②]，“文化 +”是本次博览会最大亮点。随着政策环境的不断优化，深圳文化产业企业 2017 年登上新台阶，维持“文化 +”企业的发展模式，各细分产业类型内的龙头企业发展良好，华侨城集团连续 7 年入选全国文化企业 30 强，雅昌集团参加第 68 届美国印制大奖斩获 37 个奖项，腾讯等企

① 《深圳市文体旅游局 2017 年部门预算》，深圳市文化广电旅游体育局、深圳市文物局网站，http://www.sz.gov.cn/wtlyjnew/xxgk/zjxx/sgjh/201702/t20170223_6006063.htm。

② 《第十三届深圳文博会闭幕成交约 2241 亿元》，中国社会科学网，http://www.cssn.cn/zx/shwx/shhnew/201705/t20170515_3519413.shtml。

业净利润实现大幅增长。深圳文化创意产业园区得到长足发展。《深圳市文化创意产业园区认定管理办法（2017）》的出台进一步完善了文化创意产业园区的认证规则，为相应项目的落地实施提供了政策支持。2017 年，深圳已有超过 200 家产业园，作为深圳文化产业企业发展的“摇篮”，产业园区的进一步发展成为深圳文化产业未来坚实的支柱。

（二）珠海经济特区

珠海一直以大力发展高端服务业为举措推进城市经济发展。作为高端服务业的组成部分，文化旅游业、文化休闲产业、影视产业、数字内容产业、创意设计产业、文化制造产业是目前珠海高度重视的六大文化产业重点发展门类。自《珠海市“十三五”文化创意产业发展规划》于 2016 年发布以来，珠海文化产业以六大产业为主导，推动各片区依靠自身产业优势、文化资源、现有重点项目进行差异化发展，形成产业集聚、取长补短、特色鲜明的文化产业布局。由于具备优厚的旅游资源，文化旅游一直是珠海文化产业的重点发展门类。根据珠海市统计局数据，2017 年珠海共接待入境旅游人数为 499.46 万人次，同比提升 1.5%。其中，外国人为 62.93 万人次，较 2016 年有些许下降。珠海旅游业 2017 年实现收入 367.7 亿元，增长 16.0%；与此同时，全年居民消费价格指数总水平上涨 0.8%，教育文化和娱乐类价格微涨 0.5%。[①] 以上数据表明，2017 年珠海年度主要经济目标均顺利完成，经济运行情况良好。珠海市政府近年来持续对文化产业进行扶持，2017 年一般公共预算支出为 493.89 亿元，增长 18.4%。其中，文化体育和传媒支出为 7.70 亿元，同比提升 22.3%，略高于平均值。

在 2017 年深圳文博会上，珠海参展团以“珠海手信”、文化创意产业园区展团、高科技文化产业为独特的城市文化产业标签亮相。近年来，珠海市委市政府高度重视文化创意产业发展，坚持以创新驱动为引领，扎实

---

① 《2017 年珠海市国民经济和社会发展统计公报》，珠海特区报网站，http：//www. cnepaper. com/zhtqb/html/2018 -03/28/content_ 10_ 1. htm。

推进供给侧结构性改革，推动文化创意产业进入一个新的发展时期，并取得了一定的成绩。2017 年，珠海市金嘉创意谷被评为广东省文化产业示范园区创建单位①，凸显了珠海在文化创意产业园区建设方面的成绩。目前，除了已认定的 4 个市级文化创意产业园区和 4 个产业特色基地外，珠海在香洲区、斗门区、金湾区、横琴新区、珠海高新技术产业开发区、珠海高栏港经济区、珠海万山海洋开发试验区 7 大行政区均推动特色文化产业集群建设，并积极推动申报省级、国家级产业园区和基地。

珠海良好的文化创意氛围、优越的生态环境为正在蓬勃生长的本土文化企业提供天然的沃土，政府的扶持政策则为企业成长提供充足的养分。珠海市政府近年来持续扶持文化产业，2017 年一般公共预算支出为 493.89 亿元，增长 18.4%。其中，文化体育和传媒支出为 7.70 亿元，同比提升 22.3%，略高于平均值。② 落实到具体政策：资金方面，珠海率先在全省设立了文化创意产业发展专项资金，每年分拨 2000 万元配合相关配套政策以扶持优秀的文创企业及项目；投融资方面，为了进一步解决小微文化企业的融资难问题，珠海积极探索“文化 + 金融”融合发展模式，已初步建立城市级“文产贷”融资平台，并不断推进这项工作；税收方面，政府采用采购、补贴、自助、奖励等方式，给予优质文化创意项目支持；人才引进与培养方面，珠海允许与鼓励拥有自主知识产权的人才以知识产权入股并分配利润，持续完善与高校的人才合作培养机制，推进产学研基地建设，打造文化创意人才培训中心。

目前，珠海正在积极打造自身文化产业品牌，借助自身优质文化资源，以品牌塑造、人才保证、资源整合为综合路径，向“文旅之城”的目标前进。《珠海市公共设施规划》中指出，珠海将在“十三五”期间，逐步成长为珠三角地区举足轻重的文化创意产业中心，力争在 2020 年完成文化产业

① 《十文化创意产业园定为 2017 年省级单位　珠海一个上榜》，新浪网，http://gd.sina.com.cn/zh/2017-09-27/city-zh-ifymfcih6310350.shtml。

② 《2017 年珠海市国民经济和社会发展统计公报》，珠海特区报网站，http://www.cnepaper.com/zhtqb/html/2018-03/28/content_10_1.htm。

增加值150亿元的目标。政府相继出台了《珠海市公共文化设施规划》《珠海市"十三五"系列规划》《珠海市新闻出版广电版权"十三五"规划（征求意见稿）》等配套规划以期顺利实现目标。

（三）厦门经济特区

2017年，厦门市经济社会发展稳中有进。根据厦门市统计局统计数据，厦门2017年实现地区生产总值4351.18亿元，按可比价格计算，较2016年增长7.6%，其中，第三产业增加值为2512.03亿元，较2016年提升近8%[①]，略高于第二产业，以服务业为代表的第三产业已经逐步成长为厦门经济的支柱产业。厦门市自2010年将文化创意产业列为战略性新兴产业和十大千亿元产业链之一进行重点培育扶持。"十二五"期间，厦门市文化产业形成了自己的特色，维持年均产值增长15%以上的高速，产业增加值占GDP的比重稳步提升，逐渐优化结构，提升发展质量。经过近十年的发展，全市文化创意产业逐步发展成熟，并仍处于上升态势。2017年上半年，厦门共有"五个一批"文化创意类项目93个，总投资704亿元，2017年全市文化创意产业实现营业收入901.96亿元，同比增长16.34%，为厦门市经济发展提供较大的推动力，可以说已经成为厦门经济发展的支柱产业。

作为文化创意产业发展的重要载体，厦门的文化创意产业园区当前也如雨后春笋般出现在城市的每一个角落。华美空间文创园、鼓浪屿、曾厝垵、闽台（厦门）文化产业园、沙坡尾艺术西区、石文化园等各类主题均有涵盖，形成厦门特色明显的文化产业发展集群。在建设园区的同时，厦门也积极搭建国家级、国际性展览、赛事活动平台，全年举办展览活动共计205场，展览面积为219万平方米，增长1.9%，参会总人数突破168万人，同比提升3.7%，创造经济效益381.29亿元，同比提升4.3%。2017年举办的第十届海峡两岸文博会，占地73000平方米，设3400个标准展位，吸引了共

① 《厦门市2017年国民经济和社会发展统计公报》，厦门市人民政府网站，http：//www.xm.gov.cn/zfxxgk/xxgkznml/gmzgan/tjgb/201803/t20180323_1862832.htm。

计27.87万人次前来参观，是全国唯一一个以“海峡两岸”命名的综合性文化产业博览交易会，发展至今已经成为两岸文化产业交流合作与投资贸易的重要平台。

此外，值得注意的是，厦门的时尚产业走在了全国前列，厦门也被赋予“时尚之城”的称号。厦门市发改委发布的数据显示，截至2016年，厦门全市及周边地区的纺织服装企业超过1万家，全行业产值超过2000亿元。①得天独厚的时尚基因让厦门服装产业发展迅速，诞生了很多在国内产业领域具有知名度的品牌，尤其以男装品牌居多，如七匹狼、利郎、九牧王等，也吸引了一批优秀的设计师常驻厦门，2013年开始，一年一度的“厦门国际时尚周”总能吸引业界知名设计师、专家、模特前来参加，影响力可见一斑，可以说，厦门服饰占据了中国时尚界的半壁江山。

厦门也是著名的海滨旅游城市。鼓浪屿作为厦门的旅游名片，是历史、人文、自然景观完美融合的旅游胜地。2017年，厦门获评国家旅游休闲示范城市和最具创新力国际会展城市，全年共接待境内外游客7830.52万人次，增长15.7%；旅游总收入为1168.52亿元，增长20.3%②，在原有的基础上维持高速增长。

（四）汕头经济特区

2017年汕头国民经济发展稳健，以“四个支持、三个支撑、两个走在前列”的战略部署为指导，取长补短，着力突破汕头长期以来的经济发展瓶颈，全市实现地区生产总值2350.76亿元，同比上升9.2%，高出广东省经济增长速度1.7个百分点。③各行业中，现代服务业发展提速，实现增加值511.36亿元，同比大幅提升14.4%。民营经济收获增加值1685.64亿元，

① 《跟着地图走　玩转厦门国际时尚周》，厦门网，http：//news.xmnn.cn/xmnn/2016/11/04/100119672.shtml。

② 《厦门市2017年国民经济和社会发展统计公报》，厦门市人民政府网站，http：//www.xm.gov.cn/zfxxgk/xxgkznml/gmzgan/tjgb/201803/t20180323_1862832.htm。

③ 《2017年汕头国民经济和社会发展统计公报》，汕头市统计局网站，http：//www.st.gov.cn/tjj/tjgb/201803/87a62df0973c426087e59e2b7e6f637a.shtml。

增长10%。近几年来，汕头也是唯一一个经济发展进入广东省前十名的粤东城市。作为粤东地区经济较为发达的城市，汕头充分利用自身地域条件，逐步完善城市文化产业体系，推动传统产业逐步完成升级转型。近年来，汕头市文化产业创造了可观的经济效益，在广东省位居前列，文化产业增加值占 GDP 的比重也在逐年提升。

在全国积极响应国家“十三五”规划的大背景下，汕头也于 2016 年 4 月公布《汕头市“互联网 +”行动计划（2016—2020 年）》。计划提出，“到 2020 年，全市经济社会互联网应用成效显著，成为全省互联网经济发展重要基地、网络民生应用服务示范区、网络创业创新集聚中心”的发展目标[①]。汕头具有深厚的文化制造业基础，公开数据资料显示，汕头拥有全国重要的工艺玩具制作基地，同时，奥飞娱乐、小白龙动漫、星辉互动娱乐等企业经过多年发展有了较为深厚的文化产业基因，借助自身的玩具制造产业基础，着力与网游、手游、影视产业进行跨界融合，提升了汕头玩具产业集群的整体竞争力。汕头素有“晚礼服之城”的美誉，服装产业也积极通过与文化创意产业融合，提升产业附加值，形成内衣生产基地、晚礼服生产基地等特色产业集群，为汕头的文化产业发展版图开疆扩土。

此外，随着汕头高新技术产业不断发展，企业数量不断增加，政府出台《汕头市知识产权局专利奖励办法实施细则》，以维护高新技术产业从业人员的专利安全。2017 年，汕头高新区被纳入国家级高新区队伍，从另一个侧面为汕头高新技术产业带来利好消息，汕头高新区已经成为粤东地区创新驱动发展的领头羊，集聚了丰富的创新资源，优化了发展环境，形成以轻工机械装备为特色的高端装备制造业，以智能终端为特色的高端电子信息产业，以精细化工、高分子材料为特色的新材料产业和以电子商务、研究开发、创业孵化为特色的现代服务业四大主导产业体系。[②]

---

① 《关于印发汕头市“互联网 +”行动计划（2016—2020 年）的通知》，汕头市人民政府网站，http：//zwgk. gd. gov. cn/006997454/201604/t20160416_ 651930. html。

② 《粤东首个国家级高新区——汕头国家高新区揭牌》，中央人民广播电台网站，http：//www. cnr. cn/gd/gdkx/20170328/t20170328_ 523681228. shtml。

（五）海南经济特区

2017 年，文化产业作为海南省重点发展的十二个产业之一，在政府推进文化体制改革，加大政策扶持力度的相应措施下取得了新的进步。2017 年，全省文化及相关产业法人为 4088 家，比 2016 年增长 18.2%，增速比 2016 年高 7.6 个百分点，企业规模不断扩大；期末从业人员为 74476 人，比 2016 年增加 685 人，就业人数有所增加；实现营业收入 293.88 亿元，比 2016 年同期增长 14.8%，增速比 2016 年高 6.7 个百分点，呈快速发展态势；资产总计 1128.81 亿元，比 2016 年同期增长 11.5%，增速比 2016 年高 2.1 个百分点，总资产逐年增长。[①] 总体而言，海南文化产业由“三上”企业带动，营收占比逐渐提升，同时以“互联网 +”为代表的新兴业态发展迅猛，经济与社会效益逐渐明显。

服务业目前占据了海南文化产业的主导地位。从产业结构看，文化服务业 2017 年实现营收 75.55 亿元，大幅提升 37.4%，所占比重超过文化制造业，跃居第一；从法人来看，2017 年海南文化产业法人中八成以上从事文化服务业，从从业人数看，接近九成的文化产业从业人员从事文化服务业，文化服务业及相关产业已经成为海南文化产业新的发展驱动力与增长点。同时，随着海南文化产业的发展，在政府政策引导下，海南文化投资与文化消费额度逐年提升，推动了文化产业的快速发展。

旅游业是海南文化服务业的重头戏，与“互联网 +”相融合的文化旅游是未来海南文化产业发展的主要方向。海南天然具备发展会展旅游业的条件。2017 年，《海南省旅游发展总体规划（2017—2030）》出台，坚持“陆海统筹，生态优先，空间优化，重点引领”的布局理念，在政策层面描绘了海南旅游业未来的美好蓝图。预计到 2020 年，海南将基本建成国际旅游岛；到 2025 年，建成世界一流的海岛休闲度假旅游胜地；到 2030 年，建成世界一流的国际旅游目的地。

---

① 《海南文化产业发展的喜与忧——2017 年海南文化及相关产业统计分析报告》，海南省统计局网站，http：//stats.hainan.gov.cn/tjfx/jdfx/201808/t20180830_ 2740834.html。

二　经济特区文化产业发展情况分析

与2016年的发展情况相比，2017年各经济特区文化产业发展均有收获，呈现以下几方面特征。

（一）数字文化产业仍是文化产业成长的推动力

2017年文化部紧随国务院发布了《关于推动数字文化产业创新发展的指导意见》①，这是首个在国家层面针对数字文化产业内容发展的指导性政策文件，向社会释放了国家鼓励数字文化产业发展的明确信号。《关于推动数字文化产业创新发展的指导意见》立足当下产业发展形势，为数字文化产业提出了优化数字文化产业供给、优秀文化资源数字化、与相关产业融合发展、扩大和引导数字文化消费四个方向，并对数字文化产业中较为成熟的动漫、游戏、网络文化、数字文化装备、数字艺术展示等主要产业领域进行重点布局和引导。坚定业界创业创新的信心，激发社会领域的投资活力。

数字文化产业目前是文化产业新兴业态中与大众接触最多的门类，也是最能直接满足大众文化需求的门类。当前，以数字方式为载体的图书、音乐、游戏、戏剧、旅行是人们生活中最主要的文化消费对象，也是当下文化产业再度发展的空间。各经济特区无一例外地注意发展创意产业园，数字相关产业也是这一现象的佐证。根据《2017—2018中国数字出版产业年度报告》，截至2017年，我国数字出版产业的累计用户规模达到18.25亿人次，全年整体获取营收共计7071.93亿元。其中，收入居前四位的分别为互联网广告、移动出版、在线教育、网络游戏②。《“十三五”国家战略性新兴产业发展规划》提出了至2020年数字创意产业相关行业产值规模达到8万亿元人

---

① 《文化部关于推动数字文化产业创新发展的指导意见》，中华人民共和国文化和旅游部网站，http：//zwgk.mct.gov.cn/auto255/201704/t20170424_493319.html？keywords=。

② 《2017年数字出版产业总收入突破7000亿元》，人民网，http：//media.people.com.cn/n1/2018/0726/c40606-30171856.html。

民币的发展目标。可以看出，数字文化产业在未来有很大的成长空间，尤其是以内容创作为导向的相关行业。从百度、阿里巴巴、腾讯三家数字文化领域的领军企业纷纷入手布局内容创作亦可充分体现出数字文化产业的发展潜能。

（二）特区内区域发展不平衡

可以看出，各经济特区的文化产业发展水平均有所提升，然而，却存在特区内区域发展不平衡的现象。以海南省为例，规模以上企业单位营业收入总额三亚、海口、文昌三市居全省之首。各市县文化产业法人营业收入占全省营业收入总额高于1%的市县为三亚（18.9%）、海口（17.8%）、文昌（11.4%）、澄迈（2.9%）、保亭（2.1%）、陵水（1.3%），其余市县都未超过1%。分三大区域看，东部地区营业收入占比为49.8%，西部地区营业收入占比为47.7%，其中洋浦营业收入占比为43.7%，中部地区营业收入占比为2.4%，区域发展极不平衡，[①] 相似的情况还出现在汕头、厦门两个特区中，深圳与珠海的情况略好，但是各经济特区的文化产业发展水平仍然存在一定差异。

同一城市内的区域发展不平衡容易使产业发展偏向某一个区域，人才也会像发展较好的区域迁移，从侧面逐渐拉大水平差距。从宏观上看，这并不利于文化产业的长足发展。

（三）缺少优秀复合型从业人员

文化产业在发展过程中，需要专业的优秀人才打通产业的每一个环节。随着数字文化产业的不断发展、新兴业态的不断涌现、对内容及版权的日益重视、内容变现的模式不断创新，不管是政府还是企业都需要能创作、懂行业的复合型文化产业从业人员赋予产业新的活力。

---

① 《海南文化产业发展的喜与忧——2017年海南文化及相关产业统计分析报告》，海南省统计局网站，http：//stats. hainan. gov. cn/tjfx/jdfx/201808/t20180830_ 2740834. html。

然而，很多文化产业从业人员并不具备综合性能力，往往只能偏重某一方面，这从一定程度上制约了经济特区文化产业进一步发展。目前，由于文化产业处在爆发式增长时期，优秀复合型从业人员缺口较大。

三 经济特区文化产业发展建议

在经济发展进入新常态的大背景下，经济特区的文化产业目前面对的是机遇与挑战共存的时代。为了更好地抓住时代的机遇，经济特区可以从以下几方面着手推动区域文化产业水平提升。

（一）持续推动数字文化产业发展

国家明确释放出推动数字文化产业发展的信号，为数字文化产业带来了不可多得的发展机遇。当前一批具备内容生产能力与渠道分发能力的企业已积极探索数字文化产业发展的创新模式与路径。当前，数字创意产业发展仍然有很多不足，比如内容过于同质化与低俗化、准入门槛低引发恶性竞争、缺乏相应人才等。各经济特区应当把握现有的发展政策与自身优势，发掘自身文化资源与特色，致力于推动优秀作品的产出，创新数字文化产业的发展模式与变现路径，不断推进相应人才培养，响应国家政策，跟随大潮流，打造数字文化创意生态圈。

（二）推动区域内文化产业均衡发展

经济特区内各个区域有一定的间隔，积极推动区域间的资源与人才流动，引入活水，促进不同区域间的文化产业求同存异的发展是未来经济特区在文化产业发展方面需要仔细考量的。当一个城市内的产业发展过于倾斜于某一区域时，就会引起资源与人才的“拥堵”，造成资源浪费，不利于产业的发展。政府应当尝试出台方向性明显的引流政策，将丰富的资源倾斜到相对落后的区域，吸引人才入驻，发展较好的区域应帮带较差的区域，尽可能推动均衡发展，为特区内的文化产业营造良好的发展环境。

（三）加快文化产业人才的培养

随着文化产业的不断发展，近几年文化创意人才处于供不应求的状态。为了适应产业发展的步伐，推动产业创新，急需加快文化创意专业人才培养的步伐。不断创新人才培养机制，为培养出适应产业变化节奏的人才做好准备；推动产学研基地建立，加强文化产业学术研究，鼓励高校与文化产业之间的联合培养模式，使学生毕业后能尽快融入快速变化的相关工作中；设立专项人才培养基金，提升优秀人才待遇，为人才解决后顾之忧，留住优秀人才。

特区发展分述报告

Reports on the Special Economic Zones

B.9 深圳经济特区发展报告*

伍凤兰　马忠新**

摘　要： 在复杂多变的国内外宏观经济背景下，2017 年深圳经济特区发展稳中向好，经济规模和发展质量迈上新台阶，产业结构不断优化、趋于协调，进出口贸易质量、效益稳步提升，创新投入和成效领跑全国。在降低实体经济成本、优化营商环境、法治城市建设方面大力推进改革创新。在政府效率、法治政府、城市营商环境、城市竞争力、创新能力、制度创新等多个指数排名中均居全国前列。当前，深圳正处于高位过坎的关键时期，实体经济压力巨大，原始创新能力比较弱，公共服务短板很多，城市治理能力还存在不足。建议加快构

* 本报告为深圳市哲学社会科学规划课题“深圳引领粤港澳大湾区科技创新的路径研究”（课题编号：SZ2018B009）的阶段性成果。

** 伍凤兰，博士，教授，深圳大学经济学院；马忠新，深圳大学理论经济学博士研究生。

建“湾区+自由贸易港区”开放型经济新体制，加快促进基础科学研究，加快推动人口—产业—空间协调发展，加快推动制度创新和创新成果落地。

关键词： 改革创新　协调发展　开放型经济新体制

2017年是我国发展进程中极不平凡的一年。从国际来看，虽然世界经济缓慢复苏，但不稳定因素增多，主要经济体政策调整及其外溢效应带来变数，保护主义加剧，地缘政治风险上升，尤其是美国新上台的特朗普政府奉行“美国优先”的执政理念，不断挑起贸易争端，给全球经济带来更多的不确定性。从国内来看，我国经济正处在转变发展方式、优化经济结构、转换增长动力的爬坡攻关期，诸多矛盾交织叠加，各种风险、挑战接踵而至。在复杂多变的宏观经济环境中，深圳市委市政府认真学习贯彻习近平新时代中国特色社会主义思想和党的十九大精神，全力落实党中央、国务院、省委省政府和市委的各项工作部署，坚持稳中求进工作总基调，坚持新发展理念，统筹推进稳增长、促改革、调结构、惠民生、防风险，持续打造深圳质量、深圳标准，扎实开展“城市质量提升年”工作，加快建设现代化国际化创新型城市，推动深圳特区经济社会走上高质量发展之路。

一　2017年深圳经济特区经济社会发展概况

（一）经济规模和发展质量迈上新台阶，社会民生和城市环境再上新水平

在经济规模迈上新台阶的同时，经济发展质量快速提高。2017年生产总值达2.24万亿元，跃居中国内地大中城市第三位（见图1），同比增长8.8%（见图2）。人均生产总值为183127元，增长4.0%，按2017年平均

汇率折算为27123美元。辖区公共财政收入为8624亿元，增长9.2%；地方一般公共预算收入为3332.1亿元，同口径增长10.1%。规模以上企业利润平均增长22.7%，居民人均可支配收入增长8.7%。年完成固定资产投资5147.3亿元，增长23.8%，增速创24年来新高。社会消费品零售总额达6016.2亿元，增长9.1%；进出口总额达2.8万亿元，增长6.4%。

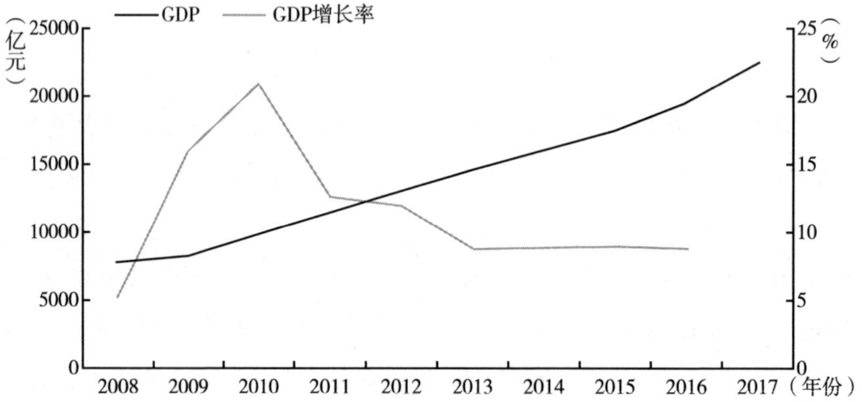

图1　2008～2017年深圳GDP及增长率变化情况

资料来源：深圳统计网，http：//www.sztj.gov.cn/。

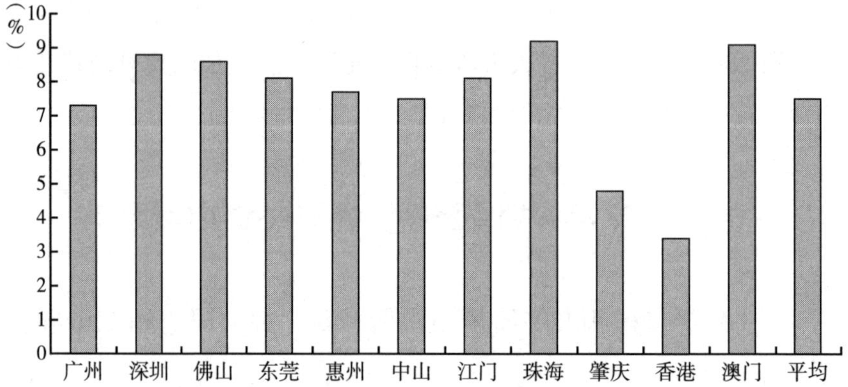

图2　2017年粤港澳大湾区各市GDP增长速度对比

资料来源：粤港澳大湾区各地统计部门官网。

就业、教育、医疗、养老、住房等社会民生事业再上新水平。新增登记就业 10 万人，城镇登记失业率在 3% 以下；新增幼儿园学位 2 万个、公办中小学学位 4.7 万个；新增病床 3000 张、养老床位 1000 张；新开工及筹集人才住房和保障性住房 10.2 万套，建成住房租赁监管和服务平台；最低工资标准由 2030 元/月提高至 2130 元/月，最低生活保障标准由 800 元/月提高至 900 元/月；119 项年度民生实事完成 118 项。

环境治理成效显著，生态环境更加优美。全市 PM2.5 年均浓度为 28 微克/立方米（见图 3），是全国空气质量最好的十大城市之一。建成区 36 条 45 段黑臭水体经治理基本消除黑臭。单位万元 GDP 能耗下降 4.20%，单位万元 GDP 水耗下降 10.3%。建成人才公园、香蜜公园和深圳湾滨海西段休闲带等一批精品公园，"深圳蓝""深圳绿"成为城市的重要名片。

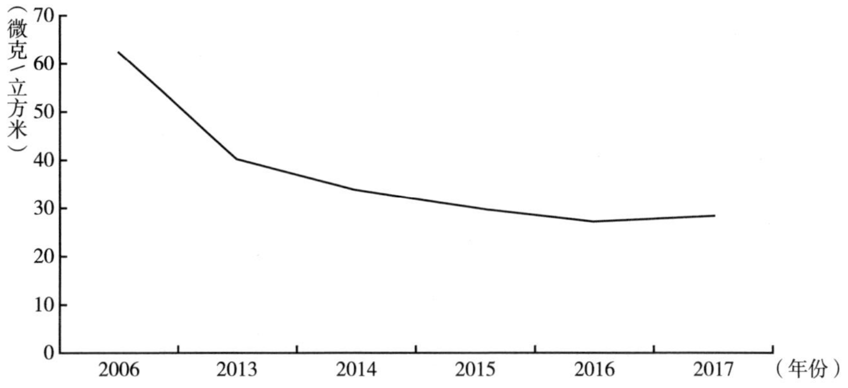

图 3　深圳环境质量（PM2.5）变化情况

资料来源：根据相关年份《深圳市人民政府工作报告》整理得出。

文明、安全、法治城市建设取得新突破，城市软实力、影响力加快提升；荣获第五届全国文明城市称号，被评为全国创新创业环境最优城市之一、全国安全感最好城市之一、全国法治政府建设典范城市。成功举办国际植物学大会、高交会、文博会、国际人才交流大会、亚太社工大会、深圳国际马拉松、首届海峡两岸棒球联赛总决赛、第六届世界海洋大会、首届中欧蓝色产业合作论坛等。

（二）产业结构不断优化，趋于协调，金融业在全国的地位更为稳固

产业结构持续优化，形成了先进制造业、现代服务业和优势传统产业协调发展格局。2017 年，全市第一产业增加值为 18.54 亿元，增长 52.8%；第二产业增加值为 9266.83 亿元，增长 8.8%；第三产业增加值为 13153.02 亿元，增长 8.8%。第一产业增加值占全市生产总值的比重为 0.1%，第二产业增加值占比为 41.3%，第三产业增加值占比为 58.6%。制造业保持较快发展，规模以上工业增加值为 8087.6 亿元，增长 9.3%，工业投资增长 27.5%，技改投资增长 71.9%。在现代产业中，现代服务业增加值为 9306.54 亿元，增长 9.0%；先进制造业增加值为 5743.87 亿元，增长 13.1%；高技术制造业增加值为 5302.47 亿元，增长 12.7%。四大支柱产业中，金融业增加值为 3059.98 亿元，比 2016 年增长 5.7%；物流业增加值为 2276.39 亿元，增长 9.8%；文化及相关产业增加值为 1529.75 亿元，增长 20.6%；高新技术产业增加值为 7359.69 亿元，增长 12.2%。ARM 中国总部、空客中国创新中心等 80 个优质项目落地。深圳产业份额占比情况见图 4。

2017 年，深圳聚焦金融业集聚创新发展，出台了《深圳市扶持金融业发展若干措施》，系统优化支持金融业发展政策；建立创业创新金融服务平台，搭建地方金融风险监测预警和监管信息系统，设立首期规模 50 亿元的天使投资引导基金。小微企业贷款余额增长 20%，银行业不良贷款率下降至 0.94%，处于全国较低水平，金融服务实体经济能力得到新提升。初步核算，全年深圳金融业实现增加值 3059.98 亿元，同比增长 5.7%，占 GDP 的比重为 13.6%；金融业实现国地税合计税收（不含海关代征和证券交易印花税）收入 1118.7 亿元，同比增长 14.3%，占全市总税收收入的 20.5%。2017 年全市新引进分行级以上持牌金融机构 36 家，其中法人持牌金融机构为 15 家。截至 2017 年底，全市持牌金融机构总数达 439 家，其中法人金融机构为 188 家。在 2017 年 9 月英国智库 Z/yen 集团发布的新一期“全球金融中心指数”排名中，深圳由上期的第 22 位上升至第 20 位，在国内城市中仅次于香

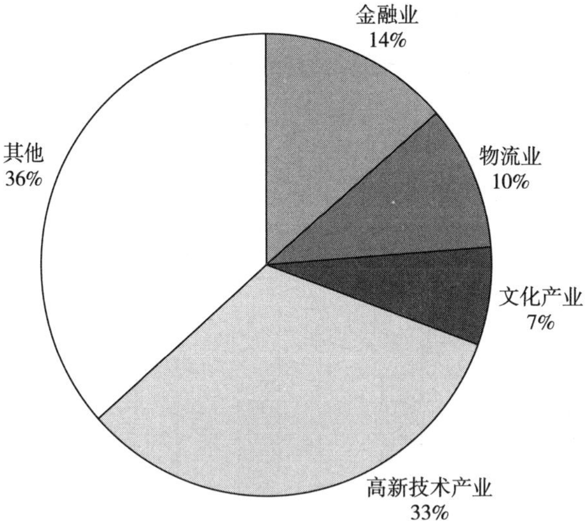

图 4　深圳产业份额占比情况

资料来源：《深圳市 2017 年国民经济和社会发展统计公报》。

港（第 3 位）、上海（第 6 位）和北京（第 10 位）。截至 2017 年 12 月底，深圳证券公司总资产（约 1.36 万亿元）、净资产（约 3872 亿元）、净资本（约 3132 亿元）及营业收入、净利润规模等主要指标均仅次于上海，居全国第二位。上市公司总市值达 5.34 万亿元，排名全国第三。深圳辖区在中国证券投资基金业协会备案的私募基金实缴规模为 1.67 万亿元，居全国第三位。

（三）进出口贸易额企稳回升，质量效益稳步提升

深圳进出口贸易额自 2014 年连续三年下降后开始企稳回升。据深圳海关统计，2017 年深圳市累计进出口额为 2.8 万亿元，同比（下同）增长 6.5%，占同期全国进出口总额的 10.1%，外贸形势呈现逐季稳增态势。其中，出口额为 1.65 万亿元，增长 5.5%，占同期全国出口总额的 10.8%，继续列内地大中城市首位，实现 25 连冠。

在进出口保持数量长期领跑的同时，外贸发展质量和效益进一步提升。2017 年深圳外贸的最大亮点是贸易伙伴趋于多元，深圳外贸的“朋友圈”不断升级。统计数据显示，深圳全年对美国、欧盟、韩国、澳大利亚等市场增长均

超过10%。随着国家“一带一路”倡议稳步推进，深圳企业对新兴市场开拓有力，2017年，深圳市与“一带一路”沿线国家和地区的进出口贸易额为5422.8亿元，增长16.4%；其中出口额为3077.1亿元，增长13.2%；特别是对东盟进出口增幅达19.2%。2013～2017年深圳进出口额见图5。

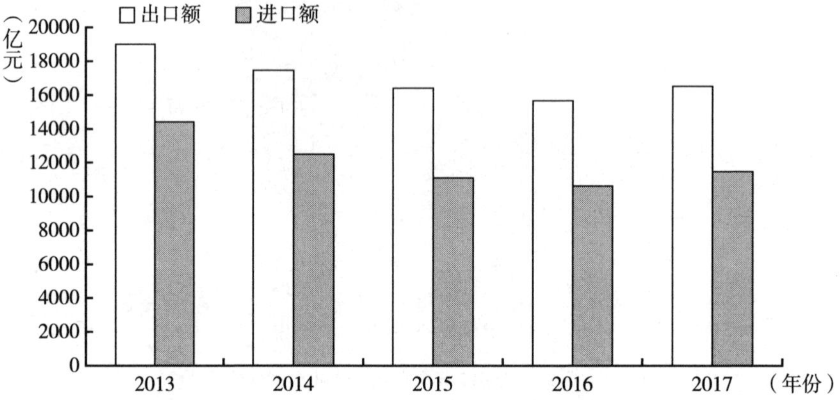

图5　2013～2017年深圳进出口额

资料来源：《深圳市国民经济和社会发展统计公报》（2013～2017年）。

2017年，深圳进一步加快推进前海开发开放和自贸片区建设，新引进汇丰前海证券等港企2400多家，新孵化港澳青年创新创业团队81个，启动深港设计创意产业园建设，前海新城建设展现新面貌。深化深港合作，与香港签署推进落马洲河套地区共同发展合作备忘录，加快了莲塘/香园围等4个口岸建设改造。出台利用外资20条，实际使用外资74亿美元，增长9.9%。对外直接投资总存量超过850亿美元，居国内城市首位。新增美国夏洛特市、法国伊夫林省等3个国际友好交流城市。新开通至莫斯科、米兰、墨尔本等16条国际航线，总量增长61%。

（四）实施新一轮创新发展布局，创新投入和成效领跑全国

大力推进各类创新载体布局。新组建诺贝尔奖科学家实验室3个，基础研究机构3个，制造业创新中心5个，海外创新中心7个。新增福田区、腾讯等3个国家级“双创”示范基地。新设立新型研发机构11家和各类创新

载体195个。新增创新载体中，重点实验室、工程实验室、工程中心、企业技术中心共计141个。其中，国家级工程实验室3个，国家认定企业技术中心2个，国家级孵化器3个，省级工程（技术）研究中心88个。新增国家级高新技术企业3193个，累计达1.12万个。

大力推进各类创新人才引进和培育。新增全职院士12名，“千人计划”66名，“孔雀计划”团队30个，全年共引进各类人才26.3万名，增长42%。年末全市各类专业技术人员为153.80万人，比2016年增长6.7%，其中具有中级技术职称以上的专业技术人员为46.50万人，增长6.9%。

持续加大研发投入，全年全社会研发投入超过900亿元，占GDP的比重为4.13%。专利申请量与授权量分别为17.71万件和9.43万件，分别增长21.9%和25.6%。其中，发明专利申请量与授权量分别为6.03万件和1.89万件，分别增长7.0%和7.1%；PCT国际专利申请量为2.05万件，增长4.1%。出台加强知识产权保护措施36条，获国家科技奖15项，获中国专利金奖5项，占全国1/5，有效发明专利5年以上维持率在85%以上，居全国第一。2017年深圳与其他科技发达城市、国家的R&D投入比较见图6。2017年深圳与其他科技发达城市的高技术企业数量比较见图7。2017年深圳与科技发达城市的发明专利申请量比较见图8。2017年深圳与科技发达城市的国际专利PCT数量比较见图9。

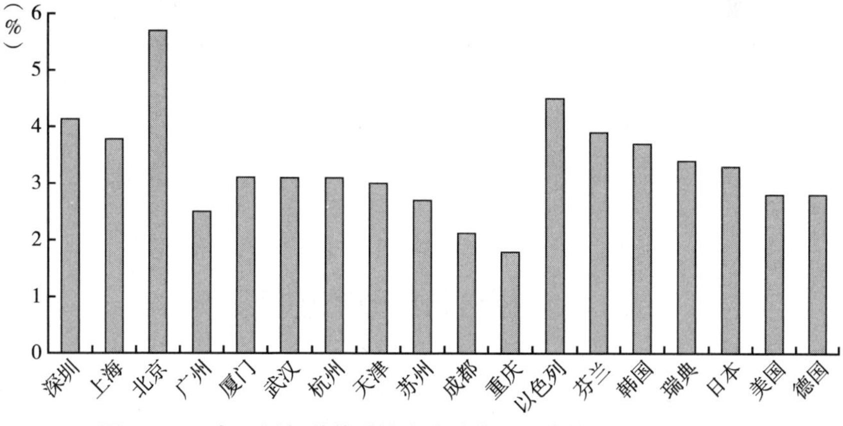

图6　2017年深圳与其他科技发达城市、国家的R&D投入比较

资料来源：各城市2017年国民经济和社会发展统计公报和2018年政府工作报告及*World Bank Open Data*。

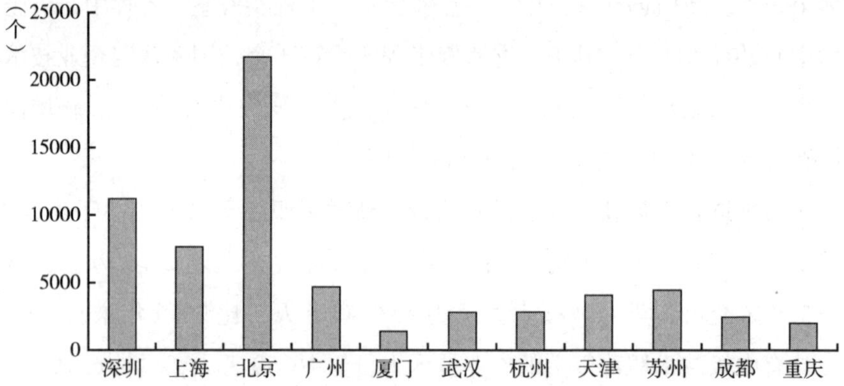

图7　2017 年深圳与其他科技发达城市的高技术企业数量比较

资料来源：各城市 2017 年国民经济和社会发展统计公报和 2018 年政府工作报告。

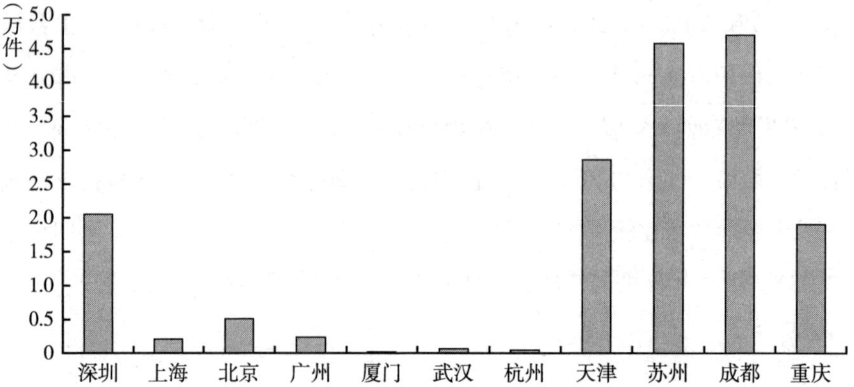

图8　2017 年深圳与科技发达城市的发明专利申请量比较

资料来源：各城市 2017 年国民经济和社会发展统计公报和知识产权报告。

二　深圳经济特区改革创新概况

改革是深圳经济特区的安身立命之本。《深圳市 2017 年改革计划》推出了 27 项改革项目，涉及经济体制领域的改革项目最多，达 11 项。其中包括推进基础设施供给侧结构性改革、深化市属国企混合所有制改革、完善社

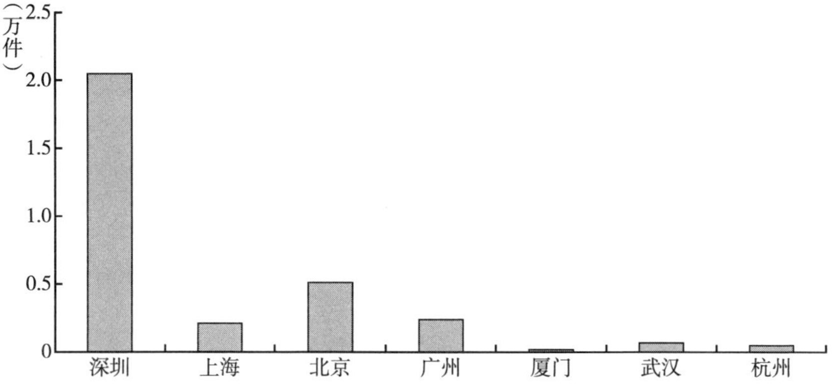

图 9　2017 年深圳与科技发达城市的国际专利 PCT 数量比较

资料来源：各城市 2017 年国民经济和社会发展统计公报和知识产权报告。

会信用管理体系改革、进行前海高水平对外开放门户枢纽改革等。涉及社会和司法体制领域的有 6 项，其中包括城市管理综合执法体制改革、探索集团化办学模式改革、深化警务体制机制改革等。另外涉及党的建设领域的改革有 3 项，涉及生态文明、民主政治、文化体制领域的改革各 2 项，涉及纪律检查领域的改革 1 项。这些改革内容突出了供给侧结构性改革这一主线，突出转变政府职能这一重点，突出提升城市质量这一战略，整体突出问题导向和需求导向。改革创新成效重点体现在降低实体经济成本、优化营商环境和法治城市建设等领域。全年取消、下放市级行政职权 175 项，清理、规范市直部门行政职权中介服务事项 24 项。全市新增商事主体 40 万户，总量增长 15.2%；商事主体增至 306.1 万家，其中企业为 177.4 万户，均居全国城市之首。新增世界 500 强企业 2 家，民间投资增长 22.5%。

（一）降低实体经济成本的改革创新

在降低实体经济成本方面，推出了六个方面共 28 条举措。一是降低制度性交易成本。落实涉企行政事业性收费和政府性基金减免政策，严格实施涉企收费目录清单管理，清理、规范电子政务平台收费；规范行业协会、商会收费行为，规范企业认证行为，推进认证机构市场化。二是降低企业税费负担。全面推进营改增工作，及时研究解决推进过程中出现的问题及纳税人的合理诉求；确保税收优惠政策落实到位，建立“事前告知、事中提醒、事后跟踪”的减免税落实工作机制；主动创新服务方式，大力落实降低制造业增值税、小微企业一揽子税收优惠、高新技术企业优惠政策等各项税收优惠政策；落实财产行为减税措施；做好出口退税管理，落实限时办结制度。三是降低企业融资成本。完善企业融资风险补偿机制，发挥好担保增信、风险补偿、贷款贴息等支持政策作用；提升企业直接融资能力，大力发展多层次资本市场；创新科技型企业融资方式，积极探索投贷联动；加大信贷资金对小微企业的支持力度；统筹运用政策性产业资金减轻企业资金压力。四是降低企业物流成本。完善物流业扶持政策；推动取消市内高速公路收费；清理、规范港口收费行为，加强对港口货物包干费、堆存保管费、理货服务费等实行市场调节价的收费行为的事中事后监管；打造便捷高效通关口岸，全面推广报关报检“并联”模式，压缩1/3货物通关时间；开展供应链体系建设工作。五是降低企业人工成本。降低失业、工伤、生育等企业社会保险成本；合理调降欠薪保障费标准；加大人才安居保障力度，建立全市统一的人才住房基础信息管理平台。六是降低企业用能用地成本。进一步降低工商业销售电价；充分利用电力市场直购电降低企业购电成本；开展逐步取消电力中间层试点；推进工业用地长期租赁、先租后让、租让结合供应，降低企业初始用地成本；增加创新型产业用房供应。

（二）优化营商环境的改革创新

在优化营商环境方面，深圳积极对标国际一流，对营商环境进行了系统谋划、设计和改革，旨在通过强有力的制度改革来营造更加优良的营商环境，从贸易投资环境、产业发展环境、人才发展环境、政务环境、绿色发展环境和法治环境等方面，提出了20个改革措施、126个政策点。重点举措如下。一是打造一流智慧口岸。不仅包括放宽外商准入限制、突出深港金融合作、推进国际贸易便利化改革的具体措施，也包括推进通关监管改革的具体举措。在全国率先建设出入境智慧卫生检疫系统、动植检智能查验系统、数字化智慧实验室平台；建设新版车辆“快捷通”系统、新一代智能化旅客自助通关系统。二是开辟多种新型融资方式。在扩大企业债券融资规模的同时，增加中小微企业贷款风险补偿，简化办理手续；鼓励银行利用特许经营权、政府采购订单、收费权、知识产权新型融资方式；完善天使投资人鼓励政策，引导鼓励社会资本对初创企业的投入；通过推广创业创新金融平台应用，不断提高中小微企业融资效率。三是优化人才制度环境。建立人才住房封闭流转机制，建立全市统一的住房租赁服务和监管平台并整合提供公积金提取、人才住房政策补贴等政府公共服务，为海外人才提供更优质的公共服务。四是企业事项一网通办。政府部门将建立集办公、审批、对外服务、监察、信息公开等于一体的全市统一智慧政务平台，推动企业开办、施工许可、税费缴纳、用电报装、不动产登记、水气供应等事项实现一网通办，达到国际一流水准。

（三）法治城市建设的改革创新

深圳加快建设法治中国示范城市，全力打造、全面落实依法治国方略的深圳标杆。一是建立完善的财产权保护机制。制定涉案财产处置细则，明确区分个人财产和企业法人财产、涉案人员个人财产和家庭成员财产、合法财产和违法所得等标准和规范。二是建立更加规范的涉企执法制度。分类制定、实施行政裁量权基准制度，并通过门户网站等向社会公开。同时在涉企执法部门实现“双随机、公开”监管全覆盖，建立执法行为事中事后监督问责机制；行政执法过程全面配置使用执法记录仪，实现执法环节全程可追溯。三是成立深圳知识产权法庭。按照实施最严格知识产权保护制度的要求，加强知识产权审判领域改革创新；加大知识产权司法保护力度，健全技术创新激励机制；充分发挥知识产权司法保护主导作用，进一步优化科技创新法治环境。四是成立深圳金融法庭。要充分发挥司法裁判对金融市场的规制作用，维护金融秩序；防范金融风险，促进金融法治建设；推动深圳金融业持续健康发展，努力营造稳定、公平、透明、可预期的营商环境。

（四）前海蛇口自贸片区的改革创新

前海蛇口自贸片区始终坚持以制度创新为核心，对照国际最高标准、最好水平，大胆试、大胆闯、自主改，不断强化顶层设计和系统集成，形成了以投资便利化、贸易便利化、事中事后监管、金融开放创新、法治创新、体制机制创新六大板块为核心的制度创新“前海模式”。

2017 年，前海蛇口自贸片区推出 111 项制度创新成果，包括投资便利化 27 项、贸易便利化 20 项、金融开放创新 14 项、事中事后监管 5 项、法治创新 41 项和体制机制创新 4 项，其中全国首创或领先 42 项。自挂牌以来，已累计推出 319 项制度创新成果，其中全国首创或领先 131 项。2017 年商务部等五部委联合发布的 5 项第三批复制推广的改革试点经验中，有 2 项起源于前海。中山大学、普华永道等第三方机构评估显示，前海蛇口自贸片区在扩大投资开放领域、金融制度改革、法治环境改善等方面领先全国，部分领域已接近国际自由贸易水平。

一是构建高标准接轨国际的投资管理体系。积极落实外商投资负面清单，调整、推动配套政策落地，发布国内自贸区首个对外直接投资指数；研究出台《中国（广东）自由贸易试验区深圳前海蛇口片区反垄断工作指引》，进一步完善投资管理体制。前海国税首创“跨境缴税完善多元化缴税平台”，为纳税人开拓新型缴税渠道，优化办税环境。前海地税在自贸区率先取消全部非行政许可审批事项，228 项税收优惠不报即享，占总数的 81%。国税、地税部门共同推出“系统集成一体办税”新项目，一体化电子税务局实现 60 多项联办业务全覆盖，惠及辖区 97% 的纳税人。深圳海事局积极推动“中国前海”船籍港获得交通运输部批复设立。前海控股开展城市级基础设施 BIM 技术应用，利用三维数字化技术助力前海打造新型智慧城市示范区，并荣获“2017 全球基础设施 Be 创新大奖”。

二是推行高效集约、便利化的贸易监管模式。深圳海关启动深港陆空联运改革，打造以前海为中心的出口贸易生态圈；推动建设“全球中心仓”，实现跨境电商、保税、展示交易、普货、出口不同管理类别账册的互联互转。深圳出入境检验检疫局在前海首次实现原产地证智慧审签，与香港卫生署推行“一检双放”卫生检疫查验模式；最大限度简化卫生检疫手续，节约通关总时间达5000小时。口岸查验部门大力推动提出跨境电商B2B出口一站式解决方案。

三是扎实推进金融业对外开放示范窗口建设。在中国人民银行深圳市中心支行以及外汇局的大力支持下，国家外汇总局正式授权深圳分局以“逐笔审核、交易限定”为原则，推进银行不良资产跨境转让试点，使前海成为全国首个获得授权，由分局自行审核管理辖内机构跨境转让业务的试点地区。深圳银监局进一步简化自贸区市场准入，推动72家银行业金融机构落户前海。在深圳证监局的支持下，CEPA框架下两家港资全牌照证券公司相继成立，全国首个私募基金信息服务平台——深圳私募基金信息服务平台在前海上线运行。前海金控牵头发起成立前海金融同业公会，推动前海蛇口自贸片区金融行业创新、自律。招商银行首创区块链直联跨境支付应用技术，为前海蛇口自贸片区注册企业向其在香港同名账户实现跨境支付，斩获全国第一单。前海微众银行落实国内首个区块链跨机构金融应用，半年时间真实交易数突破百万量级。前海国际区块链生态圈联盟发起成立了国内首家区块链图书馆，促进区块链知识普及和应用落地。平安银行深圳前海分行离岸业务中心正式营业，并成功上线总行离岸多中心系统，完成了4459户存量客户的批量迁移。

四是建立以廉洁、信用为基础的事中事后监管体系。发布前海廉洁指数，对前海的廉洁状况进行科学、系统和前瞻性评价。发布《深圳市前海深港现代服务业合作区管理局防止利益冲突规定（试行）》，在党风廉政建设、反腐败工作与国际接轨方面进行了积极探索。发布“前海蛇口自贸片区信用网”，正式在片区启动“企信惠”项目；打造移动智能信用查询平台，为广大市民整合提供企业信用大数据。

五是全面推进社会主义法治示范区建设。前海法院了结了首例适用香港特别行政区法律审理的民事案件，对涉港案件探索建立当事人和律师送达制度，破解涉外案件送达难的问题；创新司法行政管理机制，实施审判精品战略，发布《深圳前海合作区人民法院实施审判精品战略工作指引》，推进司法体制改革。

六是深入推进体制机制创新。前海推出了“证照分离”2.0版，制定《关于开展相对集中行政许可权试点实施方案》；在省市授权委托自贸片区实施的147项管理事项中，选定77项行政审批事项开展试点改革。前海蛇口自贸片区综合执法局揭牌成立，通过自贸区综合执法改革，完善执法联动机制；健全信息共享机制，构建联合监管机制。作为前海规划建设落地的执行单位，前海开发投资控股有限公司创新利益共享机制，开展土地整备，盘活存量土地；率先实施单元一体化开放模式，践行产城融合与紧凑集约的发展理念。

制度创新进一步激发了市场创新活力，为前海开发开放注入强劲动能。前海蛇口自贸片区挂牌以来，注册企业增加值持续在千亿元能级提升。2017年为2080亿元左右，同比增长47%。前海蛇口片区作为全市乃至珠三角区域最浓缩、最精华的核心引擎，其作用不断凸显。

三　深圳经济特区改革发展的横向比较

（一）中国地市级政府效率排名第一

根据《2017中国地方政府效率研究报告》，深圳政府效率排地市级政府第一位。该报告是继《2011中国省级地方政府效率研究报告》首次发布后的第七份地方政府效率研究年度报告，是北京师范大学、江西师范大学唐任伍、唐天伟等政府效率研究权威专家组成的研究团队最新出炉的中国地方政府效率研究成果。该报告构建了包括公共服务、政府规模、居民经济福利、政务公开等多个指标的综合评价体系，深圳市、舟山市、珠海市分别列全国292个地级市政府效率三甲。

（二）中国地方法治政府水平排名第一

由中国法学会行政法学研究会、中国政法大学法治政府研究院主办的

《中国法治政府评估报告（2018）》在中国政法大学发布，深圳在地方法治政府排名中列第一。该研究报告自 2013 年开始，至今已是第六次发布；评估的城市政府已经扩展到 100 个，法治政府评估报告影响力逐年增强。报告分别从依法全面履行政府职能、法治政府建设的组织领导、依法行政制度体系、行政决策、行政执法、政务公开、监督与问责、社会矛盾化解与行政争议解决、优化营商环境的法治保障、社会公众满意度调查十个方面构建指标体系。评估前 10 名的城市分别为：深圳、青岛、广州、苏州、杭州、上海、北京、南京、宁波、成都。

（三）城市营商环境指数全国排名第三

根据粤港澳大湾区研究院发布的《2017 年中国城市营商环境报告》，广州、北京、深圳、上海、重庆综合指数居前五名。该报告选取了全国 35 个城市，采用软环境、市场环境、商务成本环境、基础设施环境、生态环境、社会服务环境等指标进行测算，深圳在市场环境单向指标上排名第一。

（四）中国城市竞争力排名第一

根据中国社会科学院与经济日报社共同发布的社科院、财经院重大成果《中国城市竞争力第 16 次报告》——2017 年中国城市竞争力排行榜，深圳城市综合竞争力排名第一。该报告按照指标最小化原则，构建了城市综合经济竞争力指数、宜居竞争力指数、可持续竞争力指数，对 2017 年中国大陆暨港澳台 294 个城市的综合经济竞争力和 289 个城市的宜居竞争力、可持续竞争力进行了研究。综合经济竞争力指数十强城市依次是：深圳、香港、上海、台北、广州、北京、天津、苏州、南京、武汉。

同时，根据香港中国城市竞争力研究会、世界城市合作发展组织、香港桂强芳全球竞争力研究会联合发布的第十六届“全球城市竞争力排行榜”，上海、香港、深圳的综合竞争力指数位居前三，深圳在成长竞争力排名中蝉联榜首。

（五）深圳—香港地区在全球创新指数中排名第二

根据世界知识产权组织等机构联合发布的《2017 年全球创新指数报告》，深圳—香港地区在全球“创新集群”中排名第二，仅次于东京—横滨地区。该报告对“知识产权统计数据库”进行大数据分析，以创造性活动的基础专利申请数量为依据，对热点地区“创新集群”进行排名。其中，中国深圳—香港、北京、上海均榜上有名，分别位列第 2、第 7 和第 19。以“数字通信”为主要创新领域的深圳—香港地区的“数据通信专利数”占地区总专利数的 41%。排名第一的东京—横滨地区的创新则更多样化，“电子机械”、“仪器”和“能源”仅占专利数的 6.3%。排名第三的是圣荷西—旧金山地区（硅谷地区），创新主要集中在“计算机”（占总专利数量的 18.3%）领域。华为、中兴、腾讯等创新巨头在深港创新崛起中发挥了巨大作用。

（六）深圳前海蛇口自贸片区制度创新指数全国排名第一

根据中山大学自贸区综合研究院发布的《2017—2018 年度中国自由贸易试验区制度创新指数》，在 23 个自贸片区制度创新总体排名中，前海蛇口片区首次超越上海自贸试验区，以 84.98 分位居榜首，上海以 83.90 分排第二，南沙片区以 82.83 分排第三。该院与全球顶尖数据库公司联合研发了中国自由贸易试验区创新情报数据库，对 23 个自贸片区 19 万条主流媒体数据进行采集分析，成为此次指数评价测度资料的主要来源。2017 年至 2018 年 4 月，研究院团队赴上海、天津、福建、广东、浙江等地开展实地考察调研，获取丰富的一手资料。在投资便利化与贸易便利化维度，考虑到内地自贸试验区的改革实际，包括服务“一带一路”情况，突出市场准入指标，促进产业升级与产业承接情况等。

四 深圳经济特区可持续发展面临的新问题

当前，深圳正处于高位过坎的关键时期，总体发展水平与高质量发展的要求还有不小差距，城市环境品质与国际先进城市相比还有不小差距，基本公共服务水平、政府治理能力与超大型城市快速发展的需求还有不小差距。可持续发展面临的新问题和新矛盾集中体现在以下四个方面。

（一）实体经济压力巨大

深圳的实体经济发展压力巨大。一是中小企业仍然饱受“融资难”困扰。互联网金融 P2P 融资平台的大量设立为缓解中小企业“融资难”带来了一丝曙光。但随着时间推移，P2P 平台经营风险暴露，再加上有关部门加强监管，导致大量 P2P 平台倒闭。这严重影响了互联网金融的社会声誉，中小企业“融资难”问题也并没有得到真正解决。二是劳动力成本快速上升。诚然，劳动力成本上升是经济发展的必然结果，但问题是在生产效率提高之外还有其他因素在推动工资快速上涨，如房地产价格高等。除工资水平快速提高之外，劳动力市场还存在严重的结构失衡问题，反过来又加剧了劳动力供应的紧张，助推了劳动力成本的上涨。三是土地空间资源趋紧。深圳的土地开发已趋于饱和，大量分散的旧工业厂房被控制在村集体手中，征收成本高；大企业无法获得足够的扩大生产所需要的产业空间，而不得不选择外迁。中小企业的生产厂房租金逐年上涨，商业办公租金也在不断上涨，这些给实体经济的生产经营带来不小的压力。

（二）原始创新能力不强

深圳基础研究投入还不足，远低于国内的北京、上海等先进城市，更与东京、旧金山等世界一流城市差距甚远。高等教育发展水平、创新型人才总量与创新发展的需要不相适应。中国的科学、技术分布的显著地域特点是：北方以基础学科为主，而南方的科技应用水平较高。虽然互联网行业有所谓的“新四大发明”之一之称，移动支付在全球领先，但实际上这是科技应用；整个中国的基础科学研究还非常薄弱，与 2001 年至 2018 年获得 18 个诺贝尔奖的日本还有很大差距，尤其是中兴事件，更加让大家清醒地意识到：移动支付再先进，手机应用再多样，没有芯片和操作系统，竞争都将处于劣势。长期以来对基础研究的忽视，导致基础研究的支撑体系很不完善，无论是政府、企业还是大学，都亟须建立支持基础研究的体制机制。

（三）公共服务短板很多

深圳的基本公共服务无论是质还是量都有很多短板，学前教育总体水平偏低，监管不到位；中小学优质学位紧，班额大。医疗资源总体不足，医生缺，床位紧，基层医疗服务能力不强。千人床位数仅为3.6张，低于全国5.1张的平均水平；三甲医院只有16家，远少于北上广等城市。文体设施总量较少，布局不均且服务不足。住房保障和供应体系还不够完善，房价高，人才住房和保障性住房缺口较大；中低收入、“夹心层”等群体住房问题有待系统性解决。公共交通服务品质仍需提升，公交出行分担率尚低于60%，远落后于国内外先进城市水平；交通出行还不够顺畅，福龙路、梅观路、南海大道、文锦北路等主干道路较为拥堵，综合交通服务和实时引导的智能化水平还不高。

（四）城市治理能力不足

与世界一流城市相比，深圳城市管理还比较粗放。城中村“脏乱差”和安全隐患问题突出，历史遗留违法建筑亟须依法处置和全面纳管；垃圾减量分类和收运工作推进力度还需加大，垃圾处理能力存在较大缺口。施工扰民现象不同程度存在，公共安全风险管控存在薄弱环节，非法集资等涉众金融监管事项还不到位。此外，区域发展不平衡不充分问题突出；西密东疏、南重北轻，东部和北部的区域基础设施、公建配套设施欠账较多。这些问题表明深圳城市治理能力存在巨大的提升空间。

五　进一步促进深圳经济特区发展的政策性建议

（一）加快构建“湾区+自由贸易港区”开放型经济新体制

积极应对国际贸易环境变化，构建更加开放的“湾区+自由贸易港区”

新体制。近年来，全球范围内的贸易摩擦、冲突、碰撞不断增加，国际贸易环境不断恶化，可以预见，对外开放依存度很高的深圳在未来的国际经贸合作中将面临前所未有的挑战。在贸易保护主义不断扩散的背景下，深圳应深度学习和借鉴中国香港、新加坡的自由贸易港体制机制，以及旧金山、东京等世界一流湾区经济发展经验，加快构建更加开放、更加包容的“湾区＋自由贸易港区”新体制，形成具有全国引领力和全球吸引力的新型对外开放国家战略平台。

（二）加快促进基础科学研究

深圳应加快形成“政府引导、企业参与、大学和其他科研机构为主体”的基础科学研究发展格局，为提升深圳原始创新能力提供智力支撑。一是鼓励并引导有条件的企业开展面向产业技术发展的基础研究，加大对企业基础研究的补贴力度，鼓励企业提高基础和前沿研究投入占科技创新投入的比重。二是充分发挥大学在基础研究突破中的主体作用，加大大学的基础研究投入。鼓励引导科学家自由探索，优化深圳学科布局，促进学科均衡协调发展；加强对跨学科、跨领域基础研究的支持，促进学科交叉和融合，稳定支持和培养造就一批创新能力强的基础研究人才和团队。三是加快布局一批重大基础研究机构，推进重大科学研究工程，加快对核心领域和关键技术的研究突破。注重科学目标导向、注重青年科学家培养、注重优秀团队建设，大幅度提升深圳基础研究水平和解决重大科学问题的能力。

（三）加快推动人口—产业—空间协调发展

构建全域经济发展模式，实现多中心基础上的一体化发展，基于空间结构、地缘、史缘关系，从产业、人口、空间、基础设施、公共服务等方面培育多条网状共生链。一是大力发展实体经济，制定产业红线制度，杜绝产业空心化现象在深圳发生。尤其要制定相应措施，防止高端产业外迁；想办法留住华为等高端产业，杜绝高端人才外流。二是开启东进战略2.0版，构筑东西均衡发展新格局。加快推动医疗、基础教育和文化等基础设施建设向东部倾斜，加快产业和人才同步东进。综合运用土地整备、城市更新、综合开发、企业自改等多种开发模式，整备与掌控一批产业发展用地；加快龙坪中心区的建设，打造深圳经济增长第三极。三是发展“飞地”经济。借鉴深汕特别合作区的发展模式，积极与广东东西部周边城市合作，建立一些“飞地”模式的特别合作区。主动将部分产业和城市功能转移到合作区，在拓展发展空间的同时，保持深圳产业链的完整性。

（四）加快推动制度创新和创新成果落地

强化制度创新与国家战略的联动。以改革创新打造“一带一路”支点，通过与“一带一路”沿线国家的合作实现跨越式发展；以改革创新引领全国自贸区发展，打造全国自贸区发展新标杆，为国家自贸区战略贡献“深圳方案”和“深圳模式”；以改革创新引领粤港澳大湾区发展，抢抓粤港澳大湾区建设的机遇，推动深圳改革发展再上新台阶。

加强制度创新与相关配套改革的协同，推动制度创新成果落地生根，使制度创新成果真正服务于企业和居民。制度创新普遍存在“大门开、小门不开”的问题，“文件”上放开的行业（主要是服务业）。行业相关配套跟不上等原因导致其实际无法落地，制度创新的成果很多，但实际上最终能使企业和居民受益的很少。任何一项创新性政策的落地并非一纸文件那么容易。每一次创新都需要配套性的支持政策、风控措施以及企业内部系统对接、业务培训等多个流程的配合与调试。

加快完善制度创新容错体制机制，激发改革主体的积极性和主动性。改革创新意味着可能的风险和失败，鼓励创新就要宽容失败。经过 40 年的改革开放，改革已经进入“深水区”，剩下的都是“硬骨头”，深层次的改革风险较高。改革推进过程中的阻力主要来自如何妥善应对改革可能带来的风险集聚。在改革创新与控制风险的平衡上，全国各地的制度创新仍较为谨慎，因此，针对改革中因缺乏经验、先行先试出现的失误和风险，深圳应率先探索建立容错机制，通过容错机制调动各领域的改革积极性和主动性。

参考文献

深圳市统计局、国家统计局深圳调查队编《深圳统计年鉴2017》，中国统计出版社，2017。

《深圳市2016年国民经济和社会发展统计公报》，深圳市统计局、国家统计局深圳调查队，2017。

各城市人民政府及统计局官方网站等。

相关研究报告：《2017中国地方政府效率研究报告》《中国法治政府评估报告（2018）》《2017年中国城市营商环境报告》《中国城市竞争力第16次报告》《2017年全球创新指数报告》《中国自由贸易试验区发展蓝皮书（2017—2018）》。

B.10
珠海经济特区发展报告

陈红泉*

摘　要： 2017年，珠海经济特区工业经济持续向好，实体经济活力不断增强，固定资产投资再次活跃，交通运输水平连续快速提升，交通枢纽地位不断巩固，外贸形势改善，与“一带一路”沿线国家和地区的进出口贸易呈持续高增长状态，由此推动珠海扭转2014～2016年GDP增速放缓势头，重新加速增长，出现了经济发展的良好态势。面对新的国际国内形势，本报告建议，珠海经济特区需进一步扩大内需，稳定外贸，夯实产业基础，抢抓港珠澳大桥建成通车机遇，加强与港澳进行更深层次的合作，同时需继续加强房地产调控，加大银行信贷对珠海实体经济的支持力度。

关键词： 珠海经济特区　实体经济　港珠澳大桥

一　珠海2017年经济社会发展情况

（一）整体经济扭转增速放缓势头，企业整体税负较低

2017年，珠海经济特区实现地区生产总值2564.73亿元，同比增长9.2%，增速比2016年高0.7个百分点（见图1），比全省GDP增速高出

* 陈红泉，深圳大学中国经济特区研究中心讲师。

1.7 个百分点，GDP 增速由 2016 年的珠三角地区第二和全省第四跃升至珠三角地区第一[①]和全省第一。珠海基本扭转 2014～2016 年 GDP 增速放缓势头，重新加速增长，出现了经济发展良好态势。

2017 年，珠海经济特区人均 GDP 同比增长 10.86%，达 14.91 万元，按平均汇率折算为 2.21 万美元，是广东省人均 GDP 的 1.8 倍，继续排在广东省第三位，略低于深圳市和广州市（见图 2）。

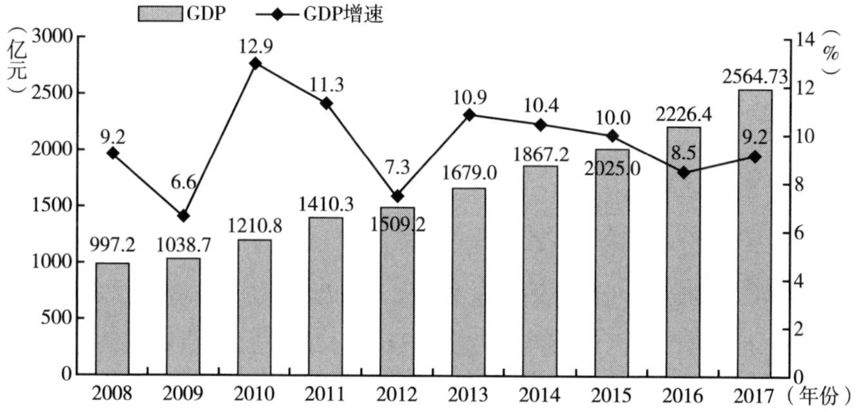

图 1　2008～2017 年珠海经济特区 GDP 及增速

注：本图及本报告其他图表的地区生产总值、各产业增加值等指标的绝对数按现价计算，增长速度则按可比价计算。

资料来源：《2017 年珠海市国民经济和社会发展统计公报》和《珠海统计年鉴 2017》。

2017 年，珠海经济特区一般公共预算收入为 314.38 亿元，比 2016 年增长 10.4%，增速比 2016 年回落 2 个百分点。增速连续回落，但比广东省增速低 0.5 个百分点，比全国高 3 个百分点。其中税收收入增长 6.6%，增速比广东省和全国分别低 6.4 个百分点和 4.1 个百分点。一般公共预算支出为 493.89 亿元，增长 18.4%，增速比 2016 年大幅回落 11.2 个百分点。一般公共预算支出多于收入 179.51 亿元，比 2016 年多 54.72 亿元，赤字占

① 在地区或国家的统计数据中，包括统计年鉴、统计公报等地区（国家）生产总值、各产品增加值、人均地区（国家）生产总值的绝对数按现价计算，而增长速度按不变价格计算。（可参见国家统计公报注释 2）和统计年鉴表 1－2 注，珠海等地方类的统计数据也一样。

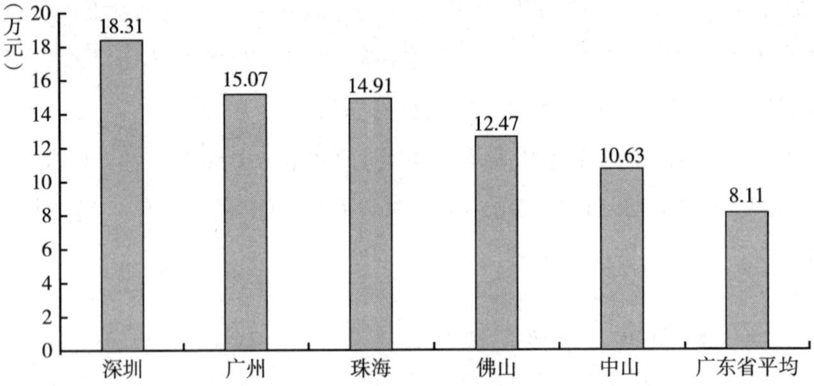

图 2　广东省人均 GDP 前五位城市的人均 GDP 及广东省平均人均 GDP

资料来源：2017 年各地国民经济和社会发展统计公报。

GDP 比重为 6.99%，高于全省平均 2.84 个百分点，存在一定的地方财政风险。珠海地方政府赤字占 GDP 比重偏高，其中与珠海的一般公共预算收入占 GDP 比重偏低有关。而一般公共预算收入占 GDP 比重是衡量企业整体税负的重要参考指标，珠海该指标与全国和广东省平均水平相比都要低（见表 1）。2017 年该指标较 2016 年下降 0.87 个百分点，下降幅度比广东省和全国平均水平都要高。可见，珠海在大力实施“降成本”中让企业充分获益，对提升珠海经济活力具有积极作用。

表 1　珠海一般公共预算收入占 GDP 比重与广东省和全国的比较

单位：%

指标	2013 年	2014 年	2015 年	2016 年	2017 年
珠　海	11.57	12.01	13.33	13.13	12.26
广东省	11.39	11.90	12.86	13.07	12.59
全　国	21.97	22.07	22.10	21.45	20.86

（二）工业经济持续向好，实体经济活力不断增强

珠海经济特区工业经济在 2016 年完成触底回升的基础上，2017 年持续

向好，增强了珠海实体经济发展活力和未来潜力。

2017 年，珠海经济特区规模以上工业增加值为 1105.62 亿元，同比增长 10.6%，增速比 2016 年高 4.7 个百分点（见图 3），规模以上工业总产值为 4653.09 亿元，同比增长 12.9%，增速比 2016 年高 3.1 个百分点。工业增长对 GDP 增长的贡献率超过 60%，成为拉动珠海经济增长的主要力量。与此相对应的是，第三产业对珠海 GDP 增长的贡献率下跌至 36%，其中，房地产业增加值占珠海 GDP 比重与 2016 年相比下降了 1.1 个百分点。

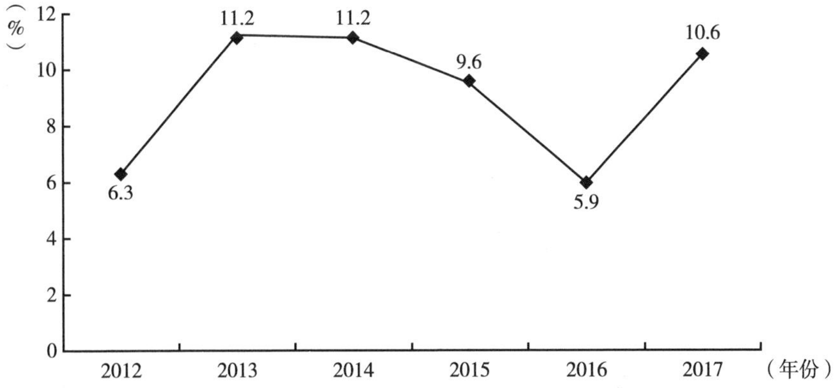

图 3　2012 ~ 2017 年珠海规模以上工业增加值增速

资料来源：《2017 年珠海市国民经济和社会发展统计公报》。

从主要工业行业看，六大支柱产业继续为珠海经济特区工业增长的主要推动力。2017 年珠海经济特区六大支柱产业实现增加值合计为 781.66 亿元，同比增长 10.9%（见表 2），对全市规模以上工业增加值贡献率达 70.72%，比 2016 年提升 3.59 个百分点，是工业增长主动力。其中，精密机械制造业实现增加值 82.09 亿元，增长 27.5%，连续两年保持 20% 以上的高速增长；家电电气制造业作为珠海第一大支柱产业，实现增加值 269.2 亿元，继续保持较快增长，同比增长 9.9%；电子信息制造业和生物医药制造业分别增长 11.9% 和 19.4%，均扭转了 2016 年增速下滑的态势；石油化工制造业也实现增加值 68.12 亿元，同比增长 6.5%。而电力能源制造业近几年表现不佳，增速继续放缓，2017 年同比下降 0.5%。

表 2　2010～2017 年珠海经济特区六大支柱产业工业增加值同比增速

单位：%

年份	平均增幅	家电电气	电子信息	电力能源	石油化工	精密机械	生物医药
2010	18.6	16.0	29.8	10.6	20.0	13.2	23.0
2011	11.5	20.3	-4.0	10.6	11.4	14.2	25.0
2012	7.8	15.6	1.1	-7.6	10.0	14.7	18.5
2013	9.2	7.4	14.8	0.8	11.2	8.6	11.0
2014	5.0	5.6	6.5	7.2	-2.3	4.2	16.2
2015	9.6	0.7	20.5	12.9	2.8	14.9	15.7
2016	8.1	11.9	-1.6	9.1	16.6	22.5	2.9
2017	10.9	9.9	11.9	-0.5	6.5	27.5	19.4

资料来源：《珠海市国民经济和社会发展统计公报》（2010～2017 年）和珠海市科技和工业信息化局网站公开数据。

（三）固定资产投资再次活跃，民营经济保持投资主力军地位

珠海经济特区固定资产投资在经历“十二五”期间高速增长之后，“十三五”初期增速有所下滑，但由于珠海整体经济不断发展，2017 年投资再次活跃，为珠海经济社会持续发展打下良好基础。2017 年珠海经济特区完成固定资产投资 1662.02 亿元，同比增长 19.6%（见图 4），增速比 2016 年提高 13.1 个百分点。

分投资主体看，非国有经济尤其是民营经济的固定资产投资继续保持快速增长，仍是珠海固定资产投资的主力军，国有经济企业投资增速相比 2016 年也出现了大幅改善。2017 年，珠海经济特区非国有经济投资占比为 73.84%，达 1227.2 亿元，同比增长 17.2%，其中，民营经济继续保持快速增长，同比增长 15.8%，投资总额达 739.97 亿元；港澳

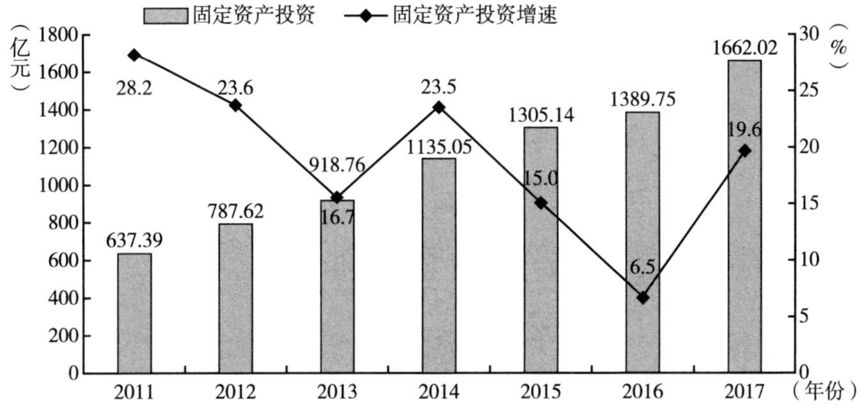

图4　2011～2017年珠海固定资产投资及增速

资料来源：《2017年珠海市国民经济和社会发展统计公报》。

台、外商经济投资为243.87亿元，同比增长6.6%。2017年，珠海国有经济投资为434.82亿元，增速由2016年的-25.5%大幅提高至26.8%。

分产业看，珠海经济特区第二产业投资继续保持快速增长，第三产业继续保持固定资产投资的主要方向，同时由于交通运输业等基础设施产业投资在2016年大幅波动后再次高速增长。2017年，珠海第二产业投资继续保持快速增长，投资为336.71亿元，同比增长17.1%，增速比2016年提高5.7个百分点；工业投资中的制造业投资为295.29亿元，同比增长22.4%，增速比2016年大幅提高10.2个百分点。珠海第三产业投资2017年恢复高速增长，投资达1324.06亿元，同比增长20.5%，增速比2016年提高15.3个百分点，占总投资的比重高达79.66%。第三产业中，房地产开发投资为744.74亿元，同比增长7.7%，增速比2016年大幅回落15.6个百分点，说明珠海的房地产调控措施取得良好效果；交通运输、仓储和邮政业投资为266.41亿元，增速由2016年的-40.1%增长至116.2%；水利、环境和公共设施管理业投资为152.03亿元，增速由2016年的-33.2%增长至35.4%。

（四）外贸形势改善，与“一带一路”沿线国家和地区的进出口额持续高增长

2017 年，珠海经济特区完成货物进出口总额 2990.12 亿元（按平均汇率折算为 443.2 亿美元①），货物进出口额同比增长 7.2%（见图 5），在连续两年负增长之后出现较大幅度的正增长，有效抑制了外贸形势的恶化。其中，货物出口额为 1882.98 亿元，同比增长 4.4%，增速比 2016 年提升 3.9 个百分点；货物进口额为 1107.14 亿元，增速由 2016 年的 -18.6% 变为 16.4%。

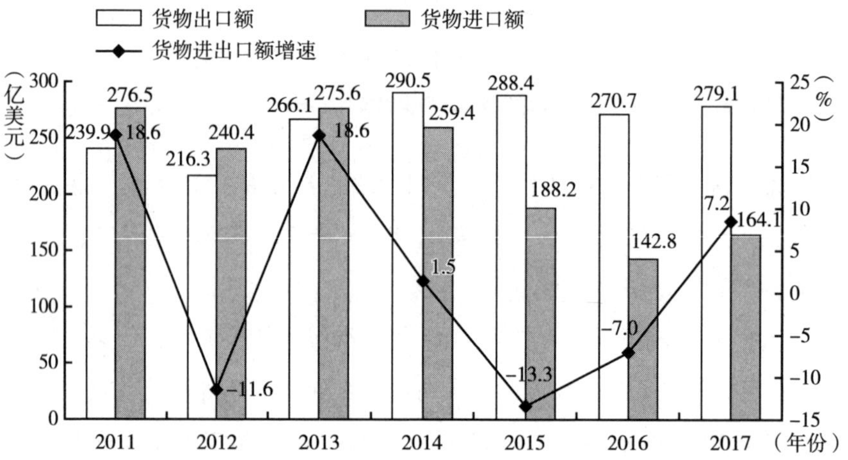

图 5　2011～2017 年珠海货物进出口额及增速

注：2016 年、2017 年货物进出口额增速按人民币计价，而货物出口额和进口额按美元计价，以便单位统一。

资料来源：《2017 年珠海市国民经济和社会发展统计公报》。

2017 年，珠海经济特区外贸结构也出现几点新变化。①对“一带一路”沿线国家进出口额占珠海外贸经济的比重不断扩大，成为珠海外贸的一大亮点

① 为适应新形势下改革开放、对外经济以及人民币国际化发展的需要，进出口统计数据从 2014 年开始以人民币和美元计价发布，经过几年过渡，2016 年对外经济数据基本均用人民币计价发布，不再用美元计价发布。由于汇率波动等因素，两种货币计价经折算后的数据同比增长统计上会出现不同。

(见表3)。出口方面，2017年珠海对“一带一路”沿线国家出口在2016年大幅增长41%的基础上继续强势增长36.4%，出口额达到629.04亿元，占珠海总出口额的33.41%；进口方面，2017年珠海对“一带一路”沿线国家进口大幅增长19.3%，进口额达451.73亿元，占珠海总进口额的40.8%。由此可见，珠海经济特区作为“一带一路”的重要支点，在积极参与“一带一路”倡议过程中取得丰硕成果，促进了珠海外贸和社会经济的发展转型。②对美出口继续萎缩，对亚太地区发展中国家出口增长较快。2017年珠海对美国出口增速在2016年的-26.8%之后继续下降，为-21.0%，2017年对美出口额占珠海总出口额的比重也由2015年的28.05%下降至15.38%；进口方面，珠海对美进口额占比近几年一直不高。相比来看，珠海对东盟和印度等发展中地区和国家的出口增长较快，尤其是对印度的出口，在2016年增长150.8%的基础上，在2017年增长162.7%，出口额达到194.97亿元，约是对日本出口额的2倍。③从贸易方式看，一般贸易已经完全取代加工贸易成为主要出口方式（见表4）。2017年珠海一般贸易出口额为1112.05亿元，同比增长9.5%，而加工贸易出口额连续4年负增长，2017年加工贸易出口额为684.82亿元，占总出口额的比重由2011年的64.66%萎缩至36.37%。

表3　2017年珠海经济特区对主要国家和地区的进出口额及增速

单位：亿元，%

国家和地区	出口额	比2016年增长	进口额	比2016年增长
美国	289.69	-21.0	94.18	22.1
中国香港*	284.58	-13.5	—	—
欧盟	296.58	5.1	72.22	2.2
东盟	212.17	9.1	160.31	7.4
日本	98.31	22.3	82.80	10.5
印度**	194.97	162.7	—	—
“一带一路”沿线国家	629.04	36.4	451.73	19.3

注：* 珠海对香港的进口额较少，2016年和2017年数据均未公布，2014年和2015年珠海从香港进口额仅为1.81亿美元和7.65亿元人民币；**珠海从印度进口数据近几年均未公布。

资料来源：《2017年珠海市国民经济和社会发展统计公报》。

表4　2017年珠海经济特区进出口额及增长速度

单位：亿元，%

指标	绝对数	比2016年增长
进出口总额	2990.12	8.6
出口额	1882.98	4.4
其中:一般贸易	1112.05	9.5
加工贸易	684.82	-7.1
其中:机电产品	1382.71	8.0
高新技术产品	607.77	24.4
进口额	1107.14	16.4
其中:一般贸易	543.90	27.4
加工贸易	330.16	29.2
其中:机电产品	511.31	3.0
高新技术产品	334.53	-3.3

资料来源：《2017年珠海市国民经济和社会发展统计公报》。

吸引对外投资方面，2017年珠海经济特区新设外商投资企业数量为1565个，同比大幅增长94.9%；合同外资金额为107.19亿美元，同比大幅增长18.4%；实际吸收外资金额为24.33亿美元，同比增长6.1%。实际吸收外资中，占比较大的制造业、租赁和商务服务业等产业吸收外资增速较快，而房地产业、建筑业等吸收外资增速下降，其中制造业实际吸收外资占比为35.6%，为8.67亿美元，同比增长31.2%；房地产业实际吸收外资占比为18.1%，为4.41亿美元，同比下降2.4%；租赁和商务服务业实际吸收外资占比为12.9%，为3.14亿美元，同比增长32.8%；建筑业实际吸收外资占比为11.1%，为2.69亿美元，同比下降40.6%。

（五）交通运输数据连续快速增长，交通枢纽地位不断提升

2017年，珠海机场全年旅客吞吐量达921.7万人次，同比增长50.3%，货邮吞吐量达3.74万吨，同比增长18.62%，运输飞行起降6.97万架次，同比增长40.2%，这三项航空指标增长率继2016年之后再次居华南地区机场第一位，同期广州机场和深圳机场这三项航空指标增长率均低于10%，远远落后于珠海机场。

2017年，珠海经济特区全年规模以上港口完成货物吞吐量1.36亿吨，

同比增长15.3%，港口共完成集装箱吞吐量227.1万标准箱，同比增长37.3%。铁路全年客运量为1792.9万人次，同比增长32.1%；铁路货物周转量为11.66亿吨公里，同比增长22.6%。公路全年客运量为2760.4万人次，同比下降8.6%，公路货物周转量为52.6亿吨公里，同比增长3.5%。

2017年，珠海经济特区高铁新增7条线路，通达城市近50个，乘坐高铁和城际轨道出行人数为1792.9万人次，同比增长32.3%。近几年珠海不断融入全国高铁网络，跨省高铁线路从无到有、从少到多，珠海高铁线路直达区域已覆盖华东、华北、华中、西南区域。

经过珠海经济特区几代人大力进行交通基础设施建设，机场、港口、铁路（高铁）等多项交通运输指标连续数年大幅增长，已经完全改变珠海过去“交通末梢城市”的尴尬局面，成为华南地区重要的交通枢纽城市。

（六）民生保障水平持续提升，居民收入及消费支出较快增长

2017年珠海经济特区进一步加大对民生和社会建设的投入力度。公共财政预算用于教育、科学技术、社会保障和就业、医疗卫生、节能环保、农林水事务、住房保障等九项民生支出全年合计354.3亿元，同比增长24.7%，占全市公共财政预算支出的71.7%，比2016年提升3.6个百分点。

2017年，珠海经济特区就业形势继续保持基本稳定。珠海城镇登记失业率为2.26%，比2016年下降0.02个百分点；城镇新增就业人数为46923人，比2016年少增加45人；城镇失业人员实现再就业12695人，比2016年减少411人；就业困难人员实现就业2230人，比2016年减少43人；农村劳动力转移就业2161人，比2016年减少42人。

2017年，珠海经济特区全体居民人均可支配收入为44043.1元，同比增长9.7%，高于GDP增速0.5个百分点，增速高于广东省0.8个百分点。其中，城镇居民人均可支配收入为46826.4元，同比增长10.1%，增速高于广东省1.4个百分点；农村常住居民人均可支配收入为23496.4元，比2016年增长2.7%，增速低于广东省6个百分点。

2017年，珠海经济特区社会消费品零售总额为1128.18亿元，比2016

年增长11%，高于GDP增速1.8个百分点。从社会消费品零售总额占GDP比重来看，珠海该指标近几年稳步增长，2017年为43.99%，居全国大中城市前列，高于广东省平均水平1.49个百分点。2017年，珠海城镇常住居民人均消费性支出为34734.7元，同比增长8%；农村常住居民人均消费性支出为20038.1元，同比增长9.1%。另外，2017年珠海经济特区城镇常住居民现有住房建筑面积人均为31平方米，比2016年增加0.4平方米；农村常住居民现有住房建筑面积人均为44.9平方米，比2016年增加0.6平方米。

珠海经济特区居民较高增幅的收入是珠海消费增长的重要基础，老百姓从收入到消费方面均随着经济增长而获得了实惠，另外也说明消费等内需对珠海经济增长的贡献率在提高，这有利于珠海经济结构转型升级，逐步降低珠海经济对外贸的依赖程度。

（七）生态环境继续向好，建设生态宜居之城

2017年，珠海经济特区大气、水环境等生态环境各项指标继续保持优良水平。

2017年，珠海环境空气中可吸入颗粒物（PM10）和细颗粒物（PM2.5）年日均值分别为0.043mg/m^{3}和0.030mg/m^3，比2016年上升2.4%和15.4%，尽管有所上升，但仍然远远低于国内外环境空气质量标准。全年有322天空气质量为优良，空气质量达标率为89%。在环保部公布的全国74个重点城市2017年度空气质量排名中，居第10位，比2016年下降2位。2017年珠海经济特区水环境质量继续处于较好水平，集中式饮用水水源水质达标率继续保持100%。城市污水日处理能力为83.5万吨。

2017年珠海经济特区节能减排成效突出，主要指标优于广东省平均水平。2017年珠海规模以上工业综合能源消费量为586.11万吨标准煤，比2016年增长3.1%，低于全省平均增速4.1个百分点；单位工业增加值能耗下降6.8%，连续第五年下降，下降幅度比全省平均水平高6.79个百分点。

珠海经济特区近年来致力于建设生态宜居之城，全面创建全国生态文明建设示范市，生态文明建设成效显著，在全省乃至全国处于领先地位，并获

得广泛肯定和赞誉，多次荣获“国家生态园林城市”“全国最宜居城市”“国家级生态示范区”“国家森林城市”“国家生态市”“国际花园城市”“国家生态园林城市”等国家有关部委、学术机构甚至联合国等颁发的荣誉称号。2017 年珠海经济特区再获两个相关荣誉。2017 年 9 月 21 日，珠海被环保部评为全国首批国家生态文明建设示范市。2017 年 10 月 31 日，珠海经济特区香炉湾沙滩修复项目获住房和城乡建设部颁发的“2017 年中国人居环境范例奖”。

二　珠海经济特区面对的新形势

（一）世界经济有所复苏，但缺乏持续增长的基础

2017 年，主要发达经济体继续保持复苏趋势，就业情况持续改善，通胀水平温和。来自 IMF 的数据显示，整个发达经济体 2017 年经济增长 2.2%，比 2016 年提升 0.6 个百分点。美国复苏态势良好，失业率持续走低，通货膨胀保持温和，股票市场持续走高。2017 年美国 GDP 增速为 2.3%，比 2016 年下降 0.7 个百分点，年底失业率为 4.1%，接近充分就业状态，通货膨胀率为 2.1%，道琼斯工业指数迭创新高，全年涨幅达 25.08%，这些核心经济指标支持美国保持复苏态势。

欧元区逐步走出债务危机的困扰，2017 年欧元区劳动力市场继续改善，年底失业率为 8.7%，处于近 10 年低位水平，比 2016 年下降 0.9 个百分点，核心通货膨胀率为 1.4%，困扰欧元区 10 多年的通缩压力基本消除。在这些核心经济指标支持下，欧元区内需提振和投资活跃，经济增速逐步加快，2017 年各季度实际 GDP 增长率分别为 2.1%、2.4%、2.8% 和 2.7%，全年增长 2.5%，比 2016 年提高了 0.8 个百分点。

日本经济继续保持良好复苏态势，第一季度至第四季度 GDP 年化环比增速为 1.5%、2.9%、2.5% 和 1.6%。失业率继续保持低位，2017 年底失业率为 2.6%，比 2016 年下降 0.3 个百分点，通货紧缩压力大幅缓解，年底

CPI为1.0%，比2016年提高0.7个百分点，日经225指数连创近15年新高，全年涨幅达19.1%。

2017年新兴经济体经济有所回升，IMF的数据显示，2017年新兴经济体增长4.6%，比2016年提升0.5个百分点。在石油等大宗商品价格回升的影响下，巴西和俄罗斯经济回升，GDP增长率均由负转正，分别为0.7%和1.8%，比2016年分别提升了4.2个百分点和2.4个百分点。印度受货币政策和国内通货膨胀等多种因素影响，经济增速波动较大，其中2017年第二季度GDP增长率下降至5.7%，比2016年同期降低2.2个百分点，全年GDP增长率为6.6%，与2016年持平。南非受国内政治不确定性、财政压力等多种因素影响，经济在2017年虽有所上升但仍然处于相对低迷状态，2017年GDP增速为1.3%，比2016年提升1个百分点。

总体来说，世界经济有一定程度的复苏，但是世界经济缺乏持续增长的基础。以美联储连续加息和“缩表”行动为代表的全球性空松货币政策逐渐退出，美国总统特朗普上台以来鼓吹“美国优先”、逆全球化反对自由贸易、采取以贸易保护主义为核心的外贸政策，加剧了国际贸易摩擦，这对世界经济带来持久的较大影响，尤其是对新兴市场经济国家和发展中国家造成较大冲击。

（二）国内经济平稳健康发展，发展韧性较强

从国内看，我国经济已由高速增长阶段转向高质量发展阶段，在转变发展方式、优化经济结构、转换增长动力的过程中，经济活力、动力和潜力得到不断释放，我国经济表现了较强的发展韧性，实现了总体经济平稳健康发展。

一是宏观经济继续保持较高速增长。2017年国内生产总值为82.7万亿元，同比增长6.9%，比2016年提升0.2个百分点。

二是居民收入稳定增长，人民生活持续改善，消费成为经济增长的主要驱动力。2017年全国居民人均可支配收入为25974元，同比增长9.0%，比2016年提升0.6个百分点，全国居民人均消费支出为18322元，同比增长

7.1%，全年最终消费支出对国内生产总值增长的贡献率为58.8%。

三是经济结构进一步优化。2017年第三产业增加值占GDP的比重为51.6%，高于第二产业11.1个百分点，工业向中高端迈进，其中高新技术制造业和装备制造业增加值同比分别增长13.4%和11.3%，远高于规模以上工业增长值6.6%的增速。

四是固定资产投资在稳定增长中优化投资结构。全年固定资产投资同比增长7.2%，比2016年小幅回落0.9个百分点。其中高端制造业和装备制造业投资较快增长，同比分别增长17%和8.6%，而高耗能行业投资增长放缓同比下降1.8%。

五是进出口恢复较快增长，外贸结构优化。2017年全国进出口总额为27.8万亿元，同比增长14.2%。其中出口额为15.3万亿元，增长10.8%；进口额为12.5万亿元，增长18.7%。与“一带一路”沿线国家的进出口额保持高速增长，比2016年增长17.8%，达73745亿元，占全部进出口总额的26.6%。附加值较高的一般贸易方式继续为主要外贸方式，机电产品继续保持我国出口主力地位，机电产品出口额占总出口额的58.35%。

从长期来看，虽然世界经济复杂多变的不确定性因素尤其是中美贸易摩擦将对我国外贸经济和部分行业带来冲击，乃至对国内整体经济产生较大的压力，但是中国经济基本面长期向好的趋势没有改变，中国经济在面对各种困难和转型中表现出了相当大的发展韧性。随着新型城镇化的持续推进、现代服务业的不断发展、高端制造业和装备制造业的进步以及巨大的消费升级，简政放权和创新驱动战略不断深化实施，经济体制改革持续推进，供给侧结构性改革成效明显，为我国经济提供了巨大的发展空间和回旋余地，体现了我国经济的发展活力、动力和潜力。

（三）珠海经济面临的机遇与挑战

作为令世界瞩目的港珠澳大桥于2017年底实现主体工程全线贯通，在历时8年艰苦建设之后，已具备通车条件，珠海经济特区由此成为唯一与港澳陆桥相连的城市，它直接形成珠海—香港—澳门的半小时时空圈，珠海也由此成为粤港澳大湾区中区位优势最为特殊的城市。在新一轮粤港澳大湾区规划、建设和发展中，正是由于港珠澳大桥通车，三地基础设施将实现互联互通，珠海经济特区将成为香港、澳门及海外连接珠三角乃至国内经济腹地的新的桥梁，在促进国内外资源要素的流动和集聚中发挥独特作用。这将有利于巩固珠海作为中心城市、交通枢纽城市、“一带一路”重要节点的地位，为珠海优化资源配置，促进经济社会发展提供了重大机遇和强大动力。

珠海经济也面临诸多挑战。一是经济总量相对较小和产业基础相对薄弱。尽管近几年珠海经济增速较快，居珠三角和全省前列，但由于错过一个高速发展时期，珠海当前经济总量较小。与同时期建立经济特区的深圳相比，2017 年珠海 GDP 只有深圳的 11.43%。放大范围比较，2017 年珠海 GDP 在珠三角九市中排第 8 位，全省排第 10 位，甚至排在惠州、江门之后。产业是经济的基础，相对薄弱的产业基础是珠海经济总量相对较小的直接原因。从大中型工业企业数量和规模来看，珠海大中型工业企业数量不到 400 家，主营业务收入上百亿元的企业仅 12 家，与其他城市相比存在较大差距。二是作为沿海开放城市和经济特区，珠海经济较高的外贸依存度仍然存在一定的国际经济波动风险。尽管过去 10 年，随着中国不断扩大内需，转变经济增长方式，经济对外依存度不断下降，中国 2017 年整体外贸依存度只有 33.6%，而 2017 年珠海的外贸依存度仍然高达 116.6%，虽然与 2007 年 325.5% 的外贸依存度相比已大幅下降，但仍然较高，容易受国际经济因素影响，比如，2012 年和 2015 年，珠海经济均受到外贸形势恶化的影响。

三　促进珠海经济特区进一步发展的主要建议

（一）扩大内需，稳定外贸，夯实产业基础

在国际经济形势复杂多变情况下，在我国经济由高速增长阶段转向高质量发展阶段过程中，珠海应在稳定发展外贸的基础上，进一步扩大内需，夯实产业基础，着力发展壮大实体经济。一是稳定外贸增长，加快调整外贸结

构，巩固传统市场，进一步拓展与“一带一路”国家的经贸往来，提高外贸产品竞争力和产业链附加值。二是加大投资力度，进一步提高工业投资占比，尤其是加大新兴产业和装备制造业投资占比，优化投资结构。三是扩大内需，深化与阿里巴巴知名电商合作，加大对电子商务发展的引导，继续促进生产性服务业和生活性服务业的高速发展。四是推动国资、国企改革，通过各种形式支持民营经济发展壮大，实现各种所有制企业相互促进、共同发展。

（二）抢抓港珠澳大桥建成通车机遇，加强与港澳的更深层次的合作

港珠澳大桥带来了新时代的空间格局改变，极大地提升了珠海经济特区在粤港澳大湾区和“一带一路”中的地位。珠海需抢抓机遇，加快完善港珠澳大桥配套设施建设，加强与港澳的更深层次的合作，推动珠海、香港、澳门之间在人力资本、金融资本、商品物流等生产要素和资源的自由流动，提升珠海通过港澳进入国际市场的能力，同时采取措施便利港澳及海外资源通过珠海进入中国经济腹地，从而全面提升珠海的经济辐射能力和经济地位。

（三）继续加强房地产调控，加大银行信贷对珠海实体经济的支持力度

近几年全国房地产市场火爆，珠海楼市也量价齐升，大量银行信贷资金流入房地产业，结果一方面导致房价过高，居民债务风险加大；另一方面挤占了银行信贷资金对珠海实体经济的支持。2017 年，珠海虽然对房地产采取严格的“四限”等调控措施，投机炒房行为得到有效遏制，但是统计数据显示，珠海住户贷款水平仍然偏高，需继续加强房地产调控。2017 年末珠海经济特区银行业本外币各项贷款余额为 4806.88 亿元，比年初增长 17.3%，其中，住户贷款余额为 2150.19 亿元，比年初增长 18.9%。住户贷款虽然也包括居民经营性贷款和消费性贷款，但最主要部分是住房贷款。从住户贷款余额占总贷款余额比重和住户贷款余额占住户存款余额比重这两大

指标来看，珠海分别为44.7%和139.4%，而广州市为40.8%和92.7%，全国平均水平为33.7%和62.9%。由此可见，珠海房地产市场已吸纳了过量的信贷资金。从住户贷款余额占总贷款余额比重来说，珠海44.7%的数据说明信贷资金投入住户尤其是按揭贷款的比重已经接近工商业实体经济，远高于全国平均水平，也高于广州市这样的一线城市。从住户贷款余额占住户存款余额比重来说，珠海139.4%的数据说明珠海住户金融杠杆率过高。对此的有效的解决办法除了完善促进房地产市场平稳健康发展的长效机制，继续加强房地产市场调控外，还需要做大信贷分母，加大和提高珠海银行信贷资金支持实体经济的力度和额度，以慢慢化解房地产市场债务风险和居民金融高杠杆风险。

参考文献

《2017年珠海市国民经济和社会发展统计公报》，珠海市统计局、国家统计局珠海调查队，2018年3月23日。

《2017年广东省国民经济和社会发展统计公报》，广东省统计局、国家统计局广东调查总队，2018年2月28日。

《2017年统计年鉴》，珠海市统计局网站，http：//www.stats-zh.gov.cn/tjsj/tjnj/201712/t20171221_49294335.html。

《政府工作报告——2018年1月25日在广东省第十三届人民代表大会第一次会议上》，广东省人民政府网站，http：//zwgk.gd.gov.cn/006939748/201802/t20180202_751050.html。

《珠海市〈政府工作报告〉全文发布》，珠海市文明网，http：//gdzh.wenming.cn/018/201801/t20180130_5010941.html。

陶一桃主编《中国经济特区发展报告（2017）》，社会科学文献出版社，2018。

珠海市人民政府网站，http：//www.zhuhai.gov.cn/。

珠海统计局网站，http：//www.stats-zh.gov.cn/。

广东省人民政府网站，http：//www.gd.gov.cn/。

广东统计信息网，http：//www.gdstats.gov.cn/。

B.11
汕头经济特区发展报告

黄嘉平*

摘　要： 本报告概括了2017年汕头经济特区的经济社会发展概况，总结了取得的成绩和面临的主要问题，并从产业结构、投资效果、粤港澳大湾区建设等方面给出了一些建议。

关键词： 汕头经济特区　产业结构　固定资产投资　粤港澳大湾区

一　2017年汕头经济特区经济社会发展概况

2017年，汕头经济特区经济社会继续保持稳步发展的趋势。根据汕头市统计局发布的《2017年汕头国民经济和社会发展统计公报》①，2017年汕头市实现地区生产总值2350.76亿元，比2016年增长9.2%，实现了自2014年以来最快的增长。各产业经济增加值与增长率分别为：第一产业增加值为108.25亿元，增长率为2.9%；第二产业增加值为1181.12亿元，增长率为8.8%；第三产业增加值为1061.39亿元，增长率为10.4%。三次产业占地区生产总值的比重之比由2016年的5.1∶50.7∶44.2转变为4.6∶50.2∶45.2。第三产业不但实现了高速增长，在地区生产总值中所占比例也有所增加。其中，房地产业的增长率达到24.0%，现代服务业与民营经济的增长率也都达到或超过了10%，为第三产业增长的热点（见表1）。全市人均地区生产总值为42025元，增长率为8.6%。

* 黄嘉平，深圳大学中国经济特区研究中心讲师，工学博士、经济学博士。

① 《2017年汕头国民经济和社会发展统计公报》，汕头市统计局网站，http://www.st.gov.cn/tjj/tjgb/201803/87a62df0973c426087e59e2b7e6f637a.shtml。

表 1　2017 年汕头经济特区第三产业各部门增加值增长率

单位：%

产业部门	增长率	产业部门	增长率
批发和零售业	6.7	房地产业	24.0
住宿和餐饮业	2.3	现代服务业	14.4
金融业	4.8	民营经济	10.0

2017 年汕头市完成一般公共预算收入 150.06 亿元，比 2016 年增长 11.2%；一般公共预算支出为 331.94 亿元，比 2016 年增长 11.4%。全年居民消费价格总指数上涨 1.5%，仅高于 2015 年的 1.1%，为 2012 年以来次低水准。其中，医疗保健、水产品、其他用品和服务的价格指数增长率较高，均超过 5%；而菜类、衣着的价格指数分别下滑 9.5%、0.5%，为仅有的两个负增长部门。全年城镇新增就业人员 6.18 万人，增长率为 12.8%；城镇登记失业人数为 1.84 万人，城镇登记失业率为 2.41%。

2017 年全年完成工业增加值 1072.40 亿元，比 2016 年增长 8.9%。全年共完成工业总产值 4874.41 亿元，比 2016 年增长 9.0%。其中规模以上工业总产值为 3786.07 亿元，增长率为 10.3%，占全部工业总产值的 77.7%。2017 年规模以上工业企业共 1853 个，其中亏损企业为 113 个，比 2016 年增长 25.6%。规模以上工业企业共实现利润总额 291.73 亿元，增长率为 10.0%，其中亏损企业亏损额为 4.22 亿元，比 2016 年增长 47.3%。全市资质等级以上建筑企业共完成建筑业总产值 517.89 亿元，增长率为 14.3%。房屋建筑施工面积为 4956.33 万平方米，增长率为 12.9%；房屋竣工面积为 1203.21 万平方米，比 2016 年下降 17.7%。

2017 年全市完成固定资产投资 2006.40 亿元，比 2016 年增长 27.0%，增长率较 2016 年的 24.0% 提高了 3 个百分点。固定资产投资增长率远高于地区生产总值增长率，继续成为地区经济的主要增长点。在固定资产投资总额中，国有投资为 231.19 亿元，增长率为 41.4%；民间投资为 1697.52 亿元，增长率为 27.3%。国有投资虽占比不高，但增长速度较快，而外商投资则呈现减少趋势。全年非房地产施工项目共有 5313 个，比 2016 年增长

45.5%，其中新开工项目4880个，比2016年增长45.1%。全年房地产开发投资额为360.97亿元，增长率为17.8%。商品房销售面积达到639.58万平方米，比2016年增长81.0%，其中住宅销售面积为594.16万平方米，比2016年增长84.1%。商品房销售金额为629.73亿元，比2016年增长125.4%，其中住宅销售金额为554.65亿元，比2016年增长127.4%。

在国内贸易方面，消费品销售增长率连续两年缓慢下降。2017年社会消费品零售总额达到1683.16亿元，比2016年增长11.1%，仅高于2014年的11.0%，成为2012年以来次低水准。通过互联网实现的商品销售额为30.46亿元，增长率为17.0%，是消费增长的领导力量。在国际贸易方面，全市全年进出口总额为88.10亿美元，比2016年增长3.3%，其中进口总额为20.97亿美元，比2016年减少0.2%，出口总额为67.13亿美元，比2016年增长4.5%。出口总额时隔两年再次转为正增长，其中私营企业增长率为8.0%，其余企业形态均为负增长。私营企业出口额的恢复是国际贸易复苏的主要原因。全年实际吸收外商直接投资达到35535万美元，比2016年增长291.1%。

2017年全市全体居民人均可支配收入为22521元，比2016年增长8.7%。人均消费性支出为18789元，比2016年增长7.2%。其中，城镇常住居民人均可支配收入为27175元，比2016年增长8.2%，人均消费性支出为21778元，比2016年增长5.1%；农村常住居民人均可支配收入为14905元，比2016年增长9.1%，人均消费性支出为13346元，比2016年增长11.0%。城镇地区居民收入增长高于消费，而农村地区则呈现反向趋势。

总体来看，2017年汕头经济特区经济社会发展良好，稳中有升。产业结构在缓慢地向第三产业倾斜，第二产业地区生产总值的占比最高。地区经济发展还无法摆脱以房地产和固定资产投资为主的模式。而民间出口贸易的复苏则是一个好消息。

二　取得的成绩和面对的问题

2017年汕头经济特区发展稳中有升，但依旧存在发展不平衡、产业结构调整速度慢、过分依赖固定资产投资、新兴产业发展缓慢等问题。

汕头经济特区的经济增长以第二产业和第三产业为中心，第一产业的地区生产总值占比为4.6%。第二产业和第三产业均保持稳步增长。其中，规模以上工业总产值和增加值均同比增长超过10%，很好地保持了稳定高速增长的势头。在规模以上工业增加值中，轻工业增长11.1%，重工业增长7.2%；民营企业增长11.0%，股份制企业增长10.9%，外商及港澳台投资企业增长8.3%[①]。轻工业和非国有企业继续引领工业增长。2017年全市共有规模以上工业企业1853个，其中亏损企业为113个，比2016年增长25.6%。规模以上工业企业共实现利润总额291.73亿元，比2016年增长10.0%，其中亏损企业亏损额为4.22亿元，亏损额增长了47.3%[②]。由此可见，规模以上工业企业呈现总体向好的趋势，但也存在部分亏损企业，其亏损规模也在不断扩大，值得引起注意。在产品领域，橡胶和塑料制品，服装、服饰业，文教、工美、体育和娱乐用品制造业，以及纺织业保持高速增长，增长率均超过10%[③]。而其他领域的增长速度则较低。

在第三产业中，邮电、旅游、金融等行业发展迅速。邮电行业完成业务总量198.12亿元。其中，邮政业务总量（含快递）为80.78亿元，比2016年增长71.7%；电信业务总量为117.34亿元，比2016年增长61.5%[④]。全市旅游业共接待过夜游客1879.67万人次，比2016年增长15.4%，其中国际游客为29.10万人次，比2016年增长19.3%；国内游客为1850.57万人次，比2016年增长15.3%。旅游业总收入达到445.34亿元，比2016年增长25.9%，其中旅游外汇收入为15931万美元，比2016年增长37.3%。

---

① 《2017年汕头国民经济和社会发展统计公报》，汕头市统计局网站，http://www.st.gov.cn/tjj/tjgb/201803/87a62df0973c426087e59e2b7e6f637a.shtml。

② 《2017年汕头国民经济和社会发展统计公报》，汕头市统计局网站，http://www.st.gov.cn/tjj/tjgb/201803/87a62df0973c426087e59e2b7e6f637a.shtml。

③ 《2017年汕头国民经济和社会发展统计公报》，汕头市统计局网站，http://www.st.gov.cn/tjj/tjgb/201803/87a62df0973c426087e59e2b7e6f637a.shtml。

④ 《2017年汕头国民经济和社会发展统计公报》，汕头市统计局网站，http://www.st.gov.cn/tjj/tjgb/201803/87a62df0973c426087e59e2b7e6f637a.shtml。

2017 年末，全市非金融企业存款余额为 669.75 亿元，比 2016 年末增长 18.0%。2017 年末金融机构（含外资）本外币贷款余额为 1551.72 亿元，比 2016 年末增长 19.0%，其中住户贷款增长迅速，达到 576.39 亿元，比 2016 年末增长 32.2%。其他第三产业部门发展相对滞后。

2017 年全市共完成固定资产投资 2006.40 亿元，占地区生产总值的 85.4%，比 2016 年的 75.9% 增长 9.5 个百分点，高于全国水平（77.5%）7.9 个百分点[①]。汕头特区经济发展过分依赖固定资产投资的现象显而易见。

在《2018 年政府工作报告》中[②]，汕头市长郑剑戈在回顾 2017 年发展成果的同时，也提到了发展过程中存在的一系列问题，包括实体经济面临融资难、用地难、用工难的问题；产业结构中重大产业项目少，高技术及先进制造业占比低，新兴产业发展缓慢的问题；科技创新体系不健全，缺乏创新型人才的问题；城乡环境治理水平有待提高的问题；民生事业短板多，公共服务规模小、水平低，城乡资源分配不足的问题；营商环境欠佳，部分公职人员担当意识、改革意识不强，办事效率不高的问题等。这些问题中很多都是多年来困扰汕头特区持续稳定发展的关键性问题，只有尽快从根本上解决这些问题，才能对特区发展起到决定性的推动作用。

三 发展建议

（一）加大产业结构调整力度，进一步发展民营经济和第三产业

长期以来，汕头经济特区的经济发展面临产业结构不够合理，经济转型比较缓慢的问题。在当今经济局势下，以传统制造业为中心的发展模式已经不适合作为长期引领经济发展的主要方式，从制造业向服务业转型已

---

① 《中华人民共和国 2017 年国民经济和社会发展统计公报》，中华人民共和国国家统计局，2018 年 2 月 28 日。

② 《2018 年政府工作报告》，汕头市人民政府办公室，2018 年 1 月 20 日。

经成为迫在眉睫的历史趋势。从广东省各地区的统计数据可以看出①，经济发展较好的地区，如广州、深圳、东莞，其第三产业的产值在地区生产总值中的比例远高于第一产业和第二产业。珠海由于有格力电器等代表性工业企业的存在，第二产业仍处于较高水准，二、三产业发展水平基本相同。汕头的第三产业产值在地区生产总值中的占比低于50%②，制造业仍以石油化工、设备制造、服装、文具等传统产业为主，缺乏具有代表性的大型企业和技术创新型企业，因此，调整制造业的产业结构，进一步加大对技术创新型企业的支持力度，同时大力发展服务业，是今后几年汕头经济特区发展的当务之急。广东省各市三次产业生产总值占比见表2。

表2　广东省各市三次产业生产总值占比

单位：%

地区	2015年			2016年		
	第一产业	第二产业	第三产业	第一产业	第二产业	第三产业
广州市	1.3	31.6	67.1	1.2	29.4	69.4
深圳市	0.0	41.2	58.8	0.0	39.9	60.0
珠海市	2.2	49.7	48.0	2.0	48.5	49.5
汕头市	4.6	46.2	49.2	4.5	45.2	50.2
佛山市	1.7	60.5	37.8	1.7	59.6	38.7
韶关市	12.9	37.2	49.9	13.2	35.6	51.3
河源市	11.6	45.7	42.7	11.2	43.6	45.2
梅州市	19.4	36.7	43.9	19.7	35.3	45.0
惠州市	4.7	55.3	40.1	4.9	54.2	40.9
汕尾市	15.7	45.5	38.8	16.0	43.2	40.8
东莞市	0.3	46.6	53.1	0.4	46.5	53.2
中山市	2.2	54.2	43.5	2.1	52.4	45.5
江门市	7.8	51.9	40.3	7.8	50.4	41.8
阳江市	16.2	45.4	38.3	17.7	39.8	42.5
湛江市	18.6	38.2	43.2	18.7	37.3	44.0

① 广东省统计局、国家统计局广东调查总队编《广东统计年鉴2017》，中国统计出版社，2017。

② 《2017年汕头国民经济和社会发展统计公报》，汕头市统计局网站，http：//www.st.gov.cn/tjj/tjgb/201803/87a62df0973c426087e59e2b7e6f637a.shtml。

续表

地区	2015 年			2016 年		
	第一产业	第二产业	第三产业	第一产业	第二产业	第三产业
茂名市	19.5	34.9	45.6	20.1	34.8	45.1
肇庆市	15.8	49.7	34.5	16.2	48.2	35.6
清远市	14.6	38.1	47.3	14.9	37.4	47.7
潮州市	6.8	54.8	38.4	6.9	54.1	39.0
揭阳市	8.7	62.1	29.2	9.2	60.8	30.0
云浮市	22.3	41.8	35.9	21.3	40.0	38.7

资料来源：笔者基于《广东统计年鉴 2017》中数据计算得出，数据源不同可能造成数据差异。

要进行技术创新，高水平的人才是必不可少的。汕头经济特区的人才供给主要依靠汕头大学，规模较小，每年不足 3000 人的招生规模难以为现代化发展提供足够的人才。2017 年，广东以色列理工学院实现首届招生 216 人[①]，成为汕头高等教育的一个可喜的增长点，然而四年以后这些大学毕业生能否为汕头服务还是个未知数，因此，加大高水平人才引进力度，为人才提供长期的有吸引力的工作与生活环境，是保障汕头长期有效发展的重要措施。对人才的吸引力不仅体现在政策措施上，同时也体现在社会对外来人员是否包容，整个社会是否开放进步上。在这一方面，汕头需要做的事还有很多。

（二）减少经济发展对固定资产投资的依赖，增加有效投资

在前文中我们也曾提到，汕头的经济发展过分依赖固定资产投资。从表 3 中可以看到，在 2016 年广东省各地区固定资产投资完成额占地区生产总值比例中，汕头市达到 76%，其比例仅次于汕尾市的 84%，成为广东省内第二高的地区。2017 年这个比例更是上升至 85%。而广东省内经济发达地区，如广州、深圳、东莞，固定资产投资完成额占地区生产总值的比例均低于 30%。

① 广东省统计局、国家统计局广东调查总队编《广东统计年鉴 2017》，中国统计出版社，2017。

表 3　广东省各地区固定资产投资占地区生产总值比例

单位：%

地区	2015 年		2016 年	
	投资完成额占地区生产总值比例	房地产开发投资占地区生产总值比例	投资完成额占地区生产总值比例	房地产开发投资占地区生产总值比例
广州市	30	12	29	13
深圳市	19	8	21	9
珠海市	64	26	62	29
汕头市	68	14	76	15
佛山市	38	12	41	14
韶关市	60	11	55	12
河源市	70	16	73	20
梅州市	59	18	62	17
惠州市	41	14	41	16
汕尾市	82	4	84	7
东莞市	23	9	23	9
中山市	35	16	36	17
江门市	57	14	62	15
阳江市	61	9	43	9
湛江市	52	6	52	7
茂名市	56	5	58	5
肇庆市	73	9	72	8
清远市	46	16	43	16
潮州市	39	5	40	6
揭阳市	69	3	71	3
云浮市	112	9	73	10

资料来源：笔者基于《广东统计年鉴 2017》中数据计算得出，数据源不同可能造成数据差异。

固定资产投资作为投资的一个主要部分，在地区生产总值中占有较大的比例是常见的。但是，固定资产投资也分为有效投资和无效投资，有效投资是指在以后的经济发展中能够带来较高收益的投资，而收益较低或无收益的投资则是无效投资。如何区分有效投资和无效投资并不是一个简单的问题。从长期来看，如果完成的固定资产投资多为有效投资，则投资额占地区生产总值的比例应该逐年下降。而汕头的比例却常年保持在高水平，且有逐年上升的趋势，说明近年来进行的固定资产投资效率并不明显，投资质量亟待提高。控制投资规模，加大精准投资力度，从而提高投资效率，是进一步促进汕头经济长期有效发展的关键。

（三）在粤港澳大湾区建设中发挥积极作用

在接下来的几年中，建设粤港澳大湾区，打造国际一流城市群将成为中国经济发展的主要任务之一。粤港澳大湾区包括香港特别行政区、澳门特别行政区以及广东省广州市、佛山市、肇庆市、深圳市、东莞市、惠州市、珠海市、中山市和江门市。粤港澳大湾区的建设将为“一带一路”提供重要的软硬件支持，同时对周边地区形成溢出效应，带动中国东南部地区发展。汕头经济特区在政策上并未被纳入粤港澳大湾区中，但是其地理位置决定了其在大湾区和周边地区的联合发展中可以起到关键性作用。2018 年是粤港澳大湾区大规模发展的启动之年，汕头经济特区能否把握发展时机，能否准确定位、取长补短，发挥自身优势，在很大程度上将为今后几年至几十年的整体发展奠定基调，因此，汕头经济特区应当集思广益，联合一切可以联合的力量出谋划策，力争让汕头积极参与到大湾区的发展建设中。

参考文献

《2017 年汕头国民经济和社会发展统计公报》，汕头市统计局网站，http：//www. st. gov. cn/tjj/tjgb/201803/87a62df0973c426087e59e2b7e6f637a. shtml。

《2017 年汕头经济运行简况》，汕头市统计局，2018 年 1 月 30 日

《中华人民共和国 2017 年国民经济和社会发展统计公报》，中华人民共和国国家统计局，2018 年 2 月 28 日。

《2018 年政府工作报告》，汕头市人民政府办公室，2018 年 1 月 20 日。

广东省统计局、国家统计局广东调查总队编《广东统计年鉴 2017》，中国统计出版社，2017。

B.12
厦门经济特区发展报告

周轶昆*

摘　要： 2017年厦门金砖峰会取得圆满成功，这是迄今为止在厦门举办的最高规格的国际盛会，为厦门提供了千载难逢的发展机遇。厦门金砖峰会的成功举办既提升了城市的功能品质和管理水平，也提升了厦门的国际知名度和美誉度，为厦门在新起点上进一步优化城市发展路径，增进民生福祉实现了质的提升，为新时代新发展注入了强大动力。2017年厦门经济总体上呈现“高开低走”态势，经济增长的难度不断加大。第三产业尤其是房地产对经济社会发展的拉动作用不强。厦门的经济总量虽然在副省级城市排名靠后，全市经济仍处在转型升级关键时期，但部分指标增幅在副省级城市的排名明显提升。

关键词： 厦门金砖峰会　供给侧结构性改革　转型升级

一　厦门经济特区的发展概况

（一）经济运行稳中有升

2017年厦门实现地区生产总值4351.72亿元，增长7.6%。三次产业结构占GDP比重之比调整为0.5∶41.7∶57.8。其中，第二产业增加值增长6.7%，拉动GDP增长2.9个百分点，对GDP增长的贡献率为38.0%；第三

* 周轶昆，深圳大学中国经济特区研究中心讲师，经济学博士。

产业增加值增长8.4%，拉动GDP增长4.7个百分点，对GDP增长的贡献率为61.9%。按常住人口计算的人均地区生产总值为10.97万元，增长5.5%，约合1.63万美元。固定资产投资（非农户）为2381.46亿元，比2016年增长10.3%，连续四年保持两位数以上增长。社会消费品零售总额为1446.74亿元，比2016年增长12.7%，增速位列福建省第一。外贸进出口总额为5816.04亿元，比2016年增长14.3%，高于全省平均水平。质量效益稳步提升，公共财政预算总收入为1187.3亿元，比2016年增长9.6%。其中，地方级财政收入为696.8亿元，增长11%，总量稳居全省首位。城乡居民人均可支配收入增幅与经济增长基本同步。空气质量优良率在全国74个主要城市中排名第4。单位万元地区生产总值水耗比2016年减少0.6吨，单位万元地区生产总值电耗比2016年减少35.63千瓦时，单位万元生产总值能耗、主要污染物排放量、碳排放强度完成国家和省下达的年度目标要求。

各区经济发展状况如表1所示，从主要经济指标的绝对值看，岛内的思明区和湖里区总体上领先于岛外的海沧区、集美区、同安区、翔安区，其中，思明区的地区生产总值继续保持在千亿元之上。从增长速度看，岛外的同安区表现出众，5项指标都排名第一。岛外四区的固定资产投资、规模以上工业增加值分别占市工业增加值的72.5%、71.0%，岛内外的差距继续缩小。

表1　2017年厦门各区主要经济指标

指标	思明区	湖里区	海沧区	集美区	同安区	翔安区
地区生产总值(亿元)	1321.86	954.07	609.15	619.97	378.80	467.34
比上年增长(%)	7.8	8.7	5.2	6.5	9.0	8.0
规模以上工业增加值(亿元)	69.08	347.45	306.88	235.17	187.07	291.52
比上年增长(%)	8.6	8.3	5.2	9.3	11.0	8.2
社会消费品零售总额(亿元)	529.86	364.42	149.25	129.39	209.94	63.89
比上年增长(%)	8.3	-0.4	-5.2	13.2	109.0	13.6
固定资产投资(非农户)(亿元)	294.40	359.43	431.46	375.53	334.29	586.36
比上年增长(%)	7.3	-2.1	0.3	-0.6	23.0	33.7
区级公共财政预算收入(亿元)	52.97	43.82	38.83	31.27	20.03	17.98
比上年增长(%)	7.2	15.5	14.1	4.2	22.4	16.7

资料来源：《厦门市2016年国民经济和社会发展统计公报》，厦门市统计局、国家统计局厦门调查队。

（二）产业转型提速增效

2017年厦门市高度重视发展实体经济，深入贯彻实施《中国制造2025》，推动工业经济量质齐升，被国务院评为“推动实施中国制造2025、促进工业稳增长和转型升级成效明显城市”，进入全球可持续竞争力百强城市。积极探索政策扶持促转型，出台《厦门市加快发展服务性制造若干措施》《厦门市工业企业技术改造奖励实施办法》等，加大对企业技术改造、智能制造、发展服务型制造等方面的扶持力度，投入惠企资金7.32亿元，激励企业主动改造升级、转型发展。通过优化招商工作机制，设立市工业招商中心，成立工业招商引资工作领导小组，制定《厦门市工业招商引资工作方案》，推动产业结构进一步优化。重点围绕机械装备、电子信息等千亿元产业链，实行产业链招商、以商招商、平台招商，确立乾照光电、通富微电子等工业项目25个，其中亿元以上项目为20个。先进制造业不断壮大。规模以上工业利润总额增长22.4%，工业增加值为1437.2亿元，增长8.1%。电子、机械两大支柱行业工业总产值占规模以上工业总产值的68.2%，开工建设总投资为3734亿元。美日丰创光罩、敦泰等一批优质配套项目落地建设，联芯、天马等重点企业产能逐步释放。集成电路全产业链格局基本形成，产值居全国第5位。平板显示、计算机与通信设备等先进制造业稳步增长，软件信息服务业营收增长16.4%，5家企业入选中国互联网企业百强。生物医药、新材料等战略性新兴产业发展态势强劲，分别增长15%和23%。石墨烯、碳化硅等开始量产。全球首个戊肝疫苗进入世界卫生组织采购体系，生物医药港跻身全国九大生物医药产业园。现代服务业产值占GDP的比重为57.7%，金融等四大行业对服务业的贡献率为78.4%。服务业增加值增长7.9%，高于经济增速0.3个百分点。服务外包执行金额增长38%，太古飞机入选中国服务外包领军企业十强。

（三）创新驱动能力进一步提高

厦门高新技术产业支撑作用日趋明显。全市高新技术企业为1425家，

2017年新增国家高新技术企业200家左右，新培育省级科技小巨人领军企业182家。规模以上高新技术产业增加值占规上工业增加值比重达到67.9%，同比提高8.8个百分点。开发晶照明、美图移动等一批高新技术企业产值增长50%以上。建立厦门智能制造双创基地和机器人超市，德国西门子、瑞士ABB等41家企业入驻，金牌厨柜等4家企业项目入选国家智能制造试点示范项目。新批艾德生物、亿联网络等11家境内上市企业和37家新三板挂牌企业，总数均排名全省第一。建发、国贸首次入选世界500强企业。企业是创新活动的主体，企业研发活动开展的情况能够体现一个地区的科技创新能力。如表2所示，厦门年主营业务收入在2000万元以上的工业企业中有R&D活动的企业为743个，比2016年增长18.1%。R&D人员数量略有增长，增长了1.8%。R&D人员折合全时当量增长4.6%。R&D经费内部支出增长较快，增长了17.6%。新产品开发经费支出为1073040万元，比2016年增长18.5%。专利申请数增长20.7%，有效发明专利数增长27.1%，表明企业自主创新能力以及市场竞争力快速提升。

表2　厦门年主营业务收入在2000万元以上的工业企业的研发活动情况

指标	单位	2017年	2016年	增长率(%)
有R&D活动的企业	个	743	629	18.1
R&D人员数量	人	41085	40358	1.8
R&D人员折合全时当量	人年	32543	31118	4.6
R&D经费内部支出	万元	1132323	963023	17.6
经常性支出	万元	967423	873233	10.8
资产性支出	万元	164900	89790	83.7
新产品开发经费支出	万元	1073040	905809	18.5
全部研发项目数	项	5286	4015	31.7
R&D项目	项	4742	3598	31.8
专利申请数	件	8284	6863	20.7
发明专利	件	2567	2334	10.0
有效发明专利数	件	9663	7602	27.1
企业办研究开发机构数	个	336	324	3.7

资料来源：厦门市统计局、国家统计局厦门调查队编《厦门经济特区年鉴2018》，中国统计出版社，2018。

火炬高新区入选全国第二批“双创”示范基地。新增国家小微企业创业创新示范基地2家、国家中小企业公共服务示范平台3家。市级众创空间为203家，其中省级为51家，国家级为33家，在孵团队为2759支。建设科技企业孵化器15家，其中国家级5家。全社会研发投入占GDP比重达3.11%，PCT国际专利申请量为278件，每万人有效发明专利拥有量达到23.5件，为全国2.3倍。入选国家十大知识产权强市创建市、知识产权综合管理改革试点城市、八大知识产权运营服务体系建设重点城市。国家自主创新示范区建设开局良好，推出69项创新事项，6项在全省推广，落地产业科技项目191个。全市创新型（试点）企业为847家，其中国家级为14家。全市国家级、省市级重点实验室为121家，企业技术中心为146家，工程技术研究中心为131家，企业博士后工作站为25家。新认定国家级工业设计中心3家，总数占全省的56%，新增国际、国家、行业标准153项。新建及认定公共技术服务平台、工程技术研究中心、重点实验室54个。新增省级企业技术中心4家。新登记科技成果447项，3项科技成果获国家科技奖，62项科技成果获福建省科技奖。国家“千人计划”人才增至102人，40人入选国家创新人才推进计划。

（四）消费品市场总量不断扩大

2017年厦门消费品市场总量不断扩大，新消费活力不断增强。在京东东和、片仔癀宏仁医药等一批新项目带动下，社会消费品零售额达到1446.74亿元，社会消费品零售额总量居全省第三位，占全省的11.1%。较2016年增长12.7%，高于全省平均水平1.2个百分点，增速居全省九地市首位。全市批发零售业实现销售额12085.18亿元，比2016年增长17.5%。全市限额以上商贸法人为2186家，实现零售额1047.01亿元，占全市社会消费品零售总额的72.4%。其中，零售额超亿元的限额以上贸易企业为183家，零售额达到873.02亿元，增长20.4%，净增147.75亿元，拉动全市社会消费品零售总额增长11.5个百分点。零售额超千万元的限额以上住宿餐饮企业为98家，零售额达到58.58亿元，增长14.5%，净增7.43亿元，拉动全市社会消费品零售总额增长0.6个百分点。从商品类别看（见表3），各主要商品类别零售额有升有降。一方面，粮油、食品、饮料、烟酒类生活必需品零售额平稳增长，体育、娱乐用品类及化妆品类商品零售额增长强劲，家用电器和音像器材类商品增长迅猛；另一方面，汽车类商品零售额降温，增长率仅为4.1%，增速较2016年回落7.9个百分点，对限额以上零售额增长的拉动力由2016年的3.9个百分点下降至1.4个百分点。在国际金价水平恢复至中等偏高状态下，金银珠宝类非刚需商品零售额增速下滑。

表3　限额以上批发和零售业主要商品销售情况

单位：万元，%

指标名称	零售额	
	2016年	比2015年同期增长
粮油、食品、饮料、烟酒类	1109632	13.0
服装、鞋帽、针纺织品类	1436999	13.7
化妆品类	142112	103.5
金银珠宝类	97751	-3.2
日用品类	397986	20.6
体育、娱乐用品类	48565	96.6
书报杂志类	28536	12.2
家用电器和音像器材类	557652	70.4
中西药品类	560393	8.7
文化办公用品类	276702	81.8
家具类	33944	-9.5
通信器材类	755150	144.1
石油及制品类	819472	-15.5
汽车类	3107774	4.1

资料来源：林芬《2017年我市消费品市场实现较快增长》，厦门市统计局，2018。

随着金砖峰会的成功举办、鼓浪屿的成功申遗，厦门城市形象整体得到了很大的提升。全市住宿业营业额增速比2016年增长9.7%，增幅在全省的位次从2016年的末位上升到第五位。餐饮业营业额增速比2016年增长7.1%，成为拉动行业增长的主力军。家政、餐饮等传统服务业加快转型，小羽佳等3家企业跻身全国家政百强。随着新业态、新营销模式大量涌现，电子商务持续发力，消费结构进一步调整，新消费活力不断增强。2017年，全市限额以上批发零售企业通过互联网实现商品零售额245.75亿元，限额以上零售额增长81.3%，拉动全市零售额增长8.6个百分点。京东东和、安踏电子商务等企业贡献突出。在全市销售总量排名前50的电商企业中，13家实现超50%的增长。文化、健康等幸福产业快速发展，时尚产业发展壮大，厦门国际动漫节、时尚周等影响日益扩大。

（五）有效投资平稳推进

2017年厦门固定资产投资较快增长，全市固定资产投资2381.46亿元，比2016年增长10.3%。三次产业投资比例之比为0.1∶17.8∶82.1。其中，第一产业投资幅度比2016年下降13.1%，第二产业投资增长9.6%，增速提高4.2个百分点，第三产业投资增长10.4%，增速回落0.7个百分点。第二产业中，工业投资增长7.8%。其中，制造业投资增长4.5%。第三产业中，房地产开发投资增长14.9%，其中住宅投资占房地产投资的62.6%。房地产投资较快增长，增幅高于全市投资增幅4.8个百分点，增速高于全省平均水平10.4个百分点，居全省首位。住宅新开工面积大幅增长。全市商品房施工面积为4287.70万平方米，商品房新开工面积为605.41万平方米，增长10.4%。积极扩大有效投资，建立健全正向激励机制，在跃泰置业龙湖首开风景湖、泰世房地产、莹泰首开龙湖翔安、华强文化创意产业园、三安集成通讯微电子器件（一期）、厦门光电产业化项目等的拉动下，民间固定投资增长20.4%，增速居全省前列，高于全省平均水平1.8个百分点，拉动全市投资增长5.9个百分点。基础设施投资拉动作用明显，全年完成基础设施投资909.80亿元，拉动投资增长5.4个百分点。其中，交通运输业投资为536.68亿元，增长7.3%。水利、环境和公共设施管理业投资为299.44亿元，增长28.7%。社会事业投资为92.64亿元，增长10.6%。完成投资较大的基础设施项目主要有：厦门轨道交通、马銮湾片区生态修复一期工程、大小嶝造地（约15平方公里）陆域形成及地基处理工程、第二西通道及飞机购置等。综合管廊试点项目建成 25 公里，管线入廊超 100 公里。海绵城市试点项目完工近 10 平方公里，并在全国率先确立海绵城市建设管理标准体系。现代化城市建设迈出新步伐，基础设施进一步完善。新城基地建设加快，完成固投 826 亿元。环东海域新城和现代服务业基地 206 个公建项目全面推进，同翔高新技术产业基地起步区一期、二期框架初步形成。城市承载力、宜居度进一步提升，城乡环境持续改善。

（六）重点领域和关键环节改革继续深化

2017 年厦门供给侧结构性改革取得实质进展。开展新一轮降成本优环境专项行动，大力降低企业制度性交易、物流、用能等成本。落实工商业用电价格调降政策，下调非居民用气价格，推动降低部分港口收费标准和单位社保缴费率，提高专利年费资助标准，取消 47 项涉企收费等政策措施，惠及厦门市 25 万家企业，为企业减轻负担 250 亿元。落实中央、省出台的取消、停征、免征等收费基金优惠政策共计 46 项，预计每年降费金额为 3. 93 亿元。深化“放管服”改革，下放 33 项市级审批事项。80% 以上审批服务实现“一趟不用跑、最多跑一趟”，电子政务发展指数居全国第 4 位。新增商事主体 11. 9 万户，增长 22. 8%。营商环境相当于全球经济体第 38 位的水平。

重点领域改革持续推进。深化国企国资改革，超过 60% 的国企开展混合所有制改革。深入推进医药卫生体制改革，全面实施公立医院绩效考核、薪酬制度改革等重大改革举措。深化价格体制改革，率先在全省出台农业分类水价及差别化水价政策，完善管道天然气输配价格机制，落实公平竞争审查机制。稳步推进公车改革，公务用车纳入“全省一张网”信息化管理平台。基本建成全市统一的社会信用信息共享平台，在招投标、中小企业扶持资金、科技资金补助等行政管理中开展信用审查。

“三区联动”改革成效明显。围绕打造“三区一堡”，加快推进投资自由化、贸易便利化、产业高端化，福建自贸试验区累计推出创新举措 298 项，其中全国首创 49 项，在全市复制推广 214 项。在工程建设和市场准入领域开展行政审批制度改革试点，投资项目审批时限压缩50%以上。其中，在工程建设项目领域，涉及13个部门的158个审批事项；在市场准入领域，涉及25个部门的135个审批事项，这两项创新举措均为全国首创。提升国际贸易“单一窗口”系统功能，成为全国第2个加入亚太示范电子口岸网络的成员口岸。推进“互联网+监管”事中事后监管系统集成，并被评为最佳实践案例。加快推动进口酒、机电设备、游艇等平台建设，获批并投用汽车整车进口口岸，获批航空区外保税维修政策，航空维修业产值占全国的1/4。累计设立融资租赁企业288家，开展52架飞机租赁业务，实现大型设备、船舶租赁零突破。出台《福厦泉国家自主创新示范区厦门片区创新事项》，形成69项创新事项，扎实推进国家自主创新示范区建设。出台《厦门市“多规合一”空间规划管理办法》《厦门市“多规合一业务”协同平台运行规则》，完善“多规合一”改革机制。

（七）对外交流合作更加紧密

2017年厦门外贸持续回稳向好，实现进出口总额5816.04亿元，比2016年增长14.2%。其中出口额为3253.65亿元，进口额为2562.39亿元，分别增长5.2%和28.3%，扭转了出口连续下滑态势。对东盟、美国和欧盟进出口额占全市进出口总额的56.1%，比2016年分别增长26.0%、19.1%和9.6%。与“一带一路”沿线国家进出口额增长31.2%，与金砖国家进出口额增长31.2%。全年一般贸易进出口额增长16.2%，占全市进出口额的65.1%。加工贸易增长14.3%，保税区转口贸易增长33.2%，拉动全市进出口额增长1.8个百分点。跨境电商零售额增长18.0%，酒类保税进口额增长43.7%，跃升全国第三大进口口岸。出口方面，加工贸易好于一般贸易。全年加工贸易出口额为873.10亿元，增长10.7%，一般贸易出口额为2034.23亿元，增长2.6%。进口方面，一般贸易为主要增长动力。全年一般贸易进口额增长37.1%；加工贸易进口额增长4.1%；保税区仓储转口进口额增长25.4%。

对外经济合作方面，全年备案对外投资项目82个，比2016年下降

77.2%，协议投资总额为26.02亿美元，下降53.0%。全年境外投资新设立企业项目45个，并购项目17个，增资项目19个。境外投资较为集中的领域主要有：批发和零售业项目（26个），制造业项目（19个），租赁和商务服务业项目（13个），信息传输、软件和信息技术服务业（8个）。外商投资方面，全年新设外资企业1145家，实际使用外资160.11亿元，增长11.2%，吸收外资规模继续居全省首位。制造业吸收外资规模不断扩大，制造业实际使用外资96.1亿元，增长64.6%，拉动全市实际使用外资增长26.2个百分点。其中，全年高技术制造业实际使用外资46.91亿元，增长40.8%，主要涉及医药制造业、航空航天器及设备制造业、电子及通信设备制造业。

新设俄罗斯、日本海外投资贸易服务联络点。新开通厦门—莫斯科线路，新增厦门—洛杉矶航线；中欧（厦门）班列累计发运221列，货值为35亿元，互联互通更加紧密。对“海丝”沿线国家贸易额为2083亿元，投资22亿美元，新增合作项目30个，设立全国首只地方政府主导的“海丝”投资基金，“海丝”地位更加凸显。对台战略支点作用更加凸显。围绕促进两岸融合发展，深入实施综合配套改革，率先为部分公务、商务和民间人士办理“一年有效多次赴台签注”。对台进出口额为388亿元，增长8.4%。新批台资项目668个，实际使用台资增长12.6%。厦金航线周末及节假日增加船班实现常态化，首创厦金游艇“自由行”，出入境旅客为161.4万人次。初步建成集货币清算、跨境贷款、现钞调运于一体的两岸银行货币合作平台。成功举办海峡论坛、工业博览会、海峡旅游博览会、海峡两岸文博会等40多项重大活动。

（八）社会民生日益改善

2017年厦门坚持为民惠民理念，着力补齐民生短板，社会事业取得积极进展。岛内公共服务水平提升，协和双语学校开学招生，复旦中山厦门医院投入使用，厦门弘爱医院、心血管医院新址、市游泳馆改造等项目加快建设，新增医疗床位800张。14所试点学校体育设施正式对外开放，推动全民健身迈上新台阶，居民主要健康指标居全国前列。新增中小学、幼儿园学位2.7万个，其中95%以上布局岛外，推动优质资源跨岛发展。全市拥有各级学校1293所，学年初招生数为23.68万人，在校学生数为94.20万人。在各级各类学校中任职的专任教师为5.23万人，平均每一位教师负担学生18人。全市共有公共文化馆7个，公共图书馆10个，博物馆、纪念馆11个。

社会保障统筹推进。城镇新增就业18.6万人，发放2.2亿元企业稳岗补贴。居民消费价格上涨控制在年度预期范围内，社会救助和保障标准与物价上涨挂钩联动。企业退休人员月人均基本养老金提高到3422元，最低工资标准提高到1700元，城乡低保和特困人员基本生活标准分别提高到每人每月720元和每人每月1080元。基本医疗、养老保险人数分别增长6%和6.7%。居家养老实现城区全覆盖、农村基本覆盖，各类养老床位数为1.1万张，每千名老人养老床位数达35张，养老机构床位中护理型占比达83.7%。完善住院费用按病种分值付费和大病医疗保险制度，进一步减轻参保人员医疗负担。社会治理水平持续提升，社区网格化管理服务不断升级，持证社工占全省的46%。策划新建43个保障房项目，可提供房源10.1万套，已开工4.1万套，在建总量接近前十年建成总和。新店、祥平、马銮湾、岩内四个地铁社区全面开工。出台限购限贷限售政策，房价过快上涨势头得到有效遏制。

二　厦门经济特区发展面临的主要问题

（一）经济发展压力较大

2017年厦门经济总体上呈现“高开低走”态势，GDP增速由上半年的8.0%缓慢下行至全年的7.6%，地区生产总值、固定资产投资等指标依旧没有达到年度预期值。固定资产投资连续三年出现增速回落，经济增长的难度不断加大。第三产业尤其是房地产对经济社会发展的拉动作用不强。2017年连续9个月厦门的房地产业增加值处于负增长，到11月才由负转正，实现小幅增长。由于房地产行业增速下滑，并将压力传导至投资、金融等领域，地区生产总值、固定资产投资等指标未能达到年度预期。厦门第三产业中比重居前三位的行业分别是金融业、其他营利性服务业和批发零售业，金融业虽然是厦门第三产业中最大的行业，但整体规模偏小。2017 年厦门的金融保险业增速比 2016 年回落 4.8 个百分点，而其他营利性服务业缺乏领军型企业，对第三产业支撑作用有限。餐饮业营业额、零售业销售额、房地产销售面积、其他营利性服务业营业收入、电信业务总量、公路总周转量、邮政业务总量等经济指标在省内排名均靠后，经济发展压力很大。

（二）工业发展后劲依然不足

首先，新投产规模以上企业及升规企业贡献有限。2017 年厦门新投产规模以上企业仅 7 家，新增产值 78.38 亿元。由规模以下转规模以上的企业有 160 家，净增产值 65.42 亿元，合计净增产值仅占规模以上工业产值增量的 24.3%，对厦门的工业拉动作用有限。其次，工业投资总量偏少，增速偏低。2017 年厦门的工业投资仅为 428.62 亿元，占固定资产投资的比重为 18.0%。工业投资全年仅增长 7.8%，比投资平均增速低 2.5 个百分点，总量和增速均居全省末位。厦门的工业投资占比逐年走低，工业投资低迷将严重影响工业发展后劲。此外，高附加值、带动性强、高科技含量的龙头项目储备不够，工业投资的增长仍主要依靠联芯集成电路制造项目等原有项目拉动，新入库工业投资较少，2015 年、2016 年厦门新开业入库工业企业数分别仅有 8 家和 10 家，2017 年仅有 7 家。随着原有工业大项目逐步进入“尾声”，对投资的拉动作用逐步降低，而新开工工业项目计划总投资减少，工业投资发展后劲有待加强。

（三）产业转型升级任务比较艰巨

虽然厦门采取多种措施大力推进产业结构调整和优化升级，但优势突出的集成电路、生物医药、新材料等新兴产业聚集度不高。全年规模以上高新技术产业增加值增长 8.4%，仅比规模以上工业增幅高 0.3 个百分点；

租赁与商务服务业、软件信息服务业整体规模仍偏小，对经济支撑作用依然不明显。厦门开展研发活动企业的覆盖面依然很窄，研发投入强度依然偏低，企业设有的研发机构比重较低，研发能力相对薄弱。虽然厦门出台了各种优惠政策大力引进高端人才，但高学历人才流失现象较为严重，规模以上企业研发人员所占比重仍有较大提升空间。人才积累与厦门的经济地位明显不匹配，产业转型升级支撑不足是当前制约厦门经济发展的核心和关键。

（四）岛内外发展不平衡的问题依然存在

当前岛内外发展仍有差距，厦门岛内面积为158平方公里，占厦门全市面积不到1/10，核心功能仍然集聚在岛内，岛内的开发强度过高。早在2002年，厦门就提出了“跨岛发展”的战略，着手解决厦门经济发展和人口分布不均衡的问题。在《厦门市城市总体规划（2011—2020年）》中，厦门提出要形成“一岛一带多中心”的组团式海湾城市格局。虽然，近年来，厦门岛外基础设施建设明显提速，岛外人口增速也明显高于岛内，但岛外住房、教育、医疗等民生领域还存在不少短板，公建配套、产城融合还需大力推进，社会治理等还有薄弱环节。

三　政策建议

（一）坚持推进供给侧结构性改革

坚持开展“降本优境”专项行动，完善用地、资金、人才引进等政策措施，重点从降低制度性交易、企业税费、融资、人工等方面降低企业经营成本，主动为企业减轻负担。坚持“三去一降一补”，促进生产要素从低质低效领域向优质高效领域集聚。深入推进“放管服”改革，推动社会民生、公共服务等领域审批服务事项取消、下放及调整。进一步优化监管，拓展国际贸易“单一窗口”功能，提升跨境贸易效率。

（二）坚持推进项目带动战略

完善项目投资正向激励机制，进一步提高投资有效性。加大招商引资力度，落实重要节点目标，突破项目瓶颈。千方百计跑项目引资金，扩大投资规模。围绕产业链关键产品和项目，推进产业链、创新链和资金链三链协同。围绕国家重大规划、产业政策、重点投向，加强项目策划，引进一批重大重点项目。坚持适度超前进行重大基础设施建设。强化项目用地、用水、用电、用海、用林、用气等要素保障，狠抓重大重点项目推进。鼓励民间资本投资教育、高端养老、医疗卫生等社会民生领域、基础设施领域和公用事业建设领域，进一步降低民间投资门槛，吸引社会资本参与投资、建设、运营。

（三）大力打造现代产业新体系

大力发展先进制造业，提升高端化、集聚化、智能化水平。加快新一代信息技术与制造技术融合发展，引导制造业向高端智能转型。大力发展光电信息、新能源汽车、海洋工程等新型材料，加快布局第三代半导体全产业链。牢牢把握未来产业竞争的主动权，加快发展战略性新兴产业。大力发展现代服务业，推动生活性服务业向精细化和高品质转变、生产性服务业向专业化和价值链高端延伸。推进千亿元产业链培育工程，力争再新增机械装备、计算机与通信设备、文化创意三条千亿元产业链。加快建设国家自主创新示范区，打造区域科技创新中心。

（四）大力推动跨岛发展

继续实施跨岛发展战略，加快区域协调融合发展。岛内围绕增强承载力，启动岛内旧城旧村改造更新和老城区保护性开发，选择若干片区开展试点并逐步推开，改善业态布局和提升环境品质，增强高端服务功能。岛外坚持高起点、高标准、高层次、高水平，加快岛外新城规划建设，推动核心功能向岛外扩散，促进基础设施互联互通、产业合理布局。完善城市路网体系，推动城市干道和重要拥堵节点改造，加快形成岛内外一体化路网格局。

参考文献

厦门市统计局、国家统计局厦门调查队编《厦门经济特区年鉴2018》，中国统计出版社，2018。

《厦门市第十五届人民代表大会第二次会议政府工作报告》，厦门市人民政府，2018。

《厦门市2017年国民经济和社会发展统计公报》，厦门市统计局、国家统计局厦门调查队，2018。

张绍勇：《2017年厦门经济运行情况分析》，厦门市统计局，2018。

翟晨晨：《提质增效，增强厦门赶超进位实力——2017年厦门与副省级城市经济运行比较分析》，厦门市统计局，2018。

纪新：《加大企业研发投入　创新能力显著提高——2017年厦门市规模以上企业研发情况分析》，厦门市统计局，2018。

张勤：《2017年我市固定资产投资平稳增长》，厦门市统计局，2018。

林芬：《2017年我市消费品市场实现较快增长》，厦门市统计局，2018。

B.13

海南经济特区发展报告

刘伟丽　林玮菡*

摘　要： 2017年海南省经济保持稳中向好的发展态势，经济实力不断加强、产业结构升级优化、轻工业和新兴服务业发展迅猛、出口贸易发展显著、科技实力和创新水平有所提升。但从海南省东部、西部和中部三大区域各市县的发展水平来看，区域间发展不平衡，经济实力悬殊，基本呈现“东西强，中部弱”发展格局，并形成以海口市和三亚市为核心的倾斜式发展方式。虽然各区域产业结构、工业发展、固定资产投资、社会消费品零售的变异系数近年来有所下降，但仍大于1，进一步表明海南省各市县发展具有不平衡性。在今后的发展中，海南省要“抓重点、补短板”，积极打造自由贸易试验区和中国特色自由贸易港，全面推动“四区一中心”的建设，提高经济发展质量，缩小区域间发展差距。

关键词： 变异系数　不平衡性　“四区一中心”

一　2017年海南经济特区发展的特征

（一）经济实力增强，产业结构合理

根据《2017年海南省国民经济和社会发展统计公报》，2017年，海

* 刘伟丽，深圳大学经济学院教授、博士生导师；林玮菡，深圳大学经济学院博士研究生。

南省全省整体经济实力呈现稳态上升的良好趋势，如图 1 所示，2017 年，海南省全省地区生产总值达 4462.54 亿元，按可比价格计算，较 2016 年增长 10.3%。从产业结构上看，海南省产业结构继续保持“三二一”的阶梯式发展，产业结构不断优化，第三产业比重持续上升，同时，第三产业是全省地区生产总值增长的重要贡献力量，是推动海南省经济快速增长的重要源泉，也是海南省经济发展的目标所在。如图 2 所示，自 2010 年以来，海南省第三产业比重不断上涨，一直是全省地区生产总值最重要的贡献来源，2017 年，海南省第一产业实现增加值 962.84 亿元，第二产业实现增加值 996.35 亿元，第三产业实现增加值 2503.35 亿元，分别较 2016 年增长了 3.6%、2.7% 和 10.3%，三大产业结构比重之比为 21.58∶22.33∶56.10，此外，2017 年三大产业的增加值对地区生产总值的贡献率分别为 11.3%、8.8% 和 79.9%，对地区生产总值增长的拉动率分别达到 0.8%、0.6% 和 5.6%。

不难发现，第三产业是海南省经济发展中最重要的支柱产业，是海南省经济增长的源泉所在，其中，批发零售业和房地产业是海南省服务业发展中较为重要的突出产业。2017 年，海南省批发零售业实现增加值 496.72 亿元，较 2016 年增长了 5.1%，占第三产业的 19.8%；2017 年，房地产业实现增加值 434.90 亿元，较 2016 年增长了 19.0%，占第三产业的 17.4%，同时，2017 年海南省全年房地产销售面积高达 2292.61 万平方米，较 2016 年增长了 52.0%，销售额为 2713.72 亿元，增长了 82.1%，是服务业中增长最为明显的产业。

（二）固定资产投资持续增长，产业投资分布差异化明显

2017 年，海南省全省固定资产投资总额继续保持大幅增长的态势，2017 年，海南省固定投资完成额达 4125.40 亿元，较 2016 年增长 10.1%，其中，房地产开发占比高达 49.76%，为 2053.11 亿元，较 2016 年增长 14.9%，远远高于其他投资种类。从三大产业的固定资产投资来看，固定资产投资的产业差异与产业结构分布相同，呈现“三二一”的阶梯差异，如

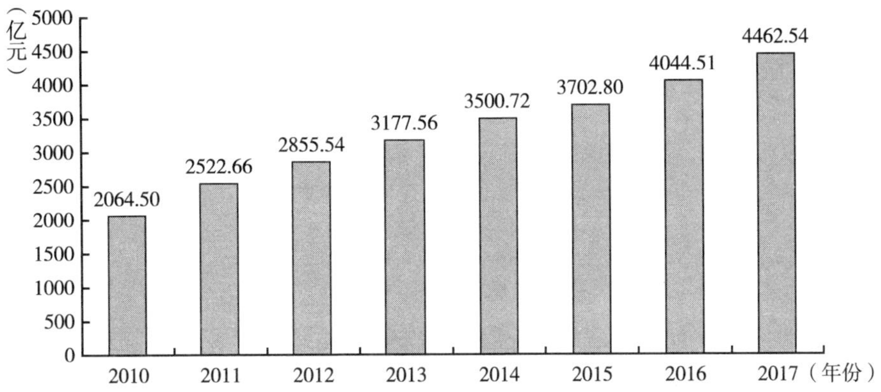

图 1　2010～2017 年海南地区生产总值

资料来源：笔者根据《海南统计年鉴 2018》绘制。

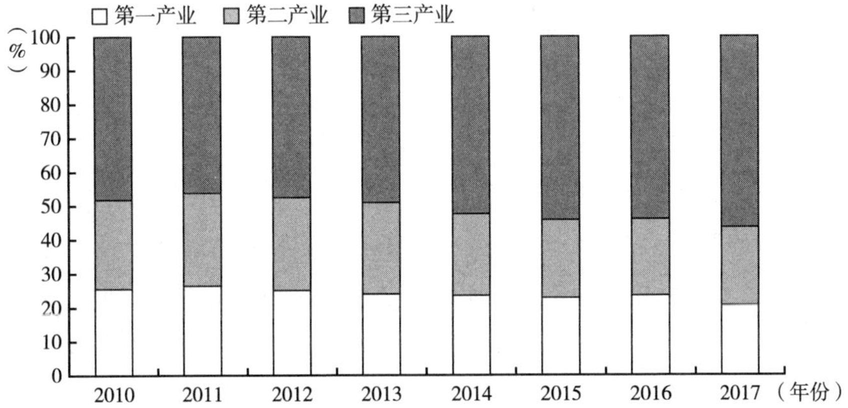

图 2　2010～2017 年海南三次产业结构占比情况

资料来源：笔者根据《海南统计年鉴 2018》绘制。

图 3 所示，2017 年，海南省第三、第二、第一产业投资额分别为 3788.94 亿元、283.21 亿元、53.25 亿元，较 2016 年分别增长 10.9%、-2.1%和 30.7%，可以看出，第三产业投资额保持稳定的大幅增长，第二产业的投资额继续呈现负增长，而第一产业投资额在 2017 年虽然最低，但出现了较为突出的快速增长。

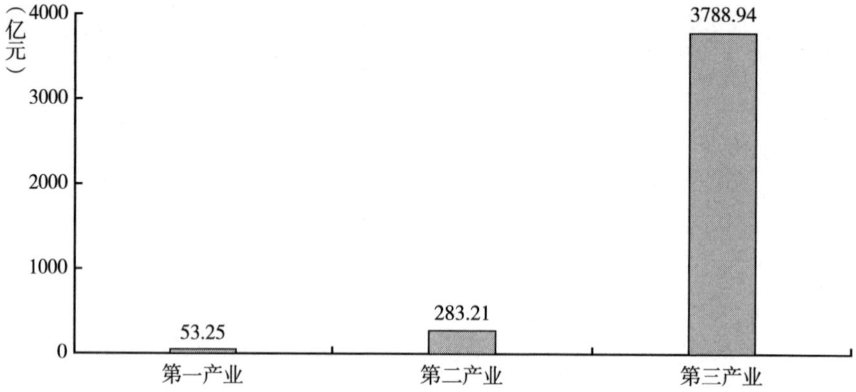

图 3　2017 年海南三大产业投资额

资料来源：笔者根据《海南统计年鉴 2018》绘制。

（三）工业生产发展显著

2017 年，海南省整体工业经济发展增速迅猛。如图 4 所示，2017 年，海南省全部工业总产值为 2075.83 亿元，工业增加值达 528.28 亿元，较 2016 年增长了 10.24%，在 2013 ~2017 年首次实现正增长。从轻重工业分类来看，2017 年，虽然海南省重工业增加值的水平仍远高于轻工业增加值，但轻工业的发展更为迅猛，而重工业发展呈现下降趋势，重工业实现增加值 325.93 亿元，较 2016 年下降 2.3%，轻工业实现增加值 161.15 亿元，实现了 7.9% 的增长。从经济类型来看，海南省国有企业和股份制企业工业增加值继续保持稳定的增长态势，而外商及港澳台企业工业增加值呈现下降趋势，首先，2017 年，海南省规模以上股份制企业工业增加值达 261.89 亿元，居所有经济类型企业之首，较 2016 年增长 3.9%；其次，外商及港澳台企业实现工业增加值 122.22 亿元，下降 5.4%；最后，国有企业工业增加值较 2016 年增长 4.3%，实现工业增加值 62.72 亿元。从各细分行业发展来看，海南省八大工业支柱产业呈现差异化发展趋势，污染较重的产业呈现下降趋势，可持续发展的生态产业呈现上升趋势。其中，首先，汽车制造业、石油工业、化学原料和化学制品制造业出现下降趋势，较2016年分别下降20.7%、9.8%和7.4%；医疗制造业增长最为迅猛，高达15.1%；其次，电力热力的生产和供应业、农副食品加工业、非金属矿物制品业和造纸及纸制品业的工业增加值分别增长7.8%、6.1%、4.6%和3.2%。

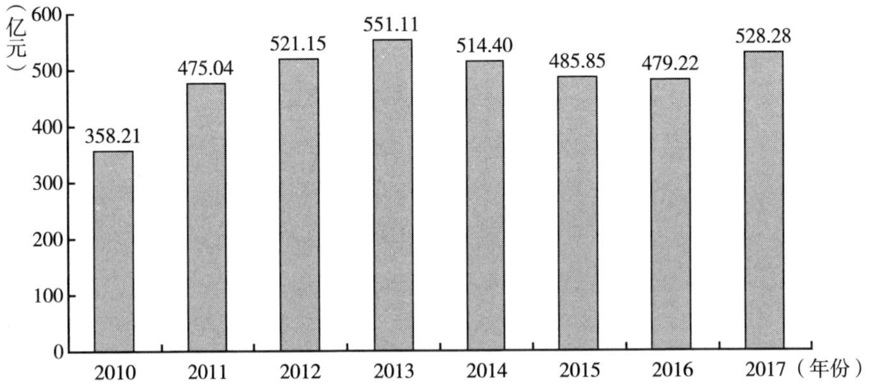

图4　2010～2017年海南工业增加值

资料来源：笔者根据《海南统计年鉴2018》绘制。

（四）旅游业市场更成熟，国际化程度更高

旅游业长期以来都是海南省的传统支柱行业，2017年，海南省的旅游业继续维持高速稳定的发展态势。如图5所示，2017年，海南省全省旅游业增加值为347.74亿元，较2016年增长了10.0%，实现旅游收入811.99亿元，较2016年增长20.81%，接待游客总人数达到6745.01万人次，较2016年增长11.98%。同时，在习近平新时代中国特色社会主义思想以及新发展理念的引领下，海南省积极发展成为国际旅游消费中心，虽然目前海南省游客仍以境内游客为主，但随着国际化目标的推动，海南省旅游业国际化程度不断提高，境外游客人数呈现上涨的趋势。从国内外游客人数来看，2017年，仍以国内游客为主，境外游客为辅，但境外游客人数增长速度令人瞩目（如图6所示）。2017年，海南省接待国内游客人数达6633.07万人次，较2016年增长了11.50%，接待境外游客人数达111.94万人次，增长了49.47%，比2016年增速高24.61个百分点，连续两年保

持高速增长，在接待的国外游客中，来自俄罗斯、韩国和马来西亚的游客人数较多；从实现的旅游收入来看，2017 年，海南省实现国内游客收入达 766. 77 亿元，较 2016 年增长了 25. 64%，继续保持高速增长态势，实现国际旅游收入 45. 22 亿元，虽然较 2016 年有所下降，但仍保持高位。

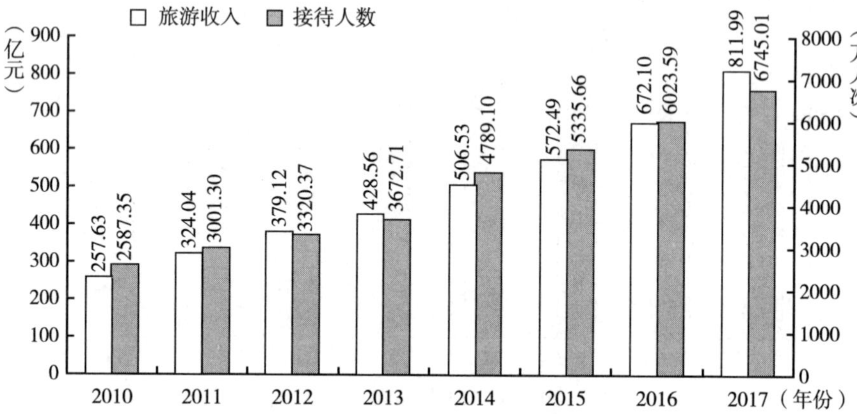

图 5　2010～2017 年海南旅游收入和接待人数情况

资料来源：笔者根据《海南统计年鉴 2018》绘制。

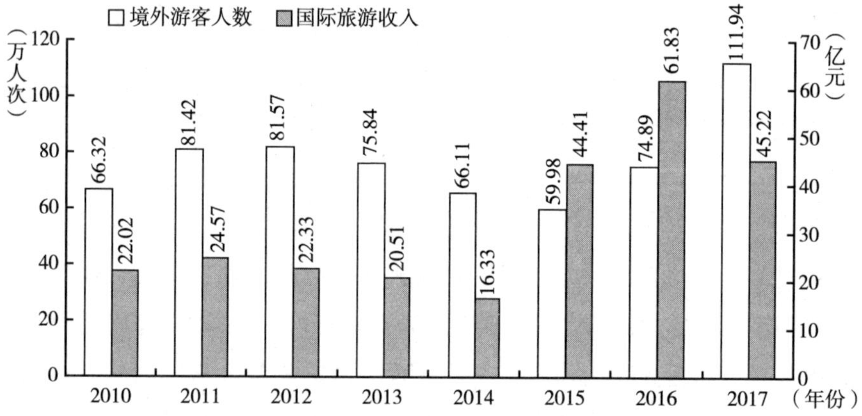

图 6　2010～2017 年海南境外游客人数和国际旅游收入情况

资料来源：笔者根据《海南统计年鉴 2018》绘制。

（五）出口贸易发展加速，贸易逆差减少

2017 年，海南省对外贸易发展逐渐趋于稳定，贸易格局有所改善。虽然整体的进出口贸易仍面临较大压力，进出口总额有所下滑，但在积极推动自由贸易试验区和中国特色自由贸易港的建设下，出口贸易发展成绩令人瞩目，贸易逆差进一步缩小。如图 7 所示，2017 年，海南省对外贸易进出口总额为 103.68 亿美元，较 2016 年下降了 8.47%，降幅有所减小，但是出口总额大幅上升至 43.66 亿美元，上涨了 105.65%，而进口总额下降了 34.80%，为 60.02 亿美元，进一步缩小了贸易逆差，改善贸易格局。

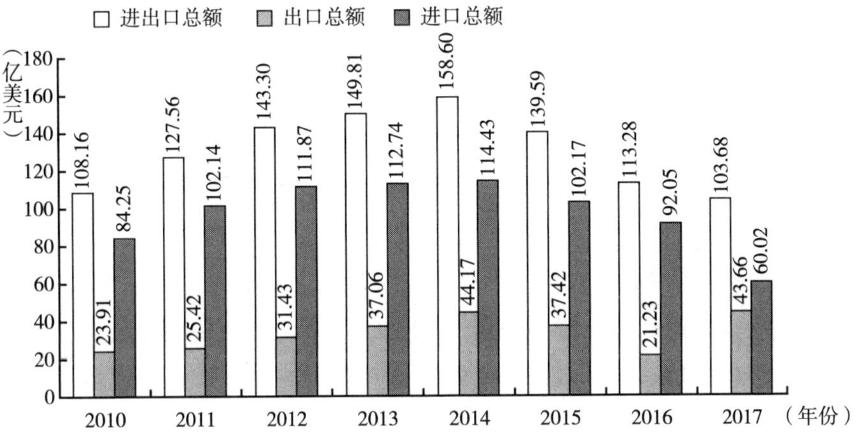

图 7　2010～2017 年海南进出口额情况

资料来源：笔者根据《海南统计年鉴 2018》和海口海关外贸统计数据绘制。

从贸易方式来看，2017 年，海南省仍秉持以一般贸易为主，加工贸易为辅的对外贸易方式。如图 8 所示，2017 年，海南省一般贸易进出口总额为 251.06 亿元，较 2016 年下降了 17.02%，占进出口总额的 36%，加工贸易进出口总额为 101.01 亿元，下降了 42.88%，占进出口总额的 14%。

从进出口货物性质来看，海南省出口产品以初级产品为主，进口产品以

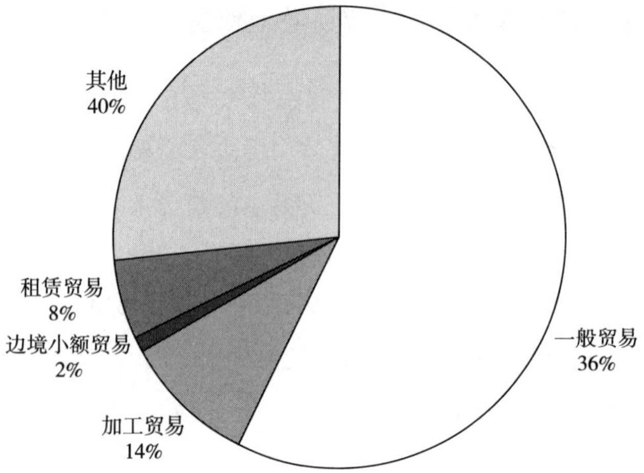

图8　2017年海南进出口贸易方式占比分布情况

资料来源：笔者根据《海南统计年鉴2018》绘制。

工业制品为主。2017年，在海南省的出口贸易中，初级产品的出口额最高，接着为矿物燃油、润滑剂及有关原料，在进口贸易中，工业制品比重最大，接着为初级产品和机械及运输设备。

从贸易伙伴来看，APEC（亚太经合组织）所涉地区是海南省最重要的进出口贸易合作地区，接着为东盟（10国）和北美自由贸易区，其中，菲律宾为海南省最重要的出口贸易伙伴，美国是海南省最主要的贸易进口国。2017年，海南省与APEC的进出口贸易额达498.70亿元，接着为东盟（10国），达214.77亿元，北美自由贸易区为150.30亿元。从出口贸易来看，海南省对APEC、东盟（10国）、北美自由贸易区和欧盟（28国）的出口额分别为222.43亿元、122.89亿元、25.25亿元和21.86亿元，其中，菲律宾的出口额最多，为38.31亿元，接着为新加坡和香港地区，分别为30.78亿元和29.66亿元；从进口贸易来看，海南省与APEC、北美自由贸易区、东盟（10国）和欧盟（28国）的进口额分别为276.27亿元、125.04亿元、91.88亿元和60.89亿元，其中，从美国进口的贸易额最多，达112.13亿元，接着为新加坡，为29.10亿元。

（六）研发投入不断增加，创新质量逐渐增强

2017 年，海南省科学技术水平不断提升，研发投入持续增加，创新质量增强。如图 9 和图 10 所示，自 2010 年起，海南省越来越重视科学技术的发展，研发投入不断增加，2017 年，海南省 R&D 经费支出达 23.11 亿元，较 2016 年增长了 6.45%，较 2010 年增长了 229.20%，R&D 经费支出占地区生产总值的比例也从 2010 年的 34% 提升至 2017 年的 52%，除此之外，R&D 人员全时当量也从 2010 年的 4893.0 人次提升至 2017 年的 7715.0 人次。同时，在研发投入不断增加的背景下，海南省的科学技术水平和创新质量都有显著的提升，如图 11 所示，2017 年，海南省专利申请量达到了 4417 件，较 2016 年增长 20.39%，且自 2010 年起均保持稳定高速的增长态势，其中，发明专利申请量为 1594 件，较 2016 年增长了 25.02%，从专利授权数量来看，2017 年，海南省专利授权数量达到 2084 件，较 2016 年增长 7.53%，其中，发明专利授权数量达到 352 件，占所有专利授权数量的 16.89%。

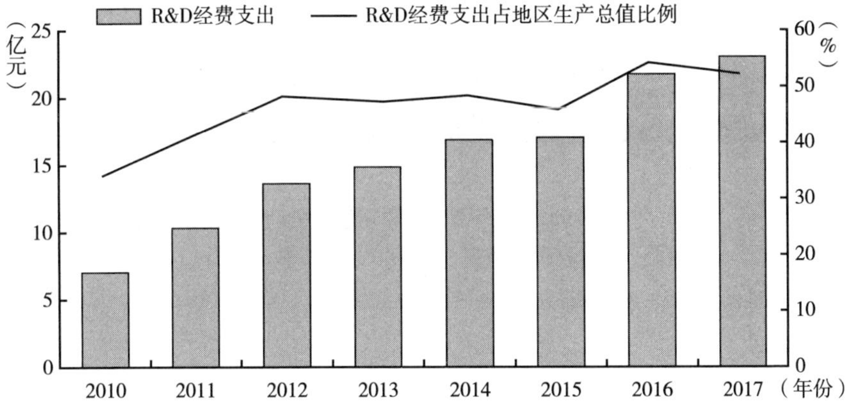

图 9　2010 ~ 2017 年海南 R&D 经费支出及 R&D 经费支出占地区生产总值比例情况

资料来源：笔者根据《海南统计年鉴》（2010 ~ 2018 年）绘制。

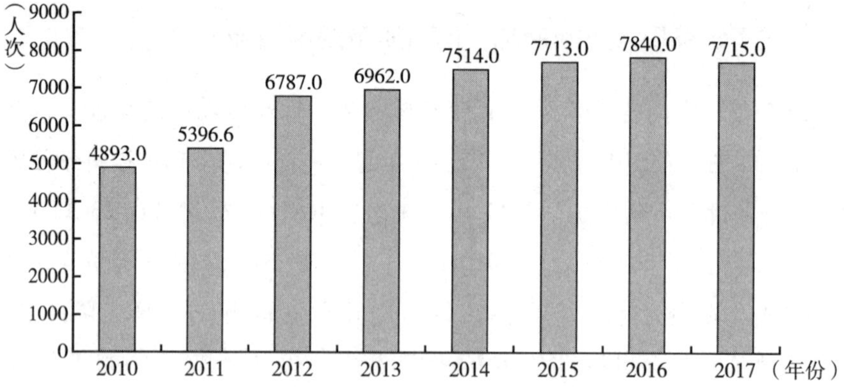

图 10　2010～2017 年海南 R&D 人员全时当量

资料来源：笔者根据《海南统计年鉴》（2010～2018 年）绘制。

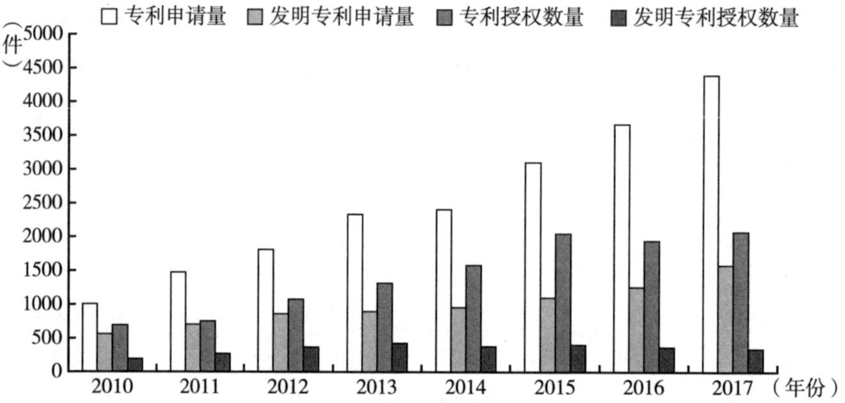

图 11　2010～2017 年海南专利申请量、发明专利申请量、专利授权数量、发明专利授权数量

资料来源：笔者根据《海南统计年鉴》（2010～2018 年）绘制。

二　2017年海南区域经济发展的差异与竞争力评估

1. 指标体系构建的方法

本报告沿用变异系数法来衡量海南省各市县之间的发展差异。为了剔除由于基数大小不同造成的影响，变异系数由标准差和样本均值之间的比值决定，变异系数的计算方式如下：

$$CV = \frac{\delta}{\bar{x}} \tag{1}$$

CV 代表变异系数，δ 代表标准差，$\bar{x}$ 为样本均值。

其中，CV 越大，说明区域间发展差异越大。

$$\delta = \sqrt{\Sigma_{i=1}^{n} \frac{(x_i - \bar{x})^2}{n}} \tag{2}$$

δ 代表标准差，x_i 表示 i 地区的样本值，$\bar{x}$ 为整体样本均值，n 为样本总数。

其中，标准差是样本中变量值与其均值的离差平方的平均值的算数平方根，可以精确地反映地区经济指标的离散程度，标准差越大，说明地区经济指标的离散程度越大。

2. 样本划分方法

本报告选取海南省的 18 个市县作为研究对象进行分析对比，并将 18 个市县划分为东部、中部和西部三大区域。东部地区包括海口市、三亚市、文昌市、琼海市、万宁市和陵水黎族自治县六个市县地区；中部地区包括五指山市、定安县、屯昌县、琼中黎族苗族自治县、保亭黎族苗族自治县和白沙黎族自治县六个市县地区；西部地区包括儋州地区（包括儋州市和洋浦）、澄迈县、临高县、东方市、乐东黎族自治县和昌江黎族自治县六个市县地区。

3. 海南各市县经济发展的总体差异

2017 年，海南省东部、中部和西部地区继续保持稳定高速的增长态势，但是各区域间的经济实力仍存在较大的差异，东部地区是海南省经济发展中心区域，也是经济增长的领军区域，接着为西部地区，而中部地区虽然保持稳定的经济增长态势，但仍与东部和西部地区存在较大的差异。如图 12 所示，2017 年海南省全省的地区生产总值达 4462.54 亿元，东部和西部两个地区占全省地区生产总值比重为 92%，其中，东部地区的生产总值为

2728.32 亿元，较 2016 年增长了 10.94%，西部地区的生产总值为 1392.29 亿元，较 2016 年增长 10.01%，而西部地区仅占全省地区生产总值的 8%，因而，不难看出东部、西部和中部仍保持“东西中”的阶梯式发展。此外，东部、中部和西部地区各市县的经济发展也呈现较大的差异化，东部地区以海口市为发展领军城市，西部地区以儋州地区为经济发展的中心城市，而中部地区以安定县为主。如图 13 所示，2017 年，东部地区的海口市地区生产总值达 1390.58 亿元，远远高于其他区域的各市县，较 2016 年增长了 10.57%，接着为三亚市，地区生产总值为 529.80 亿元，增长了 11.41%，除了陵水黎族自治县之外，东部地区其他城市的地区生产总值均高于 200 亿元，高于其他地区的平均发展水平；而西部地区的儋州地区的地区生产总值也达到了 533.19 亿元，位列全省第二，较 2016 年增长了 11.63%。而中部地区六个市县的地区生产总值仍远低于全省的平均水平，发展较为缓慢。

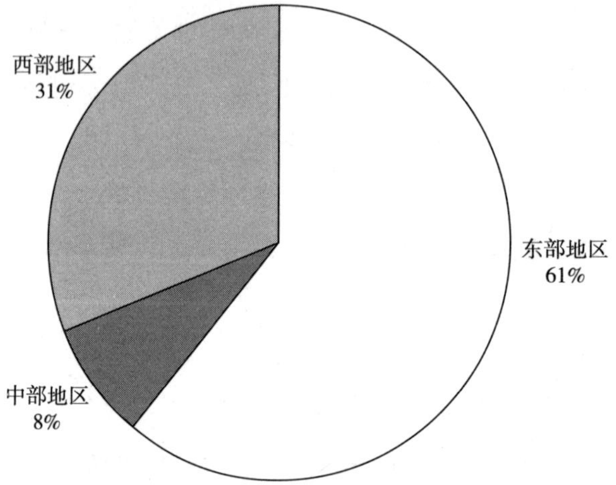

图 12　2017 年三大地区经济总量占比

资料来源：笔者根据《海南统计年鉴 2018》绘制。

从变异系数来看，海南省各市县之间的经济发展仍存在较为明显的差异性和不平衡性。如图 14 所示，2017 年海南省地区生产总值的变异系数仍为

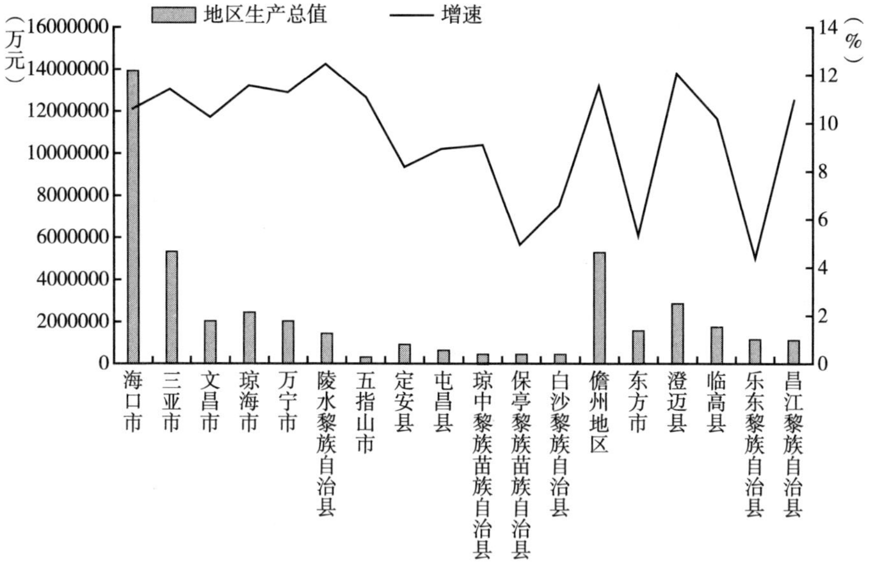

图 13　2017 年海南各市县地区生产总值及增速情况

资料来源：笔者根据《海南统计年鉴 2018》绘制。

1.26，说明海南省各市县间的经济发展差异性大。且自 2010 年以来，海南省地区生产总值的变异系数均大于 1，自 2014 年以来，其变异系数基本保持不变，表明海南省各市县间经济发展不平衡的情况较难得到全面的改善。

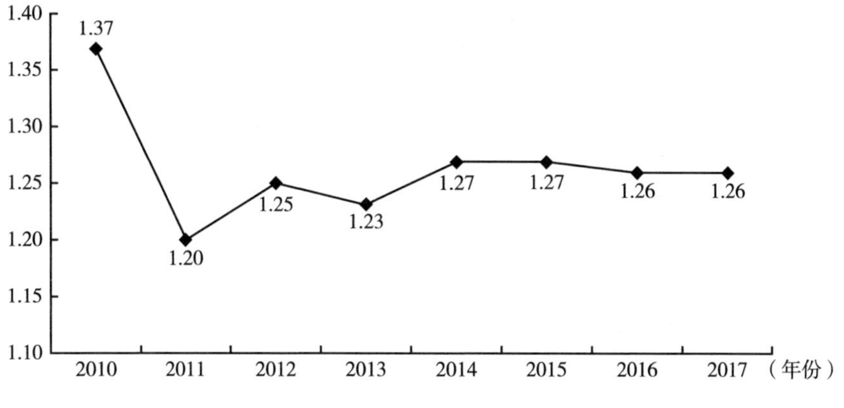

图 14　2010 ~ 2017 年海南各市县生产总值变异系数的变化情况

资料来源：笔者根据《海南统计年鉴 2018》绘制。

4. 海南各市县三大产业的总体差异

2017 年，海南省各市县三大产业发展基本呈现第三产业加速发展、第二产业平稳上升、第一产业基本下降的态势，但各市县间第一、第二、第三产业之间发展存在差异性，其中，海南省各市县第三产业发展的差异性和不平衡性最大，第一产业发展较为平衡。根据海南省三大产业的变异系数分析，如图 15 所示，2017 年，海南省第三产业的变异系数为 1.75，是三大产业中变异系数最大的，虽然较 2016 年的 1.80 有所下降，但仍处于高位，说明海南省各市县第三产业存在较为严重的不平衡发展现象，第二产业的变异系数为 1.20，基本与 2016 年的 1.21 持平，但仍高于 1，表明海南省各市县第二产业发展存在一定的不平衡性，而第一产业的变异系数为 0.59，低于 1，表明海南省各市县第一产业发展较为平衡。而海南省各市县的三大产业之间发展存在如此大的差异性，主要是由于产业格局的变化，第二产业工业和第三产业服务业是经济发展的重点领域，特别是第三产业，第二产业和第三产业的发展与各市县的经济发展水平、区位优势和基础设施息息相关，因而较为发达的城市第三、第二产业发展的速度要远高于欠发达城市，也使本来经济基础较好的城市发展得比经济基础较弱的城市更快、更好，进一步加剧了各市县产业间发展的差异性；而由于第一产业农业发展的速度远不如第二产业工业和第三产业服务业，加之由于产业发展格局的优化，第一产业在经济发展中本处于应该缩小的部分，因而，各市县间第一产业发展较为平衡。

5. 海南各市县工业发展的总体差异

2017 年，海南省各市县工业发展之间仍存在差异性，基本呈现“西东中”的阶梯式发展，西部工业发展水平较高，东部工业发展速度较快，而中部工业发展较为缓慢。如图 16 所示，从海南省各市县规模以上工业增加值的情况来看，2017 年，西部地区除了乐东黎族自治县和昌江黎族自治县的工业增加值增速有所上升之外，其他市县的工业发展速度都有所下降，但是除了临高县和乐东黎族自治县外，其他四个市县规模以上工业增加值都远高于全省平均水平，其中儋州地区规模以上工业增加值达 136.97 亿元，居全省首位，由此可见，虽然西部地区工业发展速度有所下滑，但其工业水平普遍较高；2017 年，东部地区六

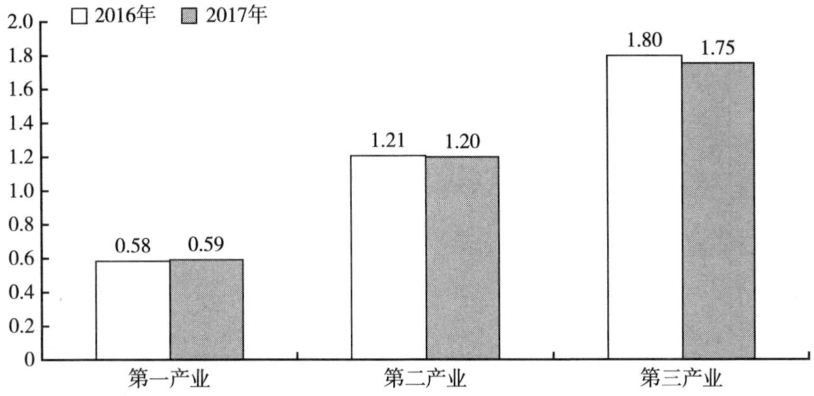

图 15　2016 年和 2017 年海南各市县三大产业的变异系数

资料来源：笔者根据《海南统计年鉴 2017》和《海南统计年鉴 2018》绘制。

个市县的规模以上工业增加值的平均增速达到 13.2%，其中，万宁市和陵水黎族自治县的增速为 20% 及以上，三亚市、文昌市和琼海市的增速也接近及超过 10%，而海口市作为东部地区工业发展实力最为雄厚的城市，虽然在 2017 年的发展速度较为缓慢，但其工业增加值达到 130.29 亿元，位居全省第二，可以看出 2017 年东部地区工业发展速度较快。而中部地区工业发展水平还与东部和西部地区存在较大差异，2017 年，中部地区六个市县规模以上工业增加值的平均水平在全省平均水平之下，且平均增长速度也仅为 2.68%，虽然保亭黎族苗族自治县的增速达到 25.9%，发展速度居全省首位，但其规模以上工业增加值水平居全省末位，且实力差距较大，由此可见，中部地区各市县的工业实力较弱，发展速度也较为缓慢。

从海南省各市县规模以上工业增加值的变异系数来看，如图 17 所示，2017 年，海南省规模以上工业增加值的变异系数为 1.5800，仍大于 1，变异系数偏大，表明海南省各市县在工业发展上存在较大不平衡性，差异性大。但自 2010 年以来，海南省各市县规模以上工业增加值的变异系数均呈现下降趋势，虽然下降速度较为平缓，但仍表明自 2010 年以来，海南省各市县工业发展之间的差异正在慢慢缩小。总的来说，海南省各市县工业发展的不平衡性在缩小，但仍存在较大的差异性。

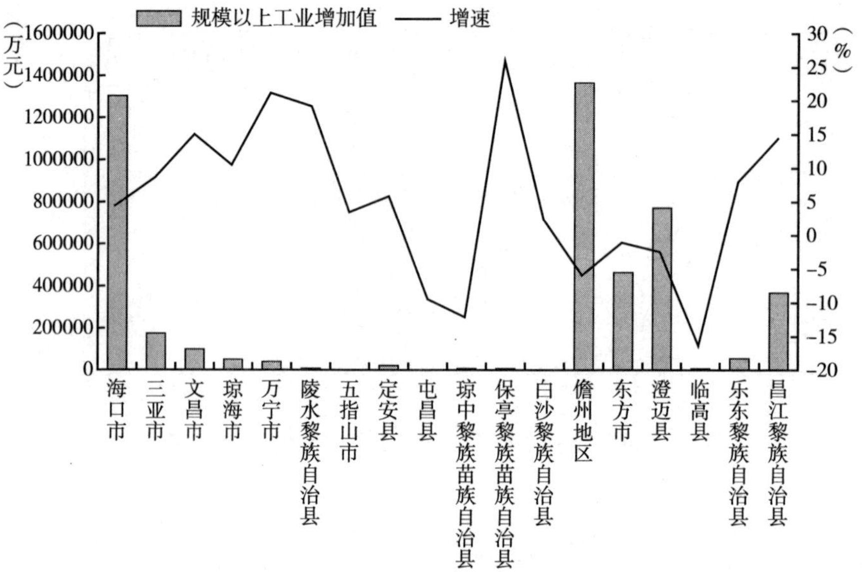

图 16　2017 年海南各市县规模以上工业增加值及增速情况

资料来源：笔者根据《海南统计年鉴 2018》绘制。

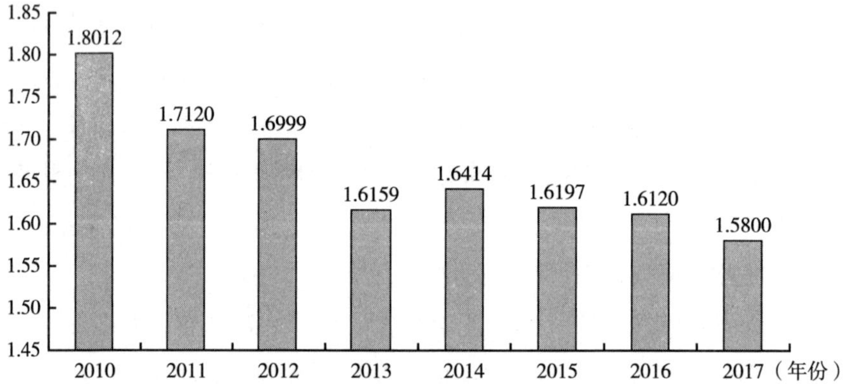

图 17　2010 ~ 2017 年海南各市县规模以上工业增加值变异系数的变化情况

资料来源：笔者根据《海南统计年鉴》（2011 ~ 2018 年）绘制。

6. 海南各市县固定资产投资的总体差异

2017 年，海南省各市县固定资产投资基本处于稳步上升趋势，其中，东部地区固定资产投资最大，接着为西部地区和中部地区，此外，房地产投资占固定资产投资比重较大。如图 18 和图 19 所示，2017 年，海南省全省固定资产投资达 4125.39 亿元，其中房地产投资为 2053.11 亿元，占全省固定资产投资的 50%，可见房地产投资在固定资产投资中仍处于重要地位。从海南省三大区域各市县的固定资产投资情况来看，2017 年，东部地区六个市县的固定资产投资为 3044.90 亿元，较 2016 年上升了 11.06%，增速最快，固定资产投资占全省固定资产投资的 73.81%，其中，房地产投资达 1566.86 亿元，占东部地区固定资产投资的 51.46%，同时，六个市县房地产投资占比平均达到 52.79%，此外，2017 年海南省东部地区六个市县固定资产投资增速平均超过 10%，其中，海口市固定资产投资达 1415.50 亿元，居全省首位，接着为三亚市，其固定资产投资为 868.09 亿元，居全省第二。西部地区 2017 年固定资产投资为 856.90 亿元，较 2016 年增长了 9.32%，占全省固定资产投资的 20.77%，基本与 2016 年持平，其中，房地产投资为 411.79 亿元，占西部地区固定资产投资的 48.06%，同时，西部地区六个市县房地产投资平均占比约为 48%，低于东部地区，接近全省平均水平。此外，澄迈县和儋州地区固定资产投资较大，分别达到 333.82 亿元和 288.40 亿元，位居全省第三和第四。此外，虽然中部地区六个市县固定资产投资的增长速度有所上升，但其固定资产投资均远低于全省平均水平，与西部和东部地区仍存在较大差距。总的来说，东部地区作为经济发展的中心区域，其固定资产投资及增长速度仍居全省首位，中部地区由于经济基础较为薄弱，其固定资产投资的增长速度较为缓慢。

此外，从海南省固定资产投资的变异系数来看，2017 年，海南省固定资产投资的变异系数为 1.52，较 2016 年的 1.62 而言有所下降，但仍大于 1，变异系数偏大，表明海南省各市县固定资产投资的差异性有所缓解，但之间的不平衡性仍较大。

7. 海南各市县在消费领域的总体差异

2017 年，海南省各市县的消费水平呈现稳定的上升趋势，社会消费品零售额保持较高、较稳定、较平衡的速度增长，但各市县间消费能力也呈现

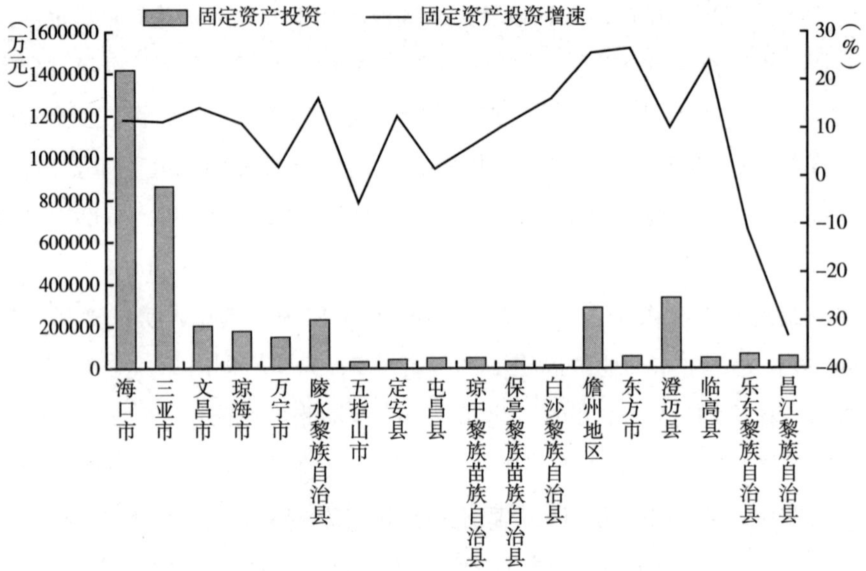

图18　2017年海南各市县固定资产投资及增速变化情况

资料来源：笔者根据《海南统计年鉴》（2011~2018年）绘制。

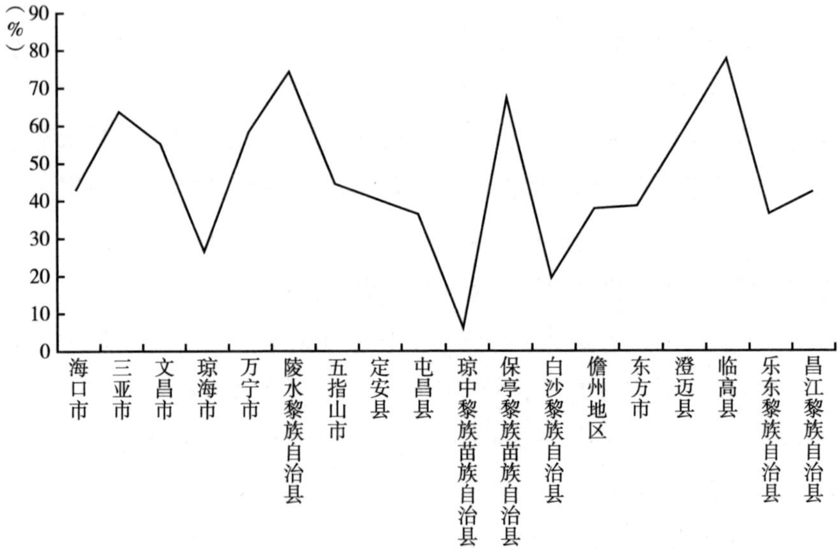

图19　2017年海南各市县房地产投资占固定资产投资的比重变化情况

资料来源：笔者根据《海南统计年鉴》（2011~2018年）绘制。

较大的不平衡性，东部地区的各市县有着较高的消费能力，而西部和中部的消费能力明显比较薄弱。2017 年，海南省社会消费品零售总额达 1618.76 亿元，较 2016 年增长 11.36%。如图 20 所示，从东部、中部和西部地区各市县相关情况来看，2017 年，海南省东部地区六个市县的社会消费品零售额增长速度均超过 11%，全年消费品零售总额为 1233.72 亿元，较 2016 年增长了 11.5%，占海南省全省社会消费品零售总额的 76.21%，其中，海口市的消费品零售额高达 726.12 亿元，占全省总额的 44.86%，接着为三亚市，为 223.77 亿元，占全省的 13.82%，而其他四个城市消费品零售额均不超过 100 亿元，占全省比重也均在 5% 以下，由此可见，虽然东部地区社会消费品零售额最高，各市县的消费能力也稳定提升，但各市县之间差异巨大，基本存在以海口市和三亚市为主要消费重地的情况；西部地区六个市县 2017 年社会消费品零售额均保持约 10% 的速度增长，全年社会消费品零售额为 276.04 亿元，较 2016 年增长 10.92%，占全省总额的 17.1%，其中，儋州地区社会消费品零售总额最高，达 95.11 亿元，占全省总额的 5.88%，居全省第四，其他市县的消费品零售额占比均低于 3%，因而，除了儋州地区外，西部地区各市县消费能力比较平衡；中部地区 2017 年社会消费品零售额为 108.99 亿元，较 2016 年增长了 10.92%，虽然中部地区各市县也均保持 10% 左右的增长速度，但其消费品零售额都较低，六个市县消费品零售额占全省的比重均在 1% 左右。由此可以看出，海南省三大区域以及各市县之间消费能力存在较大的差异，基本存在海口市和三亚市占大头，其他市县消费能力均薄弱的态势，表现出断崖式的差异化情况。

从社会消费品零售额的变异系数看，2017 年，海南省社会消费品零售额变异系数为 1.80，与 2016 年持平，且大于 1，接近 2，表明海南省各市县社会消费品零售额存在很大的不平衡性，差异较大。

8. 海南各市县在财政收支领域的总体差异

2017 年，海南省各市县一般公共预算收入基本呈现稳步上升的态势，东部、中部和西部一般公共预算收入情况呈现“东西中”的阶梯式差异。如图 21 所示，2017 年，海南省全省一般公共预算收入为 674.11 亿元，较

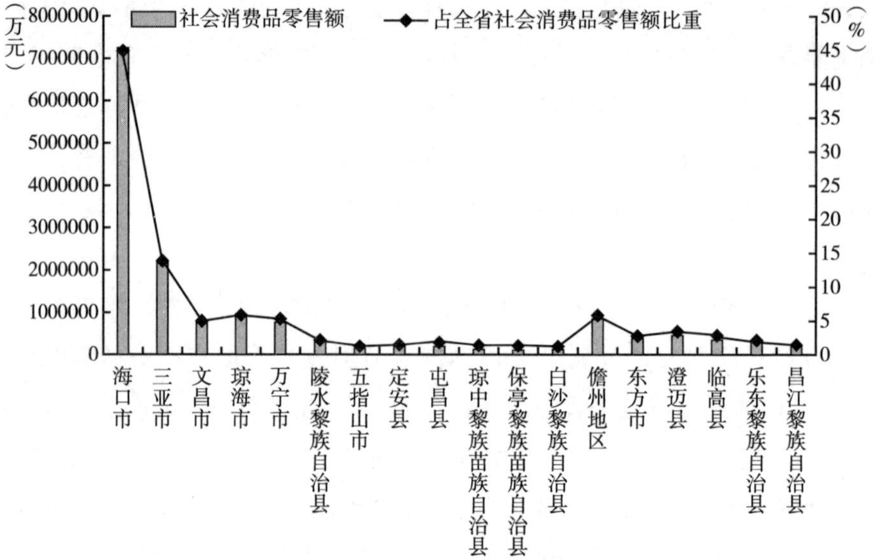

图 20　2017 年海南各市县社会消费品零售额及占全省社会消费品零售额比重的变化情况

资料来源：笔者根据《海南统计年鉴》（2011 ~2018 年）绘制。

2016 年增长了 5.74%，从东部、西部和中部地区的各市县相关情况来看，2017 年，海南省东部地区一般公共预算收入为 311.21 亿元，较 2016 年上涨了 6.94%，其中，海口市和三亚市的一般公共预算收入较高，分别为 125.36 亿元和 92.96 亿元，占整个东部地区的 70.15%，列全省一般公共预算收入的第一、第二名，而东部其他四个城市一般公共预算收入水平差异不大，也呈现稳定的增长态势；西部地区 2017 年一般公共预算收入为 112.14 亿元，约为东部地区的 1/3，比 2016 年增长了 5.18%，其中，儋州地区一般公共预算收入最高，为 49.11 亿元，增长 3.7%，东方市和乐东黎族自治县一般公共预算收入出现下降趋势，分别下降了 5.49% 和 20.43%，而其他地区增长幅度较大；中部地区六个市县一般公共预算收入普遍较低，均不超过 5 亿元，其中白沙黎族自治县仅为 1.62 亿元，居全省末位。此外，如图 22 所示，从海南省一般公共预算收入的变异系数看，2017 年，海南省一般公共预算收入变异系数为 1.35，略高于 2016 年的 1.33，变异系数偏大，也表明了海南省各市县一般公共预算收入之间不平衡情况仍存在，且有所增加。

2017 年，海南省一般公共预算支出普遍呈现上升趋势，其中中部地区平均涨幅较大，东部和西部地区一般公共预算支出涨幅稍为平缓。如图 23 所示，2017 年，海南省全省一般公共预算支出为 1443.97 亿元，较 2016 年上涨了 4.90%，分区域来看，东部地区 2017 年一般公共预算支出为 550.82 亿元，比 2016 年上涨了 3.51%，其中，海口市和三亚市的一般公共预算支出较大，分别为 198.31 亿元和 130.02 亿元，居全省第一、第二位，但增长幅度较小，而其他四个城市一般公共预算支出为 40 亿～70 亿元，增长幅度较大，基本超过 10%；西部地区 2017 年一般公共预算支出为 338.95 亿元，比 2016 年增长了 5.94%，其中，儋州地区一般公共预算支出最高，为 118.29 亿元，而其他市县一般公共预算支出水平比较平衡，差异较小，其中临高县的增长幅度最大，为 16.8%；中部地区一般公共预算支出最少，但是涨幅最大。2017 年，虽然中部地区六个市县一般公共预算支出均为 20 亿～30 亿元，但是除了屯昌县和琼中黎族苗族自治县涨幅较小外，其他市县一般公共预算支出较 2016 年均增长超过 25%。此外，如图 22 所示，从海南省一般公共预算支出的变异系数来看，2017 年，海南省一般公共预算支出变异系数为 1.12，较 2016 年的 0.81 有所上涨，超过了 1，表明虽然较弱的中部地区在一般公共预算支出方面涨幅较大，但海南省各市县之间一般公共预算支出的差异仍较大，不平衡情况有所加剧。

三　2017年海南经济发展的总体评述和相关建议

（一）2017年海南经济发展的总体评述

1. 整体经济发展水平稳步提升，区域经济存在差异性

2017 年，在新发展理念的引领下，海南省经济向着稳定、健康、可持续的进程前行。2017 年，海南省全省地区生产总值有显著的提升，经济实力不断增强，并且在供给侧改革的推动下，产业结构优化升级，更加改善了“三二

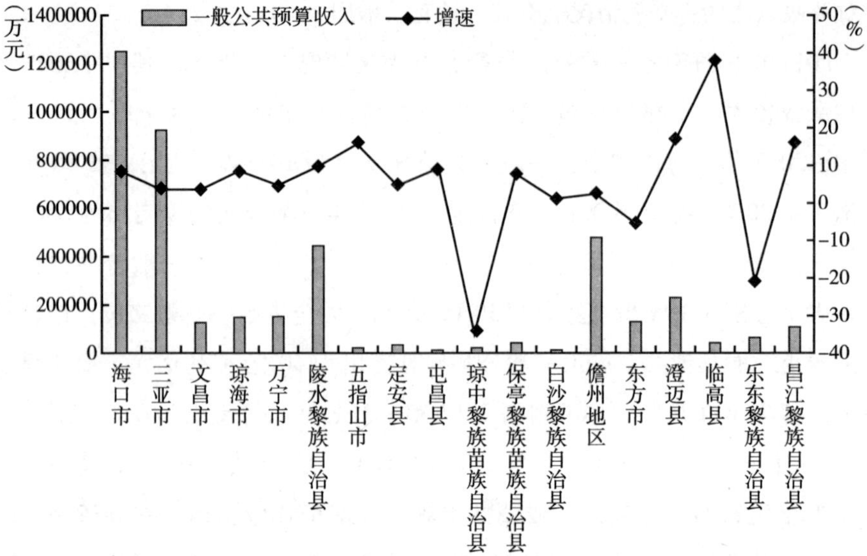

图 21　2017 年海南各市县一般公共预算收入及增速的变化情况

资料来源：笔者根据《海南统计年鉴 2018》绘制。

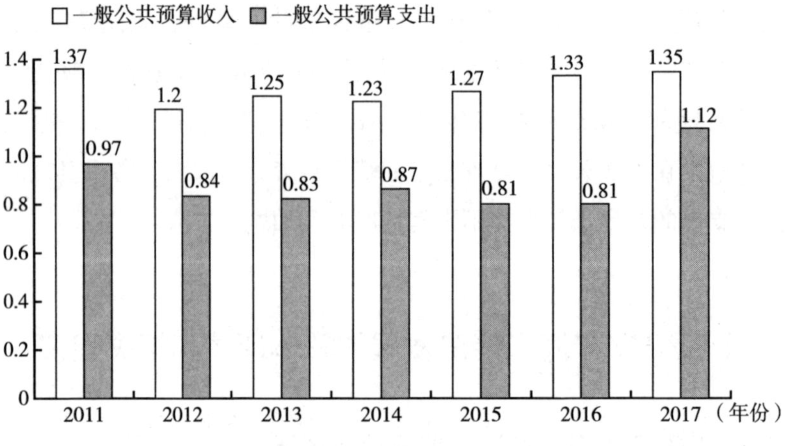

图 22　2011 ~ 2017 年海南各市县一般公共预算收入与支出的变异系数

资料来源：笔者根据《海南统计年鉴》（2011 ~ 2018 年）绘制。

一”的产业阶梯发展状况，其中，轻工业和新兴服务业的发展较为显著；固定资产投资持续上涨，并且集中在重点发展的第三产业；除此之外，社会消费品

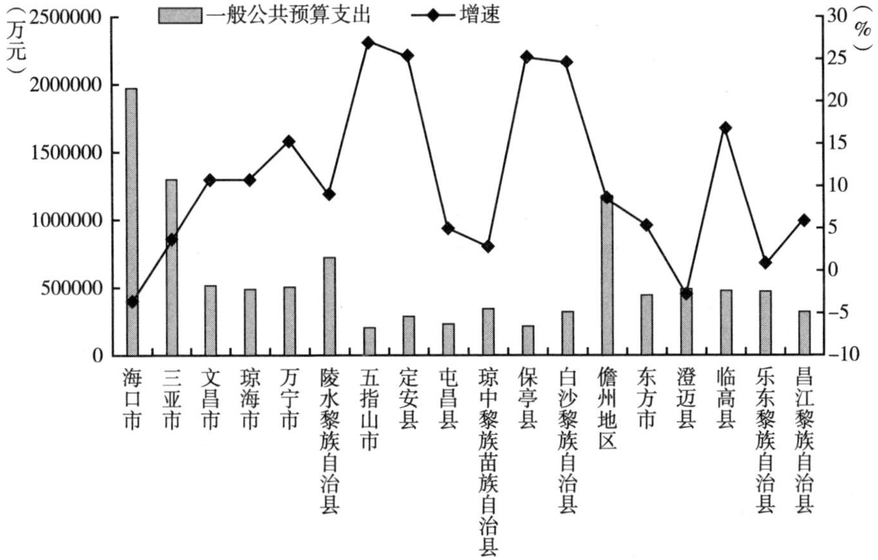

图 23　2017 年海南各市县一般公共预算支出及增速的变化情况

资料来源：笔者根据《海南统计年鉴 2018》绘制。

零售总额稳步提升，社会消费品水平和消费能力不断上升。但是，在良好的经济发展态势下，海南省各区域间经济发展不平衡，经济实力悬殊，在海南省三大区域和各个市县的发展上，仍旧保持“东西强，中部弱”的发展格局，并且形成以海口市和三亚市为核心区域的倾斜式发展，从变异系数来看，虽然各区域间的三大产业发展差异、工业发展差异、固定资产投资差异、社会消费品零售额差异的变异系数近年来有所下降，但仍保持在 1 之上，表明各市县之间发展的差异性、不平衡性仍根深蒂固，难以铲除，这将进一步制约海南省经济的可持续发展，阻碍全面实现建成小康社会的伟大目标。

2. 贸易格局改善，出口贸易发展显著

在较为严峻的国际形势和贸易环境下，2017 年，海南省出口贸易发展水平明显提升，贸易格局得以进一步改善。在加快建设自由贸易试验区和中国特色自由贸易港的目标下，海南省积极发展进出口贸易，2017 年，海南省出口贸易实现飞速发展，出口贸易额较 2016 年上涨了一倍有余，进一步缩小了贸易逆差，优化改善了贸易格局。同时，海南省为了鼓励企业开展进出口业务，设立专项扶持和奖励基金，鼓励企业做强做大，提高企业的积极性。此外，为进一步加快进出口贸易发展，实现自由贸易试验区和自由贸易港建设的双重目标，海南省积极建立高效、快捷的进出口管理制度，实现“快进快出快核”，不断提高进出口效率。

3. 旅游国际化水平提升，旅游经济效益明显

2017 年，海南省旅游行业国际化水平不断提升，旅游市场开发也取得了积极的成效，实现了良好的旅游经济效益。2017 年，海南省在旅游人数和旅游收入上均超额完成任务，旅游人数和旅游收入大幅增长，旅游总收入再创新高。同时，海南旅游业国际化程度提高，2017 年海南接待的境外游客数量较 2016 年增长了近 50%，进一步增加了国际旅游收入，即大幅度增加了海南外汇旅游收入。此外，2017 年，海南省发布了《海南省旅游发展总体规划（2017—2030）》，进一步促进海南旅游行业发展，推动旅游行业供给侧结构性改革，为建设国际旅游岛、世界一流海岛、世界一流国际旅行目的地提出了具体的目标和要求。

（二）促进海南经济发展的政策建议

1. 坚持大开放、大改革的发展步伐

海南省自 1988 年正式成为中国经济特区后，一直积极走在中国改革开放的前列，而 30 年的特区经验告诫海南应坚持不懈地推动大开放、大改革，以“大开放带动大改革，大改革推进大发展”作为经济发展的铁律。2018 年 4 月，习近平总书记在庆祝海南建省办经济特区 30 周年大会上指出，海南省在新时代新起点上应继续推进全面深化改革，把成为改革开放的重要窗口、改革开放的试验平台、改革开放的开拓者、改革开放的实干家作为新形势下经济特区发展的新定位。因而，海南要继续坚持开放为先，实行更加主动的开放战略，加快建立开放型经济新体制，推动形成全面的开放新格局；要站在更高的起点谋划和推进改革，下大气力破除体制机制弊端，形成更加成熟更加定型的制度体系，不断解放和发展社会生产力。同时，国务院发布

的《关于支持海南全面深化改革开放的指导意见》也指出海南应以建设全面深化改革开放试验区为战略定位，实行更积极主动的开放战略，探索建立开放型经济新体制。

2. 全力建设自由贸易试验区，形成中国特色自由贸易港

海南作为一个岛屿经济体，位于重要的战略地理区域，应积极抓住新的历史发展机遇，全力建设自由贸易试验区和中国特色自由贸易港，实现经济的腾飞。2018 年习近平总书记在对海南省的重要讲话中提出，党中央决定支持海南省全岛建设自由贸易试验区，推动海南省成为中国特色自由贸易港。建立自由贸易港，对海南发展外贸具有巨大的优势，是海南实现经济快速发展的重要机遇。此外，《关于支持海南全面深化改革开放的指导意见》提出了建设中国特色自由贸易港具体的阶段发展目标，2020 年，自由贸易区要取得重大进展；2025 年，要初步建立自由贸易港制度；2035 年，要形成更加成熟的自由贸易港制度体系和运行模式；党的十九大报告中也明确指出要赋予自由贸易试验区更大改革自主权，探索自由贸易港，因此，海南在建设自由贸易试验区，探索中国特色自由贸易港时应积极学习国际自由贸易港建设的先进经验，以国际最高标准要求自身，总结中国香港、新加坡、迪拜等国际上成熟自由贸易港的建设经验和发展模式，结合自身情况和中国国情，寻求符合自身实际的发展道路。

3. 积极打造国际旅游消费中心

海南作为一个美丽的宝岛，旅游业为其传统优势行业，积极打造海南成为国际旅游消费中心，是实现海南旅游产业国际化，推动海南产业发展的重要举措，更是实现高质量发展的要求。2017 年，海南颁布的《海南省旅游发展总体规划（2017—2030)》为促进海南省建设国际旅游岛、全域旅游创建省做出了明确的发展要求。党中央、国务院颁布的指导意见明确指出海南要积极从“国际旅游岛”向“国际旅游消费中心”迈进，强调了国际旅游和消费的两个核心。因而，在建设国际旅游中心的进程中，海南应首先加强基础设施和公共服务建设，扩大交通容量，打造更加全面化、便利化、国际化的公共服务设施；其次应精准定位，打造具有特色的海南国际旅游品牌，

并将海南国际旅游品牌推广至全球，形成品牌号召力；最后应积极发展各类以旅游带动消费的路径，在发展旅游业的同时，带动各个主题旅游消费品集群，同时在自由贸易港的同步发展中，打造国际知名的免税购物中心。

4. 积极推动创新发展

在新时代的发展理念下，积极推进创新发展是海南省在经济发展进程中不可忽略的重要部分。创新是引领发展的第一动力，是建设现代经济体系的战略支撑。因而，海南省在促进经济发展中，就必须牢固树立创新发展理念，深入实施创新驱动发展战略。首先，海南省应营造好的创新文化氛围，在培养本土科技创新人才的同时，积极引进海内外创新人才，破除人才短板，建设高素质、专业化的人才队伍；其次，加强打造创新平台，支持创新基地、高新技术产业园的建设，加大引进科研机构力度，从而促进基础研究能力的提高；再次，加大科技创新的扶持和激励力度，充分调动科研人员和社会公众的积极性，释放更多创新活力；最后，强化知识产权保护，为科技创新提供重要保障。

参考文献

《编者说明》，载海南省统计局、国家统计局海南调查总队编《海南统计年鉴2018》，中国统计出版社，2018。

习近平：《在庆祝海南建省办经济特区30周年大会上的讲话》，《人民日报》2018年4月14日第2版。

夏锋、郭达：《海南经济特区开放型经济发展的基本经验与战略选择》，《改革》2018年第5期，第27～36页。

袁智慧、李佳宾：《海南省旅游业发展对经济增长的拉动效应研究》，《中国农业资源与区划》2018年第8期，第230～235页。

B.14

上海浦东新区发展报告

章 平 洪翠翠 *

摘 要： 2017 年是上海浦东新区开放开发、实施“十三五”规划的重要一年，也是供给侧结构性改革的深化之年。浦东新区持续推进创新驱动发展、经济转型升级，在推进自贸试验区建设、科创中心核心功能区建设、加强供给侧结构性改革、推动城乡发展一体化、提高城市建设管理水平、提高社会事业共享度、织密扎牢基本民生保障网和生态环境建设方面取得显著进步。数据分析结果显示，2017 年浦东新区经济增长态势良好，主要体现在经济规模、效率、分享性、持续性、充分性、稳定性、协调性和创新性方面，重点分析新区内的自贸试验区发展状况。根据上述分析结果以及政府目标阐释了政策含义并给出相关建议，着重强调政府治理能力提升方面面临的机遇和挑战以及可进一步完善的配套措施。

关键词： 浦东新区 经济增长 自贸试验区

本报告根据上海市浦东新区 2017 年月报数据、2018 年第 1 期《上海市浦东新区人民政府公报》的数据以及《2017 年上海市国民经济和社会发展

* 章平，深圳大学中国经济特区研究中心副研究员，管理学博士，硕士研究生导师，主要研究方向为比较制度分析；洪翠翠，深圳大学中国经济特区研究中心理论经济学专业硕士研究生。

统计公报》整理而成，对浦东新区2017年的发展情况进行科学分析，分析其经济规模、效率、分享性、持续性、充分性、稳定性、协调性和创新性，同时，也对区内的自贸试验区的发展状况进行了分析，并根据数据分析结果以及政府目标给予一些政策性建议。

一　基于浦东新区发展综合评价指标的综合考察

经济增长是每个国家都重点关注的问题，对于经济增长的测量有其相应的指标，王文博（2001）认为经济增长包括数量扩张和质量提高两个方面，是数量与质量的统一。其认为经济增长质量含义应是指一个国家（或地区）在集约型增长方式下经济活动满足社会需要及可持续发展的总体效益。李变花（2005）认为经济增长分为狭义经济增长和广义经济增长，狭义经济增长仅指在数量上的增长，广义经济增长既包括在数量上的增长，又包括在质量上的增长。

李变花（2004）提出经济增长质量指标体系应包括八个方面：①经济增长水平指标，包括绿色GDP和以货币购买力平价测算的人均GNP（GDP）指标；②经济效益综合指标体系，包括全社会劳动生产率、投资效果系数、单位能耗产出率；③经济结构指标体系，包括第三产业增加值占GDP比重、城镇化水平、工业产品销售率；④技术进步指标体系，包括高科技投入指标、高技术产业增加值比重指标、科技直接产出指标；⑤环境保护指标体系，包括工业废水排放达标率、工业废气处理率、工业固体废弃物综合利用率；⑥竞争能力指标体系，包括出口值占GDP的比例、外商投资额比重、人均邮电业务量信息能力；⑦人民生活指标体系，包括人均GDP、城镇居民人均可支配收入、农民人均纯收入；⑧经济稳定性指标，一般用经济增长波动率来衡量。

樊元、杨立勋（2002）认为经济增长质量是指经济增长适应国民经济整体水平提高或发展需要具备的特性，可分为内在特性和外在特性两方面，内在经济增长质量指经济增长过程中的要素投入比例、经济增长效果及经济增长效益；而外在经济增长质量指经济增长的稳定性、协调性以及经济增长赖以生存的经济制度，且外在经济增长质量和内在经济增长质量往往交织在一起。毛海波（2009）把经济增长质量界定为：“经济增长质量是经济增长过程中表现出来的国民经济有效性、稳定性、协调性、分享性、创新性及持续性等方面的优劣程度。”

本报告基于经济增长及其质量的相关研究，针对浦东新区的特点以及实际，以图 1 的评价指标体系来考察浦东新区 2017 年发展状况。

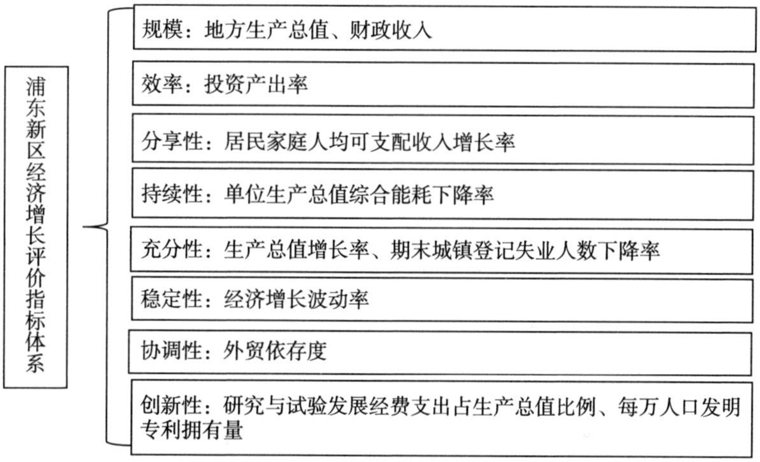

图 1　浦东新区经济增长评价指标体系

（一）经济增长规模

对于浦东新区 2017 年经济增长规模的衡量指标，我们采用的是地区生产总值指标。2017 年，浦东新区的生产总值为 9651.39 亿元，比 2016 年名义增长 10.5%，除去价格因素，实际增长 8.7%。2016 年，浦东新区的生产总值为 8731.84 亿元，比 2015 年名义增长 10.6%，实际增长 8.2%，如此看来，2017 年，浦东新区的经济增长率与 2015 年基本持平，经济态势较好，发展平稳。从图 2 也可以看出，2013 ~ 2017 年，浦东新区的生产总值在持续稳定增长。

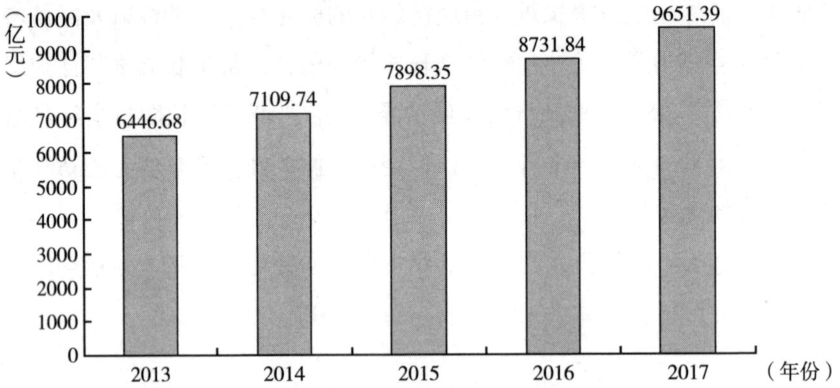

图2　2013～2017 年浦东新区生产总值

资料来源：上海市浦东新区历年统计月报。

除了生产总值这个指标外，我们还考察了浦东新区的财政收入。2017 年，浦东新区的财政收入为 3937.96 亿元，相较于 2016 年的 3610.62 亿元，增长了 9.07%（增长率以上一年财政收入为基数）（见图 3）。

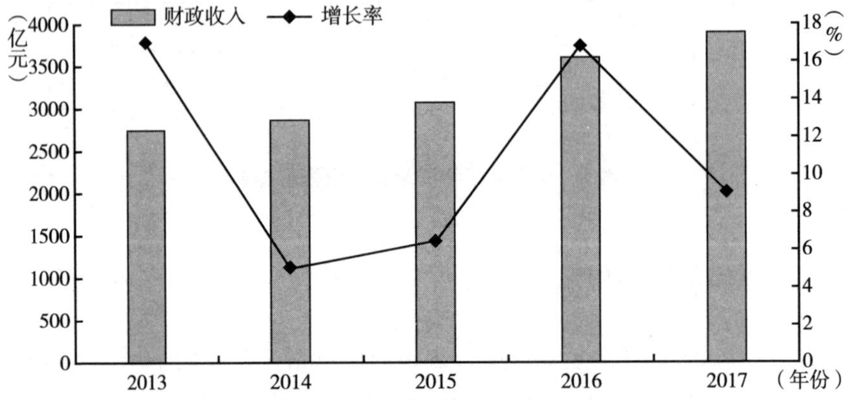

图3　2013～2017 年浦东新区财政收入及增长率变化情况

资料来源：上海市浦东新区历年统计月报。

（二）经济增长效率

在本报告中，我们使用投资产出率这一指标来衡量经济增长的效率。

其中，投资产出率为生产总值与当年全社会固定资产投资总额的比值。从图4我们可以看到，2013～2017年，投资产出率逐年稳步上升。其中，2017年的投资产出率为5.07，2016年的投资产出率为4.78，高出了0.29，也就是说，相较于2016年，在2017年，投资固定资产1元，产出可以多0.29元。

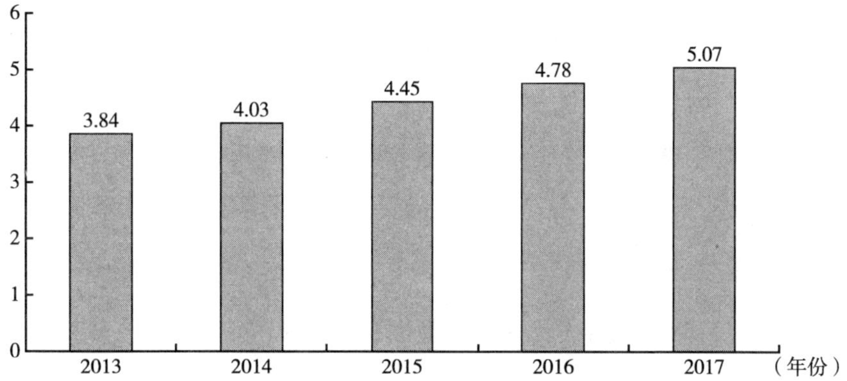

图4　2013～2017年浦东新区投资产出率

资料来源：上海市浦东新区历年统计月报。

（三）经济增长的分享性

对于经济增长的分享性，由于数据的可获得性，我们使用居民家庭人均可支配收入增长率这个指标，2018年第1期《上海市浦东新区人民政府公报》显示，2017年，浦东新区居民家庭人均可支配收入增长了8.90%，高于全市0.3个百分点。在图5中我们可以看到，2015～2017年，浦东新区居民家庭人均可支配收入增长率变化并不大，比较平稳（图5只有2015年至2017年的居民家庭人均可支配收入增长率的原因在于2013年以及2012年城镇居民人均可支配收入与农村居民人均可支配收入是分开统计的，可比性不强）。同时，2017年全国居民人均可支配收入比2016年名义增长9.0%，浦东新区居民人均可支配收入增长率基本与全国持平。

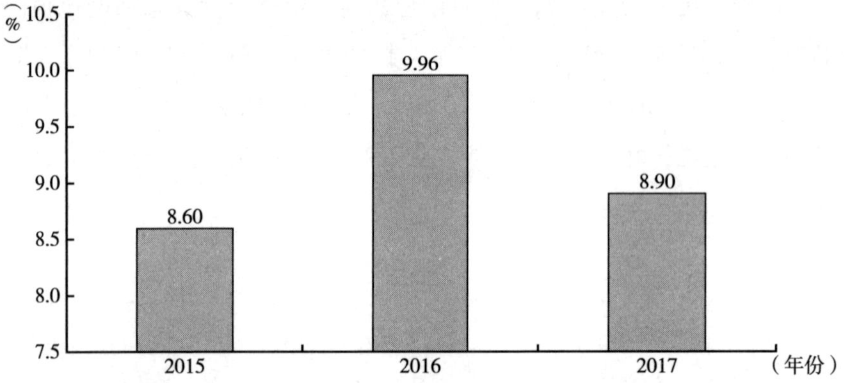

图5　2015～2017年浦东新区居民家庭人均可支配收入增长率

资料来源：《上海统计年鉴》（2016～2018年）以及《上海市浦东新区人民政府公报》2018年第1期。

（四）经济增长的持续性

对经济增长的持续性的衡量，我们一般使用单位产值的能源消耗来衡量。基于现有的数据，本报告使用单位生产总值综合能耗下降率这一指标。根据2018年第1期《上海市浦东新区人民政府公报》，2017年，上海市浦东新区单位生产总值综合能耗下降率在3.7%左右，2016年，浦东新区单位生产总值综合能耗下降率为3.5%左右，2017年与2016年的下降率基本持平。

（五）经济增长的充分性

经济增长的充分性衡量的是一个地区经济发展的潜力、现有资源的有效利用程度以及现有的经济资源是否在生产过程中形成了新的生产力，储备了资本等。

1. 生产总值增长率

首先，我们使用生产总值增长率这一指标来考察浦东新区的发展潜力。从图6我们可以看到，2017年浦东新区的名义生产总值增长率为10.5%，实际增长率为8.7%，与2016年基本持平，浦东新区的名义生产总值增长率近几年较为平稳。与此同时，对比2017年上海市名义生产总值增长率为

9.7%，浦东新区的名义生产总值增长率要稍微高一些，这说明2017年浦东新区的经济发展在全市范围内比较好，发展势头强劲。

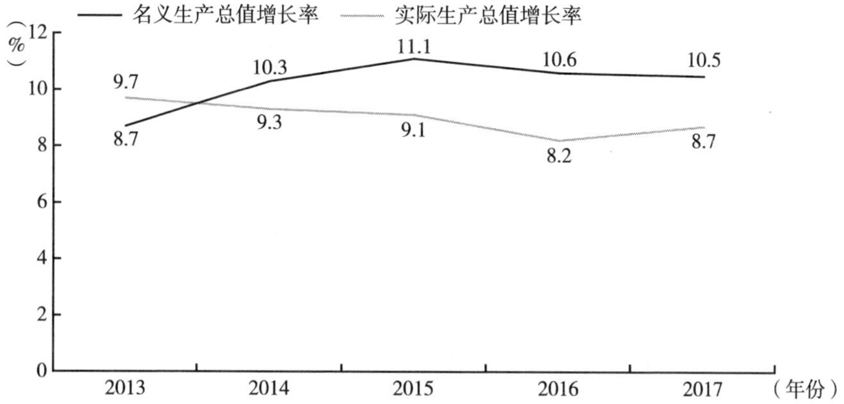

图6　2013～2017年浦东新区名义和实际生产总值增长率变化情况

资料来源：上海市浦东新区历年统计月报及《上海统计年鉴》（2014～2018年）。

2. 期末城镇登记失业人数下降率

期末城镇登记失业人数减少数以及期末城镇登记失业人数下降率指标反映了在经济增长的过程中有没有实现更充分的就业，实现充分就业是政府重要的工作目标之一，也是衡量人民是否能够安居乐业的重要指标之一。2017年，浦东新区的期末城镇登记失业人数下降率为11.90%，对比2016年的8.90%，上升了3个百分点，这表示浦东新区在GDP增加的同时，城镇登记失业人数也在不断减少（见图7）。

（六）经济增长的稳定性

经济增长的稳定对于一个国家是极其重要的，经济增长的稳定性是一个国家经济健康、持续发展的重要指标。基于现有的数据，我们考虑经济增长波动率这一能够反映经济增长是否平稳的指标。经济增长波动率的计算方法为当年的经济增长率减去基期的经济增长率的绝对值再比基期的经济增长率，经济增长波动率越小，说明经济增长的波动越小，反之，经济增长的波

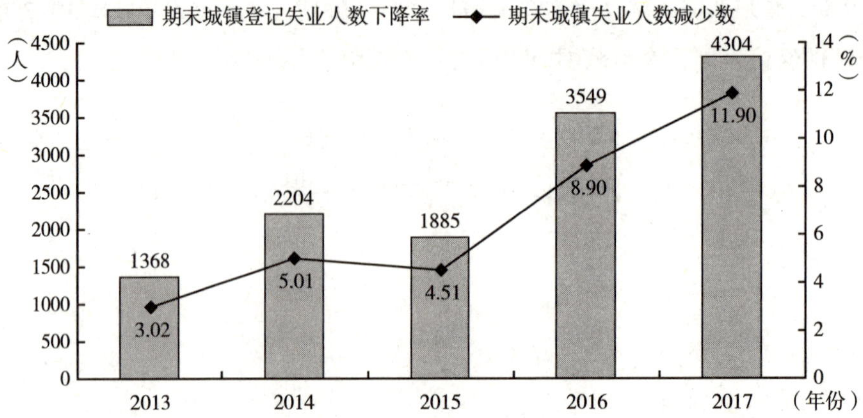

图7　2013～2017年浦东新区期末城镇登记失业人数下降率以及减少数的变化情况

资料来源：上海市浦东新区历年统计月报及《上海统计年鉴》（2014～2018年）。

动越大（经济增长率为实际增长率）。从图8我们可以看出，2017年浦东新区的经济增长波动率为0.061，2016年的经济增长波动率为0.099，这说明2017年与2016年的经济增长率波动较大，另外，从图8中我们也可以观察到浦东新区近几年的经济增长波动率在增加，通过这样的结果其实我们可以预测到，由于浦东新区的经济增长率较前几年有所下降，计算经济增长波动率时，基期的经济增长率越来越小，因此经济增长波动率容易变大。

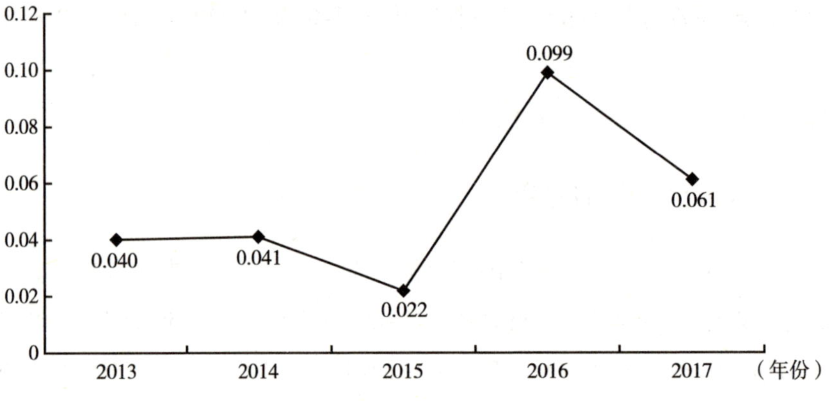

图8　2013～2017年浦东新区经济增长波动率

资料来源：上海市浦东新区历年统计月报。

（七）经济增长的协调性

经济增长的“三驾马车”为消费、投资和出口，本报告使用外贸依存度这一指标来衡量浦东新区经济增长的协调性。外贸依存度为进出口总额与GDP之比，这个指标可以在一定程度上反映出口情况，也从另一方面反映了经济增长的协调性。2017年，浦东新区的外贸依存度为2.027，与2016年基本持平，另外，根据图9，我们可以看到，2013～2017年，浦东新区的外贸依存度都在2.0以上，说明浦东新区的经济发展比较依赖进出口，同时，我们也可以从图9中看到，2013～2017年浦东新区的外贸依存度呈现下降趋势，这是一种好的趋势，说明浦东新区的经济结构变化使浦东新区的经济增长不再那么依赖进出口。

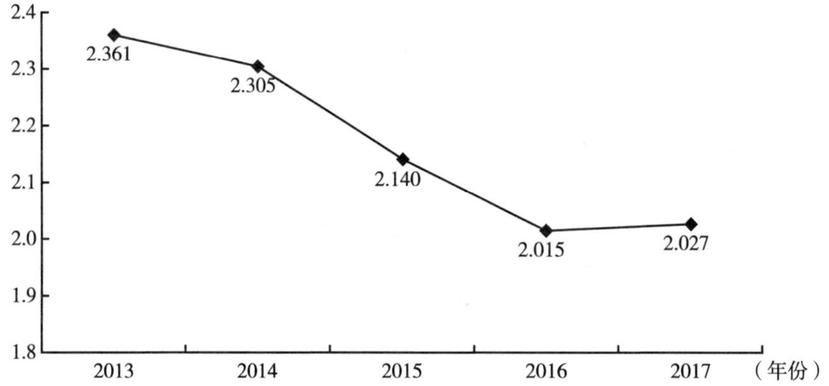

图9　2013～2017年浦东新区外贸依存度

资料来源：上海市浦东新区历年统计月报。

（八）经济增长的创新性

经济增长的过程需要创新性，创新才可以让经济更好地保持增长。在衡量经济增长的创新性时，我们使用研究与试验发展经费支出占生产总值比例以及每万人口发明专利拥有量两个指标来衡量。根据2018年第1期《上海市浦东新区人民政府公报》，2017年浦东新区全社会研究与试验发展经费支出相当于生产总值比例为3.70%，与2016年相比基本持平。从图10我们可以看出，2014～2017年，全社会研究与试验发展经费支出相当于生产总值比例均在3.6%左右，同时，2017年，全国全社会研究与试验发展经费支出达到1.76万亿元，同比增长17.3%，占国内生产总值的2.15%，如此看来，浦东新区的全社会研究与试验发展经费支出相当于生产总值比例在全国范围内较为领先，研究与开发投入更多也使浦东新区在科技等方面的创新成果领先于其他地区。

另外，我们来看每万人口发明专利拥有量这一指标。2018年第1期《上海市浦东新区人民政府公报》显示，2017年，浦东新区每万人口发明专利拥有量为55件，对比2016年的43.6件多了11.4件，增长了26%，浦东新区每万人口发明专利拥有量在全国范围内处于领先水平。

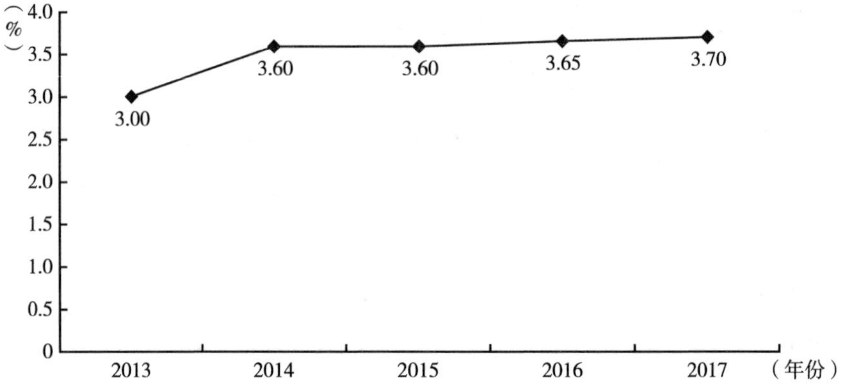

图10　2013～2017年浦东新区研究与试验发展经费支出相当于生产总值比例

资料来源：《上海市浦东新区人民政府公报》。

二　新区发展态势与特征

（一）经济结构优化促进经济增长

2017年，浦东新区经济稳定发展，地区生产总值增长8.7%，高于全市平均增幅1.8个百分点，财政总收入增长较快，完成3937.96亿元，增长9.1%；一般公共预算收入快速增长，完成996.26亿元，增长8.5%，这表明浦东新区2017年的经济发展态势良好。其中，第二产业增加值增长7.9%，占生产总值的25.1%；第三产业增加值增长9.1%，占生产总值的74.7%，制造业和服务业成为经济增长的“双轮驱动”，实体经济进一步巩固，规模以上工业总产值增长8.4%，战略性新兴产业产值占工业产值的比重达到40.9%。税收总额中制造业占比最大，达到23.1%，比重进一步提高。

（二）核心功能加速提升促进经济发展

浦东新区是第一个国家级新区，现在已然成为上海作为国际金融中心、国际经济中心、国际贸易中心以及国际航运中心的重要引擎。2017年，浦东新区持牌类金融机构共有1001家，中债金融估值中心、中央国债登记结算公司上海总部、中债担保品业务中心落户浦东，中信登信托登记系统上线运行，上海关键收益率SKY发布，保交所推出保险资管平台和中国城乡居民住宅地震巨灾保险运营平台。同时，2017年，上海浦东证券市场实现成交额306.37万亿元，增长7.9%，自贸区金融综合监管服务平台也在建设中。2017年，浦东新区的港口集装箱吞吐量和国际机场货邮吞吐量分别增长7.3%和11.2%，推动上海国际海事组织亚洲技术合作中心等一批高端功能性机构落户，对外贸易快速发展，外贸进出口总额增长11.2%，占全市比重为60.7%。此外，迪士尼持续带来消费新活力，拉动浦东新区社会消费品零售额增长0.6个百分点。

三 2017年浦东新区自贸区发展状况

考察浦东新区的发展情况就避不开自贸区的发展状况。2013年8月，国务院正式批准设立中国（上海）自由贸易试验区，9月29日正式挂牌成立，成为中国实行政府职能转变、金融制度、贸易服务、外商投资和税收政策等多项改革措施的试验田，并大力推动上海市转口、离岸业务的发展，至

2017 年末，已发展了 4 年多。在 2017 年，自贸区的发展状况以及改革进展备受瞩目，我们从经济指标、改革举措来考察自贸区 2017 年的发展状况。

（一）经济指标

从《2017 年上海市国民经济和社会发展统计公报》提供的信息和数据来看，2017 年，区内新注册企业累计超过 5 万户，全年外商直接投资实际到位金额达 70.15 亿美元，外贸进出口总额达 13500.00 亿元，占全市比重均超过 40%。在金融方面，金融开放创新和金融风险防范同步推进，共开立 FT 账户 7.02 万个，当年累计收支总额为 7.65 万亿元。跨境双向人民币资金池累计 769 家，收支总额为 9761.50 亿元。自贸区企业境外直接投资中方协议投资额累计达到 694.00 亿美元。自贸区内共有 95 家企业开展跨国公司外汇资金集中运营管理业务，同时，自贸区发布了全国首份自贸试验区金融服务业对外开放负面清单指引。表 1 为 2017 年中国（上海）自由贸易试验区的主要经济指标及增长速度，能够反映 2017 年自贸区某些方面的发展状况。

表 1　2017 年中国（上海）自由贸易试验区主要经济指标及增长速度

指标	单位	绝对值	比 2016 年增长（%）
一般公共预算收入	亿元	578.48	8.6
外商直接投资实际到位金额	亿美元	70.15	13.5
全社会固定资产投资总额	亿元	680.31	12.4
规模以上工业总产值	亿元	4924.95	14.8
社会消费品零售额	亿元	1494.62	7.0
商品销售额	亿元	37042.67	10.2
服务业营业收入	亿元	5157.74	14.3
外贸进出口总额	亿元	13500.00	14.7
出口额	亿元	4053.10	3.0
期末监管类金融机构数	个	849	4.2
新兴金融机构数	个	4630	-0.5

资料来源：《2017 年上海市国民经济和社会发展统计公报》。

（二）改革举措

2017 年上海浦东自贸区所取得的改革进展如下。

负面清单，即凡是针对外资的与国民待遇、最惠国待遇不符的管理措施，或业绩要求、高管要求等方面的管理限制措施，均以清单方式列明。自贸区的负面清单已经公布了四个版本，即 2013 版（190 条）、2014 版（139 条）、2015 版（122 条）和 2017 版（95 条）负面清单，对负面清单以外领域，实施内外资一致的市场准入。2017 年，自贸区把负面清单减少以进一步吸引外资进入自贸区，此外，自贸区的市场准入负面清单制度试点工作方案及市场准入负面清单涉及的区级行政审批事项目录已经发布试行。

新的贸易便利举措。2017 年，自贸区率先实施企业名称登记改革，推出企业名称网上自主申报等创新举措，为进一步促进贸易便利化，国际贸易“单一窗口”3.0 版上线运行，保税区关检“三个一”查验平台也全面建成运行，货物状态分类监管试点企业扩大至 39 家。

政府治理能力先行区加快建设。2017 年，自贸区形成了提升政府治理能力先行区总体方案；深化“证照分离”改革试点，第一批 116 项改革事项已复制推广到其他自贸试验区。同时，加强事中事后监管体系建设，着力完善“四位一体”的监管体系，探索构建了“六个双”监管机制，已实现 21 家监管部门全覆盖，108 个监管行业、领域全覆盖。“三全工程”全面推进，104 项企业准入区权事项全部实现“全网通办、一次办成”，74 项实现“网上全程办理”，“单窗通办”模式于 2017 年 11 月 6 日启动运营；188 项个人社区事务已实现“全区通办”；政府政务信息“全域共享”加快推进，海关特殊监管区实现与口岸、金融等监管部门的信息共享，与 80 个国家、市、区部门对接。优化完善区镇职能，率先开展统筹核心发展权和下沉区域管理权改革。建立“统一规则、整体开发、总体平衡”的区域开发机制。

四　政策建议

（一）自贸试验区发展

首先，自贸试验区需要更加进一步提高投资贸易便利化程度。2017年，浦东新区继续深化投资管理体制改革；市场准入负面清单制度试点工作方案及市场准入负面清单涉及的区级行政审批事项目录发布试行；率先实施企业名称登记改革，推出企业名称网上自主申报等6项创新举措，投资贸易便利化程度提高，为进一步提高投资贸易便利化程度，需要更多创新举措。

其次，坚持开放型经济，2017年，自贸试验区开放型经济取得了一些成效，金融开放创新和金融风险防范同步推进。此外，浦东新区还完善自贸试验区境外投资服务平台，设立“一带一路”技术贸易措施企业服务中心等，自贸试验区还需继续探索开放型经济发展新领域。

在政府治理能力方面，2017年，浦东新区已经形成了提升政府治理能力先行区总体方案，但还需要继续加强构建以建设政府各管理部门互联互通、信息共享的大数据平台为抓手，政府主导、行业自律、企业自控、社会监督的“四位一体”大监管格局。

（二）科技创新与人才引进

2017年，浦东新区制定了科创中心2020行动方案及推进举措，明确了“两大区域、五大支撑体系”重点任务，张江实验室已经挂牌成立，在人工智能、云计算、算法交易、大健康等新兴产业领域引入一批优秀企业，同时，浦东新区深入推进浦东国际人才试验区建设，落实公安部就科创中心建设推出的十条新政，在张江行政服务中心办事大厅设立“海外人才服务专窗”，开展了“两证融合”试点，这些都表明浦东新区在科技创新与人才引进方面较为重视。目前，我国各地都在进行经济结构改革，科技创新作为第一生产力，各地方都很重视，在科技创新方面，浦东新区有较大优势，需要更多的举措来吸引更多高科技产业入驻浦东新区，在科技创新方面形成规模效应。同时，也需要更多的政策或措施来吸引和留住海内外各行业的人才，为科技创新提供人才后备军。

参考文献

王文博：《经济增长质量统计指标体系研究》，《统计与信息论坛》2001 年第 1 期，第 10 ~ 13 页。

李变花：《中国经济增长质量研究》，吉林大学博士学位论文，2005。

李变花：《经济增长质量指标体系的设置》，《统计与决策》2004 年第 1 期，第 25 ~ 27 页。

樊元、杨立勋：《关于经济增长质量统计的若干理论问题》，《西北师大学报》（社会科学版）2002 年第 2 期，第 111 ~ 114 页。

毛海波：《浅谈经济增长质量的内涵》，《企业导报》2009 年第 4 期，第 25 ~ 26 页。

《上海市浦东新区人民政府公报》2017 年第 1 期。

《上海市浦东新区人民政府公报》2018 年第 1 期。

《2017 年上海市国民经济和社会发展统计公报》，上海市统计局，2018 年 3 月 8 日。

陆铭：《创新科技与金融结合方式完善科技中小企业投融资体系　对上海浦东新区科技金融体制改革的经验总结（下）》，《华东科技》2014 年第 6 期，第 50 ~ 51 页。

B.15
天津滨海新区发展报告

李　桐*

摘　要： 2017年对天津滨海新区经济发展来讲是极具挑战性的一年，经历年初主动“挤水分”后，地区生产总值较之前缩水3000亿元，经济增速下调为6%。在雄安新区设立后，滨海新区在“疏解北京非首都功能，优化京津冀城市布局”等方面的功能定位势必从根本上受到影响，需要从长远角度调整滨海新区现有定位，使两个新区的发展不至于产生功能性重复，各尽所长，协调发展。本报告从2017年滨海新区各项发展数据入手，分析滨海新区2017年整体发展状况和发展中的问题，并提出相应政策建议，以期与雄安新区形成带动华北地区产业转型与经济发展的两极，在京津冀一体化方面发挥重要而积极的作用。

关键词： 天津滨海新区　“挤水分”　雄安新区

2017年，无论对天津市还是滨海新区来说，都是不平凡的一年，可以用“内忧外困”来形容。首先从内在方面看，2017年新区将2016年的万亿元地区生产总值主动调降到6654亿元，降幅达1/3，同时大幅下调2017年经济增速预期为6%，即7000亿元左右，这是继辽宁和内蒙古之后，第三个大规模主动“挤水分”的地区。其次从外在因素分析，2017年4月1日，

---

* 李桐，深圳大学中国经济特区研究中心教师，经济学博士。

中共中央、国务院决定设立雄安新区这一全新的国家级新区，将其视为“继深圳经济特区和上海浦东新区之后又一具有全国意义的新区”，是“千年大计”，旨在“集中疏解北京非首都功能，探索人口经济密集地区优化开发新模式，调整优化京津冀城市布局和空间结构，培育创新驱动发展新引擎”。从中央对雄安新区的功能定位可以看出，雄安新区的设立必将对滨海新区的功能规划和长远发展产生重大影响，在“疏解北京非首都功能，优化京津冀城市布局”等方面产生功能性交叉，势必从根本上影响到滨海新区现有发展规划，需要从长远角度调整滨海新区功能定位，使两个新区的发展不至于产生功能性重复，各尽所长，协调发展。

在极具挑战性的2017年，滨海新区也有经济发展的亮点：第三产业增加值比重同比提高2.7个百分点，全年共签约引进北京项目657个，完成协议投资额1192.8亿元①。

由于2017年滨海新区各项经济数据与往年相比统计口径出现重大变化，现有数据不再具有历史可比性，因此，本报告将着重分析滨海新区在未来发展方面如何更好地发挥自身特点，利用区位优势与雄安新区协调发展等。

一　2017年总体态势及发展特征

2017年新区总体经济发展基本实现了预期目标，从经济数据看，地区生产总值可比增长6.0%，数值接近“挤水分”前2012年水平。其中，第一产业下降0.3%，第二产业增长1.7%，第三产业增长11.5%。第三产业增加值比重同比提高2.7个百分点②。与天津市统计局公布的数据横向比较，天津全市生产总值增长3.6%，在“挤水分”的背景下，滨海新区6%的增长率已属来之不易，这也直接使滨海新区生产总值占天津全市的比重较2016年回升到超过60%，滨海新区在天津全市经济增长中的贡献仍然突出。

① 《2017年天津市滨海新区国民经济和社会发展统计公报》，天津市滨海新区统计局。

② 《2017年天津市滨海新区国民经济和社会发展统计公报》，天津市滨海新区统计局。

现代服务业加速成长，第三产业占比达48.5%，同比提高5.2个百分点，对经济增长的贡献率达66.8%。金融业增加值占比达10.1%，同比提高2.6个百分点。营利性服务业收入增长30%，拉动新区经济增长1个百分点。

从三次产业结构来看，天津全市三次产业结构之比为1.2∶40.8∶58.0，滨海新区为0.2∶51.2∶48.6，从二、三产业结构对比中可以看出，新区内的制造业比重仍然较大，同时服务业比重仍然偏小。滨海新区2017年地区生产总值构成情况见图1。

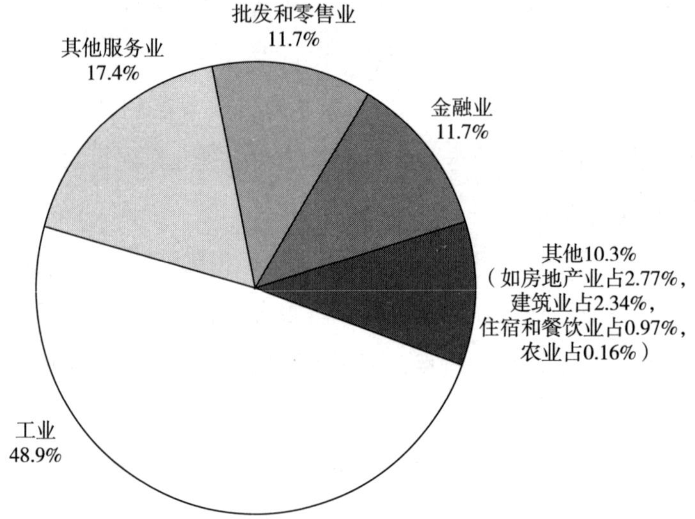

图1 2017年滨海新区地区生产总值构成情况

资料来源：《2017年天津市滨海新区国民经济和社会发展统计公报》，天津市滨海新区统计局。

（一）农业遵循特色发展，强化农业技术研发，提升农业产业附加值

2017年，在主动“挤水分”，将2016年经济发展数据按属地原则重新调整后，为新区各行业的发展腾出空间，影响较小的农业领域2017年完成总产值29.35亿元，同比下降3.9%，其中种植业产值增长1.5%，畜牧业产值下降7.6%，渔业产值下降5%。从产量来看，粮食同比增长11.1%，奶类产量同比下降20.8%，蔬菜产量同比下降14.9%。2017年新区大力发

展休闲农业，拓展农业的旅游休闲功能，2016 年底制定了《滨海新区休闲农业旅游规划》，2017 年开始实施。通过将农业与旅游业相结合，打造著名农业观光景点和线路，使农业向高附加值领域转移，加快农民主体身份由单纯的种植业者向种植、养殖、休闲旅游经营者和现代服务业从业者等多种身份转变，多渠道增产增收。同时不断优化农业产业结构，落实“一减三增”的思路，调减粮食种植面积 15000 亩，新增油葵、中药材等经济作物 7000 亩、牧草 5000 亩、林木 3000 亩等。北部以葡萄、蔬菜为主，南部以牧草、冬枣为主，建设高效种植基地[①]。除种植业外，滨海新区渔业产值长期占据全区农业总产值一半以上，在农业现代化和产业规模不断提升的同时，也带动了农业科技支撑体系，以天津现代渔业技术工程中心为龙头，强化现代渔业技术的研发和转化功能，使渔业从农业向制造加工业和现代服务业领域延伸，充分利用农业科技园区的区位优势和科技，对药材、经济作物、葡萄等进行科技深加工，摆脱从种到卖的简单模式，提升农作物的附加值。

2017 年，滨海新区重点完善环城镇、环村庄、沿公路、沿河道、沿轨道的“两环三沿”造林绿化工程，加快建设城乡一体生态景观，全年共完成造林绿化任务 10433 亩，将任务层层分解，覆盖全区，不断提升全区森林覆盖率。

（二）继续深入推进京津冀协同发展战略，将滨海新区传统优势产业做大做强，引领新区产业结构优化升级

滨海新区作为京津冀协同发展战略中具有重要地缘优势的区域，充分发挥港口资源优势，在离岸金融、国际物流及国际货物中转等领域具有独特优势，同时新区在电子信息、航空航天、机械装备、生物医药、石油化工、轻纺等传统优势产业方面具备发展基础和产业优势，是我国北方最大的冶金基地和石化基地。在京津冀协同发展战略中，要拓展视野，将滨海新区视为京津冀协同发展的海上门户和北京、河北以及雄安新区的海上通道，以雄安新

① 《滨海新区 2017 年农业农村工作要点》，滨海新区农业局。

区为标杆，以充分激发创新驱动、绿色发展、机制改革等内在动力，与国家部委、央企和北京市对接，加强与河北合作，加快推进滨海－中关村科技园等“八大载体”平台建设。

2017年12月20日，三地联合签署《关于加强京津冀产业转移承接重点平台建设的意见》，明确了“2+4+46”个平台，包括北京城市副中心和河北雄安新区两个集中承载地，天津滨海新区等四大战略合作功能区及46个专业化、特色化承接平台，根据地区资源要素禀赋将不同产业向不同承载地转移，将“引导北京金融服务平台、数据中心机构以及科技企业、高端人才等相关创新资源向滨海－中关村科技园集聚”①。具体来看，重点包括天津滨海－中关村科技园、临港经济区高端装备制造产业基地等多个载体。据统计，2017年，新区共签约引进北京项目657个，完成协议投资额1192.8亿元。作为重点承接地的滨海－中关村科技园于2016年11月底建立，成为京津两市构建协同创新共同体的着力点，2017年新增注册企业338家，注册资本金超过50亿元，初步形成产业集聚效应。天津推出支持创业发展的“津八条”，启动鼓励科技创新的“十大扶持资金”、优惠税收政策和人才落户政策，北京则先后组织150余家中关村企业到科技园洽谈合作，借鉴北京中关村的发展经验和模式，针对滨海新区产业特点打造高水平创新示范基地。2017年12月，为百度公司量身定制的“滨海创新中心”正式投入运营，以此为样板，信息技术、生物科技等领域高科技企业逐步成为引领科技园区创新发展的原生动力。

2017年，由于受“挤水分”产生的数据统计口径变化的影响，滨海新区工业增加值可比增长2.3%，从增速来看，明显低于前五年均超过10%的增长率。分行业看，由于近些年产业转型和升级，在原八大优势产业基础上，细分出11大优势产业②，即将原汽车及装备制造业，细分成汽车产业和机械装备产业，

---

① 《关于加强京津冀产业转移承接重点平台建设的意见》。

② 优势产业包括电子信息产业、航空航天产业、机械装备产业、汽车产业、新材料产业、生物医药产业、新能源产业、资源循环及环保产业、石油化工产业、冶金产业、轻纺工业共11个产业。

新增资源循环及环保产业和冶金产业。据统计，2017 年这 11 大优势产业完成总产值 8381.18 亿元，同比增长 7.9%。其中，石油化工产业、新材料产业、生物医药产业和冶金产业分别增长 24.0%、15.2%、11.7% 和 11.7%[①]。

（三）第三产业增加值平稳增长，现代服务业快速发展

2017 年新区第三产业增加值比重同比提高 2.7 个百分点，围绕现代服务业多种业态形式，加大财政税收的支持力度，逐步建立服务于实体经济发展的金融服务体系。在 2018 年天津“两会”上，滨海新区代表和委员也提出要重点培育新业态、拓展现代服务业，支持融资租赁、金融租赁、商业保理等在七大功能区加速集聚，推进普惠金融、科技金融、绿色金融等加速发展。设立文化产业基金，扶持壮大广告会展、动漫游戏、影视娱乐等文化创意产业，继续办好国际文化创意展交会和国际微电影节等品牌项目。着力发展服务外包、工程设计、工业设计、检验检测等技术服务和冷链物流、第三方物流等供应链服务，打造一批新型商圈，提高生产性服务业发展水平。

2017 年 4 月，天津市财政局、商务委下发通知，确认了天津滨海新区现代服务业综合试点项目实施方案，给予 21 个试点项目重点扶持，涵盖了现代物流、科技服务、动漫创意产业等领域，项目累计投资额超过 24 亿元。在金融创新发展方面，截至 2017 年底，滨海新区共有金融经营租赁法人 9 家，商业保理企业近 500 家，股权投资和管理机构 614 家，融资性机构 15 家，特别是聚集了 2000 多家租赁公司，合同余额 10000 亿元，占全国金融租赁公司资产总额的 1/3。以于家堡为例，已有 1300 多家金融企业在此落户，涵盖银行、保险、证券、保理等多种业态。借天津自贸区金融创新之先机，中资企业海外直贷、中资企业跨境借款、首单境内外币租赁资产证券化、个人跨境人民币结算等众多金融创新项目形成了自贸试验区金融创新天津经验[②]。

---

① 《2017 年天津市滨海新区国民经济和社会发展统计公报》，天津市滨海新区统计局。

② 《创新金融业态，集聚发展带动滨海新区金融业“加速跑”!》，搜狐网，http：//www. sohu. com/a/229597206_ 689129。

（四）加快双创示范区建设，促进科技成果转化

2017 年滨海新区共新认定国家高新技术企业 422 家，累计达到 1939 家；新增科技型企业 4322 家，累计达到 30096 家。已建设市级以上重点实验室 111 家，其中，国家级 16 家；工程中心 112 家，其中，国家级 17 家；产业技术创新战略联盟达到 33 家。新建众创空间 10 家，累计建成各类众创空间 58 家，累计建成国家级科技企业孵化器和生产力促进中心各 15 家。在 2017 年度国家科学技术奖名单中，共有四个落户滨海新区的单位参与完成的项目榜上有名，体现了新区落户企业较强的科研实力，全年累计孵化企业 19 家，在落实国家战略方面，军民融合创新研究院、军事科学创新研究院、华为云产业研究院、南开大学研究生院等一批科研机构和科研成果转化机构相继建成并投入使用，为滨海新区转型发展提供充足动力，2017 年底全区国家级孵化器累计达 15 家，在孵项目 80 余项。

（五）充分利用天津自贸区政策，在金融创新、制度创新等领域实现新突破

自 2015 年 4 月挂牌以来，金融创新就是国务院赋予天津自贸试验区的历史使命，东疆保税港区紧抓全国融资租赁和跨境金融结算的试点机遇，在金融机构、金融市场以及金融工具等领域持续拓宽创新渠道，不断提升租赁业发展水平、跨境金融合作以及国际金融投融资便利化等国际业务效率。2017 年天津自贸区共备案设立境外企业机构 22 家，中方投资额为 30. 87 亿美元，占同期全市总额的 93%，成为拉动天津市对外投资最主要的力量。其中天津渤海租赁有限公司出资 26. 5 亿美元收购美国 C2 航空租赁有限公司项目，易生远景（天津）投资管理有限公司累计出资 2. 5 亿美元收购英国国际货币兑换有限公司项目，是当年自贸区也是天津市两项较大的境外投资备案项目①。

---

① 《2017 年天津自贸区成为拉动对外投资最主要力量》，中华人民共和国商务部驻天津特派员办事处网站，http：//tjtb. mofcom. gov. cn/article/y/af/201803/20180302717562. shtml。

截至2017年底，天津自贸试验区已累计发布了六批金融创新案例，在全国范围内推广了45个金融创新项目，在股权基金、资金结算、资产证券化以及商业保理等领域不断创新，推动了融资租赁行业整体质量的提升。在制度创新方面，2017年也完成了多项租赁业的新突破，完成了超深水双钻塔半潜式钻井平台“蓝鲸一号”进口租赁业务，取得历史性突破；积极探索开展无形资产租赁业务试点，促成了首单科技类无形资产租赁业务、文化类无形资产租赁业务落地。目前，以东疆保税港区为核心的天津自贸试验区已成为国内最大的融资租赁聚集区，融资租赁企业数量、业务规模为全国最多、最大。

（六）全面深化“放管服”改革，企业经营更便利

2017年2月起，滨海新区中心商务片区将原来由国税、地税分别办理的192个事项，实现统一受理，企业在单一窗口可办理所有涉税事项，这在全国自贸试验区尚属首例。同时简化企业审批流程，提高审批效率，促进政府职能转变，继续完善“互联网+政务服务”体系建设，将涉税事项纳入联合审批，将负面清单以外的外资企业备案与企业设立合并受理，实现企业设立一天办结，目前滨海新区已在中心商务区等三个片区建立了集中统一的行政审批机构，承接了239项市级审批和服务事项，建立了综合受理单一窗口①。

全面深化“放管服”改革的另一个成果是助力京津冀一体化，延伸到口岸通关领域，实现京津冀海关区域通关一体化改革。企业通过首都机场进出口货物的通关时间节约8个小时，途中运费降低30%；北京、河北企业通过天津港口岸进出口货物通关时间缩短3天，通关成本减少近30%。

二　2017年滨海新区发展面临的挑战

2017年，滨海新区整体发展仍处于稳步增长之中，GDP增长率维持在

① 《在推进投资与贸易便利化上下足功夫，天津自贸区——擦亮融资租赁金字招牌》，《人民日报》2018年1月8日。

7%左右，但由于主动“挤水分”，天津以及滨海新区的经济总量整体下降30%以上，一时成为全国关注的热点话题。此次调整的原因在于统计口径的调整，在以往统计中，统计口径为“注册地”在滨海新区的企业，而实际情况是，许多在滨海新区注册的各类型企业的实际生产经营活动都在外地，致使GDP两地重复计算，导致统计数据“水分”较大。此次主动“挤水分”，就是将“注册地”改为“在地”，即生产经营活动在滨海新区的各类型企业，由于受滨海新区各项优惠政策吸引，注册在新区的企业享受到了优惠政策，但实际生产经营并未在滨海新区，这一比例较高，也导致按“在地”口径计算的GDP下降三成以上。

2018年1月3~4日，天津经济工作会议指出，当前天津发展面临由速度规模型向质量效益型转变的重大机遇和严峻挑战，必须下决心调整优化结构，推进绿色可持续发展，坚决不要徒有虚名、自欺欺人的“速”和“量”。市委书记李鸿忠明确表示，这笔大账早算清、早主动。必须从“速度情结”“换挡焦虑”中摆脱出来，从落后的发展理念中摆脱出来，从粗放的发展方式中摆脱出来，彻底甩掉单纯追求GDP增速包袱，下决心推动高质量发展。

也正是在这一背景下，滨海新区主动换挡，首先从思想层面坚决贯彻会议精神，将统计数据降下来，将数量情结转换为质量优先，对于按原口径计算刚刚破万亿元GDP的滨海新区来说，是很不容易的。但从发展空间和可持续发展角度来说，这也给滨海新区未来指明了发展方向，预留了上升空间，攒足了前进动力。

1. “挤水分”后一段时间内，统计数据的真实性和可比性造成的负面影响需尽快消除

经济指标统计工作是国民经济各行业生产经营活动的真实反映，统计工作开展需要对相对较长一段时间的真实数据进行分析，进而管窥现实经济发展取得的进步和面临的问题，更对未来经济发展趋势进行分析和预测。此次天津全市范围内“挤水分”行动，对多年统计数据的真实性、可靠性和历史数据的可比性均产生较大影响，统计口径的变更也需要对历史数据进行大

规模调整，特别是企业经营性数据的统计口径变更对本地区宏观经济发展指数等经济指标的计算和预测都会造成统计偏差，微观上对企业的信心指数和投资决策也会造成一定的负面影响，因此，需要在尽可能短的时间内修正历史数据，使各项经济指标更加真实地反映本地区客观经济发展现实。

2. 制造业比重超过一半，巩固先进制造业的优势地位

在近年的统计指标中，长期强调的 8 大优势产业在 2017 年扩展到 11 大优势产业，将原汽车及装备制造业，细分成汽车产业和机械装备产业，增加了资源循环及环保产业和冶金产业，2017 年这 11 大优势产业完成工业总产值 8381. 18 亿元，同比增长 7. 9%。由于统计口径调整和指标范围扩大，无法比较具体数值，但从 2017 年数据来看，第三产业增加值比重同比提高 2. 7 个百分点，工业总产值高于第三产业增加值的增长水平。

制造业在未来相当长一段时间内都将是滨海新区的主导产业，这一发展方向是由天津的地理位置和发展定位所决定的。目前，在承接非首都功能疏解方面，新区已经将目光聚集在扩大产业集聚优势上，聚焦于先进制造业集群式发展，以汽车制造、生物医药、航天航空、新能源汽车等先进制造业以及融资租赁、文创产业、金融新业态等现代服务业为发展方向的二、三产业，将是滨海新区未来重要引擎。如何更好地将过剩产能与产业转型升级有效衔接是新区面临的重要挑战。同时，如何更好地协调七大功能区错位发展，避免出现同质化问题，也是新区政府需统筹协调的重要工作。

3. 科技创新能力不断提高，民营经济活力仍需提升

整体来看，企业科技创新能力近年来不断增强，以滨海 - 中关村科技园开展跨区域利益共享机制创新为契机，通过设立产业发展基金，引导创新要素加快集聚，促进科技成果转化能力快速提升。11 大优势产业实现总产值占比超过九成，国有及国有控股企业比例也超过九成。数据显示，2017 年，滨海新区民营企业数量同比增长近两成，首次突破 10 万家，民营科技企业达 2. 83 万家，民营经济税收超过 500 亿元，同比增长近 18%。但与国有及国有控股企业相比，市场份额及规模仍显不足。从全国范围来看，民营经济已成为科技创新的重要力量，新区在重点打造优势产业的同时，也要为民营

企业参与优势产业经营创造良好制度保障环境，使民营企业能积极参与到优势产业上下游产业链之中，形成利益共享平台。同时大力发展混合所有制经济，鼓励民营资本进入能源、基础设施、市政公用事业、教育文化、医疗卫生、金融等行业和领域，开放民营资本进入范围。

4. 城市整体规划仍需完善，基本公共服务能力亟须提升

目前的滨海新区核心区与南北两翼之间、功能区之间、功能区与街镇之间、城区与农村之间的发展差距还比较大。在国家层面实施雄安新区战略后，滨海新区应立足自身优势，着眼于国际标准和长远眼光，全面实施现有的滨海新区城市总体规划，七大功能区应各自找准定位，深化核心区与南北两翼城市设计，高点定位港产城融合发展和南北两翼均衡发展，精准定位各功能区产业发展方向，聚焦解决产业分散化、同质化问题，更加注重错位发展，打造一批全产业链产业集群。积极推进智慧滨海建设，持续改善城市家居环境，提升城市基本公共服务的能力与水平。在京津冀生态一体化概念引领下，三地在大气污染、水污染、固体废弃物污染等生态治理关键领域和生态环境监测领域的深度合作，是解决产业发展与环境保护问题的重要契机。

滨海新区在2006年启动建设至今，已连续多年在基础设施投资方面不断加大投入，2006年总投资接近700亿元，2009年的“十大战役”总投资达1.5万亿元，连续多年的巨额投资造就了多个新区、开发区，有些甚至在2010年我国出现制造业产能过剩之时仍在继续，导致出现产业“烂尾”而没有投入使用的情况。在产业转型升级进程中，这些尚未完工的投资就成了转型升级的障碍，甚至有些投资打了水漂。这些当年的巨大投入不但影响了城市整体功能规划，也阻碍了基本公共服务设施的建设和推进，未完工建设工程和整体完工但无配套设施导致无法使用或无人愿意使用的区域性难题亟待拿出合理方案，避免重复建设和资源浪费。

三　发展展望及政策建议

首先，深刻领会国家设立雄安新区的战略布局，全面理解国家制定京津

冀发展战略与设立雄安新区二者的内在逻辑关系，摆正各自定位。国家将设立雄安新区定位为“继深圳经济特区和上海浦东新区之后，又一具有全国意义的新区，是千年大计、国家大事”。对与雄安新区近在咫尺的滨海新区来说也是一件大事，因为随着雄安新区的高规格定位，滨海新区现有定位及其在京津冀版图中的重要性都将产生变化，哪些定位需要完善、修正甚至舍弃，又能从设立雄安新区这一国家战略中获得哪些发展机遇，使滨海新区与雄安新区整体功能上有效衔接，实现优势互补，而不是对北京疏解非首都功能产生的外溢资源的竞争？必须承认，雄安新区的起点和规格高于滨海新区，在中共中央、国务院批复的《河北雄安新区规划纲要》中，将雄安新区作为北京非首都功能疏解集中承载地，将其建设成为高水平社会主义现代化城市、京津冀世界级城市群的重要一极、现代化经济体系的新引擎、推动高质量发展的全国样板。同时提出要将雄安新区建成绿色生态宜居新城区、创新驱动发展引领区、协调发展示范区和开放发展先行区。这意味着京津冀区域资源必然被分散，而且必然会有优质资源和权力机构被强制性转移到雄安新区，比如，央企、高校、优质医疗资源、北京和河北的地方国企。对政策导向和市场导向天生敏感的民企和外企虽不会被强制转移，但源于逐利本质的企业自然也不会放过这一发展机遇，因此对滨海新区来说，如何与雄安新区优势互补，共同发展，是两地都需要认真思考的重要课题。

作为国务院批准设立的第一个国家综合改革创新区，滨海新区是我国北方地区对外开放的窗口、高水平的现代制造业中心和研发成果转化基地。在国家高规格建设雄安新区前提下，滨海新区要充分发挥自身优势，通过错位发展更好地服务包括雄安新区在内的京津冀地区，特别是要充分利用好滨海新区的区位优势，无论京津冀地区设立多少个新区，滨海新区的港口优势和已拥有的传统制造业优势都无可撼动，也必将成为更好地服务京津冀经济发展的重要引擎。天津自贸试验区内各项优惠政策也是滨海新区优先发展的重要制度保障，滨海新区是京津冀区域中唯一有明确的金融产业定位的区域，是金融运营创新的示范区，要大力推进金融业态大胆创新，保持在融资租赁、互联网金融等金融创新领域的领先地位，同时支持传统制造业转型升级，实现优势制造业全面振兴，为实体经济发展保驾护航，探索金融创新服务实体经济发展的新思路。

其次，要围绕“一带一路”倡议的发展机遇，积极调研“冰上丝绸之路”可行性，充分发挥滨海新区的港口条件和区位优势，带动“三北”地区的航运和国际物流业大发展，为新区的航运和国际物流业发展寻找新的突破口和平台。在现有“西进”和“南下”这“一带”和“一路”基础上，拓宽“北上”之路，切实发挥新区的港口地位优势，使滨海新区成为“冰上丝绸之路”的核心地区。

再次，要进一步放低姿态，不断营造有利于吸引人才创业的发展环境，不断吸引高素质、高技能、国际化人才来新区工作生活，同时为引进人才提供较为舒适和宽松的基本生活保障。雄安新区的正式建设和各项政策出台，必然对滨海新区产生影响，除人才资源争夺方面外，在疏解非首都职能方面北京产业的转移，特别是先进制造业及其配套科研机构转移以及投资领域等都会对其产生一定影响。继续推进“放管服”改革，大胆先行先试，落实“多项合一、多证合一”的各项举措，优化细节，使惠民政策更好地落到实处。

最后，继续巩固京津冀区域的港口优势和地位，将港口经济主动融入京津冀和雄安新区的各项发展规划和战略布局中，在现有基础上继续实施通关便利化举措，延伸海关、安检、质检等部门服务链至内陆客户端，保持在京津冀区域内航运及邮轮经济的优势地位。

参考文献

天津市滨海新区统计局编《天津滨海新区统计年鉴 2017》，中国统计出版社，2017。

《2017 年天津市滨海新区国民经济和社会发展统计公报》，天津市滨海新区统计局。

中共天津市委党校经济学部课题组、李燕：《2017 年天津滨海新区经济发展研究报告》，《求知》2018 年第 2 期。

天津滨海新区人民政府：《天津滨海新区体制机制创新 2016 年进展情况及 2017 年

工作考虑》，《港口经济》2017 年第 3 期。

李娜：《天津滨海新区承接非首都功能疏解的路径研究》，《科技资讯》2018 年第 8 期。

李佳钰、张贵、李涛：《天津滨海新区支持河北雄安新区建设的对策研究——基于比较优势视角》，《城市》2018 年第 1 期。

梁本凡：《抓住雄安建设新机遇促进天津滨海新区加快发展的策略选择》，《城市》2017 年第 5 期。

《在推进投资与贸易便利化上下足功夫，天津自贸区——擦亮融资租赁金字招牌》，《人民日报》2018 年 1 月 8 日。

《2017 年天津自贸区成为拉动对外投资最主要力量》，中华人民共和国商务部驻天津特派员办事处网站，http：//tjtb. mofcom. gov. cn/article/y/af/201803/20180302717562. shtml。

《创新金融业态，集聚发展带动滨海新区金融业“加速跑”!》，搜狐网，http：//www. sohu. com/a/229597206_ 689129。

特区发展动态考察报告

Investigation Reports on the Development Trends of the Special Economic Zones

B.16
深圳前海合作区发展报告

雍　炜*

摘　要：“叠加深港现代服务业合作区、保税港区、自贸试验区、粤港澳深度合作示范区四区之地”的前海，是国家“一带一路”建设以及粤港澳大湾区建设的重要节点，本报告将围绕这个仅拥有15平方公里的“特区中的特区”前海，对过去一年在“制度创新、现代服务业集聚、深港合作”三个方面所取得的新进展进行梳理，分析前海现阶段“如何携手香港共同打造前海自由贸易港”“如何进一步构建适应新经济发展的制度环境”两个焦点问题，并提出了“继续稳步推进前海政府法治化、市场化建设”“增强深港创新要素流动，推进深港融合发展”的对策建议。

* 雍炜，深圳大学中国经济特区研究中心讲师，经济学博士。

关键词： 制度创新　创新要素流动　深港融合发展

2018年4月15日，广东自由贸易试验区深圳前海蛇口片区管理委员会发布了《深入贯彻落实习近平总书记“四个走在全国前列”重要指示精神，推动前海“改革开放再出发”实施方案》，提出了前海“实施高标准改革创新提质行动，在构建推动经济高质量发展体制机制上走在最前列”“实施高质量产业集聚提效行动，在建设现代化经济体系上走在最前列”“实施高水平扩大开放提速行动，在形成全面开放新格局上走在最前列”“实施高起点国际化社会治理优化行动，在营造共建共治共享社会治理格局上走在最前列”“实施高品质城市新中心建设优美前海行动，在推进世界一流城市规划建设上走在最前列”“实施高能级拓展融合型基层党建工程优质行动，在全面落实新时代党的建设总要求上走在最前列”的31条具体措施。在“改革开放再出发”新的历史节点上，“特区中的特区”的前海，势必会继续承担制度创新“试验田”的重要任务，“依托香港、服务内地、面向世界”，先行先试，肩负起“排头兵”的重要使命，发挥好“两个重要窗口”①作用，为实现广东“四个走在全国前列”做出切实的努力。

本报告为连续性报告，将继续围绕前海②，梳理其在过去一年中所取得的新进展、新成效，分析前海现阶段发展中的焦点问题，并提出对策建议。

一　前海所取得的新进展

2018年是改革开放40周年，也是全面贯彻落实党的十九大精神的开局之年。围绕“制度创新、现代服务业集聚、深港合作”三个方面，前海在过去一年时间里，取得了以下新进展、新成效。

---

① 展示我国改革开放成就的重要窗口、国际社会观察我国改革开放的重要窗口。

② 即前海深港现代服务业合作区，广东自贸区深圳前海蛇口片区；另外本报告的数据来自前海管理局。

（一）前海制度创新居全国前列，社会经济效益显著

制度创新是前海作为“深港现代服务业合作区”“自由贸易试验区”“粤港澳深度合作示范区”的重要使命，也就是“通过开放倒逼改革，释放制度红利，营造一个对标国际规则、符合国际惯例、具有国际竞争力的国际营商环境”[①]。过去8年里，前海对照国际高标准全面深化制度改革创新，并取得了积极成效。2018年6月，由中山大学自贸区综合研究院发布的《中国自由贸易试验区发展蓝皮书（2017—2018）》显示：2017～2018年度，全国23个自由贸易试验区/片区[②]中，前海蛇口自贸区制度创新指数总得分为84.98分，赶超上一年度同期第一位的上海，位居全国第一，成为在“投资便利化”“贸易便利化”“金融管理与服务创新”“政府职能转变”“法治环境”等制度创新方面的佼佼者、领头羊。截至2018年8月，前海已经累计推出364项制度创新成果，涉及金融创新、法治建设、投资贸易监管等方面，形成了“前海模式”，而其中有28项创新成果被复制并推广至全国，62项创新成果被复制并推广至广东省内，79项创新成果被复制并推广至深圳全市。

从增长极理论出发，最初打造前海合作区的主要目的在于通过投资贸易便利化、现代化服务产业集聚、高效的监管、国际化法治环境等制度创新，构建与国际投资贸易标准相适应的制度环境，推动高水平的对外开放，使前海成为区域经济增长极，发挥其辐射带动作用，在新一轮改革开放中发挥示范引领作用。制度创新带来了经济效益的持续增长，这几年，前海主要经济指标呈现阶梯式增长趋势。前海开业企业数量由2010年的209家增长到2018年上半年的6.5万家，增长了310倍；注册企业实现增加值[③]由2013年的49.89亿元增长至2017年的1528.09亿元，与2016年的926.45亿元相

① 《这五年，前海交出亮眼成绩单》，《深圳商报》2017年12月7日第A04版。

② 课题组将是否设立自贸试验区/片区管委会作为选取评估对象的标准。

③ 注册企业实现增加值核算方式与地区生产总值一致，但前者以注册在地为原则核算，后者以经营在地为原则核算，不能等同于同一指标；增长速度采用当年价格计算，即以当年的实际价格进行计算，未折算为以可比价、不变价进行表现。

比，增长了64.9%（见图1）；2017年前海的经济密度达到每平方公里创造102.4亿元，已经提前3年实现“截至2020年，每平方公里产出注册企业增加值100亿元的经济发展目标”。前海已经成长为粤港澳区域的一个重要增长极。

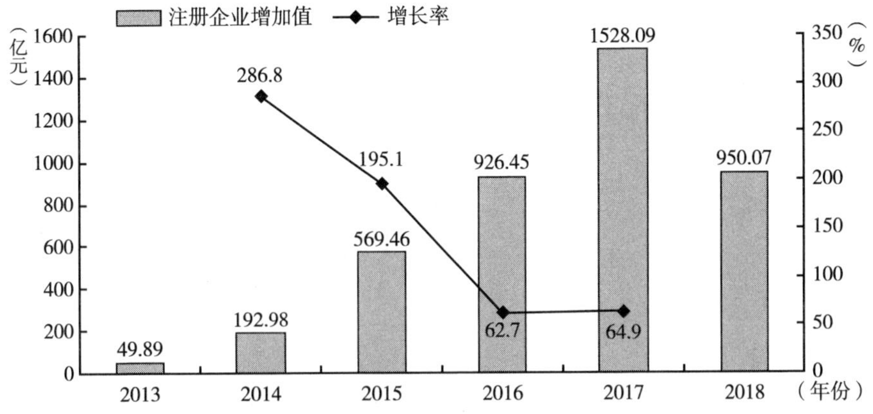

图1　2013年至2018年上半年前海注册企业增加值及增长率

注：图中2018年指2018年上半年。

资料来源：《这五年，前海交出亮眼成绩单》，《深圳商报》2017年12月7日第A04版。

1. 金融创新方面

围绕“金融业对外开放示范窗口”的国家战略定位，前海持续推进以“跨境人民币业务”为核心的金融创新，开创了多项全国第一，形成了一批“可复制、可推广”的经验，有效地发挥金融制度创新的辐射效应，服务实体经济的发展。截至2018年上半年，前海注册金融类企业为58020家，企业开业率为44.7%。过去的一年里，前海在加快跨境金融业务创新，推进资本项目开放以及推进“互联网+”的金融监管创新，探索建立金融安全示范区等方面取得了以下创新成果。

（1）进一步加快跨境金融业务创新，稳步推进资本项目开放

跨境金融创新是前海金融创新的重要内容，自2012年最早实现人民币跨境贷款业务之后，前海已在国内率先完成了“五个跨境金融业务”[①] 的试

① 跨境人民币贷款、跨境双向发债、跨境双向股权投资、跨境双向资金池、跨境资产转让。

点工作，并取得一定的成效。过去的一年里，前海进一步推动合作区内跨境金融业务的创新，尤其在跨境资产转让业务方面不断地进行先行先试，继2016年办理国内首笔不良资产的跨境转让业务之后，2018年又完成了国内首笔商业保理资产和融资租赁的跨境资产转让业务，使境外资金更好地服务境内实体经济，为境内中小企业降低融资成本，拓宽融资渠道，同时有助于境外投资者多渠道地进行跨境投资，推进人民币资本项目的对外开放。

此外，2018年3月经国家外汇管理局批准，前海开始对前海合作区内注册的港资企业或者上年度的实际纳税额不少于10万元（包含10万元）的其他企业实施资本项目收入（即“境内外商投资企业资本金、境内企业外债资金、境内企业境外上市调回资金”）支付审核便利化的试点工作，也就是将资本项目收入的支付由“先审后付”的事前审核转向“先付后抽查”的事后审核，简化了支付流程，由原来事前要向银行逐笔提供诸如合同发票等相关交易凭证，简化到只需提供支付指令即可完成资本项目收入的相关结汇支付，这使资本项目在结汇支付管理便利化的同时，也降低了企业的运营成本，使金融服务切实服务实体经济。

（2）推进“互联网+”金融监管创新，探索建立金融安全示范区

2018年在国务院发布的《进一步深化中国（广东）自由贸易试验区改革开放方案》中特别指出，“前海蛇口片区要探索开展金融综合监管试点，在依法合规的前提下，实施以合作监管与协调监管为支撑的综合监管”。金融创新是前海制度创新的主要内容之一，其主要目的就是打造一个开放、自由、国际化的金融市场环境，使资本自由流动、各类业态金融企业集聚前海、推动人民币国际化。这在激发前海合作区内的发展动力、提高金融资源配置和运作效率的同时，也会为前海带来金融风险、隐患，如监管不当很可能会衍生金融危机，因此，在积极开展金融创新的同时，也应该实现金融监管的创新。

2017年12月，“国家互联网金融风险分析技术平台——前海金融监控系统”在前海上线运行。其依托“国家互联网金融风险分析技术平台”，对

前海企业实行“跨境监测”[①]“跨行业监测”[②]“跨地域监测”[③]“穿透式监测”[④]“舆情实时监测”[⑤]，通过互联网技术以及信息化手段，提高前海合作区内防范、化解金融风险的监管能力，力争“早识别、早预警、早发现、早处置”。此外，为了更好地解决合作区内金融纠纷案件，前海法院设立了全国首家金融法庭，为合作区内金融企业提供有力的司法服务，保障合作区内金融业健康发展。

2. 法治示范区建设不断深化

推进法治建设，为合作区境内外企业构建一个安全高效的法治环境，为国家提供“可复制、可推广”的经验，这是前海作为“中国特色社会主义法治建设示范区”的重要使命，也是前海区别于其他自贸区的重要优势和驱动力。目前，前海已经拥有由前海法院、深圳金融法庭、深圳知识产权法庭、前海第一巡回法庭、前海检察院等司法机构以及深圳国际仲裁院、“一带一路”国家商事诉调对接中心等法律服务机构构成的法律服务平台，为合作区内境内外企业提供诉讼、仲裁、公证、鉴定、知识产权、律师等多元化的法律服务，建立起较为完备的法律服务体系。过去一年里，前海在立法、司法、执法等方面不断创新发展，并取得了以下新进展。

（1）立法方面

规则制定是法治建设的前提和基础，过去几年，前海一直坚持立法先行，使改革有法可依、于法可据。在借鉴香港法治建设经验的同时，立足现代服务产业，发挥特区立法权优势，实行“基础性立法、产业性规定、配

---

① “可识别互联网金融平台服务器的部署位置，发现前海企业在境外运营互联网金融平台的情况。”

② “可对 P2P 网络借贷、互联网资产管理、第三方支付等 29 种金融业态进行监控。”

③ “可实现对前海地区内外经营企业的全部监测，有效破解跨地域经营企业的管理难题。”

④ “对前海金融企业股权关联关系进行分析和对股东、企业所投资的公司进行监测，实现对金融企业的股权关系等的穿透式监测。”

⑤ “系统通过对互联网金融企业及平台舆情的实时收集及处理，提取负面舆情，根据舆情内容的风险大小进行分级区分，设置舆情指数，对涉嫌失联跑路、停止运营、逾期兑付等情况做到早发现早处置。”

套性制度”三管齐下，截至目前已经发布以前海“基本法”[①] 为核心，包含推进合作区内现代服务产业发展、高层次人才引进、优化合作区内制度环境等条例、办法、指引，形成了前海的规则体系。2017 年又发布了《中国（广东）自由贸易试验区深圳前海蛇口片区反垄断工作指引》，为前海加强政府事中事后监管提供了法律依据。

同时不断优化法治建设，梳理好合作区内各类规范制度，完善顶层设计，对不合时宜的法规、办法进行及时修订、废止，防范法律风险。2017 年 12 月修订了《深圳市前海深港现代服务业合作区人才住房管理暂行办法》（2016 年 11 月颁布），2018 年废止了《深圳市前海深港现代服务业合作区外商投资企业管理办法》（2014 年 6 月颁布）、《自由贸易试验区外商投资准入特别管理措施（负面清单）（2017 年版）》等。

（2）司法方面

作为全国综合性司法改革的重要载体，前海法院坚持“依托香港，服务内地”的原则，积极引入香港智囊团参与前海的法治建设，稳步推进涉外、涉港澳台案件的诉讼机制改革，打造粤港澳商事仲裁合作平台，不断地深化深港两地法律事务的合作与交流。2017 年 10 月，前海法院与最高人民法院中国司法研究会签约共同建立“中国司法研究会涉港司法研究基地”，加强涉港司法研究，提升涉港案件审判水平。截至 2018 年 6 月，前海法院共受理 4624 件涉外、涉港澳台商事案件，其中近 72% 为涉港案件，数量居全国首位。

为了打造国际商事纠纷多元解决平台，建立国际化、法治化多元纠纷解决机制，前海法院坚持“国家主导、司法推动、社会参与、多元并举、法制保障”的现代化国际商事纠纷解决理念，形成了以前海法院为主体，依托深圳国际仲裁院、粤港澳商事调解联盟、香港—内地联合调解中心等专业仲裁机构以及调解机构的多元化的纠纷解决平台，综合运用诉讼、仲裁、调

① 《深圳经济特区前海深港现代服务业合作区条例》《深圳市前海深港现代服务业合作区管理局暂行办法》《深圳前海湾保税港区管理暂行办法》。

解、协商等多元化民商事纠纷解决方式来满足境内外商业主体纠纷解决的多元化需求，及时高效地化解国际商事纠纷。2017 年，前海法院先后与前海公证处、深圳市司法局和深圳市律师协会签订了《公证参与司法辅助事务工作框架协议》《律师参与诉讼调解合作协议》，加强民商事纠纷解决中的社会参与，充分发挥公证员与律师的预防、化解矛盾纠纷的专业以及经验优势，形成多方参与化解矛盾纠纷的新合力。此外，为了进一步完善跨境商事、贸易调解服务，构建多元化的国际商事纠纷解决机制，2018 年前海法院又成立了全国首家“一带一路”国际商事诉调对接中心，并搭建了线上服务平台——“一带一路”法律公共服务平台，为推进“一带一路”建设提供有力的司法服务保障。

（3）执法方面

执行工作是法院工作的重要组成部分，也是实现法院审判职能的一个重要环节。前海法院在建立之初就在全国率先实行“审执分离”工作机制，“将执行案件的裁决权和实施权进行分离，执行程序中具有较强司法属性的决定权由主审法官行使，具有较强行政属性的实施权由执行员行使”①。此外还设立执行监督组，对执行过程中发生的相关“执行异议、追加和变更当事人等程序性和实体性问题”进行监督，同时还将执行过程中发现的相关司法裁判问题及时地反馈给法官，实现审判与执行之间的相互配合、相互监督。利用“E 键送达系统”“深圳鹰眼查控网”等现代新科技手段，与前海公证处、京东商城、银行等多方合作，联合执法，大大地提高了执行工作的质量和效率，保障胜诉当事人的合法权益，提高法院的司法公信力。2018 年 1 ~ 8 月，前海法院受理的 2950 件执行案件中，78% 的案件已经完成结案。

3. 管理制度创新

（1）进一步推进投资便利化

投资便利化从本质上来讲，是通过简化、协调国际投资周期全部阶段涉

① 《前海法院：合力攻坚“基本解决执行难”》，《深圳特区报》2018 年 9 月 4 日第 A07 版。

及的各种程序，强调为企业投资创造更加开放、透明、便捷和可预见的投资环境。[①]“营业执照、经营许可证”是一个企业进入市场的两个重要因素，围绕企业的“市场准入”，前海不断推进商事登记改革，从“多证合一、一照一码”到“证照分离2.0版”。2018年前海又推出了“照后减证”，“对涉及21个行业主管部门的138项行业准入审批进行刀刃向内的改革，逐步攻破‘证照分离’改革中的难点、痛点”。[②]

在推进外商投资便利化方面，2018年前海积极打造外商投资“一口受理”的升级版，运用“互联网+”模式，通过外资备案后置、外商投资企业自主申报、系统辅助申报、受理审批标准化等措施，大大缩减办事时限，提升外商投资企业投资效率。截至2018年上半年，前海合同利用外资989.51亿美元（包含自贸区数据），实际利用外资达138.77亿美元。此外，在税务便利化方面，前海税务部门积极推进电子政府系统建设，目前“已经形成了电子税务局、移动税务局、微信税务局、门户网站等全渠道、完善的服务体系，228项涉税业务无须上门办理”[③]，改善了合作区内税务营商环境。

（2）进一步优化贸易通关环境

在贸易便利化方面，前海继续在简化货物通关流程、提高货物通关效率方面进行先行先试。2018年国际贸易“单一窗口”前海蛇口自贸区板块正式上线运营，“在提供货物申报、舱单、运输工具、企业资质、贸易许可证、原产地证申领等多项‘单一窗口’基础功能上，新增提供货物数据采集、舱单数据采集、港区信息查询、港区监管、大数据中心、一带一路等多项前海蛇口自贸区特色业务”。[④] 通过为报关企业提供线上申报、线上查询、

① 王海燕等：《贸易投资便利化——中国与哈萨克斯坦》，华东师范大学出版社，2012。

② 《关于印发〈中国（广东）自由贸易试验区开展“证照分离”改革试点方案〉和〈广东省复制推广“证照分离”改革试点具体做法的工作方案〉的通知》，中国（广东）自由贸易试验区深圳前海蛇口片区深圳前海深港现代服务业合作区网站，http：//www.szqh.gov.cn/sygnan/qhzx/zthd_ 1/zzfl/，2018年9月23日。

③ 《前海：以创新引领改革开放新时代》，中国（广东）自由贸易试验区深圳前海蛇口片区、前海深港现代服务业合作区网站，http：//www.szqh.gov.cn/qhmhnew/zwyw/dtzx/201808/t20180814_ 13891329.htm。

④ 《国际贸易单一窗口前海蛇口自贸片区板块正式上线》，《南方日报》2018年4月18日。

线上预约查验等业务功能，大大减少了企业货物以及船舶的申报数据，提升了报关效率。此外，前海还实行国际航行船舶进出口岸的线上查验，平均每年为船舶代理企业节约9000个小时的工作时间。

（3）不断完善事中事后监管机制

注重加强事中事后监管是前海实现政府职能转变的核心内容，而完善社会信用体系是完善事中事后监管的一个重要手段。过去一年里，前海启动了公共信用平台的二期建设，继续打造跨部门联合监管的平台，开发面向政府、企业、组织、市民的跨部门的信用查询应用；此外，为了加强前海信用体系的建设，前海公共信用平台在“前海企业信用画像”的基础上，运用大数据技术，建立企业信用分类监管机制，从“行政处罚、不良行为和贡献”三个维度对前海企业的信用风险划分等级，为监管部门识别企业信用风险提供有效依据。

（二）现代服务业加速集聚

截至2018年上半年，前海注册企业累计147660家，44.1%企业开业，其中金融业注册企业为58020家，占比为39.3%；现代物流业注册企业为25446家，占比为17.2%；信息服务业注册企业为13740家，占比为9.3%；科技及其他服务业注册企业为50430家，占比为34.2%；工业注册企业为24家，占比为0.016%。2013年至2018年上半年注册企业累计实现增加值4216.95亿元，税收收入为807.25亿元，实际利用外资138.6亿美元。金融业仍然是前海主导产业，虽然所占比重较2016年有所下降，但5.8万家注册企业中，开业率达到44.7%，接近一半，创造了117.46亿元的税收收入，占合作区总税收收入的54%；科技及其他服务业发展迅速，成为前海仅次于金融业的第二支柱产业（见图2）。

此外，加速构建外向型经济新体制，实际利用外资稳步增长，截至2018年上半年，累计实际利用外资138.77亿美元，其中实际利用港资131.08亿美元，占比为94.5%。港资企业发展态势好，根据2017年的数据，数量占比仅为4.9%的港资企业，创造了合作区14.6%的注册企业增加值，港资企业已经成为合作区经济发展的一个重要生力军。

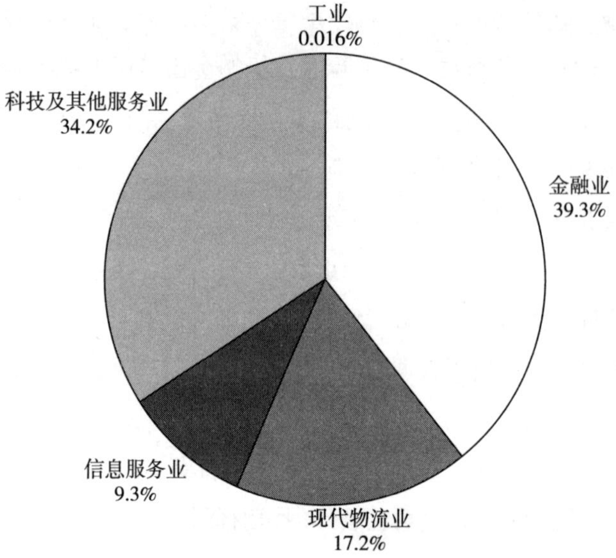

图2　入驻前海企业产业分类占比状况

（三）深港合作稳步推进

1. 产业合作

为了推进深港两地的产业合作，为深港产业合作提供空间支撑，截至2018年8月，前海面向港企累计出让土地15宗，面积为34.08公顷，建筑面积为256.9万平方米。2018年10月为港企量身打造的模块化建筑群前海深港基金小镇正式开始运营，这个“聚集国内外优秀的财富管理机构和基金行业优秀管理人”的基金小镇，将打造一个“产业链完整、业态鲜明、模式创新、环境一流、服务精准的深港基金生态圈”，加快合作区内金融产业的发展，加速全球金融资本在前海的集聚，为实体经济的发展提供源源不断的资金支持。截至2018年上半年，合作区累计注册港企8699家，累计实现注册企业增加值597.97亿元。2018年上半年实现纳税收入28.3亿元，占前海企业纳税总额的13.13%。产业以金融业为主导，包含现代物流、信息服务、科技服务和专业服务等现代服务产业。

2. 人才合作

在人才合作方面，前海积极打造深港人才合作的平台，建立了“前海深港青年梦工场、深港创新中心、深港设计创意产业园、深港基金小镇”等合作载体；构建深港两地专业人才的合作机制，通过“资格认可、考试互免、合作联营、港资工程项目试点”等机制，降低准入门槛，引入更多的香港金融、法律、会计、税务等专业人才进入合作区提供专业服务；创建“每月一期前海讲堂、每季度一期人才沙龙、每年一届前海深港人才合作年会”常态化的人才服务品牌，建立“深港（前海）公职人员交流计划”“香港大学生前海实习计划”等常态化的人才交流机制，搭建政府、企业、人才的沟通桥梁；在后勤保障，如个税补贴、创业补贴、人才公寓、享受市民待遇、免办就业证等方面为合作区内香港人才提供最大便利和保障。

二　前海发展的焦点问题

（一）如何携手香港共同打造前海自由贸易港

继党的十九大报告提出“赋予自由贸易试验区更大改革自主权，探索建设自由贸易港”之后，深圳政府就将“探索建设自由贸易港区”列入《深圳市委全面深化改革领导小组 2018 年工作要点》。“叠加深港现代服务业合作区、保税港区、自贸试验区、粤港澳深度合作示范区四区之地”的前海，是“一带一路”建设以及粤港澳大湾区建设的重要节点，可以说“探索建设自由贸易港区”是前海的重要责任，也将是未来前海开发开放的发展方向。

自由贸易港是指设立在国家与地区境内、海关管理关卡之外的，允许境外货物、资金自由进出的港区，对进出港区的全部或大部分货物免征关税，并且准许在自由港内开展货物自由存储、展览、拆散、改装、重新包装、整理、加工和制造等业务活动，需要遵守所在国的相关法律。[①] 自由贸易港是

① 张释文、程健：《我国自由贸易港建设的思考》，《中国流通经济》2018 年第 2 期。

全世界最高开放层次的特殊经济功能区，可以说是自由贸易试验区的升级版，具有更高的自由化程度。自由贸易试验区向自由贸易港转变需要进一步的对外开放、进一步的制度改革创新，尤其在推进投资贸易便利化、资本项目自由化、人才流动自由化等方面不断创新改革，实现国际高端生产要素的自由流动，使资源得到更加高效的优化配置。

香港是全球著名的自由贸易港，不仅是亚洲重要的国际航空航运枢纽，还是具有“国际金融中心”“国际创新科技中心”“国际大都市”的多功能贸易港。香港可以助力前海，为前海在制定自由贸易体政策、优化投资环境、便捷物流通关等方面提供香港经验，而这一点也正是前海拥有的区别于其他自由贸易区的独特优势。过去几年，前海依托香港，积极探索对“法无禁止皆可为”原则下的“负面清单 + 准入前国民待遇”外商投资管理模式、“一线开放、二线安全高效管住、区内自由”的监管模式等进行制度创新，发展以金融业为核心的现代服务业。未来，前海如何继续借力香港，加强深港合作，在“一国两制”的框架下，继续深化两地投资贸易规则融合，与香港携手打造自由贸易港，是其面临的重要问题。

（二）如何进一步构建适应新经济发展的制度环境

“新经济”最早出现在 1996 年 12 月的美国《商业周刊》，2016 年李克强总理首次将“加快发展新经济”写入《政府工作报告》。关于新经济，一般是指伴随着互联网、物联网、新能源、云计算、人工智能等新一代信息技术的广泛应用而产生的“新技术、新产业、新业态、新模式”。近年来，随着互联网金融、平台经济、共享经济、大数据产业、人工智能产业、跨境商务等新经济的发展，我国经济已经开始步入新经济发展阶段。中国新经济目前尚处于成长发育阶段，面对新经济的迅速发展以及发展过程中出现的不确定性，政府应该如何改革创新，构建适应新经济健康发展的制度环境，这是前海作为国家新一轮改革开放试点地区亟须解决的问题。

三　前海发展的对策建议

（一）继续稳步推进前海政府法治化、市场化建设

自由贸易港是人员、货物、资金自由进出的一个特定区域，香港之所以能够成为世界上最自由、最开放、最活跃的自由贸易港，根本原因在于香港建立了完善的自由市场经济体制，经济运行主要靠市场自由调节，以市场作为社会资源的主要配置者，政府奉行所谓的“不干预主义”。[①] 自由贸易区向自由贸易港的转变，需要进一步的制度创新，前海在未来的开发开放中，运用法治化、市场化两种方式，推进前海体制机制创新。

前海在过去开发开放的几年，在制度创新方面取得了一些成绩，但在行政管理、公共服务等方面仍然存在权限、界限不清晰，从而不可避免地会出现“权力部门化、部门利益化、利益行政化”。这就需要前海在未来的开发建设中进一步推进立法工作，加快法治化建设。法治的核心是约束权力，法治化的核心是约束政府的权力，构建服务型政府。政府可以通过立法保障责权清晰，也就是在“法无授权不可为、法定职责必须为”的原则下，通过立法明确政府行为边界，强调依据相关法律规则确定各部门的管理权限，允许其在行使权力的同时必须承担相匹配、相适应的责任，责权清晰，使行政管理更加透明。

在推进政府法治化建设的同时，还需要推进市场化建设。市场化的核心在于“通过创新政府管理模式，充分发挥市场在配置资源、提供公共产品服务等方面的基础性作用，主要体现在尽量减少政府对市场的干预，政府职能的最优化应主要通过市场自我发展来实现，而且需要充分调动市场和社会力量来弥补政府在提供公共产品和服务方面的不足；二是政府内部应引入市场机制的合理因素，以提高政府的行政效率”[②]。

---

① 范宏云、孙光永：《香港建设自由贸易港的经验》，《特区实践与理论》2008 年第 3 期。

② 蒋硕亮：《中国（上海）自贸试验区制度创新与政府职能转变》，经济科学出版社，2015。

（二）增强深港创新要素流动，推进深港融合发展

经济的发展离不开各类要素，要素的结构决定了产业结构，决定了经济增长的特征。由劳动、资本、技术等要素组成的不同的要素结构，在生产过程中会产生不同的产业结构，比如在劳动力资源比较充裕的时候，由于劳动力价格低廉，一般就会发展成为劳动密集型产业；而当资本边际产出率要高于劳动力时，那么产业会向资金密集型产业转型。产业结构的变化又会影响经济的增长。一般来讲，在要素不流动的情况下，要素禀赋实际上决定经济的增长，而在要素流动的情况下，要素的结构决定经济的发展。加速要素流动，有利于优化市场的资源配置，实现优势互补，加快经济发展。

香港是国际金融中心，是我国开放性最强、国际化程度最高的城市，集聚了全球各类要素。深圳是科技创新城市、高科技产品的发展重镇。深港在未来的合作发展中，需要强强结合，互补短板，协同发展。在“一国两制”的框架下，前海要继续寻求实现要素自由流动的路径，构建国际化法治化的制度环境，将两地那些具有较强增值效应且流动性较强的知识、人才、科技等要素整合起来，促进香港与深圳在教育、研发、创新等方面的合作，在合作区内生成更多的创新生产要素，从而推动前海创新优势的集成，推进深港两地融合发展。

参考文献

《这五年，前海交出亮眼成绩单》，《深圳商报》2017 年 12 月 7 日第 A04 版。

《前海法院：合力攻坚“基本解决执行难”》，《深圳特区报》2018 年 9 月 4 日第 A07 版。

王海燕等：《贸易投资便利化——中国与哈萨克斯坦》，华东师范大学出版社，2012。

《关于印发〈中国（广东）自由贸易试验区开展“证照分离”改革试点方案〉和〈广东省复制推广“证照分离”改革试点具体做法的工作方案〉的通知》，中国（广东）自由贸易试验区深圳前海蛇口片区深圳前海深港现代服务业合作区网站，http：//

www. szqh. gov. cn/sygnan/qhzx/zthd_ 1/zzfl/，2018 年 9 月 23 日。

《前海：以创新引领改革开放新时代》，中国（广东）自由贸易试验区深圳前海蛇口片区、前海深港现代服务业合作区网站，http：//www. szqh. gov. cn/qhmhnew/zwyw/dtzx/201808/t20180814_ 13891329. htm。

《国际贸易单一窗口前海蛇口自贸片区板块正式上线》，《南方日报》2018 年 4 月 18 日。

张释文、程健：《我国自由贸易港建设的思考》，《中国流通经济》2018 年第 2 期。

范宏云、孙光永：《香港建设自由贸易港的经验》，《特区实践与理论》2008 年第 3 期。

蒋硕亮：《中国（上海）自贸试验区制度创新与政府职能转变》，经济科学出版社，2015。

B.17
中国自由贸易试验区发展报告

范霄文　冯中发*

摘　要： 自贸试验区作为开放型新经济体制的试验田，经过五年多的探索之后，已经从制度创新试验阶段进入复制推广和更高水平开放试验阶段，制度溢出效应显著。海南全域自贸试验区（港）的设立标志着开放型经济新体制建设已由局部迈向全面深化开放试验的新阶段，如果说自贸试验区是开放型经济新体制“试验田”1.0，那么自由贸易港就是开放型经济新体制“试验田”2.0。新阶段改革的核心问题一是简单低税的财税制度创新试验，二是资本配置市场化制度创新试验。作为中国对外开放的前沿，自贸试验区应抓住中美贸易战契机，以贸易战为改革的突破口，积极参与国际贸易规则制定，构建全面开放型的经济新体制。

关键词： 自贸试验区　自由港　开放型经济新体制

2018年随着海南自由贸易试验区（港）的设立，中国自由贸易试验区（China Pilot Free Trade Zone，以下简称自贸试验区）已经形成“1+3+7+1”更高水平的改革试点布局。当前，国际贸易体系格局千变万化，自贸试验区面临的国际形势正在发生深刻复杂的变化，中美贸易战

---

* 范霄文，深圳大学中国经济特区研究中心经济学博士、副教授，硕士生导师；冯中发，深圳大学经济学院硕士研究生。

不仅给中美两国带来无法估计的经济损失，最可怕的是还给全球经济带来了不确定性，也可能降低投资者对中国市场的信心，继而导致资本价格下跌。如果摩擦扩展到金融领域，面临的形势就会更加严峻。不过我们相信，挑战前所未有，机遇也前所未有，在坚持改革开放下，中国的机遇会多于挑战。

面临复杂形势下的自贸试验区已经满 5 年了，作为我国开放型经济新体制的“试验田”，已经从制度创新试验阶段到了复制推广阶段。国家已经先后推出的四批自贸试验区改革试点经验共计 153 项。两批改革实践经典案例向全国推广。2018 年 6 月颁布的 2018 年版自贸试验区负面清单，特别管理措施已经由 2013 年版的 199 项缩减为 45 项，且 2018 年全国版负面清单，特别管理措施缩减为 48 项。随着负面清单的不断“瘦身”，我国的市场准入制度不断完善。由自贸试验区负面清单到全国版的负面清单，制度溢出效应显著，“试验田”最初设定的目标正在逐步实现。

一　中国自贸试验区发展状况与进展

2018 年 4 月 14 日，国务院正式对外发布《中共中央国务院关于支持海南全面深化改革开放的指导意见》（以下简称《指导意见》），赋予海南建设自由贸易试验区和中国特色自由贸易港的新使命。至此，中国自贸试验区在“1 + 3 +7”布局的基础上，又添加了新的成员——海南，形成了“1 +3 +7 +1”的新格局（见表 1）。

海南是我国面积最大的经济特区，在海南全域范围内设立自贸试验区，不仅使我国自贸试验区实施陆地面积由原来的 1314.35 平方公里增加至 3.67 万平方公里，实施陆地面积扩大了近 27 倍，而且意味着自贸试验区由局部的“试验田”扩大到整个省级行政区域范围的全面改革开放“试验田”，开放型经济新体制建设也由局部开放进入全面深化开放试验的新阶段。

表1 中国自贸试验区设立时间

批次	自贸试验区名称	挂牌时间
第一批	上海自贸试验区	2013年9月29日
第二批	广东自贸试验区、天津自贸试验区、福建自贸试验区	2015年4月21日
第三批	辽宁自贸试验区、浙江自贸试验区、河南自贸试验区、湖北自贸试验区、重庆自贸试验区、四川自贸试验区、陕西自贸试验区	2017年4月1日
第四批	海南自贸试验区（中国特色自由贸易港）	2018年4月14日

（一）海南自贸试验区概况①

实施范围海南省地处中国的最南端，全省陆地面积为3.54万平方公里，海域面积约为200万平方公里，海岸线总长1823公里。海南面向太平洋和印度洋，北以琼州海峡与广东雷州半岛相对，西隔北部湾与越南相对，在南海与菲律宾、文莱、印度尼西亚、马来西亚、新加坡等东南亚国家为邻，距国际海运主航道大约111.12公里。广阔的南海是太平洋与印度洋的连接带，也是泛南海合作的中心和“一带一路”的关键节点和桥头堡，区位优势得天独厚。

《指导意见》赋予海南现行自由贸易试验区试点政策，首先要在海南全境建设自由贸易试验区；其次海南要探索符合海南发展定位的自由贸易港政策。

第一是全域范围全面深化改革开放试验区。在探索建立开放型经济新体制的进程中，将海南打造成为我国面向太平洋和印度洋的重要对外开放门户。第二是国家生态文明试验区。推动形成人与自然和谐发展的现代化建设新格局，为推进全国生态文明建设探索新经验。第三是国际旅游消费中心。打造业态丰富、品牌集聚、环境舒适、特色鲜明的国际旅游消费胜地。第四是国家重大战略服务保障区。深度融入海洋强国、“一带一路”建设、军民融合发展等重大构想，全面加强支撑保障能力建设，切实履行好党中央赋予

① 海南自贸试验区概况中战略定位及目标引自《指导意见》。

的重要使命，提升海南在国家战略格局中的地位和作用。

海南作为第一个全省范围的自贸试验区，与现有 11 个自贸区相比，具有三大不同。

第一，覆盖面积最大：海南土地面积达 3.54 万平方公里，现有 11 个自贸试验区均只是划定其中的 120 平方公里左右作为自贸试验区。

第二，全域开放：海南设有 4 个地级市、5 个县级市、4 个县、6 个自治县，现有 11 个自贸试验区除上海设有 7 大片区外，其余均设三大核心片区。

第三，全面深化改革的新标杆：海南以自由贸易港制度创新为目标，重点构建能够有效防控金融风险的资本自由流动金融体制；探索建立境内外人员自由流动的体制；探索简单的低税的财税制度安排；探索建立自由贸易港的法律法规体系。

《指导意见》要求海南到 2020 年在自由贸易试验区建设方面取得重大进展；到 2025 年，初步完成自由贸易港制度的建立；到 2035 年，自由贸易港的制度体系和运作模式更加成熟，营商环境跻身全球前列；到 21 世纪中叶，率先建成经济繁荣、社会文明、生态宜居、人民幸福的美好新海南。

（二）自贸试验区制度改革新进展

2017 年，11 个自贸试验区紧紧围绕各自战略定位，抓住关键环节，进一步对接高标准国际贸易规则，各自贸试验区加强与国家发展战略的联动，形成了各具特色、各有侧重的制度创新成果。

1. 负面清单大幅“瘦身”，市场准入开放力度加大

2018 年 6 月，国家发展改革委、商务部发布了《自由贸易试验区外商投资准入特别管理措施（负面清单）（2018 年版）》，在 22 个领域推出开放措施，限制措施减少到 48 条，减少了大约 24%，已于 2018 年 7 月 28 日起正式实施。

《自由贸易试验区外商投资准入特别管理措施（负面清单）（2018 年版）》在全国负面清单开放措施基础上，取消了石油、天然气勘探、开发限

于合资、合作的限制；取消了禁止外商投资放射性矿产冶炼加工及核燃料生产的规定；取消了演出经纪机构须由中方控股的限制；进一步将小麦、玉米粉新品种选育和种子生产外资股比由不超过49%放宽至不超过66%；设立文艺表演团体由禁止外商投资放宽至中方控股。

2018年版自贸试验区负面清单覆盖现有的12个自贸试验区，分为14个门类、32个条目、45项特别管理措施，限制性措施缩减了约52%。随着负面清单的不断“瘦身”，市场准入制度也不断接轨国际。2018年版负面清单与2017年版相比，减少了一个门类，减少了8个条目，减少了50项特别管理措施。2018年全国版负面清单长度也由2017年版的63条减至48条，一、二、三产业全面放宽市场准入；自贸试验区负面清单长度比全国版要少3条（见表2）。

表2　中国自贸试验区负面清单“瘦身”情况

单位：项

负面清单	实施的自贸试验区	特别管理措施
2013年版(第1份)	上海	199
2014年版(第2份)	上海	139
2015年版(第3份)	上海、广东、天津、福建	122
2017年版(第4份)	上海、广东、天津、福建、辽宁、浙江、河南、湖北、重庆、四川、陕西	95
2018年版(第5份)	上海、广东、天津、福建、辽宁、浙江、河南、湖北、重庆、四川、陕西、海南	45

由自贸试验区负面清单到全国版负面清单，自贸试验区市场准入制度改革不断取得进展，制度溢出效应显著，“试验田”最初设定的目标正在一步一步实现，进一步倒逼政府改变职能，放权于市场，由市场配置资源的机制正在改革中不断得到完善。

2. “试验田”作用显现，进入全国复制推广阶段

到目前为止，不仅上海、广东、天津、福建4个自贸试验区的制度创新在新设立的7个自贸试验区复制推广，11个已有的自贸试验区也已经形成

了国家层面的复制推广机制。

2017 年 7 月 17 日，国务院自由贸易试验区工作部际联席会议办公室发布《商务部关于印发自由贸易试验区新一批“最佳实践案例”的函》，向全国推广的最佳实践案例包括“证照分离”改革试点、“企业专属网页”政务服务新模式、集成化行政执法监督体系、关检“一站式”查验平台 + 监管互认共 4 项。

2017 年 7 月 26 日，商务部、交通运输部、国家工商总局、国家质检总局、国家外汇局发布《关于做好自由贸易试验区第三批改革试点经验复制推广工作的函》，向全国复制推广第三批改革试点经验，包括会展检验检疫监管新模式、进口研发样品便利化监管制度、海事集约登轮检查制度、融资租赁公司收取外币租金、市场主体名称登记便利化改革共 5 项。

2018 年 5 月发布《国务院关于做好自由贸易试验区第四批共改革试点经验复制推广工作的通知》，第四批共 30 项向全国复制推广的内容分为全国范围内复制推广的 27 项改革事项和特定区域复制推广的 3 项改革事项。包括服务业开放领域 5 项、投资管理领域 6 项、贸易便利化领域 9 项、事中事后监管措施 7 项、在海关特殊监管区域复制推广 2 项、在海关特殊监管区域及保税物流中心（B 型）复制推广 1 项。

（三）自贸试验区改革经济成效显著

截至 2018 年 6 月底，上海自贸试验区累计新设企业超过 5.5 万户，1.5 倍于前 20 年同一区域设立企业数。新设企业中的外资企业占比已从挂牌初期的 5% 提高到 2017 年的 20% 左右。2017 年全年实到外资和外贸进出口额占上海市的比重在 40% 以上。上海自贸区以上海 1/50 的面积，创造了上海约 25% 的 GDP 和 40% 的贸易总额。2017 年上海自贸试验区“证照分离”及清理 116 项行政许可事项的做法被国务院复制推广到其余 10 个自贸试验区。2017 年中国（上海）自由贸易试验区主要经济指标及增长速度见表 3。

表3 2017年中国（上海）自由贸易试验区主要经济指标及增长速度

指标	单位	绝对值	比2016年增长(%)
地方一般公共预算收入	亿元	578.48	8.6
外商直接投资实际到位金额	亿美元	70.15	13.5
全社会固定资产投资总额	亿元	680.31	12.4
规模以上工业总产值	亿元	4924.95	14.8
社会消费品零售额	亿元	1494.62	7.0
商品销售总额	亿元	37042.67	10.2
服务业营业收入	亿元	5157.74	14.3
外贸进出口总额	亿元	13500.00	14.7
出口额	亿元	4053.10	3.0
期末监管类金融机构数	个	849	4.2
新兴金融机构数	个	4630	-0.5

资料来源：《2017年上海市国民经济和社会发展统计公报》，上海统计局网站，http://www.stats-sh.gov.cn/html/sjfb/201803/1001690.html。

截至2017年12月，广东自贸试验区累计新设企业21万家，新设外商投资企业9639家，实际利用外资128.5亿美元。区内投资设立的226家企业为世界500强企业。广东自贸试验区共形成385项制度创新成果，其中21项向全国复制推广、102项制度创新经验在全省复制推广，92项制度创新案例在省内推广借鉴，其中3项制度创新案例入选全国最佳实践案例。

截至2018年7月，天津自贸试验区累计新增市场主体4.5万户，是设立前的2倍，注册资本超过1.6万亿元；累计新增外资企业2119家，注册资本为3985亿元，99%新设企业通过备案设立。2017年，天津自贸试验区一般公共预算收入增长11.4%，为226亿元；实际利用外资增长12.1%，为28亿美元；外贸进出口额增长32.8%，为2560亿元。仅占天津1%面积的自贸试验区创造了天津12%的地区生产总值、25%实际利用外资额和33%外贸进出口额。天津自贸试验区已有11项措施在全国被复制推广，24项措施成效显著，"金改30条"全部落地。

自2015年4月21日挂牌起，截至2018年7月，福建自贸试验区累计新增企业7.1万户，注册资本1.6万亿元人民币。分别是设立之前历年总和的4.6倍和7.2倍。累计新增外商投资企业3486家，合同外资为253.3亿美元。累计新增台资企业2101家，合同台资为59.4亿美元。

截至2018年4月30日，辽宁自贸试验区新增注册企业26878家，注册资本为3954.23亿元。

浙江自贸试验区挂牌一年新增注册企业4860户，注册资本总额为2339.11亿元。其中，油品企业为1017家，注册资本为774.78亿元；新增外资企业74家，合同利用外资10.46亿美元，实际利用外资3.35亿美元。浙江自贸试验区设立一年已形成了45项制度创新成果，有6项被列入第四批改革试点经验并被复制推广至全国。

截至2018年6月，河南自贸试验区累计新设企业37993户，注册资本为4657.2亿元。实际利用外资7.82亿美元。

截至2018年2月底，湖北自贸试验区累计新增市场主体10697家。截至2018年1月底，实现进出口额804.28亿元，其中进口额为279.16亿元，出口额为525.12亿元。仅占湖北0.065%面积的湖北自贸试验区创造了湖北省31.4%的合同利用外资和29.6%的进出口额。已有13项改革办法作为自贸区改革试点经验向全省复制推广。

重庆自贸试验区挂牌一年来，全域新增注册企业13055家，占全市同期新增注册企业的9.5%，其中新增外资注册企业240家，占全市的23.3%；落户重大项目799个，协议投资总额达3086.5亿元。

截至2018年6月底，四川自贸试验区累计新设企业3.62万户，注册资本4676亿元。新设外资企业418户，金融机构340家。

截至2018年7月31日，陕西自贸试验区新增市场主体23145家，注册资本为4763亿元。

二　中国自贸试验区改革的核心问题

2018年9月18日，美国政府宣布将于9月24日起，对美国从中国进口的大约2000亿美元产品加征关税，税率为10%，并在2019年1月1日将加征关税税率提高至25%。美国从自身利益出发搅乱世界经贸秩序，给未来的全球经贸关系带来了诸多的不确定性，给中国带来的挑战可能远比想象的要严峻。复杂多变的国际形势无疑给中国经济的改革开放增加了难度和困难，自贸试验区作为改革开放的试验田需要审时度势，厘清在国家战略角度下现阶段改革的核心问题，以应对当前的危机。

（一）简单低税的财税制度创新

在对外贸易往来中，限制条件和关税不仅会扭曲价格，引起全球性的资源错配，也是贸易摩擦产生的根源之一。中美贸易战从某种角度被看作开放进程中产生的问题，中美贸易的重要性毋庸置疑，但贸易之间的不平衡也是客观事实。对外开放要遵循国际通行的规则，只有在对等、互利共赢下才能建立稳定长期的贸易关系。

众所周知，在市场经济下，“看不见的手”通过价格机制来进行资源的配置，而税收往往是价格的重要组成部分，因而不合理的税收会通过扭曲价格造成低效的资源配置。在经济全球化的今天，一个国家的税收政策变化会引起全球资本的流动，如美国减税就激励资本流入美国，投资的增加给美国带来了意想不到的经济增速，2018 年美国第二季度经济增速达到4.2%。没有投资就没有增长，资本流动一定伴随资源的流动。

我国关税总水平在 2018 年出台降税措施后，由原来的 9.8% 降至 7.5%，加权平均关税税率降至4.4%，但与发达国家相比差距依然明显。根据世界银行按2016 年产品进口份额进行的加权计算，平均关税税率美国为1.6%，中国为3.5%，而加拿大仅为0.8%。虽然中国汽车进口关税税率已由25%降为15%，但美国汽车的进口关税税率是2.5%。从冷静和理性客观角度看，随着中国经济体量的增加，这种经贸关系中不对等终究会引发争端，爆发只是时间问题。

塞翁失马，焉知非福，贸易战让我们重新审视自身的差距，这种差距的存在一定程度上可能会影响资源的配置效率，借此契机，变被动为主动，在自贸试验区率先开展税制改革，简化现有税种，降低各种税率，参照国际先进的税收制度完善现有制度，让利于民，以提高民众福祉为出发点构建简单低税的财税制度，将贸易战变为改革战，可能是我们应对贸易战之策。

（二）资本配置市场化制度创新

在2018年9月16日举办的中国发展高层论坛专题研讨会上，世界银行前行长佐利克①表示，美国国际经济研究所高级研究员尼古拉斯·拉迪的研究显示，中国的信贷越来越多地被导向国企，而不是私营企业。国资委旗下的这些央企的资产大幅度增加，这也意味着资产回报率从6%下降到2%左右。另外40%～50%的企业都是亏损的。所以，中国需要更多的信贷才能支持每单位GDP的增长。

尽管佐利克上述观点仅代表一家之言，但或多或少反映了目前我国资本市场存在的问题。民营企业贷款难是不争事实，这显然有违改革的初衷。负面清单的不断减少极大提高了投资的自由度，但在资本配置中市场准入只是一个方面，投资必然伴随资金配置，如果资金不是流向最有效率的地方，就会发生资源错配，导致经济低效率。在公平的市场竞争环境下，资本天生具有逐利性，在没有其他限制条件的情况下，一定会流向回报率高的地方。如果现有制度无法使资金流以市场化的方式流向回报率高的地方，那么会影响经济效率，也会影响民营企业发展的信心。

国资国企是原有计划经济制度框架下产生的经济组织，是现有政府与市场关系的既得利益者。一方面国资国企的产权属性要求政府要管好国资；另一方面市场又要求政府放活企业，作为与民企参与平等竞争的市场主体，显然在制度安排中存在冲突。金融机构特别是具有国资背景的金融机构，在现有制度安排下，认为贷款给国企即使亏损，承担风险也较小，贷款给民营企业一旦亏损，则可能背负国有资产流失的责任。民营企业难以得到贷款，就某种角度而言，并非政府干预使资金流向国企，而是由缺少承担风险的激励

---

① 《世界银行前行长佐利克：中国债务尤其是央企债务在持续增长》，搜狐网，http://www.sohu.com/a/254140132_100001551。

机制导致。

究其原因，并非公有和私有产权的问题，因为交换只要使用权、收益权、转让权界定清楚就可以进行。存在这样的问题的关键在于权力和责任是否清楚界定的问题，这种问题单靠利率市场化等金融制度改革无法解决。中美贸易战不确定性很大，美元作为国际货币，是否会引发金融战难以预料，积极主动完善自己的制度是上策。开放带来的不仅是资本，还有随资本而来的技术、管理和市场，资本配置的市场化制度改革势在必行。

三　中国自贸试验区发展的焦点问题

（一）中美贸易战是零关税应对，还是“以战止战”？

中美贸易战已经开战，中国被逼采取反制措施。中美贸易战背后深层次的原因是新工业革命引发的全球经济主导权之争，很可能是一场持久战，我们难以预测何时会休战，自贸试验区作为中国对外开放的最前沿，贸易战无疑会给自贸试验区带来一定程度的负面影响，究竟如何应对中美贸易摩擦才是最优应对之策呢？这无疑是当前自贸试验区发展中的一个焦点问题。

著名经济学家张五常教授在东北财经大学的一次公开演讲中提出：打贸易战，不如零关税！他认为面对特朗普政府加征中国货物的进口关税，中国政府选择以与美国相同的进口关税加以回敬，希望有阻吓对方之效，难以厚非。张教授认为中美两个大国打贸易战是“杀敌一千，自损八百，最终两败俱伤”。“从经济利益看，不回敬，甚至减美国货的进口税，利益更大。何况北京正在推出‘一带一路’这个理念，来打通世界市场。”贸易只有双方均得利才会成交，最好的办法是让双方的关税趋近于零，而不是双方互相加税，轮番厮杀，才能让中美利益最大化。他建议：“别被特朗普带沟里了，他追加我们的税，我们给美国零关税，这才是不战而屈人之兵。至于其他盟友国家，在中国政府主张的开放政策下，中国大可借助这次难得一遇的机会，建议大家一起推出零关税。”另外，张五常教授认为，正如经济学鼻祖亚当·斯密所言，专业产出的程度是由市场的广阔度约束的。由于今天的中国国内有着广阔的市场，足以驱动专业产出而带来利益，因此，假如贸易战长期打下去，在短期内中国的受伤程度可能比美国严重，但从长期来看，美国受到的影响会更大。

张五常教授的这一论点与我国政府现在所采取的反制措施相左，也与国内大多数经济学家的看法不同。中国社会科学院学部委员余永定①认为中美贸易战不仅是经济利益的问题，更多的还是地缘政治问题，美国制裁中国的出发点是遏制中国在第四次工业革命中转型发展，中美贸易摩擦将常态化和长期化，而且贸易战是否会进一步升级，也不在中国的控制范围之内。中国应对中美贸易战应该采取有理有利有节、以战止战策略。清华大学五道口金融学院紫光金融学讲席教授鞠建东也认为应该采取“以战止战”策略来应对中美贸易摩擦。他认为，这一次中国打贸易战的目的不仅是使贸易摩擦中的收益最大化，而且是以战止战。历史告诉我们，对任何被卷入贸易冲突国家来说，贸易冲突都会带来实质性的负面影响。鞠建东表示，贸易冲突的本质是利益之争，既然中国已被卷入这场贸易战，最好的应对策略就是“以牙还牙”。按照一般均衡效应，反击可以让美国从贸易战所获得的利益小于其为此付出的成本，即让美国无利可图。

那么，中美相互加征关税对两个经济体究竟有多大的影响呢？国内外一些学者依据一般均衡效应进行了研究，大多数认为加征关税对美国影响不大，对中国影响较大。实际上，国际贸易形势变幻莫测，很难推测输多输少。就理论而言，自亚当·斯密以来，经济学家一直认为国际自由贸易对各贸易国和世界经济都利大于弊。加征关税从某种角度看，其实质为干预价格机制会扭曲价格体系传递的供求信息，从而导致资源的低效错配，尤其是中美两大世界贸易大国之争，会对全球价值链产生负面影响，进而影响到世界经济的稳定。

---

① 《余永定：对中美贸易战的几点看法》，凤凰网，https：//finance. ifeng. com/a/20180817/16455503_ 0. shtml。

当今世界的显著特点是相互依赖无处不在，在一个以交换为主进行资源配置的世界里，交换意味着合作共赢，其生存和发展的法则是合作，而非冲突。无论输多输少，贸易战没有赢家。想在新的工业革命里占有主导地位，要靠竞争力而非贸易战。然而，只要有国界就有国与国间的利益之争，对于不可避免的这种贸易战，理论上很难量化哪种应对之策最优，但是无论如何加快改革步伐，构建更加具有竞争力的经济新体制才是根本之道。

（二）自贸试验区与自由贸易港究竟区别何在?

仅从字面来看，自由贸易是指国家对进出口贸易不进行干涉，不加以限制，允许商品自由地输入和输出的政策。自由贸易试验区和自由贸易港二者的区别只在“试验区”和“港”上。在《现代汉语词典》（第7版）里，园区是指集中发展某种事业的地区，如高科技园区。港在《新华词典》里有两层含义：一是指江河的支流：港汊；二是指可以停泊大船的江海口岸。如果仅从字面理解，二者仅限于区域和港口的差异。但是，国际上还有自由港一说，自由港亦称免税口岸，是指一种商品的输出、输入和转口在划定的区域内都可以免税的港口。香港就是典型的自由港。那么，我国自由贸易港与自由港有无区别呢?

2017年11月10日，时任中共中央政治局常委、国务院副总理汪洋在《人民日报》撰文指出，自由贸易港是设在一国（地区）境内关外、货物资金人员进出自由、绝大多数商品免征关税的特定区域，是目前全球开放水平最高的特殊经济功能区。从这一含义来看，我国的自由贸易港实质上就是通常意义的自由港。

我国现有的12个自贸试验区，实质是被赋予制度创新试验的自由贸易园区（Free Trade Zone，FTZ），在园区内货物可以自由进出，也不存在关税壁垒和非关税壁垒，没有国民待遇与非国民待遇之分，没有任何国界限制。没有关税壁垒并不代表实施零关税，因此，自由贸易港是自贸试验区更高开放水平的升级版。

由此看来，“试验区”到“港”意味着我国开放型经济新体制的基本制度创新试验已经初步完成，将进入一个更高水平开放和更深层次制度创新完善阶段。如果说自贸试验区是开放型经济新体制“试验田”1.0，那么自由贸易港就是开放型经济新体制“试验田”2.0。实施零关税意味着真正的贸易自由，海南将成为我国第一个全省域范围的自由贸易港，也意味着开放型经济新体制构建的步伐正在加快，“1+3+7+1”布局下我国更高开放水平的改革格局正在形成。

四　中国自贸试验区发展的对策建议

（一）以贸易战为改革的突破点，构建高水平开放的经济体制

迄今为止，以交换为主的资源配置方式被认为是最有效率的方式，贸易战只是暂时的，从长远利益看，开放互利共赢才是全球经济发展的主旋律。对外开放水平的高低主要体现在贸易的自由程度，开放度越大，贸易的自由程度也越高，反之亦然。一般来说，反对开放的理由首先是基于国家安全考虑，一些关乎国家安全的部门会限制开放；其次是保护发展初期的产业免受外来的竞争；最后就是贸易自由的对等，如果对贸易有限制的国家实行开放，则会有损本国发展。其实，经济发展史已经表明，全球贸易自由化对各贸易国乃至世界来说都是有利的。

早在1776年，经济学家亚当·斯密就在《国富论》中写道：“假如自己在家里制造一件东西要比到外面买它付出得更多，就决不要在家里制造，这是每一个持家有方的人都明白的道理……在一个私人家庭中是精明的行为，对一个国家来说也不可能是愚蠢的。如果外国能提供比我们自己制造来得更划算的商品，那我们最好就用我们较有优势的产业的一部分产品向他们购买。国家的总产业总是与其所用资本成比例，它不会因此而削减，正如上面所说的手艺人的劳动不会削减一样，只不过任其寻找最有利的用途而已。”

美国对我国2000亿美元商品加征关税，其出发点旨在通过加征进口税

来增加国内就业。从理论上讲，短期内可能确实会增加美国加征关税行业的产出及就业，但是从长期看，减少中国对美国的出口可能会减少中国的美元收入，进而减少中国对美国的进口，影响美国的出口，其结果可能会减少美国出口行业的就业。由此引发的经济结构变化会降低经济的生产效率，从而导致 GDP 下降。对中国的影响也是显而易见的，由于中国对美国的出口远大于进口，因此，不仅会影响到出口，而且可能会引起部分资本外流，可能有企业会迁往东南亚寻求出路。

面对贸易战，最佳策略是加大改革力度，提高开放水平，壮大自己，以简单低税财税制度改革和资本配置市场化为突破口，构建高水平开放的经济体制。海南自由贸易区（中国特色的自由贸易港）的设立，就是我国构建高水平开放经济新体制的战略布局，海南独特的地理位置，以旅游、海洋产业为依托先行先试，构建中国特色的自由贸易港，必将提振企业信心，开启高水平开放的新时代。

（二）积极参与国际贸易规则制定

在国际贸易中，贸易的顺利进行有赖相应的规则体系，规则可以大大降低交易的成本。现行的国际贸易规则首推世贸组织（WTO）的规则，多边贸易规则促进了全球贸易自由化及各国经济的发展。然而，随着国际贸易往来主要从商品、服务的跨境流动转向科技、人员及知识产权等领域的发展，以商品跨境贸易为主建立的规则难以满足全球贸易的需求，区域性的多边贸易规则开始构建，越来越多的国家参与其中。随着跨太平洋伙伴关系协定（TPP）、跨大西洋贸易与投资伙伴协定（TTIP）、欧盟和日本的自由贸易协定（EPA）及区域全面经济伙伴关系协定（RCEP）的出台，这些新的贸易体系重构无疑使旧有的 WTO 贸易体系处于比较尴尬的境地。

中国自 2001 年加入 WTO 以来，一直是多边贸易体制的积极参与者、受益者和维护者，作为世界贸易大国却被排除在这些贸易体系之外，依然以原有的规则参与国际竞争，在新贸易体系的构建中无法发挥应有的作用。在这样一种新的贸易体系格局下，中国如何抓住机遇，发挥贸易大国在国际贸易体系重构中的积极作用呢？

一是积极参与到TPP、TTIP等贸易体系中，但是多区域的贸易体系谈判成本较高，也存在诸多的不确定性，并非上策。二是抓住中美贸易战契机，不仅要维护现有的多边贸易体系，而且要倡议修订现有的世界贸易组织规则，在大家已经达成国际规则的基础上，世界各国共同制定升级版的世界贸易组织规则。中国不仅应积极参与其中，还应该在“一带一路”倡议下，积极主导规则的修订完善，WTO下的多边贸易体系是经济全球化的基石，这是成本相对较低而容易达成共识，可行度较大的上策之选。

我国一贯实行“开放促改革、改革促发展”的发展路径，自贸试验区在新一轮全球贸易规则体系变革中，一方面可以在贸易往来中尝试引入国际贸易新规则，在大胆开放中测试新规则对我国经济的影响；另一方面可以在贸易往来中提出新的国际贸易规则，成为国际贸易规则制定者，经历改革开放40年后的中国已经具备这样的能力和魄力。

参考文献

中国（上海）自由贸易试验区官网，http：//www. china - shftz. gov. cn/Homepage. aspx。

中国（广东）自由贸易试验区官网，http：//www. china - gdftz. gov. cn/。

中国（天津）自由贸易试验区官网，http：//www. china - tjftz. gov. cn/html/cntjzymyq/portal/index/index. htm。

中国（福建）自由贸易试验区官网，http：//www. china - fjftz. gov. cn/。

中国（辽宁）自由贸易试验区官网，http：//www. china - lnftz. gov. cn/cn/index. html。

中国（浙江）自由贸易试验区官网，http：//www. china - zsftz. gov. cn/。

中国（湖北）自由贸易试验区官网，http：//www. china - hbftz. gov. cn/index. html。

中国（河南）自由贸易试验区官网，http：//www. china - hnftz. gov. cn/。

中国（重庆）自由贸易试验区官网，http：//ftz. cqmcc. gov. cn。

中国（四川）自由贸易试验区官网，http：//www. scftz. gov. cn/。

中国（陕西）自由贸易试验区官网，http：//www. shaanxiftz. gov. cn/。

范霄文：《中国自由贸易试验区与全面开放型经济制度改革》，《中国经济特区研究》2015 年第 1 期。

范霄文、秦渝：《中国（上海）自由贸易试验区发展报告》，载陶一桃主编《中国经济特区发展报告（2014）》，社会科学文献出版社，2014。

范霄文、马美连：《中国自由贸易试验区发展报告》，载陶一桃主编《中国经济特区发展报告（2016）》，社会科学文献出版社，2017。

范霄文、许家宜：《中国自由贸易试验区发展报告》，载陶一桃主编《中国经济特区发展报告（2017）》，社会科学文献出版社，2018。

《汪洋：推动形成全面开放新格局》，中国共产党新闻网，http：//cpc. people. com. cn/n1/2017/1110/c64094 -29637658. html。

《一个平行进口车老板眼中的自贸红利》，《滨海时报》2018 年 8 月 21 日。

B.18

中国图们江地区外商投资发展报告

沈万根　赵宝星*

摘　要： 通过对中国图们江地区经济社会发展的现状进行分析，结合中国图们江地区经济社会发展迎来朝鲜呈现开放势头、“冰上丝绸之路”不断发酵以及第四次工业革命方兴未艾等新形势与新动态，分析中国图们江地区经济社会发展面临自身经济实力有限、道路建设有待提升、外商投资方式及领域有待拓展、人才培育及引进机制体制亟须完善的困难，并提出通过推进中国图们江地区经济发展、基础设施供给侧改革、引导外资注入特色产业、打造培育和引进人才新平台等相关对策建议，以期对中国图们江地区提供发展智力支撑。

关键词： 中国图们江地区　新动态　经济社会发展

近几年来，中国图们江地区①在国家政策的大力扶持下，地区经济稳步提升。随着2017年中国图们江地区周边形成新形式，展现出发展新动态，中国图们江地区要把握时代机遇，不断破解不平衡不充分发展的难题，进一步推进中国图们江地区经济社会稳定发展。

---

* 沈万根，延边大学马克思主义学院教授，博士生导师；赵宝星，延边大学马克思主义学院硕士研究生。

① 中国图们江地区，本报告是指吉林省延边朝鲜族自治州，包括延吉市、图们市、珲春市、龙井市、和龙市、敦化市、安图县和汪清县8个县市。

一　中国图们江地区经济社会发展概况

党的十八大以来，中国图们江地区经济稳中发展，最终形成“三二一”的产业格局，产业结构不断优化，但中国图们江地区人力资本外流，直接导致地区发展缺乏内生动力。同时，2017 年外资不断为中国图们江地区发展提供新活力。

（一）中国图们江地区经济稳步发展

从中国图们江地区生产总值的角度来看，近五年中国图们江地区经济发展基本向好，按照可比价格计算，中国图们江地区 GDP 逐年增加，2013 ~ 2017 年 GDP 平均增长率为 7.06%。2017 年全年实现生产总值 927.58 亿元，按可比价格计算，与 2016 年相比增加 12.48 亿元，同比增长 3.3%，[①] 但低于吉林省全省水平 2 个百分点，[②] 低于全国水平 3.6 个百分点。[③]

从中国图们江地区人均生产总值的角度来看，人均生产总值逐年提升，2017 年中国图们江地区实现人均生产总值 43943 元，同比增长 4.2%。但中国图们江地区人均生产总值仅为吉林省全省水平的 78.3% 和全国水平的 73.7%，其增长率也低于全省和全国增长率水平 1.8 个百分点和 2.1 个百分点，[④] 因此，中国图们江地区要对自身经济水平具有明确认识，在经济进入新常态的大背景下，以供给侧结构性改革为主线，大力发展具有地域特色的经济，实现整体经济实力提升，达到全国平均水平。

---

① 根据《延边朝鲜族自治州 2017 年国民经济和社会发展统计公报》和《延边统计年鉴 2017》计算得到的。

② 《吉林省 2017 年国民经济和社会发展统计公报》，吉林省统计局，2018 年 3 月 28 日。

③ 《中华人民共和国 2017 年国民经济和社会发展统计公报》，中华人民共和国国家统计局，2018 年 2 月 28 日。

④ 根据《延边朝鲜族自治州 2017 年国民经济和社会发展统计公报》和《延边统计年鉴 2017》计算得到的。

（二）产业结构“三二一”格局初步形成

近几年来，从中国图们江地区产业结构来看，第二产业始终占据较大比重，反观第一产业则是逐年递减，第三产业逐年增加，最终形成“二三一”的产业格局。2017 年，中国图们江地区产业结构调整为“7.5∶45.8∶46.7”，第三产业所占比重首次超过第二产业，初步形成“三二一”的产业格局。其中，2017 年全年三次产业分别实现增加值 69.19 亿元、424.90 亿元、433.50 亿元，分别同比增长 2.9%、1.3% 和 5.5%，对经济增长的贡献率分别为 7.6%、18.7% 和 73.7%。[①] 可见，中国图们江地区经济发展主要依靠第二产业和第三产业，2015 年中国图们江地区高铁开通，直接促进中国图们江地区旅游业的发展，同时极大促进了中国图们江地区第三产业发展。

从中国图们江地区三次产业固定资产投资角度来看，第一产业投资额逐年增加，第二产业投资额则呈现先增后减的趋势，第三产业投资额有增有减。三次产业 2017 年分别实现固定资产投资 28.8 亿元、292.5 亿元、406.5 亿元，分别占固定资产投资总额的 4.0%、40.2%、55.8%。[②] 中国图们江地区逐步落实国家“精准脱贫、精准扶贫”的扶贫开发工作，大力推进“三农”工作，并着力推进旅游带动地区发展的战略，进而在第一产业与第三产业固定资产投资方面呈现上升趋势，并最终形成“三二一”的固定资产投资结构（见表 1）。

（三）中国图们江地区人口持续减少

从表 2 中可以看到中国图们江地区人口呈现持续减少态势。2017 年，中国图们江地区人口总数为 210.14 万人，相比 2016 年减少 1.9 万人，同比减少 0.9%。同时，城镇人口为 145.65 万人，减少 0.95 万人。而农村

① 根据《延边统计年鉴 2017》与《延边朝鲜族自治州 2017 年国民经济和社会发展统计公报》计算得到的。

② 《延边朝鲜族自治州 2017 年国民经济和社会发展统计公报》，延边朝鲜族自治州统计局。

表1　2013～2017年三次产业固定资产投资情况

单位：亿元，%

年份	总额	第一产业		第二产业		第三产业	
		投资额	比重	投资额	比重	投资额	比重
2013	680.2	11.5	1.7	293.6	43.2	375.1	55.1
2014	729.9	11.1	1.5	356.8	48.9	362.0	49.6
2015	820.0	16.7	2.0	376.6	44.8	447.1	53.2
2016	903.1	27.3	3.0	403.0	44.6	386.0	52.4
2017	727.9	28.8	4.0	292.5	40.2	406.5	55.8

资料来源：根据《延边统计年鉴2017》与《延边朝鲜族自治州2017年国民经济和社会发展统计公报》计算得到。

人口为65.74万人，相比增加0.3万人。[①] 农村人口增加主要源自中国图们江地区采取的返乡创业政策和招才引智计划为农村地区脱贫“输血”。

表2　2010～2017年中国图们江地区城镇与农村人数与比重

单位：万人，%

年份	总人口	城镇		农村	
		人数	比重	人数	比重
2010	219.07	145.78	66.50	73.29	33.50
2011	218.59	146.55	67.00	72.04	33.00
2012	218.21	148.34	68.00	69.87	32.00
2013	214.97	146.06	67.90	68.91	32.10
2014	214.58	145.00	67.60	69.58	32.40
2015	213.58	150.05	70.30	63.53	29.70
2016	212.04	146.60	69.10	65.44	30.90
2017	210.14	145.65	69.31	65.74	30.70

资料来源：根据《延边统计年鉴2017》与《延边朝鲜族自治州2017年国民经济和社会发展统计公报》计算得到。

从中国图们江地区人口的民族组成来看，2017年，中国图们江地区人口中，汉族为125.92万人，占总人口的59.92%，朝鲜族为75.72万人，占

① 《延边朝鲜族自治州2017年国民经济和社会发展统计公报》，延边朝鲜族自治州统计局。

比为36.04%，其他少数民族为8.50万人，占总人口的4.04%。相比2016年，汉族与朝鲜族分别减少1.78万人、0.17万人。而其他少数民族则相比2016年增加0.05万人。[①] 但从2010年至2017年民族人口数变化趋势来看，中国图们江地区汉族与朝鲜族人口呈现下降趋势，而其他民族人口数小幅增加（见表3）。

表3　2010～2017年中国图们江地区民族人口数及比重

单位：万人，%

年份	总人口数	汉族		朝鲜族		其他民族	
		人口数	比重	人口数	比重	人口数	比重
2010	219.07	131.48	60.01	80.11	36.57	7.48	3.42
2011	218.59	131.16	60.00	79.79	36.50	7.64	3.50
2012	218.21	130.87	59.98	79.69	36.52	7.65	3.50
2013	214.97	128.62	59.83	78.16	36.36	8.19	3.81
2014	214.58	128.44	59.86	77.82	36.27	8.32	3.87
2015	213.58	127.85	59.86	77.35	36.22	8.38	3.92
2016	212.04	127.70	60.22	75.89	35.80	8.45	3.98
2017	210.14	125.92	59.92	75.72	36.04	8.50	4.04

资料来源：根据《延边统计年鉴2017》与《延边朝鲜族自治州2017年国民经济和社会发展统计公报》计算得到的。

（四）外资为中国图们江地区发展注入活力

2017年初，中国图们江地区外商投资合同数达584个，合同外资金额达到23.09亿美元。从中国图们江地区外商投资投入产业来看，外资较为钟爱第二产业，第二产业集中于制造业。其中，制造业合同数为263个，合同外资金额为13.64亿美元，分别占第二产业合同总数和合同外资金额的94.27%、82.97%，占地区外资合同总数与合同外资总金额的45.03%、59.07%。[②] 由此可见，中国图们江地区外资投资领域相对集中，

① 《延边朝鲜族自治州2017年国民经济和社会发展统计公报》，延边朝鲜族自治州统计局。

② 延边朝鲜族自治州统计局编《延边统计年鉴2017》，中国国际图书出版社，2017，第237页。

使其他吸引外资相对较少的行业发展相对滞后于制造业，对中国图们江地区整体经济实力全面提升产生影响。

从中国图们江地区外商投资的来源国家与地区来看，该地区外资来源国家和地区主要为东北亚地区。从合同数的角度来看，韩国是中国图们江地区最大的外资来源地，其外资合同数为392个，合同外资金额为11.27亿美元，分别占合同总数与合同外资总金额的67.12%、48.81%。而日本和中国香港的合同数仅占韩国的12.76%、10.71%，合同外资金额日本与中国香港分别为韩国的9.14%、70.90%[①]（见表4）。

表4　2017年初中国图们江地区部分国家和地区投资情况

国家和地区	合同数		合同外资金额	
	数量(个)	比重(%)	金额(亿美元)	比重(%)
韩　国	392	67.12	11.27	48.81
日　本	50	8.56	1.03	4.46
中国香港	42	7.19	7.99	34.60
美　国	39	6.68	0.65	2.82
朝　鲜	14	2.40	0.05	0.22
俄罗斯	12	2.05	0.06	0.25
总　计	584	100	23.09	100

资料来源：根据《延边统计年鉴2017》计算得到。

二　中国图们江地区经济社会发展新形势与新动态

当经济全球化程度不断加深，世界各国乃至各个地区日益出现一个“你中有我，我中有你”的世界发展格局。朝鲜以活跃的姿态出现在世界舞台上，“冰上丝绸之路”的提出以及第四次工业革命蓬勃发展为中国图们江地区在当前历史阶段发展营造良好的环境氛围。

① 延边朝鲜族自治州统计局编《延边统计年鉴2017》，中国国际图书出版社，2017，第238页。

（一）朝鲜呈现积极开放的良好势头

朝鲜半岛局势影响中国图们江地区经济发展，在2018年新年伊始，朝鲜最高领导人金正恩下令重开板门店热线，朝鲜半岛局势呈现缓和趋势。同年，金正恩与韩国总统文在寅进行会晤，随后开展出访中国、与特朗普在新加坡会晤等外交活动，开启了朝鲜与外界积极对话的新时代，朝鲜呈现前所未有的开放势头。朝鲜半岛局势逐步回温并呈现积极开放趋势，有利于营造中国图们江地区经济发展安定、良好的社会环境，有利于提升中国图们江地区吸引外资的能力，同时，还能有力地促进中国图们江地区基础设施的完善健全，有效推动中国图们江地区消化过剩产能、淘汰落后产能，进而推动中国图们江地区产业结构升级优化，进一步形成产业集聚效应，打造中国图们江地区经济发展新动能，进一步实现中国图们江地区经济实力整体提升。中国图们江地区经济实力增强将有利于出现生产要素在中国图们江地区集中，也有助于促进人力资本回流，解决中国图们江地区发展中人才短缺的问题，并且有利于充分带动中国图们江地区内农村经济的发展，打赢脱贫攻坚战，进而实现中国图们江地区乡村振兴，最终实现中国图们江地区经济社会全面发展。

（二）“冰上丝绸之路”绘就“一带一路”新蓝图

2017年7月，习近平总书记在莫斯科会见俄罗斯总理梅德韦杰夫时，正式提出了打通北极航道，共同打造“冰上丝绸之路”的概念。“冰上丝绸之路”主要通过穿越北极圈，连接北美、东亚和西欧三大经济中心。至此，“一带一路”倡议绘就了完整的路线图，构建了覆盖全世界的合作框架，“一带一路”形成一条联动世界经济发展的“闭合回路”。“世界潮流，浩浩荡荡。顺之则昌，逆之则亡。”“冰上丝绸之路”建设将充分带动中国图们江地区经济发展，使中国图们江地区有效融合到“一带一路”整体框架中，使中国图们江地区经济发展能够享受到“一带一路”的优惠政策，进一步实现中国图们江地区经济发展与时俱进、与世俱进。在世界范围内大分工的背景下，应当将中国图们江地区经济发展融入世界经济发展的大格局当中，进而有利于中国图们江地区确定产业发展的功能定位，确立发展产业结构安排，促进产业结构优化升级，带动产业技术更新升级，进而形成发展新模式、新业态，打造中国图们江地区发展新动能。同时，有利于实现将中国图们江地区打造成为区域经济发展新的增长极，进而辐射长春、吉林等省内腹地经济发展，甚至推动振兴东北老工业基地进程，促进大图们江流域区域经济发展，乃至推动整个东北亚区域经济一体化发展。

（三）第四次工业革命方兴未艾

近些年，以人工智能、大数据、清洁能源、量子信息技术、虚拟现实以及生物技术为主的第四次工业革命时代已经悄然到来，这是中国图们江地区经济社会发展的国际整体背景。我国第四次工业革命代表性技术，即人工智能、大数据、清洁能源技术的深入研发，为中国图们江地区发展提供了坚实的技术支持。而第四次工业革命的方兴未艾，有利于把握第四次工业革命新契机，破除中国图们江地区不平衡不充分的发展难题。一方面，有利于实现中国图们江地区技术更新换代，进一步实现地区新旧动能转换，转变发展方式，通过引进新技术支撑并推动地区发展，摆脱中国图们江地区经济整体实力不强的困境，经济总量达到国家平均水平；另一方面，在中国图们江地区发展过程中运用大数据、云计算等手段对经济社会发展在宏观、中观与微观三个层面进行系统的分析预测，进而有效实现风险把控，使中国图们江地区经济在合理区间运行，进而推动中国图们江地区发展资源充分开发，使经济社会逐步实现智能化、节能化、生态化发展，最终有利于实现中国图们江地区经济社会发展行稳致远。

三　中国图们江地区经济社会发展存在的问题

中国图们江地区虽然近些年发展形势基本向好，但中国图们江地区自身经济实力及周边国家经济、区域经济实力有限，道路建设环节低端供给，外资来源、投资方式及领域过于单一以及人才培育与引进机制不完善制约中国图们江地区经济全方位、深层次、高质量发展。

（一）中国图们江地区周边国家区域经济体量偏小

中国图们江地区不仅地区生产总值在吉林省范围内仅排在第五位，地区生产总值仅为长春市与吉林市的14.20%和40.28%，[①] 而且中国图们江地区内部没有大型城市，难以形成以大型城市为中心的增长极，进而制约城市群发展。同时，与中国图们江地区临近的纳霍德卡、斯拉夫杨卡、波谢特、扎鲁比诺等俄罗斯远东地区以及先锋、清津、罗津等朝鲜部分地区经济发展较为落后，周边国家与中国图们江地区接壤的地区经济体量小，难以为中国图们江地区发展提供良好的经济环境，并且难以形成经济集群效应。朝鲜方面虽然不断向世界释放积极信号，但是其政策的不稳定性以及法律法规的不完善，影响与中国图们江地区的经贸合作。俄罗斯方面，虽然早在2012年普京便提出了通过西伯利亚地区以及远东地区全面走向亚太地区的发展战略，但俄对远东地区的开发力度有待加大。

（二）中国图们江地区道路建设有待完善

第一，中国图们江地区内部道路建设有待加强。中国图们江地区内部的城市主干道路有待进一步拓宽，而且城市内白天一般会限制大型车辆在市内行驶，并且对大型车辆采取限制行驶时段以及行驶路段，一定程度上浪费了时间，降低了物流运转效率，同时还提高了物流运输成本。而地区内部的村镇之间大多由3米左右的水泥道路相连接，虽然能够满足村内一般性需求，但不利于大型车辆通行，例如，货运车辆以及旅游客车等在村庄内行驶，因而直接影响中国图们江地区内村镇的货物流通运输，同时影响地区内村镇因地制宜发展旅游业。第二，中国图们江地区与外界的道路联通有待完善。在黑龙江省边境的满洲里和绥芬河地区早已实现与俄罗斯的陆海联运，辽宁省

① 《延边朝鲜族自治州2017年国民经济和社会发展统计公报》，延边朝鲜族自治州统计局。

边境城市丹东在道路交通运输网络构建中也开始逐步形成全方位的客货运输通道。中国图们江地区作为吉林省边境地区，在近些年才实现了“借港出海”。同时中国图们江地区仅有一个国际机场。中国图们江地区海运发展相对于陆空运输滞后，因此，并未形成海、陆、空联运的客货运输网络。

（三）外资来源国和外商投资方式及领域有待拓展

韩国在中国图们江地区外资领域独占鳌头，而且中国图们江地区外商投资方式相对单一，多为外商独资。韩国占据外资合同数以及外资金额的大部分，同时多数为外商独资的投资方式，一方面，不利于产生技术转移效应，虽然在一定程度上促进中国图们江地区经济发展，但并没有实现地区技术实质性提升；另一方面，在一定程度上加大了中国图们江地区外资领域以及地区经济社会发展的风险，韩国一旦撤资，则对地区经济的打击是巨大的。同时，外商投资较为钟爱第二产业中的制造业，制造业截至2016年底签订外资合同263个，涉及外资13.64亿美元，占比分别为45.03%、59.07%。[①]但外资过于集中在制造业，一方面，对第二产业内部结构产生一定影响；另一方面，使制造业的发展领先于第一产业及第三产业，不利于地区一、二、三产业均衡发展。

（四）人才培育机制和人才引进政策体系亟须完善

地区经济社会持续发展，关键在人才的培育与引进。第一，中国图们江地区的培育关键在于教育，但中国图们江地区教育资源不足。一方面，教育硬件匮乏，中国图们江地区有高等学校1所、中等专业学校24所、特殊教育机构2所；另一方面，地方院校的教育资源配置错位。中国图们江地区的地方院校在培养人才方面，存在培养的人才与现实社会需要人才相脱节现象。例如，当前中国图们江地区需要物流、能源、矿产等与地区经济社会发展密切关联的专业，在地方院校并未建立相关学科进行人才培养，未能充分

① 延边朝鲜族自治州统计局编《延边统计年鉴2017》，中国国际图书出版社，2017，第238页。

发挥地方院校服务社会的职能。第二，中国图们江地区为推动地区经济发展而开展招才引智计划以及大力实施返乡创业政策，从而进一步打造经济发展的持续性动力。然而，人才引进政策体系存在缺陷导致一部分引进的人才离开中国图们江地区。例如，高层次优秀人才被引进中国图们江地区，由于中国图们江地区并未建立有效的激励机制，工资待遇以及日常生活未得到有力支持，直接导致人才“出逃”。

四　推进中国图们江地区经济社会发展的对策建议

为实现中国图们江地区经济社会持续发展，就要以中国图们江地区为中心促进区域经济发展、推动基础设施供给侧改革、引导外资注入特色产业以及打造人才培育引进新平台等措施为抓手。

（一）以中国图们江地区为枢纽推进区域经济发展

中国图们江地区位于东北亚的核心位置，具有极其重要的区域战略作用，因此，中国图们江地区想充分发挥作用，关键要提升自身经济实力。第一，结合中国图们江地区特有的历史和文化资源，充分利用资源禀赋，使之切实转化成经济效益，并且推动中国图们江地区传统产业的改造升级，形成产业发展新模式、新业态，推进一、二、三产业融合发展，进而实现产业结构优化升级，打造推动中国图们江地区经济发展新动能。结合上下游产业延长产业链条，形成全价值链，赋予产品高附加值，切实增强中国图们江地区整体经济实力。第二，以中国图们江地区边境合作示范区为基础，推进中国图们江自由贸易区建设。中俄之间日益增进政治互信，为中俄之间双边经贸合作提供了坚实的基础保障。朝鲜释放出积极开放的态势，为中朝之间进行双边经贸合作成为现实提供了可能性。中国图们江地区以中俄边境合作示范区以及中朝边境合作示范区为基础，在中国图们江地区初步建立中朝俄三方自由贸易区。通过自由贸易区多边合作的形式带动中国图们江地区周边国家、区域经济发展，吸引图们江区域甚至东北亚地区国家加入中国图们江自由贸易区当中，进行多边经贸合作，促进东北亚范围内国家及地区经济发展，推进东北亚区域经济一体化。在多边经贸合作中不能搞“零和博弈”的把戏，而是以中国图们江地区为中心，形成东北亚利益共同体，构建东北亚责任共同体，与“一带一路”以及“冰上丝绸之路”融合，打造人类命运共同体。

（二）推进中国图们江地区基础设施供给侧改革

道路基础设施建设是中国图们江地区联通世界的关键，虽然地区道路已基本铺设，但仅形成低端供给。针对中国图们江地区经济发展的需要，要推进道路基础设施供给侧改革，加大道路基础设施建设投资，形成中国图们江地区道路基础设施中、高端供给。一方面，加强城市内部道路建设，做好城市交通网络的顶层设计，拓宽城市内部主干道，并做好道路规划，进而保证物流运输大型车辆能够及时通行；另一方面，推进农村道路提质升级。在原有基础上适当拓宽村村、村镇之间连接的主干路，保证农村地区生产的农产品能够及时被运输，避免产品损耗，降低产品整体成本，实现农业增效、农民增收，为推进中国图们江地区脱贫攻坚、实现乡村振兴提供基础设施支撑。与此同时，以中国图们江地区基础设施供给侧改革为主线，推进中国图们江地区对外公路、铁路、港口以及机场等基础设施建设，并且推进涉及中国图们江地区城市的国际跨境航线良性运营，促进实现中国图们江地区海陆空联运蓬勃发展。

（三）中国图们江地区政府积极引导外资注入特色产业

中国图们江地区政府首先要建立法律法规体系，进而为外资引进提供法律保障，建立良好的外商投资环境。中国图们江地区不仅制造业具有发展潜力，而且随着第一产业以及第三产业的不断深入开发，逐步形成了具有中国图们江地区特色的新模式、新业态，形成了特色产业，使第一产业及第三产业的潜力并不逊色于第二产业。例如，中国图们江地区第一产业形成观光农业、休闲农业、订单农业等新业态，而且随着新模式、新业态的形成，产业投资回报率也在不断上升。引导外资注入地区特色产业，不仅有利于为地区特色产业注入新鲜血液、提供发展资金支持，同时也有利于调整中国图们江地区的外资结构，因此，中国图们江地区政府通过融资洽谈会等形式吸引多个国家和地区的投资，实现分散外资来源地，降低潜在的外资风险。并且，政府应当引导中国图们江地区外商投资方式的多样化、均衡化，采取税收优惠等政策，支持鼓励外资采取中外合作经营与中外合资经营的方式，进而通过转变投资方式，使中国图们江地区学习国外的企业文化、管理经验以及先进技术，实现技术转移，促进地区技术进步，为地区经济发展提供技术支撑，推动地区经济实现跨越式发展。

（四）打造中国图们江地区培育和引进人才新平台

中国图们江地区在积极培育和引进人才的过程中，要注重借助第四次工业革命的东风，利用互联网、人工智能、大数据等手段搭建新平台。第一，充分利用中国图们江地区教育资源。深度挖掘地方高校的教育资源，整合职业教育资源，引进特殊教育资源。地方高校充分发挥社会职能，培养高尖端人才，着重为中国图们江地区经济发展提供理论支撑、技术支持，推进中国图们江地区产学研用一体化发展。职业教育则应适应中国图们江地区发展定位所需的专业型人才，职业教育培养的人才要与社会需要相衔接，避免专业型人才市场“供求失衡”。特殊教育则要整合特殊人群，使之通过受教育提升劳动能力，进而实现自身人生价值及社会价值，使特殊人群在共享经济成果时，感受更多的满足感、幸福感与获得感。第二，构建引进人才政策体系，建立引进人才的良性机制。通过以中国图们江地区返乡创业政策为中心，以鼓励支持类政策为补充，使人才能够“引得进来，留得下来”。并且，采取博览会、交易会、展览会、贸易洽谈会等多渠道引进高层次人才，通过建立中国图们江地区商会、老乡会以及校友会将中国图们江地区外流的务工人员集中起来，对其进行政策宣讲，引导外出务工的成功人士返乡创业，进而为中国图们江地区经济发展注入新动力。

参考文献

本书编写组编著《党的十九大报告辅导读本》，人民出版社，2017，第10页。

《延边朝鲜族自治州2017年国民经济和社会发展统计公报》，延边朝鲜族自治州统计局。

延边朝鲜族自治州统计局编《延边统计年鉴2017》，中国国际图书出版社，2017，第11页。

《吉林省2017年国民经济和社会发展统计公报》，吉林省统计局，2018年3月28日。

《中华人民共和国2017年国民经济和社会发展统计公报》，中华人民共和国国家统计局，2018年2月28日。

郭文君：《关于将图们江区域合作开发纳入“一带一路”战略的思考》，《东疆学刊》2016年第2期，第93页。

宁宁、李晓梅：《延边图们江次区域经济合作问题及对策》，《商场现代化》2018年第2期，第176页。

沈万根、赵宝星：《中国图们江地区外商投资面临的困难及发展新路径》，《东疆学刊》2018年第1期，第74页。

B.19

深圳湾区经济发展报告

——基于区域经济协调发展的角度

李 凡 张雨佳 陈 琳*

摘 要： 粤港澳大湾区是我国区域发展战略以及“一带一路”建设战略的重要支撑点，近年来粤港澳大湾区发展迅速，总体发展态势良好，但内部不协调矛盾突出，要达到建设世界级城市群和一流湾区的目标仍面临诸多挑战。针对如何突破体制束缚、行政壁垒以及经济基础差距，实现要素自由流通、资源优化配置和产业协同发展，促进区域经济协调发展，本报告立足深圳，总结出了融合港澳合作、创新行政体制、优化产业体系的战略思想。在推动粤港澳大湾区经济协调发展的实践方面，深圳也积极发挥核心城市的示范带头作用，推动区域各方协同发展、合作共赢。

关键词： 粤港澳大湾区 核心城市 合作共赢

2017年，粤港澳大湾区成为我国首个由国家层面确认的湾区，正式成为国家战略级湾区。粤港澳大湾区由香港、澳门两个特别行政区，以及广州、深圳、佛山、东莞、惠州、中山、江门、珠海、肇庆9市构成。区域内包含两种制度、三个关税区和三种法律体系，差异极大。为实现将粤港澳大

* 李凡，深圳大学中国经济特区研究中心副教授、博士；张雨佳，深圳大学中国经济特区研究中心硕士研究生；陈琳，深圳市南山实验教育集团教师、硕士。

湾区打造成为世界一流的创新经济湾区的战略目标，必须突破体制束缚、行政壁垒和区域内经济发展差异，建立区域协调发展机制，推动资源优化配置，推进城市分工合作，促进区域协调发展，最终达到共同建设富裕、和谐社会的目标。深圳应站在国家战略高度，充分用好独特的政治地缘优势，成为粤港澳大湾区经济协调发展的支撑点。

本报告首先分析了粤港澳大湾区经济协调发展的基本态势，从中发现目前尚存在的协调问题；再从理论角度，厘清阻碍粤港澳大湾区经济协调发展的体制、行政、经济渊源；然后总结了深圳市作为核心城市促进大湾区经济协调发展的战略思想；最后梳理了深圳市在克服体制差异、行政差异、经济差异三方面做出的实践努力。

一　粤港澳大湾区经济协调发展的基本态势

（一）总体发展态势良好，内部差距较大

粤港澳大湾区成立时间虽短，但发展迅猛，经济总量达到世界级湾区水平，经济总量增长速度位列四大湾区第一。近年来，相较于纽约湾区、旧金山湾区、东京湾区的经济增速，粤港澳大湾区始终保持高速增长，2017 年其经济总量增速依然为7.9%，比其他三大湾区增速快。2007 年时，粤港澳大湾区的经济总量大约只有纽约湾区的一半，大致与旧金山湾区持平。十年的高速发展使粤港澳大湾区在经济总量上实现了重大突破。2017 年，粤港澳大湾区的经济总量达到 1.38 万亿美元，与纽约湾区的 1.83 万亿美元、东京湾区的 1.86 万亿美元之间的差距急剧缩小，远超过旧金山湾区的 0.82 万亿美元（见图 1）。粤港澳大湾区以仅占我国国土面积不足 1%，对国民经济做出了 12% 的贡献。作为我国经济增长的新动力，粤港澳大湾区发展成为世界一流湾区的潜力巨大。

然而，粤港澳大湾区内部各城市的经济存在较大差距。区域内三大核心城市的生产总值，香港位列第一，深圳位列第二，广州位列第三，分别占粤

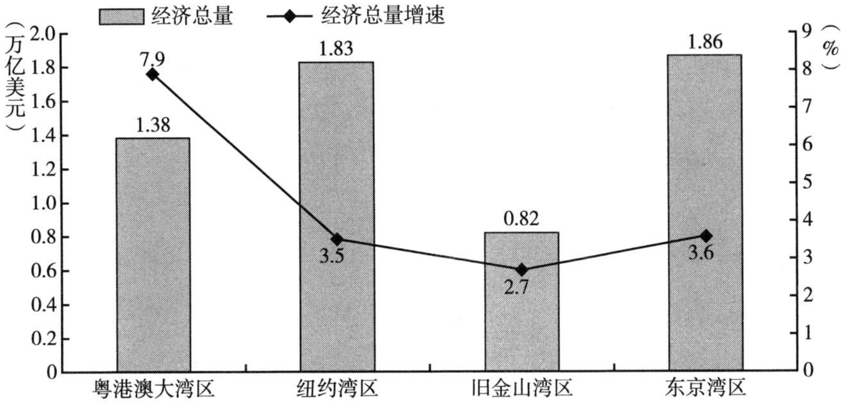

图1　2017年四大湾区经济总量及增速

资料来源：全国人大财经委副主任黄奇帆在粤港澳大湾区发展论坛上的演讲（2018年8月）。

港澳大湾区生产总值的23%、22%、21%，为第一梯队（见图2）。这三座城市占据了湾区生产总值的66%，而剩下的八座城市仅占34%，且均不超过10%。佛山、东莞位于第二梯队，其生产总值分别占湾区生产总值的9%、7%，而位于第三梯队的惠州、中山、澳门、江门、珠海均仅占3%左

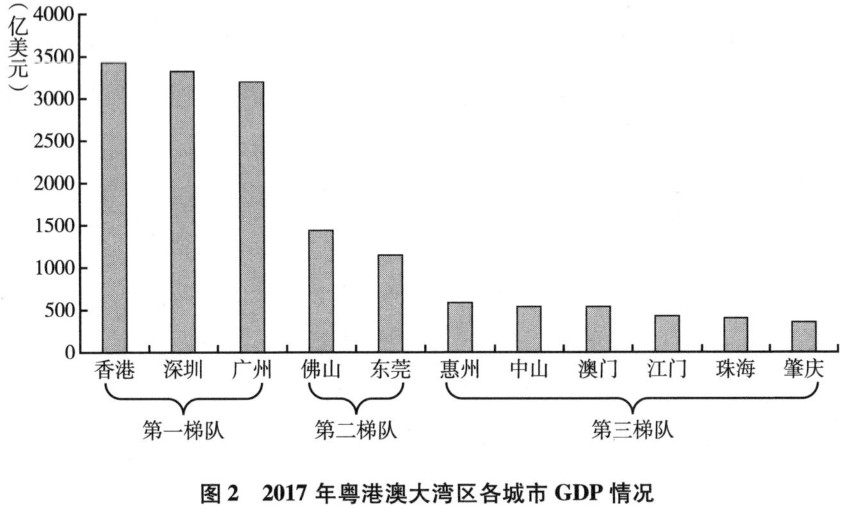

图2　2017年粤港澳大湾区各城市GDP情况

资料来源：香港政府统计处、澳门统计暨普查局、珠三角各市统计局。

右，肇庆只占2%。经济最发达的香港与最不发达的肇庆之间，生产总值占湾区生产总值的比例相差21个百分点。粤港澳大湾区内部各城市间的经济发展不平衡，容易导致权利和义务的不平等，造成资金流向不对等、技术投入不平衡等，将阻碍粤港澳大湾区经济的进一步发展。

（二）支柱产业蓬勃发展，结构有待优化

粤港澳大湾区内不仅拥有金融、旅游、航运等服务业，还具备成熟的电子信息、汽车装备等制造业；不但有电子通信、新能源、无人机等高新产业，还有纺织服装、食品饮料、石油化工等传统产业。产业具备多样化、多层次的特点，有利于形成协同互联的产业集群和产业链，扩大集群效应，推动区域协调发展。但尚存在两大问题阻碍这一效应更好发挥，制约区域协同合作。

其一，产业结构偏重制造业。现阶段，粤港澳大湾区仍然处于由工业经济向服务经济转型的过渡时期，制造业仍然占有较大比重。世界三大湾区纽约湾区、旧金山湾区、东京湾区均已步入创新经济时期，第三产业所占比重均在80%以上，而与此相比，粤港澳大湾区2017年的第三产业所占比重为65.6%。虽然香港和深圳的经济发展模式已经具备创新型和服务型特征，其支柱产业以高新技术产业与服务业为主，但只是个别城市，湾区内的其他多数城市的经济发展仍然处于向高端制造业和服务业转型时期，多以传统制造业和现代制造业为支柱产业（见表1）。粤港澳大湾区亟待明确发展定位，推动产业结构优化升级，合理规划部署产业发展，提升区域核心竞争力和综合实力。

其二，产业发展存在同质化竞争。粤港澳大湾区内各城市间主导产业差异化程度尚不明显，在金融、航运、制造等领域存在重复建设和过度竞争现象。湾区内拥有众多港口城市，香港、澳门是国际贸易港，广州、深圳、珠海是广东省主要港口城市，佛山、肇庆是两大内河主要港口，各港口腹地重叠、产能相对过剩，导致同质化竞争激烈、经济资源浪费严重等问题，港口大而不强，不利于增强区域综合实力，打造湾区国际竞争力。而位于经济发

展第二、第三梯队的城市多以制造业为主导产业，且制造业大多以电子信息、装备制造、食品饮料、石油化工为主，同样存在严重的同质化竞争，因此，粤港澳大湾区整体建设应统筹考虑产业布局，根据发展阶段、区域资源、历史基础以及现实优势等因地制宜发展各地产业，推动生产要素与产业布局相协调，形成布局合理、结构优化、发展均衡的经济体系。

表 1　粤港澳大湾区各城市支柱产业

城市	支柱产业
香港	贸易及物流业、金融服务业、专业及工商业支援服务业、旅游业
澳门	出口加工业、博彩旅游业、金融服务业、建筑地产业
广州	汽车制造业、石化产业、电子信息产品制造业
深圳	金融业、现代物流业、高新技术产业、文化创意产业
佛山	电子信息及装备制造业，家用电器、纺织服装、陶瓷及其他建材、金属材料加工及制品业
东莞	电子信息制造业、电气机械及设备制造业、纺织服装鞋帽制造业、食品饮料加工制造业、造纸及纸制品业
惠州	石油化工、电子信息
中山	先进装备制造业、电子信息、高新技术与电光源、电气机械、金属制品
江门	电子信息制造业、金属制品行业、纺织服装业、食品行业、化工行业、汽车及摩托车制造业
珠海	电子信息、生物医药、家电电气、石油化工、电力能源、精密机械制造业
肇庆	金属加工、电子信息、汽车零配件、食品饮料、生物制药、林产化工

资料来源：各省市政府官网。

（三）构建多核心城市群，力求错位发展

合理明确的城市定位有利于城市群的协调发展。粤港澳大湾区内拥有香港、广州、深圳三个核心城市，后两者经过多年的快速发展，在经济总量上已经可与香港并驾齐驱；区域内还拥有多个制造业发达的城市，城市协同不足问题突出。构建多核心城市群，明确各城市的功能定位，有利于避免无序竞争，实施错位发展，推动合作共赢，实现打造世界级城市群的发展目标。

对此，各城市在粤港澳大湾区建设中的功能定位各具特色。香港定位为国际金融中心，依靠其制度优势成为湾区与国际接轨的窗口，吸引国际优质

资本，为湾区发展提供强大的资金支持。深圳作为粤港澳大湾区生产力和竞争力升级的核心引擎，发展为科技创新中心。广州作为广东省的省会城市，是政治、经济、文化中心，未来的发展目标是建设成为区域的枢纽城市和环球贸易中心，是粤港澳大湾区生产力和资金转换的终端。佛山、东莞、中山的制造业基础扎实，未来将继续推动制造业发展升级，成为新型制造业中心。江门、肇庆工业发展仍处于起步阶段，主要负责承接传统制造业。珠海、澳门的定位则是旅游休闲中心，珠海自然环境优美，为新型花园城市，有“幸福之城”“浪漫之城”的美誉；东西方文化的交融与共存，使澳门成为一座拥有大量历史文化遗迹的独特城市，适宜建设以中华文化为主流、多元文化共存的交流合作基地。惠州在地理位置上与深圳相邻，主要负责对深圳的制造业转移进行承接。粤港澳大湾区各城市明确各自定位，合理分工、功能互补，促成合作共赢共识的达成，最终实现区域经济协调发展。

二　粤港澳大湾区经济发展不协调的理论解释

（一）源于“一国两制”的社会体制差异

“一国两制”的基本国策直接导致两岸社会体制的差异。粤港澳大湾区虽是一国内的区域合作，但涉及两种不同的社会制度。不同的社会制度衍生出不同的指导思想、经济制度、法律体系、政体及政党制度。内地 9 市施行的社会主义市场经济制度建立在公有制的基础上，生产的根本目的是满足广大人民群众日益增长的物质文化需求；而港澳实行的资本主义市场经济制度是私有制基础上的市场经济制度，为少数人谋私利，其根本目的是资本家获得最大限度的剩余价值。两者的分配制度也有本质差异，社会主义市场经济坚持效率与公平兼顾，追求共同富裕目标；而资本主义市场经济受到剩余价值规律的影响，必将导致贫富两极分化。政治制度的差异导致的利益分配不协调，将可能成为合作参与者展开合作的积极性的阻碍。

粤港澳大湾区不仅分属两种社会制度，而且分属三个不同的经济体和关税区，极大地阻碍了区域内的货物、资金、人员及信息等生产要素的自由流通。粤港澳三方属于平行主体，相关合作政策需由国家有关部门制定或授权，政府事权有限，三方自主协商范围小，难以发挥协调功能。此外，广东与港澳不同，不是一个独立的经济体，其关税水准、开放程度及管理制度都受制于全国水平，导致其难以在短时间内与港澳特区达成一致，粤港澳城市群的经济整合只能是有限度的整合。

（二）源于地方保护主义的行政制度差异

地方保护主义与粤港澳大湾区行政制度差异之间存在密切的因果关系。经济学理论通过三种困境的存在来解释区域合作中地方保护主义的出现。第一类是“集体行动”困境，经济学家 Olson（1965）提出，在集体行动中，利益冲突带来的破坏力远大于利益一致带来的凝聚力。这是因为合作中付出的成本所带来的收益是模糊的、笼统的，各参与者的经济发展水平不同导致利益的分配也不同，在没有完善的激励机制与具有约束力的协调制度下，合作方的积极性与责任感都很难被全面调动起来。第二类是“囚徒博弈”困境，理性的个体选择导致了非理性的集体选择。在市场经济中，地方政府作为独立的经济利益主体，也具备“经济人”的特征——追求自身最大利益。当各地方政府都只为了进行各自利益谋划时，即使各方都遵守了社会规则，最终的结果也可能不符合集体利益，甚至可能无法实现个体利益最大化。第三类是“公地悲剧”困境，美国学者 Hardin（1968）在《公地的悲剧》中指出追求利益最大化的个体行为将导致公共利益受损。区域合作中的许多公共资源（如水资源）都不具有排他性，只要对资源的使用能够带来利益，就会进行无节制的开采，并且刺激其他地区采取同样的措施。而即使某一地区对自然资源实施保护性措施，也不能保证其他地区采用相同的措施，甚至可能在损害己方利益时令他人受益，难以达成合作共识。

粤港澳大湾区内各行政区域如果各自为政、自成体系，长期实行地方保护主义，设置商品准入壁垒、技术壁垒等，就势必会阻碍资本、货物、劳动力及技术等生产要素的流通，从而阻碍市场资源的优化配置和区域经济的协调发展。再加上粤港澳之间还存在海关关卡及关税壁垒，更为湾区各区域间的要素自由流通增添阻碍。

（三）源于发展基础的经济运行差异

区域之间发展基础的差异通过回流效应进一步扩大经济运行的差异。Myrdal（1957）提出的循环累积因果论认为，区域经济发展会先从具备初始优势的地区进行，这些地区将进一步累积优势，从而导致区域间发展的不平衡进一步加剧。而在累积循环过程中，会产生两种相反的效应：一种是回流效应，指生产要素从落后地区向发达地区流动，将导致落后地区的经济发展更加缓慢，使区域经济不平衡程度加深；另一种是扩散效应，指生产要素从发达地区向落后地区流动，从而促进落后地区的发展，缩小区域间的经济发展差异。而在市场机制的作用下，回流效应远远大于扩散效应。

粤港澳大湾区各市发展基础悬殊，回流效应显著。香港和澳门作为特别行政区，又是自由贸易港，经济基础雄厚；深圳、珠海作为经济特区，凭借毗邻港澳的优势，自改革开放以来经济获得快速发展；广州作为广东省的省会城市，经济发展优势显著。作为经济更为发达的区域性中心，这些城市更能吸引周边地区的资金、优质劳动力等生产要素，从而获得更长远的发展，区域之间发展差距不断扩大。

三　深圳促进大湾区经济协调发展的战略思想

“粤港澳大湾区”是我国发展“21 世纪海上丝绸之路”的重要支点，2015 出台的《推动共建丝绸之路经济带和 21 世纪海上丝绸之路的愿景与行动》明确提出要深化与港澳台的合作，打造粤港澳大湾区。2017 年 3 月，国务院《政府工作报告》也提出要推动内地与港澳进一步深化合作，研究制定粤港澳大湾区城市群发展规划，充分发挥港澳的独特优势，提高该区域在国家经济发展和对外开放中的功能作用以及战略地位，这意味着粤港澳大湾区由此上升为国家战略。2017 年 7 月，在习近平总书记的见证下，《深化粤港澳合作　推进大湾区建设框架协议》出台，明确了粤港澳大湾区的建设目标是要深化粤港澳合作，打造国际一流湾区和世界级城市群。

（一）深化粤港合作，联港澳融合发展

深化粤港合作，是中央坚定不移推动“一国两制”伟大事业继续前进，促进香港、澳门繁荣稳定的重要举措，也是中央赋予广东的重要任务。习近平总书记指出“既要把实行社会主义制度的内地建设好，也要把实行资本主义制度的香港建设好”，党的十九大提出“要支持香港、澳门融入国家发展大局”，《深化粤港澳合作　推进大湾区建设框架协议》第一段明确大湾区建设目的要“为港澳发展注入新动能，保持港澳长期繁荣稳定”。

深圳依靠其地缘环境，肩负着深化粤港合作的重要使命。从改革开放到今天，从“前店后厂”的分工模式到逐步多方位高融合的合作发展，深圳一直在向香港学习、为香港服务、与香港合作，深港的经济发展越发离不开彼此的紧密合作。促进粤港澳大湾区协调发展，建成世界一流湾区，深圳应担负起责任，开创深港合作的新时代。首先，要转变合作观念，由把香港作为“外资引进”过渡到向“高度协同融合”发展；其次，要坚持“一国两制”的国家战略方针，发挥香港对外交流联系的优势，对接国际标准，营造国际化营商环境；最后，要发挥改革创新的核心力量，促进两地人员、资金、技术、信息等生产要素的互联互通。

（二）实现率先突破，建高质量发展示范区

打造世界级城市群，深圳市应发挥核心城市的示范带头作用。为达到习近平总书记“四个走在全国前列”的要求，落实广东省委要求深圳“发挥核心引擎功能、强化引领带动作用”的部署，实现深圳自身“率先建设社会主义现代化先行区”的目标，深入贯彻习近平总书记重要讲话精神，深圳市委做出“7 个率先”战略部署，要在构建高质量经济发展体制和全面开放格局上实现率先突破，探索高质量改革发展路径，建设高质量发展示范区，打造粤

港澳大湾区生产发展核心引擎，发展成为服务全国、面向世界的全球城市。

2017年7月，习近平总书记在中央财经领导小组第十六次会议上发表重要讲话，明确要求深圳等特大城市率先加大力度改革营商环境，加快脚步建设开放型经济新体制。为贯彻讲话精神，中共深圳市委六届九次、十次全会做出重要战略部署，提出要加大力度对营商环境进行改革，使其更加市场化、法治化、国际化。为贯彻落实深圳市委全会的战略部署，深圳市政府以“数字政府”建设为着力点和突破口，推进“互联网+政府服务”建设，深化“放管服”改革，着眼于人民群众和企业的合理诉求，进一步简政放权，优化城市营商环境，为经济发展增添活力。截至2017年，深圳前海蛇口自贸区已累计推出319项制度创新成果，在粤港澳大湾区乃至全国范围内得到推广。深圳市在营商环境改革、机制体制创新方面先行先试、大胆探索，为构建开放型经济新体制提供示范和经验，进而推动区域经济跨越式发展。

（三）优化产业体系，创区域发展新格局

习近平总书记在参加十三届全国人大一次会议广东代表团审议时发表重要讲话，对此，深圳市委六届十次全会全面贯彻其讲话精神，提出要以构建现代产业体系为重点，以推动产业协同发展为支点，合理布局战略性新兴产业，强化辐射带动作用，推动粤港澳大湾区产业发展向高端化转型升级，努力建设现代化经济体系，实现区域经济协调发展。

为实现战略性新兴产业跨越式发展，深圳市制定实施《深圳市战略性新兴产业发展“十三五”规划》，以信息经济、生命经济、绿色经济、创意经济等为重点，不断提高创新能力，大力培育骨干企业，持续优化产业生态体系，引领产业向高端化、规模化、集群化发展。深圳市委还出台了《关于深入贯彻落实习近平总书记重要讲话精神　加快高新技术产业高质量发展更好发挥示范带动作用的决定》，把新一代信息技术、高端装备制造等战略性新兴产业作为发展的重中之重，进一步优化重构产业政策体系，构筑产业体系新支柱，打造粤港澳大湾区创新中心和核心引擎，推动产业向价值链高端跃升。

深圳市布局发展战略性新兴产业，可依托粤港澳大湾区坚实的制造业基

础，推动区域内产业协同错位发展，扩大产业集聚效应，加强内在经济联系，既有利于促进湾区经济协调发展，又推动了自身产业体系优化重构，产业向价值链高端跃升，走质量型增长、内涵式发展道路。深圳的辐射带动作用进一步加强，有利于粤港澳大湾区打造世界一流创新经济湾区的目标实现。

四　深圳促进大湾区经济协调发展的路径实践

（一）以价值理念的包容与共识，减少社会体制差异

早在2011年，为增进深港两地在法律上的交流合作，双方签署了第一份法律合作安排协议，为营造两地良好的法治营商环境奠定了基石。而今，在粤港澳大湾区建设与“一带一路”背景下，为进一步深化粤港合作，2017年10月12日，深圳市人民政府和香港特别行政区政府律政司续签了《法律合作安排》。双方同意建立深港政府法律合作机制，打造高层次法律交流平台，约定，在面对深港合作项目尤其是涉及深圳前海等地区的法律问题时，双方应及时沟通、交流，共同研究、论证，交换意见、建议以促进问题妥善解决。通过交流、讨论、学习等方式，增进深港两地在法律事务方面的合作共识，减少不同社会体制带来的法律体系差异，不断完善发展深圳法律、仲裁及调解等争议解决服务，推动粤港澳大湾区合作共识的达成。

远早于法律合作，两地已开始尝试办学合作。从20世纪80年代开始，深圳高校与香港一些教育机构联合举办成人教育培训；香港理工大学于1999年在深圳设立培训中心。同年8月，深圳市人民政府、香港科技大学、北京大学三方在深圳高新技术区携手创建了深港产学研基地，深港在官方层面开始了学术交流；2000年，香港理工大学正式成立了香港理工大学深圳研究院；2001年，香港城市大学深圳研究院成立，肩负着将香港城市大学的研究成果向国内转移的使命；2011年12月30日，香港大学深圳研究院于深圳软件园内举行开幕典礼，宣告研究院作为连接内地与香港大学之间的重要桥梁正式成立。2013年香港大学深圳校区于深圳南山区落成，该校区

不会以分校的形式招生，只是香港大学校区的延伸；2014 年香港中文大学（深圳）获教育部正式批准设立，首次招收 300 名本科生。2017 年 9 月 21 日，粤港澳大湾区研究院在深圳罗湖区落户，由广东省委宣传部牵头，广东省发展和改革委员会、广东省人民政府港澳事务办公室和广东省社会科学院作为指导单位，南方财经全媒体集团、深圳报业集团和南沙自贸片区共同发起组建。2018 年 7 月 18 日，深圳大学与香港理工大学签署协议，共建“大湾区国际创新学院”，整合两校优质资源，加强两地交流合作，搭建湾区创新平台（见图 3）。通过合作办学，在两地年轻人、政府、企业间建立价值共识，传播思想理念，降低体制观念差异。

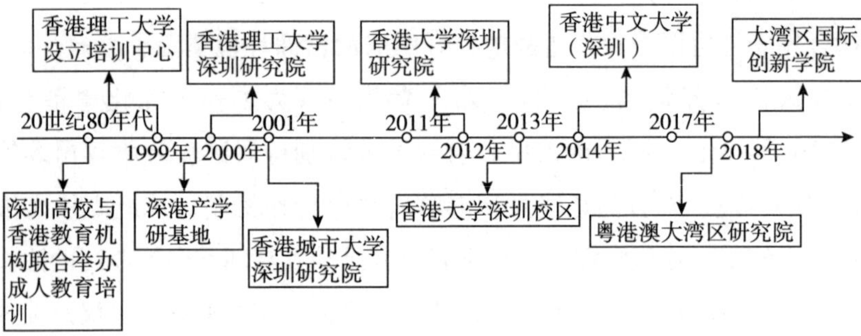

图 3　深港合作办学历程

资料来源：根据各院官网相关资料整理绘制。

（二）以合作共赢的胸怀与理性，减少行政制度差异

为减少行政干预给资源配置、要素流通带来的阻碍，深圳市人民政府切实转变政府职能，深化行政体制改革。深圳市各地方全面推进“放管服”改革，落实“深圳 90”、300 项“不见面审批”、300 项“全城通办”和“证照分离”改革，扎实推进“照后减证”工作，同时不断优化“互联网 + 政务服务”，扩大“不见面审批”服务事项范围。《深圳市政府投资建设项目施工许可管理规定》和《深圳市社会投资建设项目报建登记实施办法》的出台，有效地将建设项目审批时间压减了 70% 左右。深圳市政府大幅简化行政审批手续，提供

优质公共服务，减少行政干预，促进市场在资源配置中起决定性作用，以推动区域资源优化配置，实现区域经济合理布局，促进区域经济协调发展。

除了在行政审批制度上进行改革、降低差异之外，深圳市政府还积极联合他地政府与企业进行合作、实现共赢。以华为为例，华为生长扎根于深圳，其发展壮大提高了深圳市的国际知名度与影响力，带动了深圳龙岗区的创新发展。同时，深圳市政府也始终致力于服务好华为，坚持以华为的合理诉求为导向，完善华为周边交通、医院、学校等生活配套设施的建设，为其提供优质的服务与良好的营商环境，与华为形成互利互惠、共同成长的合作关系。近年来，华为为降低高成本对生产经营带来的不利影响，保持自身竞争力，部分部门由深圳迁往东莞，两地政府协同合作为华为提供优质服务。华为松山湖终端基地被列为东莞市重点打造区域，未来将发展成为高端电子信息、生物医药和现代服务三大产业的集聚区，这一战略完美契合了华为的属性，有利于华为企业未来的发展。同时，深圳市政府与华为企业签署了合作协议，深圳市政府承诺未来将不断深化改革营商环境，为华为等企业打造更加市场化、国际化、法治化的营商环境，在服务企业方面更好地履行政府职能。两地政府协同合作，服务华为，追求政府与企业的共赢。

（三）以经济实践的合作与创新，减少经济运行过程差异

为促进区域经济的协调发展，深圳市积极推进基础设施的互联互通。港珠澳大桥作为连接粤港澳大湾区东西两岸的重要交通枢纽，是粤港澳大湾区基础设施互联互通的标志性项目。此外，随着广深港高速铁路的正式通车以及未来莲塘口岸的开通，区域内的交通便利程度将得到极大提升，有助于打造粤港澳大湾区“1 小时生活圈”。在科研基建合作方面，香港和深圳合作发展落马洲河套地区“港深创新及科技园”，深化深港两地在科技创新方面的合作。推进基础设施互联互通有利于促进生产要素在区域内自由流通，提升市场一体化水平，推动粤港澳大湾区经济一体化发展。

此外，深圳作为核心城市，在推动区域内产业纵向合作方面发挥了重要作用。粤港澳大湾区拥有强大的制造业供应链基础，借助其优势在区域内形

成互动互补的产业链条，加强内在经济联系，有助于突破经济运行差异，推动各区域协调合作发展。深圳市大疆创新科技有限公司就是粤港澳产学研深度融合的一个很好的案例。大疆创始人汪滔毕业于香港科技大学，硕士研究生期间研究的方向就是飞控，后来到深圳创办了大疆。借助粤港澳大湾区的产业链基础优势，如今大疆已发展成为世界上排名第一的无人机公司，其民用无人机份额占全球市场份额的70%。从图4可以看出，从原材料供给到各核心部件再到整机生产，无人机制造在粤港澳大湾区内已经拥有十分完整的产业链，有效地联动了各城市产业的合作发展，推动了各城市间互利共赢协调发展。

参考文献

蔡赤萌：《粤港澳大湾区城市群建设的战略意义和现实挑战》，《广东社会科学》2017年第4期。

蔡岚：《区域政府合作难题的理论阐述》，《云南行政学院学报》2007年第6期。

辜胜阻、曹冬梅、杨峒：《构建粤港澳大湾区创新生态系统的战略思考》，《中国软科学》2018年第4期。

广东省人民政府门户网站（http：//www. gd. gov. cn/）粤港澳合作专题。

黄奇帆：《“一国两制”背景下“三税区三法律三货币”是粤港澳湾区最大潜力所在、动力所在、特色所在》，粤港澳大湾区发展论坛演讲，2018。

《专访大疆无人机“孵化者”李泽湘——学院派创业公司是如何崛起的》，《南方日报》2018年2月6日。

深圳政府在线（http：//www. sz. gov. cn/cn/）有关政策和公报。

《深港两地政府续签法律合作安排》，《深圳特区报》2017年10月13日。

王再文、李刚：《区域合作的协调机制：多层治理理论与欧盟经验》，《当代经济管理》2009年第9期。

吴雨霖：《浅议两种社会制度下市场经济的区别》，《甘肃理论学刊》1993年第3期。

Olson，M.，“The Logic of Collective Action：Public Goods and the Theory of Groups，” *Social Forces*，52，1965：159－192.

Hardin，G.，“The Tragedy of the Commons，” *Surgery*，151，1968：490－491.

N.，Gregory Mankiw，*Principles of Economics*（New York：The Dryden Press，1998）.

Myrdal，G.，*Economic Theory and Underdeveloped Regions*（London：Duckworth，1957）.

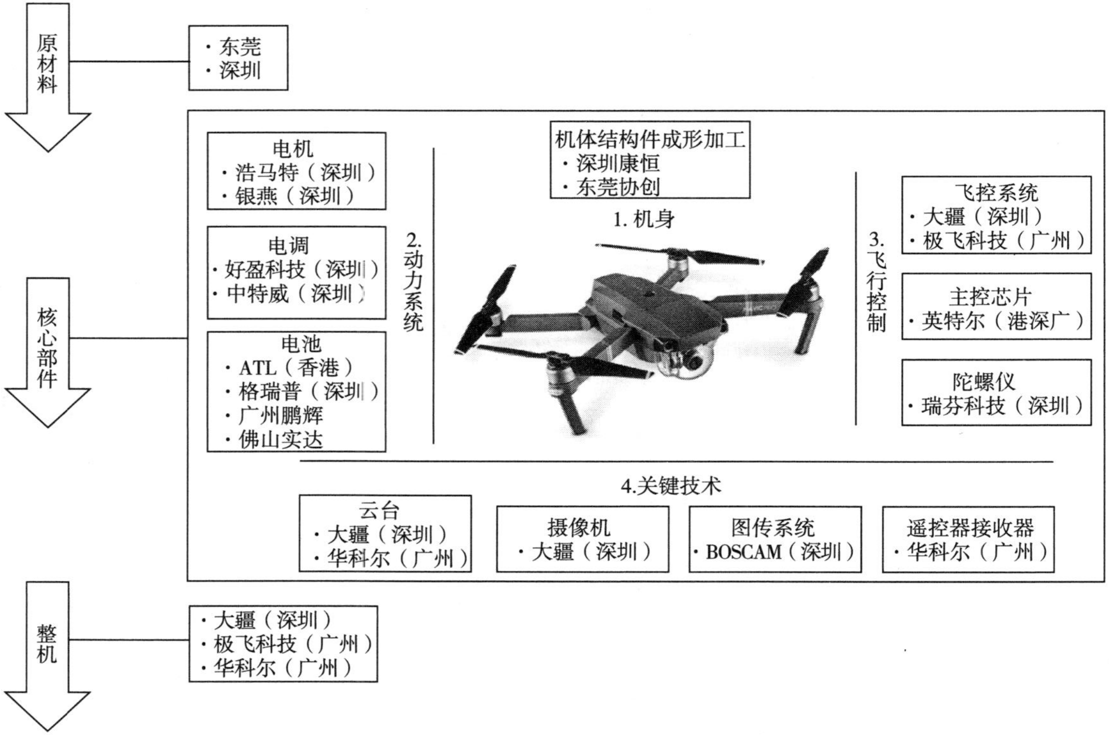

图 4　粤港澳大湾区无人机产业链

资料来源：根据各企业官网相关资料整理绘制。

B.20

新疆新兴经济特区发展报告

王保卫　郑凯鑫*

摘　要： 2017 年，面对国内外错综复杂的宏观经济环境，喀什经济特区和霍尔果斯经济开发区积极适应经济发展新常态，紧紧围绕社会稳定和长治久安总目标，统筹推进稳增长、促改革、调结构、惠民生等各项工作。在持续加大的经济下行压力下，喀什经济特区和霍尔果斯经济开发区坚持稳中求进的工作总基调，牢固树立和贯彻落实新发展理念，经济运行发展保持稳步推进态势。本报告首先从经济规模、产业结构、资产投资、对外贸易、城乡结构等方面阐述喀什经济特区和霍尔果斯经济开发区的国民经济和社会发展现状，然后进一步分析其发展面临的主要问题，最终给出相应的政策建议，为新疆新兴经济特区的进一步发展提供借鉴。

关键词： 喀什　霍尔果斯　经济特区

一　2017年喀什经济特区发展概况

（一）生产总值稳步增长，但人均产值水平靠后

2017 年新疆地区生产总值为 10920 亿元，首次超过万亿元，比 2016 年

* 王保卫，深圳大学中国经济特区研究中心讲师，博士；郑凯鑫，深圳大学经济学院区域经济学硕士研究生。

增长了7.6%，总体保持高速增长的态势，高于全国6.8%的增长速度。其中，喀什作为经济特区，表现更为抢眼。2017年喀什全年全地区生产总值为848.2亿元，同比增长11.6%，增速较2016年有所提升。2013～2017年喀什地区经济发展状况如图1所示，可以看出其生产总值一直保持较为稳定和高速的增长，然而由于特区的建设尚在起步阶段，其经济发展总体还处于较低水平。从人均层面来看，喀什地区的人均产值水平依旧靠后，2017年人均生产总值为18511元，在新疆14地州市中排名第12，同排名第11的阿克苏地区人均27190元的产值水平还有一定差距。喀什地区应继续完善基础配套设施，加大技术创新和引进力度，进一步提升人力资本水平，促进经济又快又好发展。

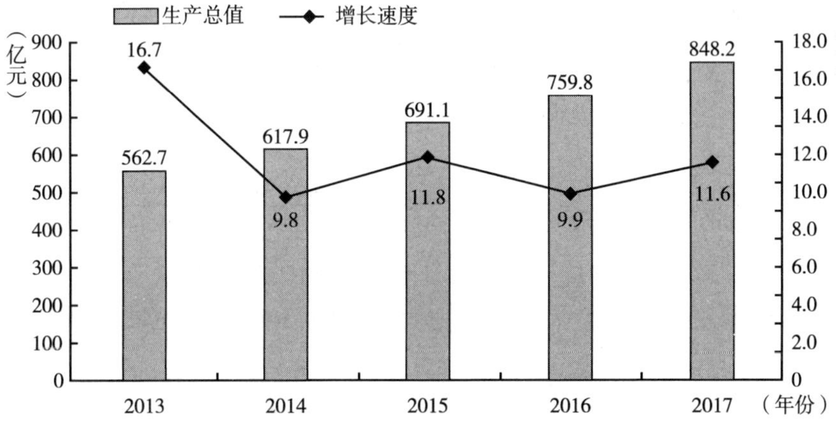

图1　2013～2017年喀什地区生产总值及增长速度

资料来源：根据《喀什地区国民经济和社会发展统计公报》（2013～2017年）整理而得。

（二）三大产业结构比重基本不变，第二产业增速显著下滑

2017年，喀什地区三次产业所占比重基本不变，如图2所示，第一、第二和第三产业所占比重分别为33.29%、25.41%和41.3%，没有表现出明显的波动。但从产业增加值的角度看，则有较为显著的变化，第一、第二和第三产业增加值分别为282.4亿元、215.5亿元和350.3亿元，分别增长

了3.2%、2.3%和10.9%；与2016年分别增长了6.5%、12.7%和15.3%相比，三大产业增加值的增速均有所下降，其中第二产业的增速下降幅度最大。

虽然第三产业已成为拉动喀什地区经济增长的第一动力，但其整体的产业结构还不尽合理。喀什地区第一产业所占比重超过了30%，远远超过全国9%的平均水平；而第二产业所占比重仅为25%左右，与全国的平均水平也还有很大的差距。这使喀什地区的第二产业，尤其是加工制造业的发展无法满足地区产业链拓展和升级的要求。

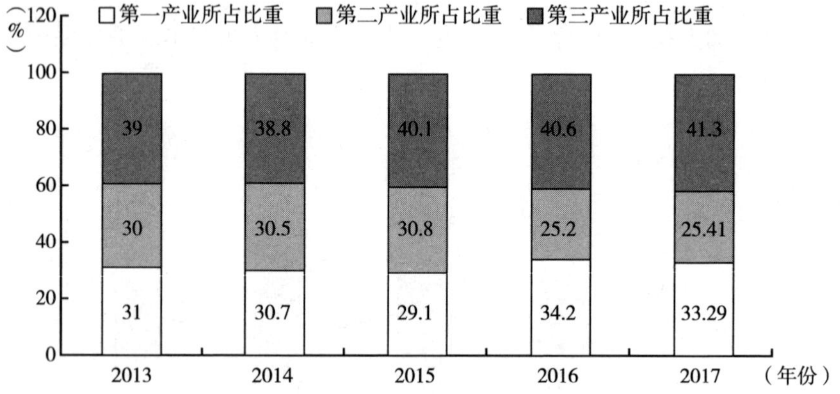

图2　2013~2017年喀什地区三次产业所占比重

资料来源：根据《喀什地区国民经济和社会发展统计公报》（2013~2017年）整理而得。

（三）制造业发展显疲态，产业增加值降低

根据喀什特区产业总体要求，喀什特区产业发展应以现代服务业和先进制造业为重点，其中先进制造业主要发展轻加工制造业、战略性新兴产业和装备制造业等产业。然而近年来喀什制造业投资总体表现低迷。如图3所示，2017年喀什地区制造业投资额为132.8亿元，比2016年减少了3.2亿元，同比下降2.4%。虽然2017年投资增速略有回升，但投资总额依然保持下降趋势，这导致其产业增长缺乏动力，产业增加值水平也随之降低。2017年喀什地区制造业增加值仅为22.84亿元，同比下降6%，是工业三大门类中唯一出现下降的产业。

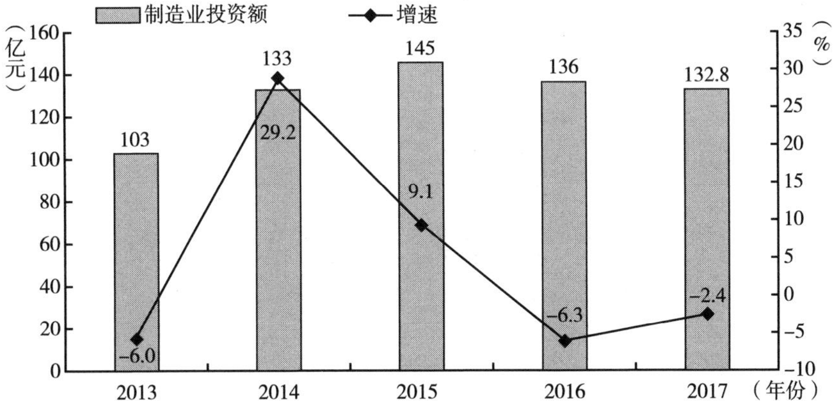

图3　2013～2017年喀什地区制造业投资额及增速

资料来源：根据《喀什地区国民经济和社会发展统计公报》（2013～2017年）整理而得。

（四）固定资产投资稳步增长，第一、二产业投资比重下降

2017年，喀什地区发改委围绕《中共喀什地委喀什行政公署关于加强2017年固定资产投资工作的实施意见》确定的投资任务以及对喀什地委、行署中心的工作要求，继续全力推进全社会固定资产投资工作。如图4所示，2017年喀什地区全社会固定资产投资达1046.2亿元，同比增长13.8%，固定资产投资实现稳定和快速增长。

在固定资产投资中，基础设施投资为286.2亿元，增速显著提升，同比增长121.2%，占固定资产投资的比重为27.4%。随着国家不断加大对喀什地区基础设施建设的投入，喀什地区基础设施建设将继续加快。此外，民生投资也略有上升，全年民生投资达463.5亿元，增长10.7%，占固定资产投资的比重为44.3%。而民间投资和六大高耗能行业投资则有所下降，民间投资为104.0亿元，下降23.7%，占固定资产投资的比重为9.9%。六大高耗能行业投资为52.8亿元，下降29.0%，占固定资产投资的比重为5.0%。

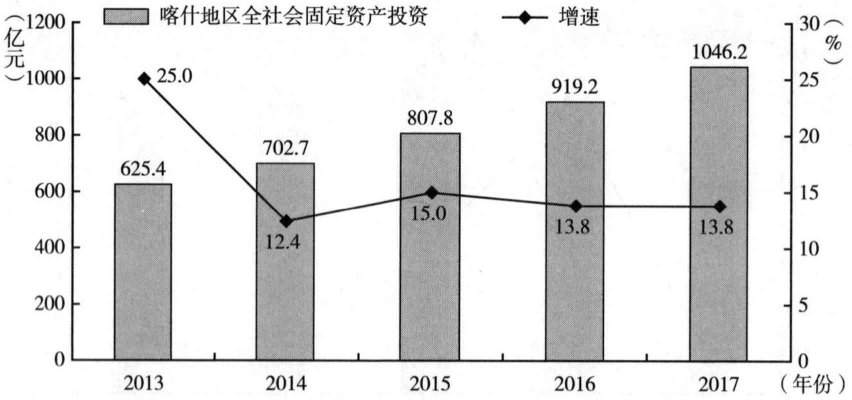

图 4　2013 ~ 2017 年喀什地区全社会固定资产投资及增速

资料来源：根据《喀什地区国民经济和社会发展统计公报》（2013 ~ 2017 年）整理而得。

从产业划分的角度来看，在固定资产投资划分中，第一产业和第二产业投资均有显著下降，而第三产业投资则继续保持增长，且维持在一个较高的增速水平。2013 ~ 2017 年三大产业投资变化情况如图 5 所示。2013 ~ 2017 年喀什地区三大产业投资比重变化情况如图 6 所示，第一产业投资占比出现小规模波动，第二产业占比呈现较为明显的下降趋势，第三产业则显现平稳上升趋势。

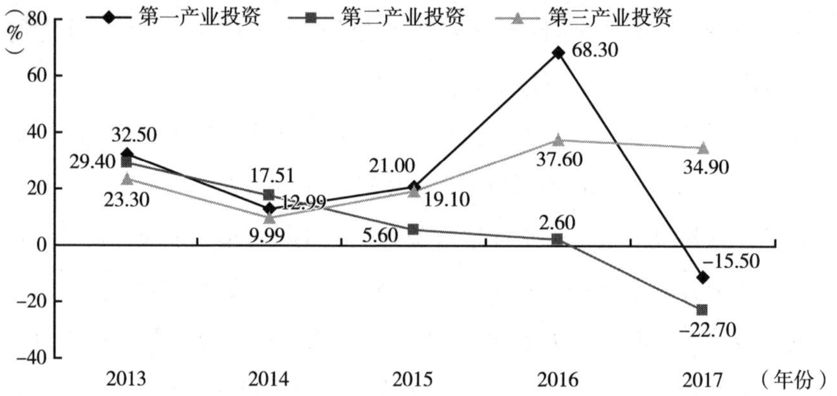

图 5　2013 ~ 2017 年喀什地区三大产业投资变化情况

资料来源：根据《喀什地区国民经济和社会发展统计公报》（2013 ~ 2017 年）整理而得。

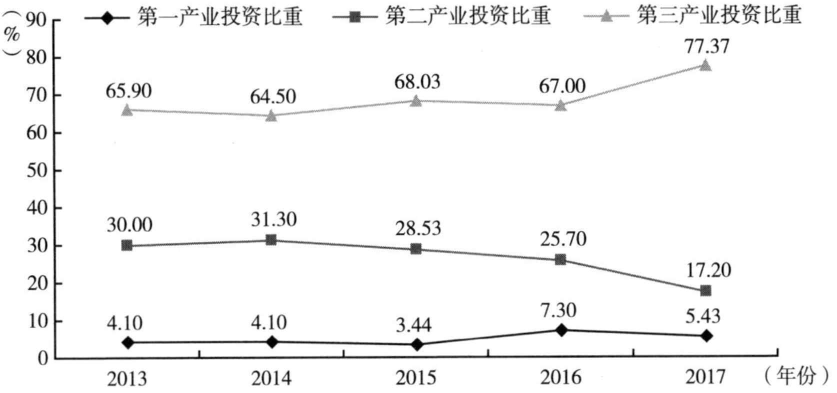

图6　2013～2017年喀什地区三大产业投资比重变化情况

资料来源：根据《喀什地区国民经济和社会发展统计公报》(2013～2017年) 整理而得。

(五)对外贸易增速回落，招商引资显成效

2017年，喀什地区全年货物出口额为18.13亿美元，同比增长7.2%，增长速度出现回落。货物进口额为0.30亿美元，同比增长100.67%。2013～2017年喀什地区货物进出口额与增长率如图7所示，总体来说，喀什地区

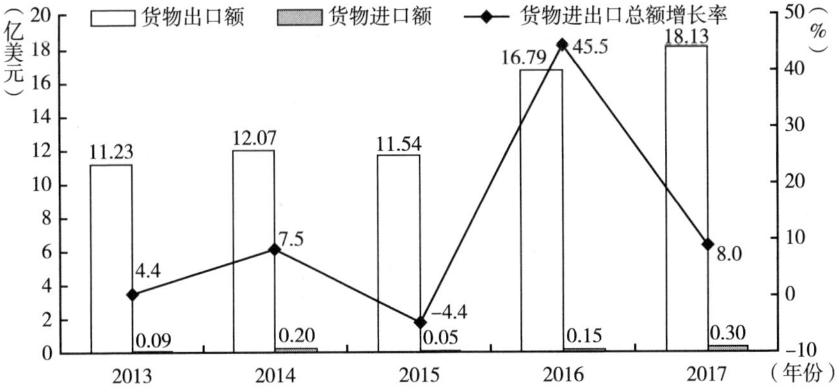

图7　2013～2017年喀什地区货物进出口额与增长率

资料来源：根据《喀什地区国民经济和社会发展统计公报》(2013～2017年) 整理而得。

对外贸易规模还非常小，但具有强大的发展潜力，应充分发挥其“五口通八国，一路连欧亚”的区位优势，提升对外贸易水平，带动地区经济发展。

2017 年喀什地区继续加大招商引资工作力度，通过小分队点对点招商、专业定点招商、集中推介、展会招商等多种招商方式，大力推进招商引资。全年招商引资落实执行项目有 512 个，其中全年招商引资新履约项目 356 个，落实执行项目引进到位资金 240 亿元。

（六）国内贸易增速略有回升，旅游业稳步增长

喀什地区 2017 年全年社会消费品零售额为 187.2 亿元，同比增长 6.6%。2013～2017 年喀什地区社会消费品零售额与增长率如图 8 所示，增速在 2016 年大幅下降后，2017 年略有回升，零售额总体呈现缓慢上升趋势。按经营地划分，城镇消费品零售额和乡村消费品零售额分别为 138.5 亿元和 47.8 亿元，增长率分别为 4.8% 和 9.7%。按消费形态划分，商品零售额和餐饮收入额分别为 157.8 亿元和 29.4 亿元，增长率分别为 6.0% 和 6.3%。按规模划分，限额以上单位消费品零售额和限额以下单位消费品零售额分别为 40.07 亿元和 147.1 亿元，增长率分别为 8.3% 和 10.8%。

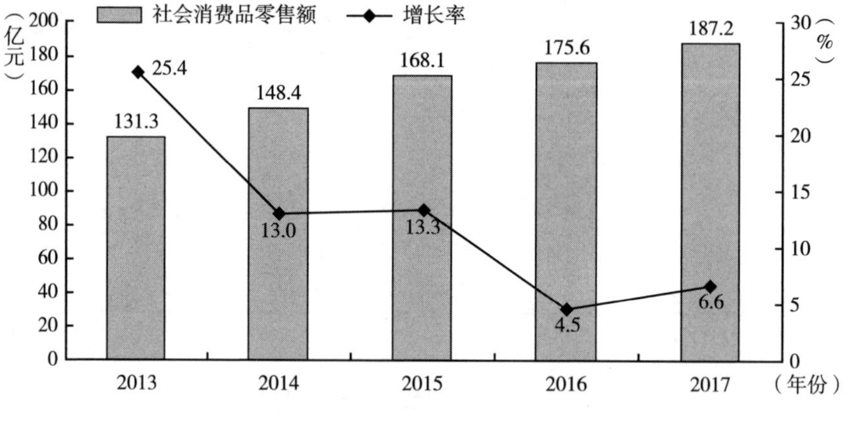

图 8　2013～2017 年喀什地区社会消费品零售额与增长率

资料来源：根据《喀什地区国民经济和社会发展统计公报》（2013～2017 年）整理而得。

2017年喀什地区全年接待游客600.00万人次，比2016年增加了108万人次，旅游收入为54.00亿元，比2016年增加了14.82亿元。如图9所示，喀什地区每年的游客人数和旅游收入总体呈稳步上升的趋势。目前喀什全地区共建成A级景区50处，各类非物质文化遗产19项，另有星级饭店32家，星级农家乐138个，星级牧家乐23个，旅行社32家。喀什充分发挥旅游资源优势，进一步促进旅游业发展，形成良好喀什形象，并以此带动商务发展。

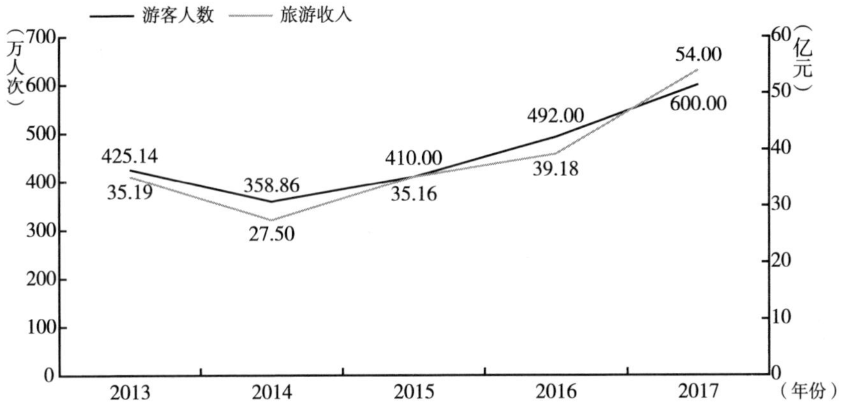

图9　2013～2017年喀什地区游客人数及旅游收入

资料来源：根据《喀什地区国民经济和社会发展统计公报》（2013～2017年）整理而得。

（七）城乡发展不平衡，居民收入水平差距扩大

喀什地区2017年末人口总户数为119.08万户，总人口为464.97万人，比2016年增加13.5万人。城镇人口为106.5万人，占总人口的比重为22.90%；农村人口为358.47万人，占总人口的比重为77.1%。

城镇居民人均可支配收入为24103元，同比增长6.0%。其中，工资性收入为14769元，增长5.9%；经营净收入为1403元，增长2.6%；财产净收入为647元，下降3.1%；转移净收入为7285元，增长7.9%。农村居民人均可支配收入为8013元，同比增长6.1%。其中，工资性收入为2420元，增长5.6%；经营净收入为3811元，增长1.9%；财产净收入为61元，增长1.6%；转移净收入为1721元，增长17.8%。

2013～2017 年喀什地区总人口、城镇人口及城镇化率如图 10 所示，其城镇化率呈现小范围的波动，并没有表现出上升趋势，2017 年仅为 22.90%，远低于全国的 58.52% 和新疆的 49.38%。2014～2017 年喀什地区城乡居民人均可支配收入情况及城乡居民收入差距如图 11 所示，农村居民人均可支配收入水平偏低。从城乡居民纯收入差距的绝对值比较来看，农村居民与城镇居民人均可收入水平之间的差距在逐步拉大。

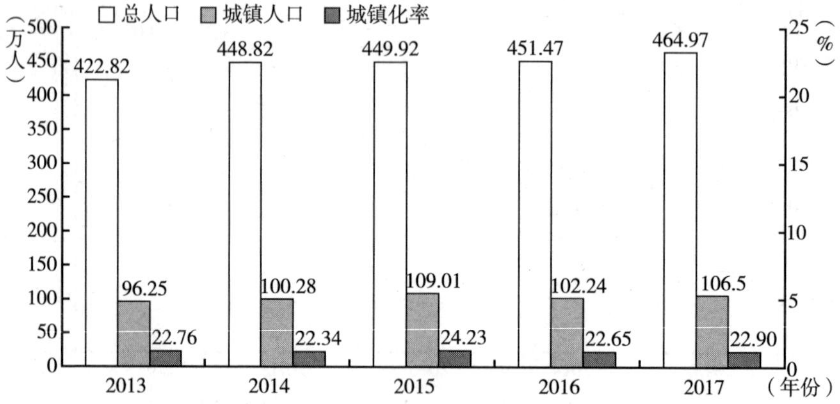

图 10　2013～2017 年喀什地区总人口、城镇人口及城镇化率

资料来源：根据《喀什地区国民经济和社会发展统计公报》（2013～2017 年）整理而得。

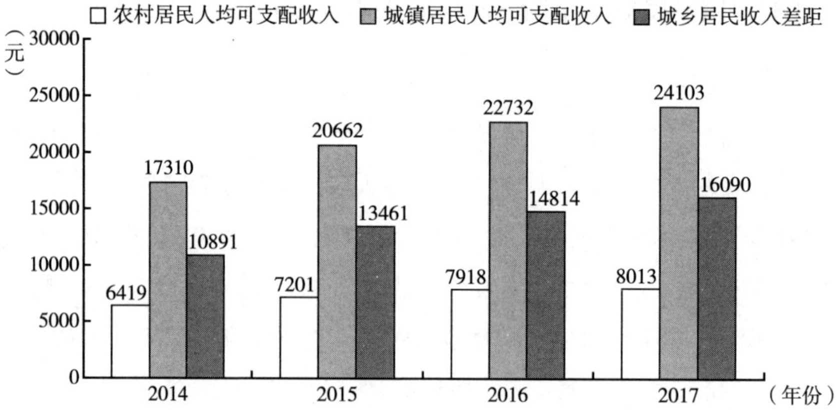

图 11　2014～2017 年喀什地区城乡居民人均可支配收入情况及城乡居民收入差距

资料来源：根据《喀什地区国民经济和社会发展统计公报》（2013～2017 年）整理而得。

（八）对口援助到位资金稳定增长

2010 年以来，在国家对口援疆的号召下，山东、上海、广东、深圳四省市通过设立产业专项扶持资金，支持喀什地区农业、工业、服务业和园区建设，改善喀什的就业状况，推动喀什产业的发展和升级。2017 年四省市对口援建项目 401 个，援助到位资金共计 57.83 亿元，较 2016 年增长 3.35 亿元，资金到位率 100%。如图 12 所示，2013～2017 年四省市“援疆”项目到位资金呈逐年上升趋势，对口喀什的援疆工作不断取得新进展。2017 年各对口援助省市具体援助情况如表 1 所示。

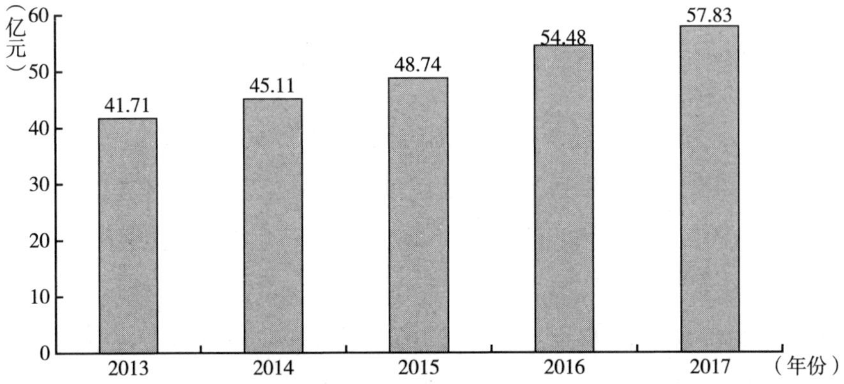

图 12　2013～2017 年四省市“援疆”项目到位资金

资料来源：根据《喀什地区国民经济和社会发展统计公报》（2013～2017 年）整理而得。

表 1　2017 年各对口援助省市具体援助情况

单位：亿元，个

对口援助省市	2017 年援助项目	2017 年援助到位资金	2010～2017 年累计援助资金	2010～2017 年累计援助项目
山东省	110	12.78	73.83	689
上海市	166	24.53	139.58	899
广东省	59	10.75	61.11	359
深圳市	66	9.77	53.37	357
合　计	401	57.83	327.89	2304

资料来源：根据《喀什地区 2017 年国民经济和社会发展统计公报》整理而得。

二 2017年霍尔果斯经济开发区发展概况

霍尔果斯区（市）2017 年经济运行发展保持稳步推进态势，主要经济指标向好，固投、财税、外贸、招商引资等与 2016 年同期相比，增速都显著上升。全年全地区实现生产总值 47.46 亿元，同比增长 15%。其中，第一产业生产总值为 7.44 亿元，比 2016 年增长 14.46%；第二产业生产总值为 18.38 亿元，比 2016 年增长 20.29%；第三产业生产总值为 21.64 亿元，比 2016 年增长 25.30%。人均生产总值为 73467 元，同比增长 64.05%。

（一）固定资产投资大幅提升，增速加快

2017 年，霍尔果斯经济开发区围绕固定资产增长目标成立了重大项目领导小组，组建了重大项目推进办公室和督导办公室并创新考核模式，推动固定资产投资稳定高速增长。2017 年霍尔果斯区（市）全社会固定资产投资额为 46.51 亿元，同比增加 14.40 亿元，增长 44.8%，增幅显著。其中，建设项目投资完成 37.42 亿元，比 2016 年增加 14.36 亿元，增长 62.3%；房地产投资完成 9.09 亿元，比 2016 年增加 0.04 亿元，增长 0.4%。国有投资为 21.37 亿元，占比为 45.9%；社会投资为 25.14 亿元，占比为 54.1%。如图 13 所示，霍尔果斯区（市）全社会固定资产投资增速在 2014 年出现下降之后又逐年回升，且增长速度呈上升趋势。

（二）通关贸易量和通关贸易额均大幅上涨

2017 年，霍尔果斯区（市）进一步改善通关环境，全年通关贸易额及通关货运量均大幅上涨，通过优化商品结构和落实优惠政策等措施，进出口贸易规模也显著扩大。

霍尔果斯区（市）2017 年完成通关货运量 106.26 万吨（不含天然气），同比增长 58.1%，其中出口货运量为 98.88 万吨，进口货运量为 7.38 万吨。

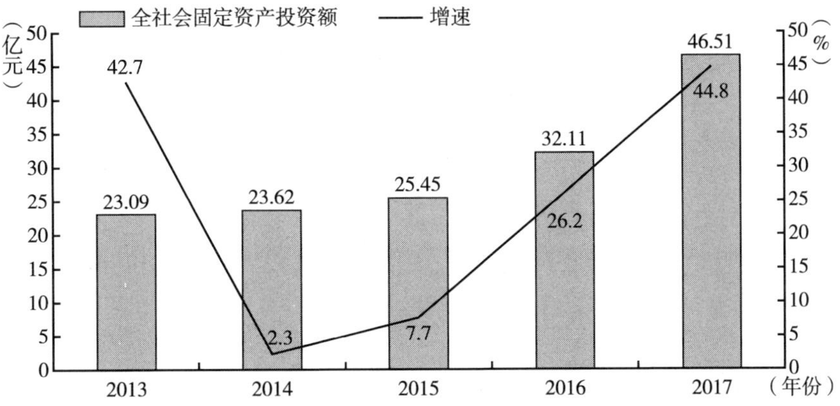

图 13　2013～2017 年霍尔果斯区（市）全社会固定资产投资额及增速

资料来源：根据《霍尔果斯经济开发区（市）2017 年国民经济和社会发展统计公报》整理而得。

在各通关货运渠道中，合作中心货运量达 9.11 万吨，同比增长 230.4%，增长幅度最大；公路口岸货运量为 61.9 万吨，同比增长 51.9%；铁路口岸货运量为 35.21 万吨，同比增长 48.5%。2013～2017 年霍尔果斯区（市）通关货运量如图 14 所示。

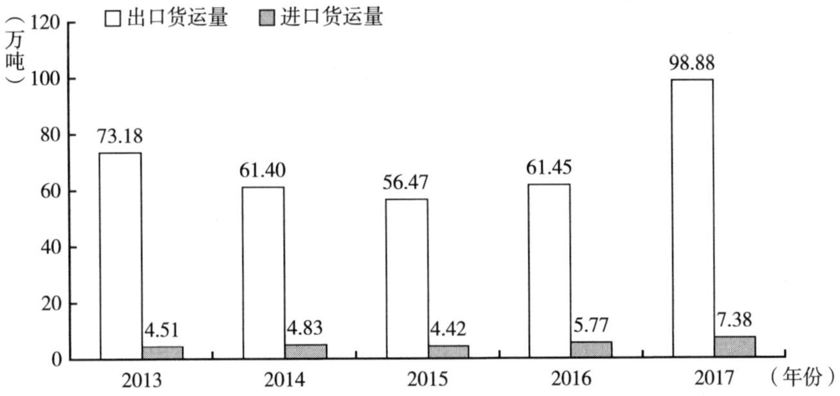

图 14　2013～2017 年霍尔果斯区（市）通关货运量

注：通关货运量不含天然气。

资料来源：根据《霍尔果斯经济开发区（市）2017 年国民经济和社会发展统计公报》整理得出。

与通关货运量快速增长相对应的是通关贸易额的大幅提升，2017 年霍尔果斯全区实现通关贸易额 385.67 亿元（不含天然气），较 2016 年增加 146.14 亿元，同比增长 61.0%。其中出口实现贸易额 379.50 亿元，增长 61.4%；进口实现贸易额 6.17 亿元，增长 41.8%。合作中心全年实现通关贸易额 117.11 亿元，增长 180.0%，其中出口贸易额为 116.79 亿元，增长 181.7%；进口贸易额为 0.31 亿元，下降 16.2%。2013～2017 年霍尔果斯区（市）通关贸易额及增速如图 15 所示。

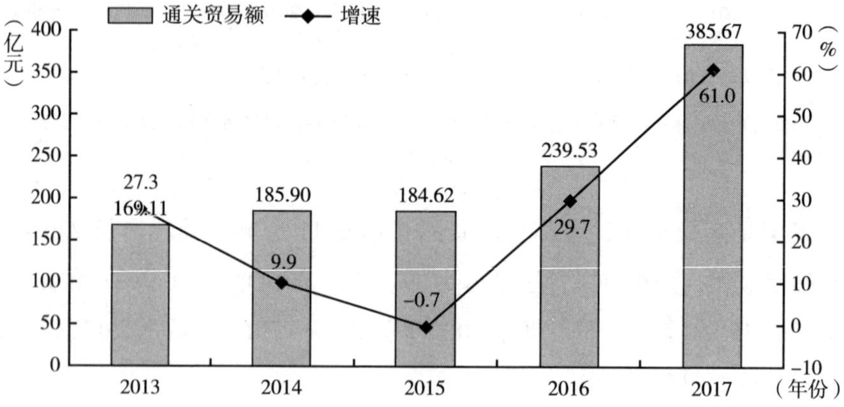

图 15 2013～2017 年霍尔果斯区（市）通关贸易额及增速

注：通关贸易额不含天然气。

资料来源：根据《霍尔果斯经济开发区（市）2017 年国民经济和社会发展统计公报》整理而得。

（三）招商引资稳步增长，市场注册主体创新高

2017 年，霍尔果斯区（市）着力优化企业投资环境、协调推进项目建设进度，研究制定全员招商引资目标责任机制，招商引资工作取得了良好成效。如图 16 所示，霍尔果斯招商引资到位资金 2015～2017 年实现了稳步增长，2017 年招商引资到位资金为 45.06 亿元，同比增长 23.8%。共执行项目 47 项，其中往年结转 24 项，到位资金为 29.80 亿元；新执行项目 23 项，到位资金为 15.26 亿元。

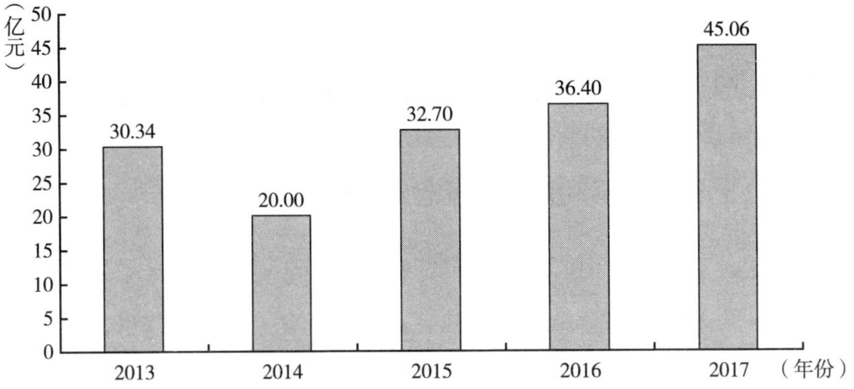

图 16　2013～2017 年霍尔果斯区（市）招商引资到位资金

资料来源：根据《霍尔果斯经济开发区（市）2017 年国民经济和社会发展统计公报》整理而得。

2017 年，霍尔果斯区（市）新登记注册各类市场主体和注册资本总额增幅均创历史新高。其中，霍尔果斯区（市）新登记注册各类市场主体14472 户，同比增长 341.6%，累计总量达 22615 户，同比增长 177.7%（见图 17）；新注册资本（金）2015 亿元，同比增长 288%，累计注册资本（金）3021 亿元，同比增长 202.5%。

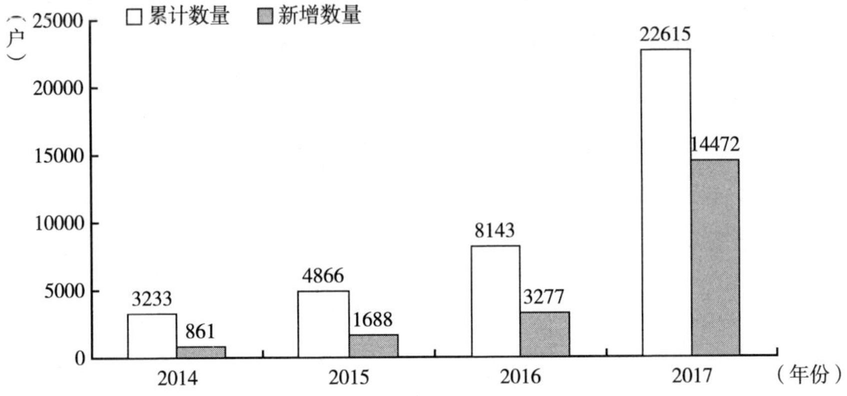

图 17　2014～2017 年霍尔果斯区（市）市场主体累计及新增数量

资料来源：根据《霍尔果斯经济开发区（市）2017 年国民经济和社会发展统计公报》整理而得。

三　新疆新兴经济特区发展面临的主要问题

（一）恐怖主义活动尚存，反恐维稳仍需深入

新疆地处亚欧大陆中心，由于其特殊的地理环境，一直是暴力恐怖事件的多发地。虽然近年来新疆地区的社会安全已经有了很大的改善，但是动乱分子仍时隐时现，恐怖袭击问题依然存在。新疆地区的跨民族问题、宗教问题错综复杂，临近的吉尔吉斯斯坦、塔吉克斯坦、阿富汗、巴基斯坦、印度等国家恐怖主义活动依然猖獗。

稳定的社会政治环境是实现新疆各地区发展的根本保障，恐怖主义活动不仅影响了新疆地区的安全，也给新疆的经济社会造成了极大的危害，为经济发展带来很多风险与不确定性。为维护新疆地区的和平稳定，反恐维稳斗争仍需深入。

（二）城镇化率水平低，城乡居民收入不均衡

喀什成立经济特区以来，经济发展水平总体取得了很大的提升，但城乡发展水平差距也越发变得严峻。首先表现为城镇化率水平低下，2017年喀什的城镇化率仅为22.90%，同2013年的水平基本持平，近几年来并没有表现出上升的趋势，远低于全国58.52%和新疆49.38%的城镇化率水平。其次体现在喀什的城乡居民收入水平差距上，2017年喀什城镇居民人均可支配收入为24103元，农村居民人均可支配收入为8013元，城镇居民人均可支配收入是农村居民人均可支配收入的3倍以上，而且该差距还有逐步扩大的趋势。喀什地区城乡发展一体化水平尚处于初级阶段，城乡之间资源和生产要素的自由流动并不通畅。这将导致城乡之间生活水平、意识思维、生活方式等方面难以融合，从而较难实现经济持续、协调、健康发展。

（三）第二产业发展缓慢，产业间发展不匹配

喀什地区的产业发展不尽合理，主要表现在以下两方面。

首先，第二产业发展缓慢，从而导致出现产业关联度低，产业拉动效应不足等问题。从产业结构比重看，2013～2017 年，第二产业结构所占比重从 30% 下降到 25.41%；从固定资产投资的比重看，第二产业投资增速持续呈现下滑趋势，2017 年第二产业投资为 179.9 亿元，比 2016 年下降 22.7%。从产业增加值的角度看，2017 年第二产业增加值为 215.5 亿元，同比增长仅为 2.3%。

其次，第二产业的发展重点与第一产业不匹配。通常第一产业作为第二产业的原料供应产业，是第二产业扩张的基础。喀什地区第一产业产品结构依次是棉花、小麦、特色水果，是新疆大规模加工生产的原材料基地；以原材料的生产和初级加工为主，深加工和高附加值终端产品生产环节相对薄弱，因此喀什加工制造业有很大的发展空间，通过第一产业和第二产业的连接，能实现第一产业往高附加值产业延伸。但是喀什地区的第二产业结构中采矿业、水电暖和气的生产工业所占比重很大，并且持续增长，而加工制造业陷入发展疲态。数据显示，喀什地区 2017 年采矿业增加值增长了 21.3%，电力、热力、燃气及水生产和供应业增加值增长了 4.8%，而加工制造业增加值却下降了 6%。总而言之，第一产业生产出来的优质原料并没有成为当地的优势工业原料源泉。

（四）未充分发挥区位优势，对外贸易规模小

从发展对外贸易的角度来看，喀什和霍尔果斯都具有良好的先天条件，不仅享有特殊的经济优惠政策，还具备对外发展的区位优势。喀什与印度、巴基斯坦、阿富汗、塔吉克斯坦、吉尔吉斯斯坦五国接壤，与乌兹别克斯坦、土库曼斯坦、哈萨克斯坦相邻近，周围有伊尔克什坦、卡拉苏等五个航空港口岸，具有“五口通八国，一路连欧亚”的区位优势。而霍尔果斯则是中国西部最大的陆路口岸，与哈萨克斯坦的经济中心阿拉木图直线距离不

超过300千米，双边贸易十分便捷。但是目前喀什和霍尔果斯没能充分发挥政策优势及区位优势，同时由于物流基础设施薄弱等原因，对外贸易特别是进口贸易规模还非常小。2017年喀什和霍尔果斯的货物出口额分别为18.13亿美元和18.27亿美元，货物进口额分别只有0.3亿美元和0.65亿美元，需进一步强化政策引导和扶持，巩固出口、扩大进口，争取对外贸易稳步发展。

（五）新注册企业无实际经营行为，“避税”问题严重

自《国家税务总局关于新疆喀什霍尔果斯两个特殊经济开发区企业所得税优惠政策的通知》颁布以来，喀什和霍尔果斯的招商引资确实都取得了很大的成果，企业注册便利和税收优惠使大量外地企业涌入，特别是霍尔果斯的市场主体出现了爆发式的增长。霍尔果斯2017年各类市场主体总量达到22615户，注册资本共计3021亿元，分别同比增长177.7%、202.5%。但是注册在霍尔果斯的公司大多只是达到避税的目的，把霍尔果斯当成暂时的“避税天堂”。大部分企业处于无实际经营的状态中，其中仅有两成企业在霍尔果斯有实际经营行为。因为这些企业在当地并没有实质性的业务，也没有办公场所，所以对实体经济并没有形成真实的贡献。而且一旦霍尔果斯失去税收优惠政策或政策收紧，可能导致注册企业的回流，对当地经济造成强烈的冲击。

四　促进新疆新兴经济特区发展的政策建议

（一）深刻认识反恐斗争，落实维稳工作

深刻认识与暴力恐怖势力、民族分裂势力及宗教极端势力这三股势力斗争的长期性、复杂性和艰巨性，做好打长期攻坚战的准备。首先，要加强反恐宣传教育，树立并坚持“合力制恐”思想，充分调动广大人民群众力量，形成旗帜鲜明、团结一心、同仇敌忾与“三股势力”做坚决斗争的局面，

共同防范和打击恐怖活动。其次，对宗教场所依法加强管理，在保证合法宗教活动正常进行的前提下，坚决打击和取缔非法宗教活动。再次，扫除文化垃圾，加大对非法音像制品、出版物等严查整治力度，取缔非法宣传和反动演说活动。最后，需加强出入境检查，严防境内外敌对分子勾结；从源头取缔非法交易和集会，防止其利用通道、便道等偷运武器弹药与违禁物资。除此之外，还需加强与中亚各国在打击国际恐怖主义领域的双边和多边合作，建立有效的合作和交流机制，不断提高反恐作战能力。

（二）加强城乡统筹发展，构建城乡一体化格局

实施城乡统筹发展，推动建立新疆新兴经济特区的城乡一体化格局，应把握好以下几方面。第一，优化城乡发展空间结构，大力推动城乡基础设施互联互通、共建共享，促进城乡资源和生产要素的自由流动。第二，改革现行户籍管理制度，消除歧视性政策，应对喀什地区农村剩余劳动力向城市转移的困境，实现城乡人口的自由流动。第三，结合喀什经济特区具体现状和问题，制定合理的差异化政策，实现自然资源的优化配置，完善公共服务体系，加快推进新农村建设，提高农村土地利用率以增加农业产值，让广大农牧民共享改革发展成果。

促进城乡一体化发展，有利于推动城乡生活水平和方式等方面的融合，形成城市现代化和农村城镇化的整合，以进一步缩小贫困差距，达到城乡共同繁荣目的，实现经济的持续、协调、健康发展。

（三）调整产业结构，促进产业发展升级

喀什地区要调整产业结构，需从以下几个方面考虑。首先，充分利用新疆所具有的农业资源，进一步推动加工制造业的发展。通过农产品的再加工来提高单个利润附加值，提升第一产业和第二产业的关联度，形成产业拉动效应。对此，可以通过采取内外联动的方式，对内增强本地加工制造企业的产能和技术水平，对外依托喀什经济开发区、喀什综合保税区，积极引进外向型加工企业落户喀什地区。其次，创新产业援疆模式，将产业专项扶持资

金用到实处，规划好农业、工业、服务业的各项投入，实现资源的有效合理配置。同时应进一步加大招商引资力度，高水平承接产业转移，以达到产业结构优化的目的。最后，逐步从原来的能源型和农产品生产主导的产业结构摆脱出来，形成以机械制造以及高新技术产业为支柱的多产业集群。

（四）发挥区位优势，发展对外贸易

结合喀什的地理位置优势，以其与周边邻国的战略地位为基础，发挥喀什的“五口通八国，一路连欧亚”的特殊区位优势，进一步强化政策引导和扶持，加快基础设施建设。利用喀什的资源，巩固出口、扩大进口，坚持“外引内联、东联西出、西来东去”的开放战略以及“贸易先行，产业联动”的发展思路，进一步巩固和发挥“大通道”作用。

努力推进喀什企业与周边国家企业的沟通与了解，全方位开拓国际市场，建立并完善优势互补、共同发展的区域合作开发新模式。喀什周边国家处于内陆山地，服装、家用电器、日常生活用品、机电产品需求量很大，而其丰富的矿产、石油、毛皮、农副产品等资源则可以在喀什加工后进入国内大市场。积极推进贸易便利化，有利于实现双方的互利互惠。

（五）加强税收管理，立足长远发展

霍尔果斯的税收优惠政策只有短短十年的时间，当这个期限过了之后，在霍尔果斯设立的企业与其他地方企业恢复同等待遇，因此，当地政府需要用长远的眼光思考如何把企业留住、让企业扎根，让税收利益的让渡实实在在地为霍尔果斯的经济发展奠定良好的基础，让霍尔果斯真正形成“大物流、大通关、大通道”的产业格局。为了避免一些企业为避税而在霍尔果斯注册公司，应进一步加强税收管理，立法排查避税公司，对有实际运营行为的企业应加大政策扶持力度，对纯避税企业须采取相关政策予以处理。妥善处理好促进增长和税收公平之间的关系，思考如何调整税收政策以鼓励企业真正设厂投资，拉动当地经济发展和就业，而不是建立“空壳”公司攫取税收利益。

（六）开发旅游资源，完善旅游服务行业

喀什和霍尔果斯都具有丰富的旅游资源，喀什众多的宗教古墓等古建筑以及沙漠绿洲交相辉映的独特景观，使其享有“不到喀什就不算到新疆”的美誉。而霍尔果斯则自古就有“塞外江南”之称，周边的伊犁将军府、果子沟、赛里木湖等景区自然风光独具特色；13 个少数民族在此逐水而居，少数民族文化风情多姿多彩。这些丰富的旅游资源可以为喀什经济特区和霍尔果斯经济开发区的旅游业奠定良好基础。

促进喀什和霍尔果斯旅游业发展，应把握好以下几方面。

首先，在资源开发与利用方式上，可以凭借独特的地缘优势和自然景观，通过融合地方少数民族风情，打造民族特色旅游，向世界展示新疆独特的风情和西域特色。其次，创新旅游产品和形式，大力推进旅游度假村、农家乐等项目，开发疆内游、跨境游等丰富多样的旅游产品。最后，提升旅游服务的品质和满意度，如规范旅游服务行业规则，加强相应的基础设施及旅游服务中心的建设，不断提高旅游服务从业人员的素质等。通过打造特色旅游业向世界展示新疆的独特面貌，使具有维吾尔族风情和西域特色的旅游业成为特区良好形象的一张名片，吸引游客，并以此为契机，进一步带动商务发展。

参考文献

喀什政府信息网（http：//www. kashi. gov. cn/）有关政策和公报。

霍尔果斯市人民政府网（http：//www. xjhegs. gov. cn/）有关政策和公报。

《新疆维吾尔自治区 2017 年国民经济和社会发展统计公报》。

《中华人民共和国 2017 年国民经济和社会发展统计公报》。

如山古丽·阿卜来提：《产业转移背景下喀什地区城市化路径分析》，《中小企业管理与科技》（上旬刊）2018 年第 3 期。

阿克玛拉丽·玉素甫、杨丽：《“一带一路”背景下的霍尔果斯商业发展研究》，

《改革与开放》2018年第11期。

蔡昌、单滢羽：《霍尔果斯经济开发区的税收优惠政策效应分析》，《中国财政》2018年第5期。

王保卫、赖秀玫：《新疆新兴经济特区发展报告》，载陶一桃主编《中国经济特区发展报告（2016）》，社会科学文献出版社，2017。

B.21

印度经济特区发展报告

罗海平　周静逸*

摘　要： 印度经济特区起步较早，特区发展的区位条件、制度背景、经济基础和资源要素等相对较好，但印度经济特区发展成效并不大。特区发展存在数量过多、面积过小、行政效率低下、体制机制僵化、政策不稳定、基础设施不足、利益冲突严重等问题。未来印度经济特区应走立足国内发展需求、符合本国国情、以稳定为前提、加强国际合作的发展之路。

关键词： 印度　经济特区　出口加工区

一　引言

印度（印度共和国，The Republic of India）是南亚次大陆最大的国家。印度具有较好的发展经济特区的各种因素，印度是人口大国、经济大国，区位优势突出，与西方传统发达国家具有较深的历史和文化渊源，广受西方的文化和制度影响。印度领土东北部同尼泊尔、不丹和中国接壤，孟加拉国夹在东北国土之间，东部与缅甸为邻，东南部与斯里兰卡隔海相望，西北部与巴基斯坦交界，印度东临孟加拉湾，西濒阿拉伯海，海岸线长5560公里，具有较好的发展对外贸易的区位。印度是世界第二人口大国，人口数量为

---

* 罗海平，南昌大学中国中部经济社会发展研究中心副研究员，硕士生导师，主要研究方向为世界经济特区研究；周静逸，南昌大学经济管理学院硕士研究生。

13.24 亿人，具有很大的人口红利，以及发展出口加工业的劳动力成本优势。印度是英联邦成员国，英语普及率很高，具有与西方发达国家交流的语言便利和较高的文化认同度。印度是金砖国家成员之一，是世界上发展最快的国家之一，2017 年 GDP 达到 2.597 万亿美元，自身市场需求庞大。印度作为一个多元经济的发展中大国，产业涵盖农业、手工艺、纺织乃至服务业等，是全球软件、金融等服务业最重要的出口国，发展经济特区的经济基础和产业基础都较好。

相对于中国而言，长期以来印度与西方发达市场经济国家走得很近，所以印度发展以增加出口、对外自由贸易为目标的经济特区相对较早。印度早在 1965 年就设立了现代经济特区早期形态的出口加工区。印度经济特区起步早于中国，但早期的出口加工区对当时仍以计划经济为主的印度经济并没有起到多大的推动作用。20 世纪 70 年代末，中国开始了改革开放。以深圳经济特区为代表的经济特区一直引领中国经济增长和对外开放。1991 年以前，印度受计划经济影响较大，实行贸易保护主义，政府对经济干预过多，导致印度经济危机较为严重。此后，印度开始进行经济自由化改革，放松对外贸和外资的管制，逐渐开放国内市场。国有企业民营化和部分领域减少对私人以及外国投资的限制，大力发展对外贸易，引进直接投资，自此印度逐渐转型成为自由市场。印度经济规模得以快速扩大。2000 年以来，印度开始借鉴中国模式建立经济特区，按照印度政府的设想，印度与中国同为人口众多的发展中大国，国情相似。印度希望通过兴建经济特区获得大量的就业机会并提高人民收入。但在实践中，印度经济特区的发展并不顺利，印度政府一度搁置新建经济特区。当前印度再次开启建设经济特区的浪潮，提出了建设大型经济特区“3 年行动计划”（2017 ~ 2018 年到2019 ~ 2020 年），计划在印度东、西岸效仿中国，设置大型经济特区，建立两个就业区以发展制造业等，让印度成功转型，并希望通过经济特区促使印度经济为全球市场提供制造品。

印度是亚洲最早建立出口加工区的国家。其建立经济特区的初衷跟所有发展中国家建立经济特区的意图是一样的，都是希望通过建立经济特区吸引外资，增加出口、增加额外的经济活动、提升商品和服务质量、增加国内外投资、创造就业和增加基础设施。但总体来看，无论印度经济特区发展的哪个阶段，印度经济特区之路都不是很顺利，与特区设立和特区改革的初衷和预期目标均存在较大偏离。

二　印度经济特区的发展历程与演变

印度是世界上较早进行经济特区实践的国家，其经济特区的早期形态为出口加工区。综合印度经济特区发展历程，大体可分为如下几个阶段。

（一）特区起步阶段：1965～1990年

1947 年印度与巴基斯坦分裂，长期以来作为印度最重要贸易港的卡拉奇（Karachi）港划归巴基斯坦，为此印度在西海岸建设坎德拉（Candela）港替代卡拉奇港[①]。20 世纪 60 年代以来，印度历届政府把经济特区建设作为探索经济现代化道路的一个重要方面。1965 年，印度古扎拉（Guajart）邦在坎德拉设立第一个出口加工区——坎德拉出口加工区，这是经济特区的雏形，从而开启了印度的经济特区建设之路，坎德拉特区也成为当时亚洲第一个、世界第三个经济特区。出口加工区内的企业除享受税收优惠外，还在直接投资方面得到了很多优惠条件，比如，产品全部出口，外商独资经营。1974 年印度在马哈拉施特拉（Maharashtra）邦设立了第二个出口加工区——圣克鲁斯（Sanatcur）电子出口加工区。坎德拉出口加工区和圣克鲁斯电子出口加工区在建立之后发展相对缓慢，1965～1980 年坎德拉出口加工区开工企业从仅有 23 家增长到 52 家，就业人数由 650 人增加到 3600 人。1982 年印度政府对外资实行一揽子优惠措施，主要包括所得税免税期由 5 年延长到 10 年，允许 25% 的产品内销，产品 10% 出口的企业可由外资独营。进行这一改革后，外资渐趋活跃，1982 年和 1983 年两年内批准投资项

---

① 钟坚：《印度出口加工区的设立背景、基本概况及评估》，《特区经济》2000 年第 1 期。

目为1952～1979年的2倍，有鉴于此，印度政府决定进一步增建新的出口加工区。为此，1984年印度又设立了法尔塔（Falta）出口加工区、马德拉斯（Madras）出口加工区、柯辛（Coehin）出口加工区和诺伊达（Noida）出口加工区，1989年印度政府在安德拉（Andrapardsh）邦建立了维萨卡帕特南（Visakaatnam）出口加工区。到1990年，印度建成了早期的七大出口加工区。除圣克鲁斯电子出口加工区为面向电子和珠宝产业的专业出口加工区外，其余六个都是综合性出口加工区，七个出口加工区总面积为2407英亩（相当于8.284平方千米）。这七个出口加工区是享受诸多优惠政策的经济专属区，减少了商品贸易和国际收支逆差、缓和了货币贬值的巨大压力并促进了印度产品的出口。这些出口加工区的设立是对印度经济现代化过程的一种探索，在一定程度上增加了印度的出口，但总体来说成效并不大。其中坎德拉出口加工区和圣克鲁斯电子出口加工区建设进展缓慢，在吸收外资、促进出口方面一直表现平平。坎德拉设立经济特区时主要考虑促进当地经济开发和增加就业，以致在头十年没有吸引到外资，出口增长极为缓慢，1980～1981年的出口值才达到2551万美元。圣克鲁斯电子出口加工区单纯生产电子器材，出口值到1982～1983年也仅为5473美元。[①②] 由此可见，尽管印度经济特区起步较早，但以七大出口加工区为代表的早期经济特区总体上并未较好地实现特区设立时的期望目标。[③] 就其原因主要如下。一是对外资的限制过多。独立后，印度对外资实行利用与限制相结合的政策。1956年的工业政策决议规定，国防工业，尖端工业，钢铁、煤炭、电力等基础工业只能由国营企业经营，旅馆等服务行业也不吸收外资。20世纪70年代初，印度鉴于本国工业已有一定基础，强调有选择性地引进外资，1974年颁布《外汇管理法》，规定外资必须与印资合营，控股率降至40%，只有面向出口、尖端技术和国家优先发展的部门可控股51%～74%。外国企业向出口加工区投资同样受其约束。二是税收太高。印度规定所得税税率为56%。

① 张雷：《基于SWOT分析的印度经济特区发展研究》，《商业研究》2011年第7期。

② 张雷：《发展经济学视野下的印度经济特区建设评析》，《南亚研究季刊》2011年第3期。

③ 谈玉妮、周琦：《印度经济特区模式研究》，《中国经济特区研究》2013年第1期。

加工区免税期为5年，没有减税期。新加坡的免税期虽然也只有5年，但此后的10年按4%征税，斯里兰卡出口促进区的免税期为2~10年，此后还有15年以下的减税期。其他亚洲国家的自由贸易区给外国投资者的税收优惠也都超过印度。连印度大财团都热衷于向邻国自由贸易区投资而对本国出口加工区不感兴趣。它们是外国投资者合作的主要对象。三是管理体制落后。印度出口加工区管理局官员没有被赋予独揽有关管理工作的大权，处理投资审批时得同中央和地方有关的50多个机构协商。虽然印度政府一再申明审批时间不得超过3个月，但实际上相关机构常因互相扯皮而拖延。四是出口加工区选址与产业定位存在问题。如坎德拉出口加工区附近的坎德拉港货物装卸能力小，以致长期没有定期航轮靠岸，而经孟买港出口则要多花971公里的汽车运费。圣克鲁斯电子出口加工区定位为面向电子和珠宝产业的专业出口加工区，导致入住企业数量严重不足。

（二）调整发展阶段：1991~1999年

20世纪90年代之后，一直以计划经济为主的印度经济出现了国际收支不平衡和财政困难等很多问题。受新自由主义在全球范围扩张的影响，印度拉奥政府推动了以“自由化”、“市场化”和“全球化”为目标的经济改革，并开始扩大对外开放。政府陆续发布了产业、贸易、投资与外汇新政策，取消工业执照管制，逐年调降关税与减少其他进口障碍，希望以自由开放的经济政策与市场机制来带动印度经济稳定发展。此后，印度的投资环境不断改善，有利于外国直接投资的各项政策法规陆续出台，外国直接投资通过经济特区进入印度的规模有所扩大。在新经济改革的影响下，印度出口加工区也出现了调整和发展。印度政府放松了对出口加工区的管制，精简了出口加工管理机构，出台了更多优惠政策帮助出口加工区企业经营发展，在政府政策的影响下，印度出口加工区的开放程度得到很大提高。1994年，印度政府开始允许州政府和私人部门参与开发出口加工区，1997年以发展珠宝行业为主要目标的古吉拉特邦的苏拉特出口加工区（Sachin Surat EPZ）成立。印度政府向进入出口加工区的企业提供低税、快速审批以及独立电力系统等优惠举措，试图以此促进印度制造业的发展和出口的增加，但由于可用土地选择少、经济激励措施不足及运输能力落后等原因，这些特区并没有繁荣起来。在整个 20 世纪 90 年代，印度政府一共出台了 146 项关于出口加工区创办和建设的政策法规，以支持印度出口加工区的发展，但直到 1999 年，印度已设立的 8 个出口加工区内仅有 553 家企业。

（三）数量扩张阶段：2000～2010年

为增强国际竞争力，为出口生产创造自由的环境，印度政府于 2000 年在进出口政策方面制订了新经济特区计划。2000 年 1 月 1 日，印度政府将北方邦诺伊达、西孟加拉邦法尔塔、泰米纳杜邦金奈①、安德拉邦维萨卡帕特南 4 个出口加工区升格为经济特区。特区鼓励外国直接投资，进行出口货物生产，还出台了特殊的贸易和海关关税规定。2003 年 1 月，除法尔塔、诺伊达、金奈、维萨卡帕特南之外的出口加工区升级为经济特区，至此印度早期的七大出口加工区全部升级为经济特区。随着经济特区在印度的广泛发展，与经济特区相关的法律法规体系也开始建立起来。2004 年，印度的古吉拉特邦首先通过经济特区法律。2005 年 5 月，印度国会通过了印度历史上第一部全国性正式特区法律——《经济特区法案》（SEZ Bill）。法案对经济特区的审批制度、准入标准、机构设置、税率优惠等方面做了全面的规定，为经济特区的发展提供了法律支持基础。该法案为投资者提供了比出口加工区更多的优惠政策，同时辛格政府还加强了基础设施建设，激发了国内外投资者的投资热情。2006 年 2 月，印度政府公布经济特区法规（SEZ Rules），对经济特区的制度进行了进一步的规定。同年印度经济特区审批的唯一官方机构——印度中央政府经济特区审批委员会（Board of Approval）开始审批经济特区。印度经济特区开始雨后春笋般地出现。到 2007 年 6 月，建立的特区为 303 个，正式通知运营的特区为 127 个，原则上已获通知的特

① 金奈以前称马德拉斯。

区为161个，特区规划总面积达到1845平方公里，建成总投资达到681.8亿美元。但很快印度经济特区政策就陷入了因征地问题而引发的危机中。印度《经济特区法案》对土地使用的要求过于宽泛，仅规定被征用土地1/4需要用于加工业，其余部分可以用于任何目的，结果是制造加工区一般只占总面积的25%～35%，65%～75%被用于房地产开发。于是，许多地方以建设经济特区为名，行土地开发之实。建设经济特区成为单纯的“房地产游戏”，被征用土地被用于建设住宅、写字楼、大型购物中心或医院等。大批土地被廉价征用，而失地农民却得不到应有的补偿，由此引发的征地纠纷甚至暴力冲突越来越多。经济特区引发的征地冲突促使国大党政府一度暂停经济特区审批。2007年4月，印度内阁特别小组（Empowered Group of Ministers，EGOM）召开会议讨论印度经济特区建设问题，会议最后做出解冻经济特区审批的决议，同时对于经济特区的审批制度进行了调整和修改。调整和修改后的经济特区审批制度包括提高经济特区最小面积限制标准，各邦不得强制征地，特区开发商必须为当地居民提供就业机会等内容，经济特区审批制度的调整抑制了一些开发商的投机行为，一些项目被迫取消，对于创办和建设经济特区的政策规范没有影响到特区的发展速度。到了2010年，印度已获得批准建立的特区达到578个，已获通知的特区为348个，实际运行的特区为105个。随着政府政策与法规的不断完善，印度经济特区快速增加。①

（四）发展新阶段：2011年至今

尽管印度经过了特区数量迅速增加的时期，但这并没有带来特区更大的发展。印度政府重新恢复经济特区审批后，同时出台新的经济特区建设规定，按照新规定，经济特区用地规模上限不超过5000公顷，并禁止邦政府使用征地权帮私人开发商强征土地。2015年印度各邦建立的58个经济特区中90%以上的土地在过去五年处于闲置状态。在总共4842.38公顷的特区

① 《印度经济特区开始有模有样》，《中国商报》2003年5月20日。

用地中，约4480.13公顷土地被闲置，仅362.25公顷土地被用于这58个经济特区的建设。截至2018年7月31日，印度正式核准的经济特区共420个，已获通知的经济特区为355个，已办正式手续的经济特区为32个，已开工建设的经济特区为223个。到2018年3月31日共有入驻企业5146家，总投资达47491.7亿卢比，就业人数为197.7万人。

三　印度经济特区作用及成效

（一）经济特区带动了出口，特别是促进了制造业出口

经济特区的发展吸引了大量外资在印度投资，有力地发展了印度的外向型经济。印度经济特区一直保持较快的增长势头。1970年印度出口加工区在整个国民经济的出口份额为0.02%，进口份额为0.03%，1980年出口加工区的出口份额和进口份额逐渐增长到0.22%和0.67%，1985年，出口份额和进口份额增长到3.05%和1.02%，2007～2008年在印度经济特区建立的企业创造的出口额占到整个印度国民经济出口额的10%。根据政府相关数据，2009～2010年印度经济特区厂区内厂商的出口额有望超过9000亿卢比，这相当于特区内企业2009年全年的出口额。为了在全球贸易中占有更大份额，2010年印度重新大规模调整经济特区政策以扩大制造业出口规模。2008年开始的国际金融危机对印度的进出口造成了一定影响，经济特区作为出口产品生产基地不可避免地受到了影响。但由于进口额比出口额降幅更大，市场总体较为均衡。2009～2010财政年度，印度经济特区的出口额已达465.4亿美元，比2008～2009财政年度增长了114.40%，占印度出口总额的1/4。2012～2013财政年度印度经济特区出口额达到顶峰，为874.5亿美元，此后逐年下降，到2015～2016财政年度降为713.8亿美元，2016～2017财政年度开始扭转下降趋势，达到780.7亿美元，为10年前的10倍（见图1）。

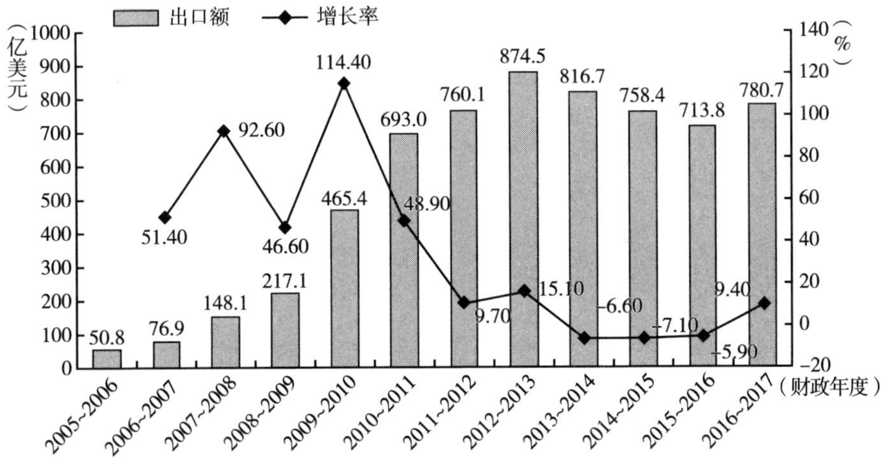

图 1　印度经济特区出口额及增长率

（二）经济特区推动了印度经济发展和投资环境的改善

经济特区是印度新开放政策的证据，总体来看，印度经济特区建设取得了积极进展。经济特区是对外开放的重要“窗口”，具有一国对外形象展示的作用。为此，经济特区建设要求完善基础设施、改善投资环境，从而从硬件和软件两方面吸引外资和外商。通过经济特区接轨世界窗口价值的展示，吸收和利用外商投资，引进先进的技术和管理经验，发展加工贸易，并进一步扩大开放。为此，基础设施建设一直是印度经济特区建设的重要内容。印度外资中的 33.57% 的合同额被用于基础设施领域，其中通信和电力分别占 10.39% 和 17.54% 。从累计额的排位来看，电力行业占 17.54% ，接着是服务、通信、交通和炼油，各占 12.69% 、10.39% 、9.31% 和 7.45% 。近年来，印度经济特区吸引投资额逐年增多。从 1991 年印度实行对外开放以来，随着投资环境的不断改善和各项鼓励外国直接投资法规政策的陆续出台，外国直接投资通过经济特区进入印度的规模明显呈逐年扩大的趋势，如从 2001 年的 42.22 亿美元增加到 2006 年的 55.46 亿美元。据印度商工部统计，从 2006 年到 2010 年 3 月，印度经济特区已吸引投资额达 280 亿美元，其中

60 亿美元为外国直接投资。截至 2006 年 2 月，印度中央特区投资额为 227.92 亿卢比，州立和私立特区投资额为 175.631 亿卢比，总投资额为 403.551 亿卢比。到 2018 年 3 月，印度中央特区、州立和私立特区、根据法案已获通知的特区的投资额分别增加至 1887.832 亿卢比、1301.531 亿卢比和 47491.737 亿卢比（见表 1）。即便如此，能源与交通等基础设施仍然是制约印度经济高速发展的瓶颈。

表 1　印度经济特区投资额

单位：亿卢比

指标	投资额(至 2006 年 2 月)	新增投资额	总投资额(至 2018 年 3 月)
印度中央特区	227.92	1659.912	1887.832
州立和私立特区	175.631	1125.900	1301.531
根据法案已获通知的特区	—	44302.374	44302.374
合　计	403.551	47088.186	47491.737

（三）创办和建设经济特区促进了印度政府制度环境完善和行政效率提高

随着印度经济特区发展，政府对创办和建设特区的相关法律法规予以不断完善，投资的制度环境得到优化。从 2000 年到现在，印度中央政府对于经济特区相继出台多部法律法规进行治理，这些法律法规降低了不合理的投资门槛，提高了政府的管理效率，促进了印度投资环境的“升级”。比如，在鼓励外商投资经济特区方面，政府通过降低准入门槛，提供更优惠的税收政策和补贴以及简化审批手续等措施吸引投资者在经济特区投资。在 2000 年以前不符合自动通过审批条件的企业是无法在经济特区投资的，2005 年政府制定的审批制度规定：不符合自动通过审批条件的企业可以向印度中央政府经济特区审批委员会提出申请，如果通过了委员会对其的考核，则也可以获得在特区投资的资格。再比如，现在能够在印度经济特区投资的企业可以是 100% 的外资，但是企业在 5 年内的出口额必须大于企业在国内关税区

（DTA）的采购费用。这些政策都鼓励投资者在经济特区投资，对于特区的发展起到很好的促进作用。而在规范投资者行为方面，政府也是不遗余力地通过制度规范人们的行为，比如，政府为了打击房地产商以开发特区的名义从事土地投机行为，限制了经济特区的最小面积，同时要求开发商为当地居民提供就业机会，这样就提高了投机者投机的成本，限制了他们的投机活动。经济特区法律法规制度的建设提高了印度投资制度环境的水平，帮助印度不断提升其产业竞争力。

（四）经济特区促进印度社会就业

印度人口增长速度过快，而就业机会有限，导致劳动力过剩，出现了显性失业和隐性失业现象。解决就业问题就需要增加就业机会。印度政府设立经济特区的目的就是在保持经济增长的同时保证足够的就业机会。印度经济特区主要发展制造业，而制造业需要大量产业工人，这样能够创造出新的就业机会，有利于缓解就业压力。发达国家和发展中国家的实践证明，通过设立经济特区等形式实现土地要素的国际流动，能够起到增加社会就业机会的效果。经济特区的发展为印度创造了大量就业机会，促进了 IT 产业等新兴产业的发展。印度是一个人口大国，长期以来印度的显性失业率和隐性失业率都比较高，就业问题是印度经济面临的主要问题。经济特区对于印度解决就业问题起了很重要的作用。一方面，许多特区内的企业从事劳动密集型的加工制造业，这些企业本身对劳动力的需求量很大；另一方面，印度政府要求经济特区在发展过程中必须帮助解决当地劳动力的就业问题，比如，政府规定特区内企业必须为每个当地的拆迁户提供至少一个就业机会。在这些因素的影响下，印度经济特区在发展过程中吸收了大量的劳动力，为优化印度就业环境发挥了一定作用。印度刚建立坎德拉出口加工区时就业人数只有 70 人，印度新建了圣克鲁斯电子出口加工区后，就业人数已经增加到 6000 人，印度新增了柯辛、法尔塔等四个出口加工区后，就业人数已经超过 30000 人，经过 20 世纪 90 年代的发展，到 2000 年，印度经济特区吸收就业人数达到 81371 人，占全国制造业就业人数的 1%，2007 年区内就业人数超过 17 万人，占全国制造业就业人数的1.05%，到2011年3月31日，印度经济特区就业总人数达到616608人。根据印度商工部2008年5月发布的统计数据，经济特区雇用就业人数总计336000人，其中60%（约201000人）为2006年以来新增加的。据印度商工部的有关统计，截至2008～2009财政年度，经济特区已创造超过50万个就业机会。到2018年3月，印度经济特区总就业人数达到1977216人（见表2）。

表2 印度经济特区就业情况

单位：人

指标	就业量(至2006年2月)	新增就业量	总就业量(至2018年3月)
印度中央特区	122236	114035	236271
州立和私立特区	12468	86571	99039
根据法案已获通知的特区	—	1641906	1641906
合　计	134704	1842512	1977216

（五）经济特区推动印度的国际经济合作

首先，印度经济特区强化了印度与周边国家和地区的经济合作。1985年，印度与巴基斯坦、孟加拉国、斯里兰卡、尼泊尔、马尔代夫、不丹在孟加拉国达卡成立了南亚区域合作联盟（简称南盟）。印度经济特区的发展为南盟各国投资合作和经贸科技合作战略升级提供了新的机遇。印度加大经济特区建设力度以来，与南盟各国的出口、投资与合作呈逐年增多的态势。其次，从整个世界来看，经济特区加速了印度与世界的经济合作。从外国直接投资来源国（或地区）的构成看，传统上美国是印度外资的主要来源国，是印度最大的单一贸易伙伴。目前毛里求斯也是印度外资的主要来源国，其份额比美国高出很多，这主要与印度同毛里求斯之间的税收协定有关，一些外国公司以在毛里求斯注册公司的名义对印度投资，而毛里求斯对印度的投资很大部分是当地印侨回国投资。在利用外国直接投资方面，虽然发达国家所占比重有所下降，但以它们为主的特点没有发生根本改变。作为全球较大的两个新兴经济体，中国和印度在经贸合作上达到了一个新的高度。2017

年，中印双边贸易额增长 20.3%，升至 844 亿美元，为两国有经贸往来的最高纪录。中国在 2017 年是印度全球最大的贸易国，而印度则有可能跻身中国前十大贸易国之列。随着中印双方经济贸易关系加强和人员往来增加，建立中印自由贸易区的可能性进一步提高。

四 印度经济特区发展存在的问题与不足

（一）印度经济特区数量多且面积过小

印度在建和拟建的经济特区规模都是微型的，位于哈里亚纳邦的诺伊达经济特区离首都新德里只有半小时车程，是印度北部最早设立的特区，占地面积只有 1.25 平方公里。印度《经济特区法案》实施后，由于设立经济特区门槛低，经济特区“泛滥”，难以集中人力、物力和财力改善基础设施，也使经济特区普遍趋于“袖珍型”。截至 2010 年，印度已批准 576 个经济特区建设提案，其中已投入使用的经济特区有 114 个，平均面积为 4.2 平方公里，还有 100 多个特区占地不足 1 平方公里。这种狭小的特区难以形成真正的产业集群、规模经济和范围经济。2008 年，印度正式通知建设的特区有 228 个，总面积为 268 平方公里。最大的特区面积不超过 100 平方公里。而印度政府目前的法规规定，未来建设的经济特区的面积不得超过 50 平方公里。印度经济特区受到其规模的限制，规模效应不是很明显，特区企业的发展也因此受到限制。这是印度经济特区发展过程中存在的一个主要问题。

（二）政府发展经济特区的诚意不足且行政效率低下

印度经济特区之所以小，很大一部分原因在于政府对外资的限制政策。印度政府一方面想通过经济特区利用外国直接投资推动经济迅速发展；另一方面又往往以“影响国家安全”为由对外资设限。政府的封闭心态是制约印度经济特区发展的根本因素。另外，效率低下是印度经济特区的一大顽疾，不但吸引不来更多的投资者，而且还会使现有的投资者离去。一家设在诺伊达经济特区的日本企业的负责人对印度政府办事效率的低下伤透了脑筋。在办理相关进驻手续时，其跑了不下 30 趟，每次办事人员都说“快了，快了”，但从递交申请到得到批复整整花了 3 个月。

（三）印度的体制阻碍特区发展

印度劳工法对于外国投资者来说过于严格苛刻。根据印度法律，雇用员工超过 100 人的企业需获得当地政府批准后才能雇用。如果企业雇用员工时间超过 3 个月，则必须与员工签订劳动合同，也就是需要提供永久雇用待遇。雇员超过 100 人的企业如果要解聘员工，则需由企业所在邦政府批准。然而，由于工会组织力量较强以及政治选举的需要，邦政府一般不会批准这样的解聘行为。许多外国公司正是由于这种严苛的劳工规定而不愿到印度经济特区投资办厂，因此，印度劳工法在很大程度上阻碍了经济特区企业数量的增长，同时抑制了对经济特区投资的增加。另外，印度体制难以确保“全国一盘棋”，特区试验后的经验难以推广。印度属于邦联制国家，每个邦都有各自的民选政府，且每个邦都有议会和立法权。各邦对农业、土地、水利、交通、矿产、文化产业，以及与土地、电力、房地产、运输相关的税收等拥有完全立法权。对劳动关系、电力、重要原材料的生产与分配、食品和药物监督管理等与联邦分享立法权。① 中央政府很难在各邦推广和执行某一特定政策，这样特区就失去了“试验—推广”的功能属性。

（四）经济特区管理失控，政策不稳定

印度经济特区门槛太低，导致经济特区“泛滥”进而致使特区管理失控，优惠政策不稳定。按原政策，在印度经济特区的企业可免缴账面利润的最低替代税（MAT），开发商则可免缴股息分配税（DDT）②，但很多公司滥

---

① 《徐实：印度想学中国搞经济特区，可能吗?》，观察者网，https：//www. guancha. cn/xushi/2017_ 09_ 09_ 426372. shtml。

② Of the 564 SEZs Formally Approved，Only 192 Were Operational as of June This Year，http：//www. ltaaa. com.

用该政策来进行房地产套利。许多 IT 公司利用这一政策来弥补在印度软件技术园区（STPI）计划结束时遭受的税收优惠损失，导致所有这些税收优惠都被取消了。2011 ~ 2012 年，特区中的各个企业和开发商的最低替代税豁免权被撤回，开发商的股息分配税豁免也被终止。最低替代税按 20% 的账面利润征收，而股息分配税按分配给股东的股息的 20% 征收。税收政策的可预测性是形成有益投资环境的必要条件，因此撤销直接征税的优惠让经济特区计划倒退，并影响了它的前景。[①] 另外，印度《经济特区法案》对特区征用土地的具体用途规定为，被征用土地 1/4 需用于加工业，其余部分可以用于任何目的。结果，印度已设立的经济特区一半以上是面向印度已有一定发展的 IT 业、基于 IT 的服务业和制药业，而非其当初所期望的制造业。更有甚者，在印度房地产业存在泡沫的背景下，一些经济特区大有成为享受政府税收优惠的房地产特区之势，已批准经济特区中多达 65% 的土地被用于建设住宅或写字楼、大型购物中心和医院等。而印度对经济特区产业筛选标准如此宽松，导致经济特区成为印度国内企业合法避税的“离岸金融中心”，印度财政则因此而损失不菲。印度财政部官员称，相关税收损失到 2009 ~ 2010 财年达到 200 亿美元。[②]

（五）印度经济特区基础设施不足

目前印度经济特区普遍不具备良好的基础设施。印度电力的缺乏依然是一个主要制约因素。这么多年来，经济特区基础设施虽然在发展中得到一定改善，但是整体水平仍然较低，离经济特区投资企业的要求还有一定差距。鉴于之前经济特区基础设施落后不利于发展的经验教训，印度政府对于经济特区内的基础设施的建设和改善予以专门财政支持，同时出台相关政策鼓励私人单位在经济特区内开展基础设施建设，但依然远远达不到投资厂商的需求，基础设施滞后成为制约经济特区发展的一个重要因素。资料显示，2004

① http：//sezindia. nic. in/index. php.

② 《印度经济特区发展陷入困境》，《国际商报》2006 年 12 月 13 日。

年在印度七个经济特区中，只有法尔塔和柯辛有独立的供水系统，而具有供水净化设施的只有柯辛和金奈经济特区。在供电方面，只有柯辛有独立的供电系统，苏拉特出口加工区在自来水设施、电力设施、路灯设施、银行系统等方面都急需改进。在金融设施方面，经济特区的金融基础设施建设水平也比较滞后。基础设施水平不高也成为经济特区内投资者反映最多的问题，根据 Adradhna Aggarwal（2007）对经济特区投资者的调查研究，超过 57% 的投资者需要自己建造供水设施来支持生产，而超过 42% 的投资者需要自己建造电力设施。只有 6.6% 和 8.9% 的调查者认为经济特区的基础设施有了改进。

（六）印度经济特区建设导致利益冲突严重

2007 年印度由于特区征地问题爆发了大规模的冲突，政府一度因此中断特区的审批。之后政府虽然出台相关政策对土地征用行为进行规范，但开发商和土地所有者之间的利益分配问题还需要进一步解决。此外一些开发商利用政府开发特区的优惠政策大量圈地，之后进行房地产投资。印度政府为此已经出台专门措施限制投资者的投机行为，但政策效果如何还有待进一步观察①。征地补偿机制不健全引发冲突阻碍经济特区建设。印度经济特区建设过程中大批土地被廉价征用而失地农民得不到合理的补偿，导致农民流离失所，陷入极度贫困状态。在西孟加拉邦、果阿邦及哈里亚纳邦等都曾爆发农民抗议事件，造成人员伤亡。印度经济学者巴杜里估计，按照目前印度建立经济特区的模式，这种经济特区在每创造一个就业机会的同时也毁掉了 4 个农民的生计。印度土地征收法从 1894 年制定以来沿用至今，允许政府以“公共目的”征用土地。该法最初是为修建运河和公路而制定的，但由于“公共目的”没有明确界定，强行购买农民土地而失地农民得不到有效补偿的事件时有发生。另外，土地交易市场目前还存在诸多漏洞，由于房地产行业开发利润巨大，很多经济特区的土地实际上被当作商

---

① 牛旻昱：《印度经济特区的发展历史及其启示》，《技术经济与管理研究》2013 年第 3 期。

业用地进行开发。土地征收法和《经济特区法案》沦为地方政府与商人相互勾结，进行寻租的工具。事实上，土地市场的不完善将继续困扰经济特区未来的发展。

五 印度创办经济特区的经验与教训

（一）经济特区应立足国内发展需求

目前，印度的经济增长主要依靠国内消费拉动，而出口和投资所占比重相对较小。印度的第三产业主要为信息技术服务业和金融服务业等，具有较高技术含量，但吸纳就业量有限。制造业的发展能够带动大量产业工人就业，印度设立经济特区的初衷就是推动制造业发展进而创造更多的就业机会。印度政府正努力使制造业成为贫困人口脱贫的主要渠道，正在进行资源分配以增加制造业就业机会，这对满足就业需求是有利的。印度的制造业虽然相对落后，但很有潜力，最近几年，随着经济特区政策的实行，制造业增长速度很快，出口额逐步增加，就业人数逐年增多。经济特区已成为印度调整经济结构和改善民生的“试验场”。

（二）经济特区应符合本国国情

印度需结合本国国情探索一条具有印度特色的经济特区之路。受中国经济特区成功实践影响，印度从 2006 年开始进入大规模建设经济特区阶段，几年时间就审批核准了几百个经济特区，显然有些操之过急。印度应从具体实际出发，独立自主地探索符合本国国情的经济特区建设道路和模式。其中最主要的就是从印度经济社会发展的实际情况出发，从所处的发展阶段出发，并把它作为制定正确经济特区发展规划的基本依据。如果脱离这一基本原则，完全照抄照搬别国经济特区建设经验和模式，则很难成功。印度经济特区建设中征地拆迁引发的一系列问题就很能说明问题。印度经济特区的发展还存在一些问题，需要印度政府结合本国国情，有步骤、分阶段、有计划、积极稳妥地探索和不断改进，逐步探索出一条具有印度特色的经济特区建设道路。

（三）经济特区要以稳定为前提

印度应正确处理经济特区发展与社会稳定的关系。经济特区的发展离不开社会稳定的保障，社会稳定是经济特区发展的基础和前提。随着印度经济特区建设的深入推进，一系列社会矛盾逐渐暴露出来，影响社会稳定的因素增多，如一些地方为建设经济特区违规征占、买卖土地，补偿标准很低且被层层截留克扣，失地农民得不到妥善安置，这些已成为目前印度经济特区建设的突出矛盾和问题。近年来，印度各地接连爆发激烈的示威活动，印度政府迫于压力不得不暂停一些经济特区的建设计划。印度经济特区建设需要大量土地，而工业化改革正面临农民失去土地与产业结构调整升级的尖锐冲突。这不仅是对印度政府的严峻考验，也是印度经济现代化和社会文明进程中一个必须面对的课题，因此，必须强调稳定的重要性。

（四）经济特区应强化国际合作

印度在经济特区建设方面应加强国际交流与合作。建设经济特区曾被视为印度的一项国策，印度认为建设经济特区是赶超中国不能错过的“最后一班车”。印度经济特区建设为国际交流合作提供了新的更为广阔的平台。近年来，许多国家特别是南盟国家在印度经济特区投资和合作的项目日益增多，但印度大规模建设经济特区的时间还不长，许多方面还有待完善，并需要在实践中积累经验。为此，印度需要在经济特区建设方面与中国等已具备丰富经验的国家合作。近年来，中印双边贸易额快速增长，合作日益增多。两国应抓住“一带一路”倡议的机遇在经济特区方面建立合作交流机制，以促进交流互动，共同应对经济特区发展中出现的问题和挑战，加强国际经济合作，建立经济特区合作框架，并在框架下深化合作，实现互惠互利、发展共赢。

参考文献

钟坚：《印度出口加工区的设立背景、基本概况及评估》，《特区经济》2000 年第 1 期。

张雷：《基于 SWOT 分析的印度经济特区发展研究》，《商业研究》2011 年第 7 期。

张雷：《发展经济学视野下的印度经济特区建设评析》，《南亚研究季刊》2011 年第 3 期。

谈玉妮、周琦：《印度经济特区模式研究》，《中国经济特区研究》2013 年第 1 期。

《印度经济特区开始有模有样》，《中国商报》2003 年 5 月 20 日。

Of the 564 SEZs Formally Approved, Only 192 Were Operational as of June This Year, http：//www. ltaaa. com.

《徐实：印度想学中国搞经济特区，可能吗?》，观察者网，https：//www. guancha. cn/xushi/2017_ 09_ 09_ 426372. shtml。

http：//sezindia. nic. in/index. php.

《印度经济特区发展陷入困境》，《国际商报》2006 年 12 月 13 日。

牛旻昱：《印度经济特区的发展历史及其启示》，《技术经济与管理研究》2013 年第 3 期。

Adradhna Aggarwal, Impact of Special Economic Zones on Employmengt, Poverty and Human Development, ICRIER, Working Paper, 194（5）, 2007.

B.22
后　记

今年是中国改革开放 40 周年。经济特区作为中国改革开放的先行者，作为中国社会制度变迁的起点，作为中国社会改革与深化改革的探索者，无疑以其自身的辉煌写进了中国改革开放的编年史中。所以作为专门研究中国经济特区的蓝皮书，《中国经济特区发展报告（2018）》具有特殊的历史节点意义。

呈现在读者面前的《中国经济特区发展报告（2018）》，是教育部人文社科重点研究基地——深圳大学中国经济特区研究中心着力打造的一个学术品牌和标志性科研成果；是教育部支持的人文社科重点基地报告；是全国唯一的经济特区蓝皮书；它具有源于区位优势与研究积淀所拥有的原创性、前沿性和权威性。自 2009 年创办以来，已连续出版发行了 10 本，2016 年起同时由德国斯普林格出版社在海外出版发行，至此开始中英双语国内外出版发行。

《中国经济特区发展报告（2018）》以真实反映中国经济特区发展状况，如实记录中国经济特区发展历程，动态记载中国经济特区先行先试的成长路径，学理性阐述经济特区在推动中国深化改革中的独特地位，及时反映国家整体发展战略和区域发展布局调整的大思路，受到国内外相关领域的专家学者乃至政府官员的普遍关注，已经产生了独特的学术与对策研究的影响，是国内经济特区研究的重要成果。

从结构上来说，《中国经济特区发展报告（2018）》分为总报告、专题研究报告、特区发展分述报告、特区发展动态考察报告四大部分，共 21 篇。总报告是全书的概论，是站在国家整体发展战略规划的角度，对中国经济特区，包括新兴特区（如喀什、霍尔果斯、图们江）和新型特区（如自贸区、湾区）一年发展状态的整体评述。从编撰的逻辑上来说，我们以新常态和供给侧改革为指导，以深化改革为方向，以新的增长点为切入点，以发展特征为出发点，着重从特区和特区升级版形态所承担的新的时代使命视角出发，反映中国社会由政策开放走向制度开放的进程；展现中国社会由外向型经济向开放型经济转变的路径；突现“一带一路”倡议大背景下，中国社会以更加深广的开放，促进更加深刻的政治经济体制改革的内在制度变迁。我们希望总报告能更充分地体现国家整体战略，并准确反映中国改革开放的大方向，能成为具有一定学术分量和政策意义的，准确记载、预测中国经济特区发展现状与未来趋势的，具有学术与实政权威性和影响力的年度报告。当然，由于认知和对部分数据资料掌握的客观局限，我们的分析、研究难免有疏漏和不全面的地方。但是，一切不足与遗憾，都是我们未来研究有可能趋向完美的内在动力。

专题研究报告不是泛泛而论的综述，而是问题导向的探索，即分别以特区发展现状、比较分析、政策建议为切入点，分别针对产业转型、资源使用效率与可持续发展、政治体制改革、社会保障、科技创新、金融体制改革、特区文化及文化产业等问题进行综述分析，并对每一具体问题提出宏观层面的建议。2017 年增加了《中国经济特区医疗卫生服务体系建设报告》。2018 年增加了《中国经济特区生态城市建设报告》，去掉了《中国经济特区医疗卫生服务体系建设报告》。这种调整除了整体框架结构考量外，还着重考虑到如何从经济特区依旧肩负的先行先试的创新实践中，充分体现习近平总书记的治国理政新思想。习近平总书记说，我们重大的责任就是对人民的责任。我们的人民热爱生活，期盼有更好的教育、更稳定的工作、更满意的收入、更可靠的社会保障、更舒适的居住条件、更优美的生态环境，期盼孩子们能成长得更好、工作得更好、生活得更好。人民对美好生活的向往，就是我们的奋斗目标。我们的责任就是继续解放思想，坚持改革开放，不断解放和发展社会生产力，努力解决群众的生产生活困难，坚定不移走共同富裕的道路。可以说，经济特区生态城市建设关系到千家万户的生活福祉。特区作为中国最先富裕的发达地区，在这方面的制度创新和较为成熟的制度安排，对全国具有示范效应与意义。

专题研究报告所讨论的问题，既是经济特区所面临的问题，也是现阶段中国社会发展所遇到的问题。特区对上述问题的解决路径与举措或许会对全国产生先行先试的借鉴与推广意义，这也正是中国经济特区的功能与使命所在。我们认为，这部分研究的重要性还在于“拓展”了对经济特区的研究，不是就特区研究特区，而是以特区为蓝本，走向了对中国改革开放所遇到的理论与现实问题的前沿或前瞻性的研究与思考；从单纯的经济问题研究走向对经济社会的更广泛问题的研究与探索；从对特区问题本身的研究走向对中国道路的实质与内涵的研究，从而为实现中国梦，为建设美丽中国，为全面建成小康社会，为实现“两个一百年”奋斗目标提供理论支撑。

特区发展分述报告是对传统五大经济特区及上海浦东新区和天津滨海新区一年发展状况的历史性记录与梳理，是“经济特区蓝皮书”撰写伊始就存在的基础性内容。但随着特区自身的发展及功能的变化，我们的研究也在不断增加新的内容以体现时代的声音。如果说专题研究报告是共性问题的比较，那么特区发展分述报告则偏重对不同特区的特殊问题的比较研究。由于历史及地域位置的不同，各经济特区、新区、自贸区、经济带在国家整体发展战略部署中所担负的责任与使命有所不同，在产业结构中的定位及在中国经济发展布局中的地位、角色、作用有所不同，因此它们发展路径的选择也有所不同，特区发展分述报告的分析正是从这些“不同”展开的。

特区发展动态考察报告是为了及时反映中国区域发展战略调整情况及介绍、借鉴世界新兴市场经济国家经济特区发展状况的一个比较灵活，并且具有广泛拓展空间的结构安排。喀什、霍尔果斯、图们江特区的建立意味着中国社会已经开始了由沿海开放向沿边开放的战略转移，鉴于此，《中国经济特区发展报告（2014）》增加了《中国图们江地区外商投资发展报告》。可以说，从沿海开放到沿边开放是在中国大地上确立、完善市场经济体系的战略大思路；是中国社会实现协调发展的大举措；是全方位开放路径的积极探索；是科学发展的伟大实践；是全面实现现代化的整体部署。它不仅以战略的眼光规划中国社会全面发展的宏伟蓝图，同时也将促进产业结构区域间的合理布局、不同区域间由要素禀赋等构成的比较优势的形成与有效发挥；扩大中国经济增长的对外辐射力，从而开拓更加广阔的国际市场；减弱世界经济危机对以外向型经济为主的经济增长模式的正面冲击，获得具有增长空间的稳定而又可持续的内生经济发展实力；形成全国范围内的逐渐趋于平衡发展的共同繁荣的以区域间协调互补为特征的经济共同体。所以它对中国未来的发展将产生深刻而持久的影响，它的战略意义是深远而巨大的。

与喀什、霍尔果斯、图们江特区不同，上海自贸区和深圳前海合作区不仅是区域发展战略部署的结果，还是中国社会全面深化改革，由外向型经济走向开放经济，实践“一带一路”倡议的战略性试验区。如果说近 40 年前，以深圳为代表的传统经济特区的成立是为了完成计划经济向市场经济的转型，那么今天新兴经济特区，尤其深圳前海合作区和上海自贸区这类传统经济特区的“升级版”或者说“拓展形态”的出现，则更在于扩大特区的示范效应，深化中国社会的改革开放和社会规制建设，以开放促改革，进一步推动中国社会全方位改革的有序进行。《中国经济特区发展报告（2018）》在以往基础上，更具体地连续记载了新兴经济特区和自贸区的发展现状和面临的问题与挑战，如《深圳前海合作区发展报告》、《中国自由贸易试验区发展报告》、《新疆新兴经济特区发展报告》和《中国图们江地区外商投资发展报告》。

记录、反映、研究国外新兴经济体的经济特区发展路径、成长模式、政府行为等问题，在比较中寻找共性规律，探索共同面临的问题及解决方案，寻求共同发展繁荣的途径和方式，是“经济特区蓝皮书”的时代使命。新兴市场经济国家几乎无一例外地面临某些共性问题，如既依赖于国际分工，又受制于国际分工；在经历经济高速增长的同时，面临资源过度消耗及污染和环境保护等问题；遭遇“未富先老”的社会尴尬和矛盾等。尽管对于经济可持续发展和社会文明、进步而言并没有一条放之四海而皆准的道路或模式，但国与国之间的相互借鉴、学习以及对共同面对的发展问题的不同国别的解决方案的提出，无疑是一种合作的力量。同时我们认为，在拓展改革开放新局面的今天，中国经济特区的成功经验还将具有为新兴市场经济国家提供发展中问题的中国解决方案的使命。这将在丰富发展经济学的同时，为转型理论提供具有借鉴意义的中国案例。

从2012年开始，“经济特区蓝皮书”就增加了介绍世界经济特区的内容。《中国经济特区发展报告（2012）》整体概要介绍了以美国、日本、爱尔兰为代表的发达市场经济国家的特区，以印度、菲律宾、巴西为代表的新兴市场经济国家的特区。自2013年起，“经济特区蓝皮书”有关国外经济特区部分开始采取单一国家或特定区域专题研究的方式，《中国经济特区发展报告（2013）》是《巴基斯坦经济特区发展报告》；《中国经济特区发展报告（2014）》是《非洲经济特区发展报告》；《中国经济特区发展报告（2015）》是《朝鲜经济特区发展研究报告》；《中国经济特区发展报告（2016）》是《2016年拉丁美洲经济特区建设与发展报告》；《中国经济特区发展报告（2017）》是《欧洲经济特区发展报告》；《中国经济特区发展报告（2018）》是《印度经济特区发展报告》。

其实，在编写《中国经济特区发展报告（2018）》过程中，我们一直面临现实的挑战与拷问。因为从概念上讲，特区本来就是“实行特殊优惠政策的地区”的简称，一旦这种政策消失了，特区在概念上自然就没有存在的必要了。但改革开放40年成功经验证明，以创办经济特区的方式开启中国改革开放的实践是正确的。经济特区不仅已经很好地，或者说圆满地完成了始建之初的特殊的政治—历史使命，即“对外开放的窗口”“社会主义市场经济的试验田”“改革开放的排头兵”，而且又以先行先试的实践不断推动引领中国社会的深化改革。如果说探寻一条适合中国国情的实现现代化的道路，是改革开放40年来中国共产党矢志不渝的历史担当与使命，那么创建经济特区则可以说是中国共产党为实践这一伟大探寻的创造。我认为，从中国社会制度变迁的历史进程和中国道路形成的角度来看，给予经济特区多么高的评价都不为过。因为对于今天的中国而言，经济特区已经不是一个单纯的特殊政策的产物，更不是一项权宜之计，而是中国社会制度变迁和中国道路的逻辑起点，它本身就构成了中国道路的重要内涵。甚至可以说，没有经济特区的创建，就没有中国改革开放的实践；没有经济特区的“先行先试”，就没有中国社会制度变迁的路径选择；没有经济特区实践，就无所谓中国道路的探索；没有经济特区示范与引领，就没有全面建成小康社会的发展积累；没有经济特区的拓展与创新，就没有实现“中国梦”的坚实的制度与物质力量。所以，从中国社会改革开放之初的政治背景来看，经济特区无疑是中国社会实现由传统计划经济向社会主义市场经济转变，从而全方位启动社会转型的必由之路；从现代化道路的探索来看，经济特区无疑是彻底摆脱理想与现实的冲突，从而迈上旨在实现共同富裕的中国特色社会主义道路的必由之路；从中国制度变迁的道路选择来看，经济特区无疑是在传统意识形态曾占据主导地位的国家里，打破传统体制的僵化和意识形态的教条，从而自上而下地完成社会转型与制度变迁的必由之路；从发展的战略来看，经济特区无疑是在一个极“左”思想曾牢牢占据支配地位的国度里，真正摒弃“人定胜天”的盲目和“宁要社会主义的草”的荒谬，从而以非均衡发展的方式与“渐进式改革”的实践走向科学发展的必由之路。

在经济特区成立二十周年大会上，中央要求特区“增创新优势，更上一层楼”，宣告经济特区将贯穿中国改革开放的全过程，贯穿中国现代化建设的全过程。在庆祝改革开放 40 周年大会上，习近平总书记指出改革开放是我们党的一次伟大觉醒，正是这个伟大觉醒孕育了我们党从理论到实践的伟大创造。改革开放是中国人民和中华民族发展史上一次伟大革命，正是这个伟大革命推动了中国特色社会主义事业的伟大飞跃！

有学者认为，中国经济特区被历史地赋予了双重使命，即从“改革”的意义上讲，要加快完成市场经济的转型，继续当好改革开放的先锋队、排头兵；从“发展”的意义上讲，要加快实现发展方式的转变，早日建成现代化国际性大城市，构筑中国区域经济的新版图。

我以为，从根本上说，无论对中国社会，还是一直走在改革开放前沿的特区而言，改革的任务并没有完成，改革的时代也并没有结束。所以，无论如何我们都不能得出这样的结论——中国社会已从“改革的时代”进入“发展的时代”，更不能以发展替代改革。从根本上说，只有深化改革，扩大开放，确实建立起社会主义市场经济体制，才能实现发展方式的彻底转变，才能使中国社会真正走上科学发展的道路，才能实现震撼人心的“中国梦”。因为无论从逻辑还是现实来说，“改革”与“发展”之间的关系绝不是此先彼后的关系，而是深刻的因果关系。它们不是处于两个不同时代的承上启下的两项任务，而是同一时代的同一过程中的共同主题。这正如阿玛蒂亚·森的自由与发展的关系一样。

共筑“中国梦”的过程，依旧是改革开放的过程。改革开放40年来，中国社会取得了举世瞩目的巨大成就。可以说，40年来的高速增长，靠的就是改革开放；令世人感叹的“中国奇迹”，靠的也是改革开放；实现科学发展，靠的还是改革开放；共筑“中国梦”的伟大实践，靠的必然还是改革开放。以开放促改革过去是，今后依然是中国改革开放的内在逻辑选择。当然，不是所有改变都是改革，我们要防止任何以改革的名义回到计划经济的行为。

经济特区作为特殊政策的产物，已经完美地完成了特殊历史使命，但特区作为中国道路的一种选择，或者说作为中国实现现代化的一条捷径，其存在是有必然性与必要性的，其使命与功能是与时俱进并逐步拓展的。或许特区作为一种路径选择将伴随着“中国梦”实现的全过程，诸如喀什、霍尔果斯、图们江、上海自贸区、深圳前海－蛇口自贸区等新兴经济特区的出现，大湾区建设的启动都是十分有力的现实说明。

党的十九大报告做出了坚持全面深化改革的明确宣言，“全面深化改革总目标是完善和发展中国特色社会主义制度、推进国家治理体系和治理能力现代化”，同时又提出，“推动形成全面开放新格局”，“赋予自由贸易试验区更大改革自主权”。我认为，这不仅预示着中国社会的改革开放还是没有完成的使命，而且也同时预示着，以先行先试的方式推动中国社会的改革，依然是一条行之有效的中国道路。所以，特区以及深化改革不同时代特区的不同形态的率先改革的功能与使命依旧还在。在“一带一路”倡议的大背景下，经济特区还将担负起为世界创造中国机会，为中国创造世界机会的新时代之新使命。

《中国经济特区发展报告（2018）》的顺利完成，首先要感谢学术团队的全体同人。这是一支专业知识扎实，学术功底深厚，对经济特区问题有比较深入思考与研究的学术团队。这个团队是财政部支持的理论经济学创新团队，是广东省理论经济学攀峰学科团队，是广东省高水平大学建设重点学科团队。目前正在承担国家社科基金重大项目——“中国经济特区发展史（1978—2018）”。如果说共同的学术兴趣是“经济特区蓝皮书”团队的凝聚力之所在，那么团结、友善、合作，充满活力与朝气则是这个团队的战斗力之所在。《中国经济特区发展报告（2018）》的出版不仅是一个学术项目的完成，还是学术团队共同的思想收获。对学术的敬畏和对专业的热爱是这支学术团队已经拥有，并期待永远拥有的美好品格。

作为学术团队的重要成员和负责人之一，教育部人文社科重点基地——深圳大学中国经济特区研究中心副主任袁易明教授，为《中国经济特区发展报告（2018）》的完成付出了更多的精力和努力。周轶昆博士不仅承担《中国经济特区发展报告（2018）》文稿的具体收集、整理等相关事务工作，而且还承担了特区发展分述报告部分《厦门经济特区发展报告》的撰写任务。“经济特区蓝皮书”团队人员也在不断扩充，除了《中国经济特区创新发展报告（2018）》由张凯教授改为张扬副教授主持撰写外，我们的团队不仅有海外留学归来的青年才俊，如李凡副教授和黄嘉平博士，还有专门研究特区问题的其他高校人员，如教育部人文社科重点基地——南昌大学中国中部经济社会发展研究中心副研究员罗海平博士等。同时，不仅深圳大学理论经济学团队的老师参与了《中国经济特区发展报告（2018）》的撰写，而且其他专业的研究人员也参与其中，如深圳大学文化产业研究院的钟雅琴博士。这也意味着“经济特区蓝皮书”对中国经济特区研究领域和问题的拓展。另外，深圳大学中国经济特区研究中心的博士研究生和硕士研究生也参与了《中国经济特区发展报告（2018）》的资料收集和数据采集工作。

“经济特区蓝皮书”编委会是由学者、来自几大中国经济特区的实际工作者和地方官员组成的。《中国经济特区发展报告（2018）》从前期调研、资料收集到制定撰写框架和初稿的论证都得到了编委会全体成员的积极参与和大力支持。来自各大经济特区的编委们以丰富的实践经验和实证思考，为《中国经济特区发展报告（2018）》的完善提出了许多有针对性、有价值的意见与建议，他们是《中国经济特区发展报告（2018）》撰写过程中冷静而客观的“头脑”。在这里尤其要说明的是，《中国经济特区发展报告（2018）》受到了来自越南广宁经济特区，南非、巴基斯坦、印度、柬埔寨、俄罗斯、哈萨克斯坦等新兴经济体的学者与官员的高度关注。逐步加入新兴经济体经济特区、自贸区的内容，将是“经济特区蓝皮书”未来的一个研究方向。这是国别比较、借鉴的过程，也是宣传、介绍中国道路的过程。

在这里还要特别感谢“经济特区蓝皮书”责编高雁女士等人。他们踏实的工作作风和令人敬佩的专业精神为“经济特区蓝皮书”的顺利完成提供了不可或缺的指导与帮助。同时还要感谢社会科学文献出版社副总编辑周丽女士。

《中国经济特区发展报告（2018）》是教育部哲学社会科学发展报告立项资助的培育项目，是中共广东省委宣传部“理论粤军”的专项支持项目。《中国经济特区发展报告（2018）》的出版还获得了深圳市宣传文化基金的资助，作为“深圳学派”具有标志性意义和海内外学术影响力的代表性著作，“经济特区蓝皮书”在介绍以深圳为典型代表的中国经济特区成功经验方面，在传播、宣传中国道路方面发挥独特的作用。它可谓“深圳学派”走出去的精彩体现。在这里还要感谢深圳市委市政府、感谢市委宣传部、感谢深圳市社会科学院给予“经济特区蓝皮书”的大力支持、指导与资助，这一智慧与具有远见卓识的决定，会为中国特区发展史、中国改革开放史，乃至中国现代史留下一笔厚重的思想财富。它的意义和价值随着时间的延续将越来越显现出来。可以肯定地说，政府的远见卓识是学术自由发展与繁荣的制度保证。

希望《中国经济特区发展报告（2018）》在以飨读者的同时，能得到同行和读者的批评与指教。

陶一桃

2018 年 12 月于桑泰丹华府

Abstract

Blue Book of Special Economic Zones——Annual Report on the Development of China's Special Economic Zones is the high-end academic brand established in 2009 and has become one of the iconic academic achievements developed by the key research base of Humanities & Social Sciences of Ministry of Education—China Center for Special Economic Zone Research, Shenzhen University. It's one of reports of the Ministry of Education of China, and is the only blue book about special economic zones in China. It, by means of trend research, reflects every year the progresses regarding politics, economy, society, culture, system, environment, innovation and reform as well as the problems and challenges thereof in the traditional special economic zones like Shenzhen and the new special economic zones like Kashgar, Horgos and Tumen River area, and hence it's authoritative, cutting-edge and original. It has generated iconic influences at home and abroad, is the important achievement on special economic zones researches, the important historical resource for researches on China's special economic zones and is the academic brand created by Shenzhen with international influences.

Blue Book of Special Economic Zones——Annual Report on the Development of China's Special Economic Zones (2018) consists of four parts detailed as general report, reports on specific researches, reports on the special economic zones and investigation reports on the development trends of the special economic zones. Among them, general report is the basic outline of the whole book and is the overall review on the development of China's special economic zones in the whole last year, including the reform experimental areas and part of new special economic zones, from the perspectives of the national overall development strategic planning. Report on specific researches review and analyze the problems encountered by the special economic zones regarding the transformation, the use of resources and the sustainable development, the institutional reform, the economic and social development, the social security, the scientific and technological innovation, financial institutional reform, the cultures and the cultural industries through the problem-oriented exploration and by taking the development status of the special economic zones, comparative analysis and policy suggestions as the breakthrough points, and make development suggestions regarding every specific problems accordingly. Reports on the special economic zones record and comb through the development of the 5 traditional special economic zones, Pudong New Area in Shanghai and Tianjin Binhai New Area, compare the special problems of different special economic zones, and focus on the case analysis of different special economic zones. This part mainly includes the reports on the 5 traditional special economic zones like Shenzhen SEZ, Zhuhai SEZ, Shantou SEZ, Xiamen SEZ and Hainan SEZ and new special economic zones such as Pudong New Area in Shanghai and Tianjin Binhai New Area. Investigation reports on the development trends of the special economic zones are flexible structural arrangement with wide and extendable space to timely reflect the adjustments of China's regional development strategies and to learn from the development of the foreign especially the emerging market economy states' special economic zones. The researches in this part also are increasing with new content, and the report on the development of Indian special economic zone is added this time.

Keywords: Special Economic Zone; Innovative Development; Free Trade Zone

Contents

I General Report

Abstract: At the present stage, the development of China's special economic zones has reached a "historical node" of the phased transformation, transforming from the high-speed development to the high-quality development, and from the mode of extensive growth to the mode of innovative growth. Correspondingly, the development of China's special economic zones will also encounter the challenges of getting "big" to getting "strong". In the new era and under this condition, the special economic zones should complete the phased transformation of their development modes and explore the "development concept" that's most suitable for the new era, that's, from "getting rich" to "getting strong". In this way, they should not only focus on the economic growth, but also should pay attention to the environmental protection, innovative capabilities, technological and cultural aspects. In the near 3 –5 years, the special economic zones should focus on the performances in terms of total volume and the structure of the various factors affecting the economic high-quality growth. The macro-control of the special economic zones should not only focus on the total volume, but also should pay attention to the structural issues, so as to continuously improve the international comprehensive competitiveness of the special economic zones and promote the development of the economic structures at a higher level.

Keywords: High-Quality Development; Environmental Protection; Innovative Capability

Ⅱ Reports on Specific Researches

B. 2 Report on the Development of Green Transformation of the Industries in China's Special Economic Zones

Yuan Yiming, *Sheng Chunhong and Wang Jianguo* / 020

Abstract: The special economic zones are the pioneers and examples in China's construction of ecological culture and play an important role in the development of China's industrial green transformation. By insisting on tracking the process and paths of the industrial green transformation of China's special economic zones, this report compares and analyzes the industrial green transformation of five special economic zones, and summarizes the specific measures taken by the special economic zones in the green transformation. Based on the established industrial green transformation capability evaluation system and model, this report evaluates the industrial green transformation capabilities of the special economic zones in 2018 and analyzes the evaluation results. On this basis, this report further makes policy recommendations for the development of the industrial green transformation of China's special economic zones.

Keywords: China's Special Economic Zone; Industrial Green Transformation; Government's Green Governance; Green Transformation Capability

Abstract: Resources are the basis and key constraints for the regional coordination of social and economic construction and the sustainable development. Ever since the founding of New China nearly 70 years ago, the usage and production of resources have greatly promoted the industrialization and urbanization in the various regions of China and laid solid material foundation for the economic prosperity. Under the certain environment carrying capacity, it's necessary to highly efficiently utilize the limited natural and environmental resources, to make efforts for the optimized allocation of scared resources, so as to guarantee the simultaneous realization of ecological environment protection and economic growth, and thus to gradually realize the transformation to green economy. The material flow analysis can effectively measure the progress of the regional green sustainable development. Based on the material flow analysis, this report sorts the material flow input data of the five special economic zones of China from 1996 to 2017 from the regional and urban perspectives and establishes the material direct input indicators. Then, starting from the utilization efficiency of the resources and environment, this report compares and analyzes the efficiency differences and causes of the special economic zones vertically and horizontally. On this basis, this report makes suggestions that the special economic zones should implement green assessment system and financial system, establish the innovative platform for energy-saving recycling technology, and construct the smart special economic zones with ecological cultures.

Keywords: Material Flow Analysis; Resource Efficiency; Sustainable Development

B. 4 Report on the Development of Innovation in China's Special Economic Zones

Zhang Yang, *Guo Meifang* / 069

Abstract: Year 2017 is an important year in which China's economic growth slowed down and the economic transformation was led through innovation, and the innovation and development of the special economic zones generally demonstrated the differentiated characteristics. Among them, Shenzhen special economic zone started to transform from investment introduction by means of industry and capital to investment introduction via innovation, accelerated the innovation carrier construction and the financial technology innovation mechanism, and further optimized the ecological chain of mass entrepreneurship and innovation. Xiamen vigorously developed the innovation of the key industrial chains, improved the intellectual property right services, strengthened the underlying impetus of innovation, and meanwhile pushed the scientific and technological innovation via policy innovation, and hence the overall innovation and development momentum continued to grow rapidly. While Zhuhai, Shantou and Hainan special economic zones showed insignificant macro growth rates in terms of innovative development as they were subject to the financial hard constraints and the short supply of innovative talents. Meanwhile, as the industrial chains were imperfect, the 3 special economic zones highly relied on the traditional park modes for innovation, leading low quality of overall innovative development. In the situation that the demand side is weak in stimulating the economy and the supply side has structural excess, the special economic zones should deepen the supply-side structural reform to further reduce the innovation costs, optimize the physical carrier of innovation to form ecological systems conductive to innovation, and systematically solve the supply problem of innovative talents, and thus to push the sustainable development of innovation with these 3 approaches.

Keywords: Innovative Carrier; Innovative Talent; Innovative Ecology

Abstract: With the five special economic zones entering in the new norm and the promotion of comprehensively deepening the reform, the new contradictions and new problems faced in the social security development of special economic zones are increasing obvious. The report sorts the basic situations of the social security development of Shenzhen, Zhuhai, Xiamen, Shantou and Hainan special economic zones from the aspects of social security, social assistance and social welfare, and summarizes the achievements of the social security development of the 5 special economic zones. Meanwhile, the report analyzes the actual dilemma faced in the social security development of the 5 special economic zones by combining with the social and economic development backgrounds, and makes suggestions on promoting the social security development of the 5 special economic zones from the aspects of social security system, social security fund, social security policy and laws and construction of social security information platform, so as to provide policy references for the reform and improvement of social security systems of China's special economic zones.

Keywords: Special Economic Zone; Social Security; Social Insurance

Abstract: With the acceleration of urbanization of China, the problem of ecological environment in the cities has become increasingly obvious. The construction of eco-city is an important way to implement the five-in-one (the five-sphere integrated plan to promote coordinated economic, political, cultural, social and ecological advancement) strategic layout proposed by the CPC Committee and to establish socialist ecological culture, also, it's of great significance to promote the transformation of urban development modes, increase the urban competitiveness, improve the living environment and realize the sustainable urban development. The report firstly verifies the necessity of constructing eco cities and summarizes the specific measures and experience of the traditional 5 special economic zones as Shenzhen, Zhuhai, Shantou, Xiamen and Hainan in building eco cities in recent years. It mainly introduces and elaborates from the aspects of top-level design, industrial selection and spatial structure layout, greening construction and environmental remediation, advocation of green production and lifestyle and increase of public participation in eco-city construction. Finally, the report summarizes the experience of the special economic zones in building eco cities, looks into the future development of the eco-city in special economic zones, and puts forward suggestions of focusing on the ecological restoration and deepening the theoretical research on eco city.

Keywords: Special Economic Zone; Ecology City; Ecological Culture

Abstract: Under the dual constraints of deleveraging and strict supervision, the development of the financial industry in the special economic zones in 2017 realized the counter-trend expansion of scale and the improvement of development quality, but also faced bottlenecks and certain hidden risks. Looking forward to 2018, the financial industry of special economic zones will take the advantages of "transformation and upgrading, bottom-line thinking, deep innovation, wealth management, deepening reform and wider opening up" to grasp the rare development opportunities, but also will face larger potential resistances due to "slow economic growth, increased market uncertainties, multiple constraint conflicts and stricter supervision". In 2018, to realize the steady development, the special economic zones should focus its development on "sticking to the duty, holding the reins, closely following the themes, holding high the banner and coordinating the relationship" .

Keywords: Counter-Trend Expansion; Development Quality; Bottom-Line Thinking

Abstract: In recent years, the cultural industry of China has been developing steadily, the overall industrial scale and development levels have been continuously expanded and improved. Year 2017 is an important year for China to implement the "13th Five-Year Plan" in which the policies and laws focusing on the various segments of the cultural industry have been issued to support the comprehensive development of the cultural industry. Among them, the emerging industries represented by "internet +" demonstrate prominent development. Special economic zones, as the pioneers of China's economic development, show the characteristics of rapid development, distinctive features and mature systems in terms of the development of their cultural industries when compared with other cities and regions. The development of the cultural industries in the 5 special economic zones has their own strengths but also share certain commonalities. Currently, the digital cultural industry is the highlight of the development of the cultural industries of the special economic zones and, as the well-received cultural industry, has great development potential. In addition, the development of the cultural industries of the special economic zones has made great progress, however, the regional unbalanced development and the shortage of professional talents constitute the constraints for the next-phase development of the cultural industries in these places.

Keywords: Special Economic Zone; Regional Development; Digital Cultural Industry

Ⅲ Reports on the Special Economic Zones

B. 9 Development Report on Shenzhen Special Economic Zone

Wu Fenglan, Ma Zhongxin / 168

Abstract: Under the complicated and fast-changing domestic and international macroeconomic backgrounds, in 2017, the development of Shenzhen special economic zone was stable with good momentum, the economic scale and development quality marched to new levels, the industrial structure was optimized and tended to be coordinated, the import and export trade volumes and qualities were steadily improved, the innovation investment and efficiency led the country. In terms of reducing the costs of real economy, optimizing the business environment and building a city rule of law, Shenzhen vigorously promoted the reform and innovation. In terms of government efficiency, rule-of-law government, urban business environment, urban competitiveness, innovation capability and institutional innovation, Shenzhen ranked among the top in the country. Currently, Shenzhen is in its critical period of getting through the difficulties at high position during which its real economy faces huge pressure, the original innovation capability is weak, the public services have many shortcomings, the urban governance capabilities are still insufficient. It's recommended that Shenzhen should accelerate the establishment of new systems for developing an open economy of "bay area + free trade port", speed up the basic scientific researches, quicken the population-industry-space coordinated development and accelerate the institutional innovation and implementation of innovative results.

Keywords: Reform Innovation; Coordinated Development; New Systems for Developing an Open Economy

Abstract: In 2017, regarding Zhuhai special economic zone, its industrial economy continuously showed good trend, the real economy's vitality continued to increase, the fixed assets' investment was active again, the position of transportation hub was strengthened, the foreign trade situation was improved, the import and export regarding the Belt and Road constantly increased, thereby pushing the overall economy of Zhuhai to reverse the momentum of slow GDP growth in the last 3 years, and hence its growth was accelerated again and it realized good economic development. Facing the new domestic and international situations, the report suggests that Zhuhai special economic zone should further expand the domestic demands, stabilize the foreign trade, consolidate the industrial foundation, grasp the opportunity of open traffic for Zhuhai-Macao-Hong Kong bridge, strengthen the deeper cooperation with Hong Kong and Macao, and meanwhile continue to strengthen the real estate regulation, increase the support of bank credit for the real economy of Zhuhai.

Keywords: Zhuhai Special Economic Zone; Real Economy; Hong Kong-Zhuhai-Macao Bridge

Abstract: The report summarizes the economic and social development of Shantou special economic zone in 2017, and also the achievements and main problems, and makes suggestions in terms of industrial structure, investment effect and the construction of Guangdong-Hong Kong-Macau Greater Bay Area.

Keywords: Shantou Special Economic Zone; Industrial Structure; Fixed Asset Investment; Guangdong-Hong Kong-Macau Greater Bay Area

B. 12 Development Report on Xiamen Special Economic Zone

Zhou Yikun / 216

Abstract: The 2017 Xiamen BRICS Summit was a great success, which has been the highest-profile international event held in Xiamen so far and provided Xiamen with a golden development opportunity. The successful holding of the Xiamen BRICS Summit has not only improved Xiamen's functional quality and management level, but also enhanced Xiamen's international popularity and reputation, further optimized the urban development path for Xiamen at new starting point, achieved a qualitative improvement for people's livelihood and welfare, injected a strong impetus for the new development in the new era. In 2017, the overall economy of Xiamen showed a trend of "high at the beginning and low at the end", and the economic growth was getting difficult. The tertiary industry, especially the real estate, didn't have strong impetus effect on the economic and social development. Xiamen's economic aggregate ranked lower in the sub-provincial cities, and its economy is still in a critical period of transformation and upgrading, but its rankings of some indicators in the sub-provincial cities have significantly improved.

Keywords: Xiamen BRICS Summit; Supply-Side Structural Reform; Transformation and Upgrading

B. 13 Development Report on Hainan Special Economic Zone

Liu Weili, *Lin Weihan* / 231

Abstract: In 2017, Hainan's economy kept the steady development trend with good momentum, its economic strength was strengthened continuously, the industrial structures were upgraded and optimized, the light industry and emerging service industry developed rapidly, the export trade increased significantly, and the scientific and technological strength and innovation level improved. However, as seen from the development levels of the 18 cities and counties in the east, west and middle of Hainan province, the regional development was imbalanced and the economic strength showed great disparity, basically in the development pattern of "being strong in the east and west while weak in the middle", and thus the development of oblique structure with Haikou and Sanya as the core was formed. Although the variable coefficients of the regional industrial structure, industrial development, fixed asset investment, social consumption and retail have reduced in recent years, they are still larger than 1, which further shows that the development of the cities and counties in Hainan is uneven. In the future development, Hainan province should "grasp the key points and improve the shortcomings", actively establish pilot free trade zone and free trade port with Chinese characteristics, comprehensively push the construction of "four areas and one center", improve the economic development quality and narrow the inter-regional development imbalance.

Keywords: Variable Coefficient; Imbalance; "Four Areas and One Center"

Abstract: Year 2017 is an important year for Shanghai Pudong New Area in terms of opening up, exploiting and implementing the "13th Five-Year Plan", and also the year for deepening the supply-side structural reform. Shanghai Pudong New Area is continuing to push the innovation-driven development and the economic transformation and upgrading, and has achieved significant progress in promoting the construction of Pilot Free Trade Zone, the construction of scientific innovation center as the core functional area, strengthening the supply-side structural reform, pushing the integrated urban and rural development, increasing the urban construction and management level, enhancing the sharing of the social undertakings, closely weaving and tightly fastening the basic livelihood security network and accelerating the construction of the ecological environment. The results of the data analysis show that Pudong New Area's economic growth was good mainly manifested by the economic scale, efficiency, sharing, sustainability, sufficiency, stability, coordination and innovation and with focus on the development situation of the Pilot Free Trade Zone in the New Area. Based on the above analysis results and the government's objectives, the meanings of the policies are explained, and related suggestions are made, focusing on the opportunities and challenges faced in terms of increasing the government's governance ability and the supporting measures to be further improved.

Keywords: Pudong New Area; Economic Growth; Pilot Free Trade Zone

B. 15 Development Report on Tianjin Binhai New Area

Li Tong / 272

Abstract: Year 2017 is a very challenging year for Tianjin Binhai New Area in terms of the economic development. Its GDP shrank by RMB 300 billion and the economic growth rate reduced to 6% after "squeezing water out" in the early year. After the establishment of Xiong'an New Area, Binhai New Area's functional positioning as "easing Beijing's non-capital functions and optimizing the urban layout of Beijing, Tianjin and Hebei" is bound to be fundamentally affected, thus, it's necessary to adjust Binhai New Area's current positioning from the long term, so as to avoid the functional duplication of the two New Areas and to make each exert its own advantages and have coordinated development. The report, starting from the development data of Binhai New Area in 2017, analyzes its overall development situations in 2017, the development problems and makes corresponding policy recommendations, so as to form the two poles together with Xiong'an New Area to drive the industrial transformation and economic development of the north China and to play important and positive role in the integration of Beijing, Tianjin and Hebei.

Keywords: Tianjin Binhai New Area; Squeezing Water out; Xiong'an New Area

Ⅳ Investigation Reports on the Development Trends of the Special Economic Zones

Abstract: Qianhai, a place that "superposes Shenzhen-Hong Kong Modern Service Cooperation Zone, bonded port area, pilot free trade zone and Shenzhen-Hong Kong Deep Cooperation Demonstration Zone, is the important mode of China's construction of the Belt and Road and the construction of Guangdong-Hong Kong-Macau Greater Bay Area. The report will continue to revolve around Qianhai, a "special zone in the special economic zone" with an area of 15 square kilometers, sort the new progress in "institutional innovation, modern service agglomeration and Shenzhen-Hong Kong cooperation", analyze the key issues on Qianhai "how to create Qianhai free trade port with Hong Kong" and "how to further establish the institutional environment suitable for new economic development" currently, and make suggestions of "continuously and steadily push the legalization and marketization of Qianhai government" and "strengthening the flow of innovation elements in Shenzhen and Hong Kong and pushing the integration and development of Shenzhen and Hong Kong".

Keywords: Institutional Innovation; Flow of Innovation Elements; Integration and Development of Shenzhen and Hong Kong

Abstract: As a test field of the new open economic system, the pilot free trade zone has developed from the institutional innovation stage to the replication and promotion stage and the higher-level open and experimental stage, as a result, the institutional spillover effect is significant. Hainan Pilot Free Trade Zone (Port)'s establishment marks that the establishment of new open economic system has stepped from the regional stage to the comprehensively and deepening open experimental stage. If the pilot free trade zone is the "test field" 1.0 for the new open economic system, then the pilot free trade port would be the "test field" 2.0 for the new open economic system. The core issues for the new-stage reform, on the one hand, are the innovation and experiment of the simple and low-tax fiscal and taxation system, and on the other hand, refer to the innovation and experiment of capital allocation marketization system. As the frontier of China's opening up, the pilot free trade zone should grasp the opportunity of Sino-US trade war, to actively participate in the formulation of international trade rules and establish new comprehensively open system by taking the trade war as a breakthrough of reform.

Keywords: Pilot Free Trade Zone; Free Port; New Open Economic System

Abstract: Through the analysis of the current situation of the economic and social development in China's Tumen River Area, and by combing with the new situations and new trends that China's Tumen River Area's economic and social development sees the opening trend of North Korea, the continuous development of Polar Silk Road and the still growing fourth industrial revolution, the report analyzes the difficulties of China's Tumen River Area in the economic and social development such as limited economic strength, the road construction needs to be improved, the foreign investment modes and fields to be explored, the talent cultivation and the introduction systems to be improved, and further makes suggestions on pushing the regional economic development in China's Tumen

River Area, the supply-side reform of infrastructure, directing the foreign investments into featured industries, creating the platform of cultivating and introducing talents, with the intentions of providing intellectual supports for the development of China's Tumen River Area.

Keywords: China's Tumen River Area; New Trend; Economic and Social Development

Abstract: Guangdong-Hong Kong-Macau Greater Bay Area is an important supporting point for China's regional development strategy and the Belt and Road construction strategy. In recent years, it has developed rapidly, and the overall development is good, but internal contradictions are very obvious, and hence it still faces many challenges to build world-class city cluster and first-class bay area. Regarding how to break through the institutional constraints, administrative barriers and economic foundation gaps, to realize the free flow of elements, the optimized allocation of resources and the coordinated industrial development, and to push the regional coordinated economic development, the report, based on Shenzhen, summarizes the strategic idea of integrating the cooperation with Hong Kong and Macau, innovating the administrative systems and optimizing the industrial systems. In the practice of pushing the coordinated development of Guangdong-Hong Kong-Macau Greater Bay Area, Shenzhen also should positively play the leading and demonstration roles as a core city to push the coordinated development among the concerned cities and realize the win-win cooperation.

Keywords: Guangdong-Hong Kong-Macau Greater Bay Area; Core City; Win-win Cooperation

B. 20 Development Report on the Emerging Special Economic Zones in Xinjiang

Abstract: In 2017 and in the face of the complicated domestic and foreign macroeconomic environment, Kashgar Special Economic Zone and Khorgos Economic Development Zone actively adapted to the new norm of economic development, closely revolved around the general objectives of social stability and long-period stability, and coordinated the promotion of steady growth, reform, structure adjustment and benefiting livelihood. Under the increasing economic downturn pressure, Kashgar Special Economic Zone and Khorgos Economic Development Zone stuck to the overall tone of seeking improvement in stability, firmly established and implemented the new vision of development, and thus the economic development had steady progress. The report firstly elaborates the national economic and social development situations of Kashgar Special Economic Zone and Khorgos Economic Development Zone in terms of economic scale, industrial structure, asset investment, foreign trade and urban-rural structure, further analyzes the main problems to be faced in their development, and then makes policy recommendations so as to provide references for the further development of the new emerging special economic zones in Xinjiang.

Keywords: Kashgar; Khorgos; Special Economic Zone

B. 21 Development Report on Indian Special Economic Zones

Abstract: The Indian special economic zones started earlier, and their location conditions, institutional backgrounds, economic foundation and resource elements are relatively good, but the development is not a success. In the development of Indian special economic zones, problems exist such as excessive quantity, too small areas, low administrative efficiency, rigid systems, unstable policies, inadequate infrastructure and serious conflicts of interests. In the future, the Indian special economic zones should take the development road of basing on the domestic development demands, being consistent with their national circumstances, holding the stability as the premise and strengthening the international cooperation.

Keywords: India; Special Economic Zone; Export Processing Zone

皮书起源

“皮书”起源于十七、十八世纪的英国，主要指官方或社会组织正式发表的重要文件或报告，多以“白皮书”命名。在中国，“皮书”这一概念被社会广泛接受，并被成功运作、发展成为一种全新的出版形态，则源于中国社会科学院社会科学文献出版社。

皮书定义

皮书是对中国与世界发展状况和热点问题进行年度监测，以专业的角度、专家的视野和实证研究方法，针对某一领域或区域现状与发展态势展开分析和预测，具备原创性、实证性、专业性、连续性、前沿性、时效性等特点的公开出版物，由一系列权威研究报告组成。

皮书作者

皮书系列的作者以中国社会科学院、著名高校、地方社会科学院的研究人员为主，多为国内一流研究机构的权威专家学者，他们的看法和观点代表了学界对中国与世界的现实和未来最高水平的解读与分析。

皮书荣誉

皮书系列已成为社会科学文献出版社的著名图书品牌和中国社会科学院的知名学术品牌。2016 年，皮书系列正式列入“十三五”国家重点出版规划项目；2013~2018 年，重点皮书列入中国社会科学院承担的国家哲学社会科学创新工程项目；2018 年，59 种院外皮书使用“中国社会科学院创新工程学术出版项目”标识。

中国皮书网

（网址：www.pishu.cn）

发布皮书研创资讯，传播皮书精彩内容
引领皮书出版潮流，打造皮书服务平台

栏目设置

关于皮书：何谓皮书、皮书分类、皮书大事记、皮书荣誉、
皮书出版第一人、皮书编辑部

最新资讯：通知公告、新闻动态、媒体聚焦、网站专题、视频直播、下载专区

皮书研创：皮书规范、皮书选题、皮书出版、皮书研究、研创团队

皮书评奖评价：指标体系、皮书评价、皮书评奖

互动专区：皮书说、社科数托邦、皮书微博、留言板

所获荣誉

2008 年、2011 年，中国皮书网均在全国新闻出版业网站荣誉评选中获得“最具商业价值网站”称号；

2012 年，获得“出版业网站百强”称号。

网库合一

2014 年，中国皮书网与皮书数据库端口合一，实现资源共享。

S 基本子库
UB DATABASE

中国社会发展数据库（下设 12 个子库）

全面整合国内外中国社会发展研究成果，汇聚独家统计数据、深度分析报告，涉及社会、人口、政治、教育、法律等 12 个领域，为了解中国社会发展动态、跟踪社会核心热点、分析社会发展趋势提供一站式资源搜索和数据分析与挖掘服务。

中国经济发展数据库（下设 12 个子库）

基于“皮书系列”中涉及中国经济发展的研究资料构建，内容涵盖宏观经济、农业经济、工业经济、产业经济等 12 个重点经济领域，为实时掌控经济运行态势、把握经济发展规律、洞察经济形势、进行经济决策提供参考和依据。

中国行业发展数据库（下设 17 个子库）

以中国国民经济行业分类为依据，覆盖金融业、旅游、医疗卫生、交通运输、能源矿产等 100 多个行业，跟踪分析国民经济相关行业市场运行状况和政策导向，汇集行业发展前沿资讯，为投资、从业及各种经济决策提供理论基础和实践指导。

中国区域发展数据库（下设 6 个子库）

对中国特定区域内的经济、社会、文化等领域现状与发展情况进行深度分析和预测，研究层级至县及县以下行政区，涉及地区、区域经济体、城市、农村等不同维度。为地方经济社会宏观态势研究、发展经验研究、案例分析提供数据服务。

中国文化传媒数据库（下设 18 个子库）

汇聚文化传媒领域专家观点、热点资讯，梳理国内外中国文化发展相关学术研究成果、一手统计数据，涵盖文化产业、新闻传播、电影娱乐、文学艺术、群众文化等 18 个重点研究领域。为文化传媒研究提供相关数据、研究报告和综合分析服务。

世界经济与国际关系数据库（下设 6 个子库）

立足“皮书系列”世界经济、国际关系相关学术资源，整合世界经济、国际政治、世界文化与科技、全球性问题、国际组织与国际法、区域研究 6 大领域研究成果，为世界经济与国际关系研究提供全方位数据分析，为决策和形势研判提供参考。

法律声明